法律、财务与管理"三位一体"服务模式培训教程

邵永为　林金松　主　编

北京工业大学出版社

图书在版编目（CIP）数据

法律、财务与管理"三位一体"服务模式培训教程 /
邵永为，林金松主编．— 北京：北京工业大学出版社，
2019.9

ISBN 978-7-5639-6919-7

Ⅰ．①法… Ⅱ．①邵… ②林… Ⅲ．①法律－中国－
教材②管理会计－教材 Ⅳ．① D92 ② F234.3

中国版本图书馆 CIP 数据核字（2019）第 171888 号

法律、财务与管理"三位一体"服务模式培训教程

主　　编：邵永为　林金松
责任编辑：吴秋明
封面设计：优盛文化
出版发行：北京工业大学出版社
　　　　　（北京市朝阳区平乐园 100 号　邮编：100124）
　　　　　010-67391722（传真）　bgdcbs@sina.com
经销单位：全国各地新华书店
承印单位：定州启航印刷有限公司
开　　本：710毫米×1000毫米　1/16
印　　张：23
字　　数：460 千字
版　　次：2019 年 9 月第 1 版
印　　次：2019 年 9 月第 1 次印刷
标准书号：ISBN 978-7-5639-6919-7
定　　价：78.00 元

前　言

随着全球竞争的加剧和企业管理模式的转变，原有的单一型管理模式已不再适应当下的要求，需要结合市场情况以及当下企业实际情况，探寻新型管理模式。基于此，法律、财务与管理"三位一体"模式呼之欲出，"三位一体"的管理模式正逐步成为未来企业管理发展的一个方向。"三位一体"管理服务模式应用于实践过程中，可为中小企业提供更为全面的综合服务，其作为融法律服务、财务与会计服务以及管理咨询服务三方面服务为一体的综合服务模式，对高效解决中小企业在生产经营过程中同时遇到的法律、财务会计、企业管理等方面的难题十分有帮助。同时，还十分有利于降低中小企业的中介服务成本和生产经营风险，并提高企业防范风险和盈利的能力。因而，十分有必要就法律财务与管理"三位一体"理论体系进行深入探究，以期构建更为完善的"三位一体"服务体系，为企业经营与管理提供更优思路。

基于以上背景以及系统梳理相关研究成果，本书就法律、财务与管理"三位一体"构建思路及具体内容组成进行探讨，将此书分为三个部分，共计十四章，并依次进行论述。第一部分就法律、财务与管理"三位一体"服务模式基本概念、构成及复合型人才培养等情况进行具体论述，为后文奠定理论基础；第二部分重点围绕法律基础实务进行系统探究，从法律会计实务、公司及其他主体法律制度、知识产权法律制度、破产法律制度等方面进行全面介绍，对企业经营管理中所涉及的法律问题一并进行介绍；第三部分就管理会计实务进行全面介绍，分别就本量利分析、预测分析、短期经营决策、长期投资决策以及全面预算等理论与实务知识进行全面阐释，同时对成本控制法以及业绩评价等方法进行介绍。通过对以上内容的系统分析，并在理论研究基础上引入实务部分，更有助于提升法律、财务与管理"三位一体"模式的实效性。

本书由邵永为、林金松主编，参加编写的人员有胡素华、许建德、傅洪飞、车潇华、官海燕。编撰此书的目的即本着实用性与可行性的原则，最大限度满足企业经营管理人员，经济、管理和法律复合型企业管理模式研究人员开展相关实践的参考需要。与此同时，更希望能够供研究经济、管理和法律"三位一体"结构优化等相关人员阅读参考，帮助其进一步促进自我专业知识的完善。由于笔者水平有限，书中难免会有疏漏之处，恳请广大读者批评指正。

目　录

-------------------------【 第三部分 】-------------------------

管理会计实务

【第一部分】

法律、财务与管理"三位一体"服务模式总论

第一章 "三位一体"服务模式总论

"三位一体"服务模式是指为中小企业提供一揽子综合服务,是融法律服务、财务与会计服务以及管理咨询服务三方面服务为一体的综合服务模式,从而解决中小企业在生产经营过程中同时遇到的法律、财务与会计、管理等方面的难题,有利于降低中小企业的中介服务成本和生产经营风险,提高企业防范风险和盈利的能力。

第一节 培养"三位一体"复合人才的必要性

人才培养与市场需求之间存在结构性矛盾。现代经济学理论认为,失业分为三种:总量失业、摩擦性失业和结构性失业。总量失业是由于劳动力的知识总供给大于总需求而引发的失业。摩擦性失业是由于人们在不同地区、职业或生命周期的不同阶段变动职业而引发的失业。结构性失业主要是由于经济结构(包括产业结构、产品结构、地区结构等)发生了变化,现有劳动力的知识技能、观念、区域分布等不适应这种变化,与市场需求不匹配而引发的失业。进入21世纪后,一方面随着大学每年的不断扩招,毕业生的数量急剧增加,对于许多大学生来说"毕业即意味着失业";另一方面复合型人才已成为目前我国企业领域最稀缺的人才资源,是企业争夺人才的焦点。复合型人才将越来越被社会和用人单位所任用,随着人才竞争的进一步加剧,被打上复合型人才"标签"的人才,将越来越受到市场的青睐。这意味着目前我国大学生失业主要是总量失业和结构性失业。市场经济就是法治经济,法学教育不仅要为立法、司法、法律服务、法律监督等法律部门服务而且要面向全社会培养建设依法治国所需要的各类高层次、高素质的法律人才。因此我国需要大量的法学人才,各高校为了适应经济发展和市场需求,纷纷开设法学专业吸引生源并不断扩招,近年来法学专业的毕业生数量剧增,但由于目前我国高等院校法学专业课程设置及其调整都滞后于社会经济的发展要求,显得过于统一而僵化,缺乏灵活的适应性,专业结构发展滞后于社会经济的发展,因此导致近年来法学专业毕业生就业状况并不理想，法学人才培养与市场需求之间存在结构性矛盾。因此应当拓宽法学专业口径，法律人才不仅应当具有一般的法律知识，而且需要对社会经济生活以及其他一些专门领域的知识有基本了解。培养复合型法律人才是当前高等院校法学教育的首要培养目标（社会对纯法学学生需求有限）。

经济全球化背景下培养复合型人才是未来的需要。全球化是指超越构成现代化世界体系的民族、国家（包含着社会概念）的复杂多样的相互联系和结合，它确指一种过程，通过这一过程，在地球某一地方的事件、活动、决定会给遥远的另一地方的个人、群体带来重大影响。经济全球化不仅带动政治、经济、文化各方面的密切合作，也必然要求国际交流规则的统一化，即交往各方所遵循的经济活动规则日益趋同，从而带来法律的全球化趋势。邓小平提出教育要面向世界、面向未来、面向现代化。中国近代法学教育家邱汉平也认为，一个合格的法律人才，要认识时代的精神及时代倾向，要了解法律的旨趣及现行法的文义，要熟谙审判方式及应用心理学，要知悉人情世故及社会的复杂组织，要有道德涵养并能舍弃小己。经济活动全球化趋势对企业管理人才的要求之一就是要有规则意识，利用规则保护自己，遵守规则不侵害对方利益。在教育培养的要求上，就是教育要面向世界，培养具有全球意识、参与国际竞争的意识和具有适应未来世界变化能力的高素质人才。这就必然要求高等教育国际化，所谓高等教育国际化，是指教育的对外开放，表现为教育理念、人才培养目标、教育内容、方法等与国际社会接轨。在内容的设置上，更注重与其他学科的进一步交叉和重合，注重对通行规则的传授，尤其要加强国际经济学、国际私法等跨学科的知识和理论教育，培养复合型人才。

经济、管理和法律复合型人才培养有利于适应经济全球化对新型人才的需要。进入21世纪，世界各国的经济联系进一步加强，资金、技术和人才在各国之间的流动空前加快，基于经济联系的日益密切，各国之间形成了相互依赖，你中有我，我中有你的关系。经济全球化呼唤新型的人才，要求新型人才必须具有三个显著的特点，一是具有扎实的理论基础，分析和解决问题的能力强；二是具有良好的文化素养，能够与世界各种不同文化背景的人进行交流；三是具有良好的创新素质和实践能力，能够适应激烈的国际竞争环境。经济、管理和法律是具有很强的理论性和应用性的学科领域，它们的融合将产生巨大的学科综合优势。具有经济、管理和法学综合知识的复合型人才既具有扎实的理论基础，又具有很强的应用和实践能力，符合经济全球化对新型人才的需要，这种复合型人才在人才市场上无疑将具有显著的竞争优势。

经济、管理和法律复合型人才的培养有利于适应国际化对新型人才的需要。

我国加入世界贸易组织有三个重大意义，一是它将极大地提高我国经济的对外开放水平，将我国经济更深地融入国际经济运行的轨道，从而为我国更广泛地利用国际资源发展本国经济奠定坚实基础；二是它使我国不再是国际经济运行规则的被动接受者，而成为规则的正式制定者，这就使我国在发展对外经济关系中由被动转变为主动，我们不但可以通过制定规则来规范我国的经济体制和经济运行，而且可以利用规则来维护自己的利益，从而使对外开放真正有利于我国经济的现代化和国际化，推动我国经济向更高的层次发展。三是它对我国开发人力资源、提高国民素质、改革高等教育体制提出了新的要求。入世意味着我国将面临更为复杂的经济运行环境和竞争更为激烈的经济形势，我国经济要在激烈的竞争中立于不败之地，最关键的就是要大力开发人力资源，提高国民素质，培养一大批新型人才，这些人才在复杂多变的竞争形势面前有较强的适应能力，能够同各种文化背景的人进行交流和合作，具有显著的创新能力。显然，这样的人才在传统的人才培养模式下是培养不出来的。因此，改革传统的人才培养模式就成为当务之急。通过培养具有扎实的经济、管理和法律知识的优秀复合型人才，来适应入世对新型人才的需要。

推进会计与法律的融合，是国家规范经济秩序的需要，是维护企业合法权益的需要。经济越发展，会计越重要；经济越发展，会计与法律的关系也就越密切。21 世纪的中国将是一个越来越健全的法治国家，会计也将面临越来越复杂、越来越完善的法律环境。会计不再是传统观念上的会计，会计人员也不再是仅仅局限于从事传统会计工作的人员。在现实生活中，通过法律来调节经济活动中的所有行为已成为所有市场经济体制国家的特征。因此，在市场经济条件下，作为反映、监督、控制经济运行的主体——会计与会计人员，则更应承担起越来越多的法律责任；尤其是近年来上市公司造假事件的相继发生，更使会计在经济生活中与法律融合的重要性骤然凸显。由此也不难发现，在经济越来越发展，法律越来越健全的今天，加快会计与法律融合的步伐，不论是对国家、对企业，甚至是对会计人员自身，都是非常必要的。

会计与法律的融合，是国家规范经济秩序的需要。在市场经济条件下，用法律手段来规范经济秩序将成为一种普遍现象，特别是在当今财务舞弊已成为世界各国公害的时代。因此，借助注册会计师的专业能力、借助法律的威慑力来减少舞弊现象的发生，已成为市场经济中的热点问题。从安然的分崩离析、安达信的迅速倒闭、上市公司造假事件的相继发生，都证明了只有加速会计与法律的融合，才能更有效、更全面地防范会计信息失真，真正切实地贯彻《中华人民共和国会计法》（简称《会计法》）。与此同时，由于市场经济本质上就是法制经济，也由于会计天生具有的与市场经济的密切联系，所以会计解释上的法律争端也成为法律界一个令人头痛的问题。

在市场经济体制下，法律诉讼将成为每一个企业和个人保护自身权益的有效手段。凡牵涉市场经济的几乎所有经济行为都与会计有关。而在诉讼过程中，往往涉及许多与会计相关的法律问题。由于会计知识的过分专业化，使普通公众甚至是法官在缺乏会计专业知识的前提下，往往难以理解这些用复杂会计语言表达的经济行为，从而为进一步通过法律手段来维护权利人的合法权益增加了障碍。因此，面对这种现实，只有加强会计和法律的融合，才能妥善解决现实生活中纷繁复杂的经济问题，甚至法律纠纷。如红光实业公司的虚假财务报表，就有上海浦东的一位投资者向法院起诉，要求红光实业公司及有关中介机构赔偿损失。但法院如何来认定虚假财务报表的责任，如何确定投资者的经济损失，由于缺乏具体的法律解释，故法院不得不以没有直接因果关系为由将此案驳回。而在震惊全国的琼民源公司舞弊案中，尽管已对相关的责任人员作了刑事及行政处罚，但在民事诉讼中如何确定有关人员的过失责任，还缺乏相应的法律支持。很明显，在这些经济案件中仅凭单纯的会计知识和单纯的法律知识是难以应对的。因此，为适应市场经济并使法律制度日趋完善，加大会计打假力度，规范市场经济秩序，就必须全面快速推进会计与法律的融合，以弥补单纯的会计知识与法律知识的不足。

从企业自身的经济利益而言，会计人员熟悉法律法规，可以运用法律知识防范经济活动中的欺诈行为，有效地维护本企业的合法权益。单纯的会计专业知识已远远不能适应时代发展的要求。现代会计理论和实务的不断发展和完善，大大提高了会计在经济管理中的中心地位和作用，但一涉及民法、税法、经济法、国有资产管理法等一系列法律制度的规定时，会计专业知识和技能本身的局限性就会突出地表现出来，如司空见惯的票据欺诈、合同欺诈案例等。不法分子常常利用作废支票、空头支票、过期支票、印鉴不符的支票等实施诈骗而屡屡得手，或者构筑一些合同陷阱而引诱企业上当，企业躲之不及，却又避之不开。如银广夏、渤海集团、亿安科技等诉讼案件都反映出这一问题。这就非常需要会计人员能结合《中华人民共和国合同法》（简称《合同法》）、《中华人民共和国票据法》（简称《票据法》）等法律知识，像孙悟空三打"白骨精"一样，练就一套"识妖精""灭妖精"的本领，如此则上当的企业会越来越少，企业的经济效益也会越来越好。

加强财务人员的商法教育是实现企业长远发展、提高国家有关机关行政效率的重要举措。维护企业健康长远发展、实现社会经济活动高效率，是打造诚信社会的最终目的，也是其重要手段。正确处理企业、国家、社会的关系，固然需要多种手段和措施，但归根到底是要强调诚信的环境，在这中间法制的力量无疑最强大、有力的手段。邓小平指出中国要"一手抓建设，一手抓法制"。历史的经验表明：人类社会从野蛮到文明，从无序到有序，从混乱到和谐，必由之路就是加强法制。法令行则国治，法令弛则国乱。这已成为人们的共识。把国家的政治、经济、社会生活的各个领域纳入法制轨道，用法律去规范包括各级领导干部在内的全体公民的行为，使公民知道什么是法律允许的、什么是法律禁止的，进退有度、令行禁止，使社会有序运行。这就需要大大加强法制教育，使法制真正发挥其强制性、规范性、权威性和应有效力。

开展财务人员法律教育，或者说加强财务人员的经济法律知识，是实现企业综合治理明显进步、维护国家经济秩序的客观需要。我国现在的监管体系仍存在缺陷，法律制裁的后发惩戒特征明显，如果要提高现行监管体系的行政效率，需要注意以下几点：第一，明确信息披露机制，落实具体责任人，使企业管理中的管理人员和财务经办人员、财务负责人等都能够认识到自身的责任；第二，畅通群众举报渠道，完善投诉机制，使群众的举报能够得到重视；第三，对于信息披露的规则要求要根据实际情况调整，平衡效率和公平之间的关系。

第二节 培养复合型财务管理人才的重要意义

随着我国国际地位的大幅提升，对外开放的进一步扩大，国际经济合作的快速增长和"一带一路"建设的稳步推进，我国国际经济商务领域的深度和广度已经发生了深刻变化，在全球范围内催生了巨大的国际法律服务需求，对我国法律专业人士创造了千载难逢的发展机遇，提出了无法回避的严峻挑战。"三位一体"人才培养，对于应对新的国际形势变化，缓解我国国际化人才瓶颈，有效落实依法治国战略，具有积极的现实意义。

第一，培养"三位一体"人才将有助于把全面推进素质教育落实到高等教育教学改革的实际中。我国的高等法学教育长期被人们称为"守法"教育，法学专业划分过细，而且僵化，学生知识面过窄的问题甚为突出。这既妨碍了对本专业知识的深入了解和掌握，又影响建立在广博知识基础之上的创新能力的激发，进而影响到法律人才解决各种法律问题的实践能力和法律职业技能，更加不利于高等法学教育中素质教育的全面落实。

第二，培养"三位一体"人才适应了中国市场经济对法律人才的需求。市场经济就是法治经济，因此我国的市场经济要想正常运行离不开法律的保障。

要培养素质高、能力强、知识面广、全面发展的复合型法律人才，使其既懂法律，又懂经济，既懂科技，又懂外语，有专攻、能应变，顺应市场经济时代对各种不同类型不同层次的法律人才的需求。这有利于推动我国的依法治国建设和司法改革。随着依法治国方略的全面推进，对各类法学人才的需求将越来越大，法学专业不仅仅为法院、检察院、律师业培养人才，而应该面向全社会培养管理国家、管理企业事业单位、管理社会事务的高级人才。因此，唯有培养复合型法律人才才能满足依法治国对各类人才的需求。人是司法改革的主体，司法改革基本目标的制定、实施与实现，必须依靠一支高素质、高层次的职业法律队伍，具有创新精神和实践能力的复合型法律人才为司法改革提供了充足的人力资源。

培养"三位一体"人才有利于财务管理教育向多元化发展。各经济管理学院可根据不同的需求、不同的区域、不同的专业、不同的层次、不同的条件、不同的优势，在不同学科之间来选取与法学相关的专业领域有侧重地培养不同类型的人才，办出自己的特色和优势，以便打破"千人一面"或者"千校一面"的僵化模式，满足社会多样化的人才需求。

"三位一体"管理机制对于企业经营管理有现实作用。企业经营管理中，法务、财务和管理都是重要部门。但是基于企业管理案例，法务工作得不到重视，法务岗位游离于重要管理岗位之外，这也是目前企业，特别是中小型企业组织结构和日常管理的常态。但是，三者在企业经营风险防范、监督和宣传教育等方面作用是一致的，且呈现你中有我，我中有你，无法分割，互相配合的机制。

（1）利润分配中的作用。

利润分配是指在规定的时间内公司对投资者派发利润的行为，同时也被公认为是《中华人民共和国公司法》（简称《公司法》）中最复杂而混乱的一个法律领域。几乎没有一个国家的公司法对"利润分配"有一个明确的定义。纵观多数国家的法律我们可以看到，它们对"利润分配"的概念都是从广义的角度和狭义的角度来界定的。广义的利润分配包括法律规定应该从本期利润中提取的特定金额和应该用于支付股东红利的金额。法定公积金制度在现在的日本和法国等大陆法系国家运用得比较普遍，在这些国家公司法中的"利润分配"范围不仅包括应该向股东支付的红利，而且包括依据本国法律规定的比例所提取的公积金。狭义的利润分配单一地指向了公司对股东进行的分配。

《中华人民共和国公司法》第三十四条中规定了股东的期待权即股东分红权。从我国《公司法》第三十四条和第一百六十六条的规定中我们可以得出，公司的税后利润在进行弥补亏损和提取公积金后还有余额的，此时有限责任公司的股东应该依据自己实际向公司缴纳的金额占公司总资产的比例来分享利润，但是如果全体股东约定了不按照该比例来分配股利的除外；而股份有限公司的股东应该按照自己的持股比例来分享红利，同时也存在一种例外情况，就是如果公司章程规定了可以不按照持股比例来分享红利的，也可以按照章程中规定的其他方式或者比例来分配红利。

法律规范具有相当的灵活性和契约自由的精神，这有利于财务管理中关于实现特定目的的利润分配的实现。

（2）有利于企业建立会计账册。

在公司治理结构中，股东作为公司的发起人、投资人及公司的终极所有者，其具有重要的法律地位，然而现实中由于经营权与所有权的分离而导致许多股东并不直接参与公司的经营管理，股东在获得期待利益的过程中处于信息不对称的弱势地位，其利益存在为管理层所侵害的巨大风险。

股东知情权的范围随着对股东利益的日益关注而扩大，从宏观上可分为财务会计报告查账权、账簿查阅权、询问权，这三项权利相互补充，共同维护股东对于公司事务了解的权利。由于股东知情权是确保股东对于公司整体运营情况的了解，防止全体股东所认购成立的公司出现损害股东权益事项而设计的权利，因此就其权利属性而言属于公益权范畴。

依据股权的行使目的可以分为自益权和共益权。自益权是指股东仅以维护本人的利益为出发点而去行使的权利，其中是不包括公共利益的；共益权是指股东以维护公共利益的角度为出发点而行使的权利，其中也可能包括自己的利益。自益权更多地表现为财产权，比如股利分配请求权、剩余财产分配请求权、股份收买请求权、股东名册登记请求权等。而共益权更多地表现为管理权，比如表决权、提起股东会、董事会决议无效、可撤销之诉等。

法律规范决定了财务制度必须健全，保护了绝大多数中小股东的利益。

根据《会计法》等相关法律规定，会计账簿原则上并不包括原始记账凭证，这就更进一步使得能否查阅原始会计凭证的问题在司法实践中引起争议。

第三，"三位一体"的教育体系有利于合格中介机构的建立。中介机构可以理解为为企业提供服务、为监管机构提供必要信息的重要的经济活动中的第三方机构。它目前主要指律师事务所、会计师事务所和证券公司、投资银行等机构。中介机构作为信息鉴证者，有责任维护国家经济秩序的健康，维护广大经济活动参与者和利益相关者的利益。鉴于中介机构的重要作用和一部分中介机构的违法乱纪行为，监管机构必须加强对中介机构的监管，提高监管效率和加大处罚力度，使广大中介机构明晰自身的责任和义务。同时，监管机构也已经利用现代网络体系,建立了对中介机构的监管评价体系,将中介机构的不良行为记录到该体系中,使该中介机构在进行其他的活动时受到约束,形成全方位的监管合力,直至把不良中介机构及其违法行为的实施者驱逐出市场。在可以预见的未来,监管机构一定会加强对于中介机构的管理,对于中介机构中的违法人员除了进行监管谈话、责令改正、出具警示函、认定为不适当人选等措施外,一定会针对情节的严重程度,对严重违法违规行为的责任人,作出市场禁入等严厉的行政处罚,甚至还要追究其刑事责任,涉嫌犯罪的,依法移送司法机关。

以上的内容提醒我们,对于未来从业于中介机构的财务、法律和管理等岗位的人士,必须牢记监管政策的高压线,不能越雷池半步。"三位一体"的人才教育模式,"三位一体"的企业经营管理岗位设置模式,就是培养明确环境要求、严格自律、严格律他的专业人才。

第三节 培养"三位一体"复合人才的可行性

一、三大学科研究对象具有交叉性,具有融合的基础

三大学科研究的经济活动主要集中在以下几方面。

(一)微观经济领域

对微观经济的分析是经济学的基础。它通过对市场对产品的供给与需求关系、消费者对产品的选择行为、生产成本对企业决策的影响以及在完全竞争市场、不完全竞争市场和垄断竞争市场状态下企业的竞争行为的分析,揭示市场运行的规律。此外,组织经济学对于为什么各种机构采用它们特定的组织形式,以及为什么决策的制定在企业的层次控制结构中产生而不是由市场的各种订单和合同条款产生进行了探究。经济学家罗纳德·科斯、肯尼斯·阿罗、西尔伯特·西蒙和奥里弗·威廉姆森指出了交易成本在决定企业和市场的界限中的重要性。在市场经济中,有人组织小企业,有人组织大企业,每一种组织形式都各有其优缺点,小企业灵活,而大企业却能从分散的投资者手中筹集到大量的资本,这是市场上企业有大有小的原因。并且,在现代市场经济中,大多数产品是由企业生产的,因为大批量生产更有效率、更经济,生产技术条件也决定了生产的规模,从管理和协调生产的需要出发,也要求有一个统一的实体实施控制,于是企业的产生和企业组织的大小、结构就确定了。可见,经济学家的研究已

经深入管理学的腹地了。

管理学体系中，企业管理占有十分重要的地位，以至于有学者主张以企业管理为管理学的核心来创建管理学体系。由于企业的营利性质，管理经济学的市场均衡分析、需求弹性分析、成本分析、生产技术选择、竞争市场分析等高度地运用在企业经营过程中，与企业管理融为一体，在以市场经济为主导的现代社会，经济学与管理学的融合无疑是必要并且对推动经济发展具有重要作用的。

非营利性组织的管理虽然也是管理学中不可欠缺的部分，但基本上属于行政管理和军事管理的范围。在市场机制日益扩大和健全的时代，非营利性组织的财务管理、人力资源管理等也都开始市场化，这使得非营利性组织中公平与效益的冲突关系更为突出。而且，由于各种组织的内部结构因专业性强而形成多种多样的运行方式，组织成员的工作标准难以像企业组织那样实现量化等，对非营利性组织的管理理论更难抽象化。因此，在管理理论上只能采取以"理"重于"管"的软管理方式，也因为非营利性而与经济学缺少联系。

在管理学与法学的关系中，管理制度与法律制度相当于一个事物的两个方面，因为法律是对一部分社会规范的认可和制定，一旦社会规范被设定为法律规范，那它将会强制性地运用于社会实践当中。法律对企业的设立、变更、消灭以及存续期间的法律形态的规定是对企业管理进行干预的开端，随着企业活动对社会的政治、经济和人民生活秩序的影响的加深和扩大，法律也开始对企业的经营活动实施干预，如对企业的营销管理、产品质量管理、人力资源管理、财务管理以及市场竞争活动等做基础性的控制。此外，对企业的财产权、知识产权的行使和经济纠纷的处理都基于意思自治原则予以适当的限制。

由此可见，经济学是为微观经济管理提供营利分析工具的学科，法学是为研究如何使微观经济生活公正而有序进行，进而为制定法律提供理论参考的学科，而微观经济管理学则承担着研究如何运用企业有限的人力资源和物质资源实现企业效益最大化，同时还要遵守法律的规定，在法律给予的权利范围内实现组织目标而不受法律的制裁的任务。

（二）宏观经济领域

在理顺微观经济秩序的基础上，经济学、管理学和法学在宏观经济的调控中也进一步发挥着作用。在现代的市场经济规模下，没有哪个国家还会主张自由放任的经济政策，政府的经济职能有着越来越扩大化的趋势。但是政府进行宏观调控需要准确把握经济的运行状况，需要知道能够运用哪些工具能够实现宏观经济政策的目标，而这正是经济学家能够提供的帮助。经济学家通常采用若干关键变量来评判宏观经济的形式，如国内生产总值、失业率和通货膨胀率，它们成为衡量一国经济发展状况的主要指标，因此也是政府控制宏观经济的关注对象。根据经济学的分析，一国的良好经济状况需要高水平的产出即经济的快速增长，需要就业率高而非自愿失业率低，并且国内市场价格水平要稳定。为了达成这些目标，经济学家指出，政府在经济手段上可以采用货币政策和财政政策，以及在多大程度上使用这些政策能够达到良好的效果。当然，要将这些理论付诸实践，还要政府组织好国民经济的宏观管理工作。

对于宏观经济管理在管理学上没有系统理论，由于货币政策和财政政策属于政府高层次的决策范围，只能根据不同时期经济的不同状况采取相机抉择的对策，政府的日常工作是注重对公共经济的管理。一方面从微观着手维护市场秩序，另一方面管理好公共经济，就能为准确有效地确定宏观调控政策奠定基础。因此，国民经济的宏观管理是与社会经济的各项管理分不开的。

宏观调控法是经济法的重要组成部分，它与市场规制法共同对国家的宏观经济和部分微观经济活动产生约束作用。宏观调控是对市场经济中私人力量所不能及的、市场机制失灵的领域进行的有限调控，但这种调控也应当有章可循，宏观调控法便是对这一活动的有限规范。其法律体系中包括计划法、财政法（包括预算法和国债法）、税法、金融法、价格法、产业政策法和国有资产管理法。法学对宏观调控法的研究是为了使政府的宏观调控活动准确而适当地进行，而这种研究一方面是从法理学上控制法律体系内部的完整性、协调性和适用性，另一方面，宏观调控手段的根据是经济生活的实际状况和经济活动的内在规律，因此，在宏观调控法的制定中也需要以经济学家的分析成果为重要依据，以管理学对经验的总结为参考，才能实现法律为经济生活服务的目的。

二、三大学科价值理念的相容性

（一）经济学、管理学和法学在价值目标序列上呈现出递进性规律

如果将自然科学到社会科学的价值设定为一条轴线，经济学最接近自然科学，管理学居于中间，而法学最侧重于社会科学。接近自然科学的学科价值理念趋于单一，越是社会科学性强的学科，其价值目标越是呈现出多元性。

经济学的显性价值目标显然是效率。经济学的主题是研究如何对稀缺性资源进行高效益的利用，经济学理论中几乎不提及其他价值目标，因此其价值目标呈现出单一性。尽管是研究人的科学，经济学通过将人性加以假设，使人类

的经济活动看起来具有类似于自然现象的稳定规律。但是纯粹基于假设形成的经济学理论是不能正确预测和指导社会实践的，因此，经济学内部各流派又对假设的理论加以修正，而无论哪一派都会将社会现有的法律制度、道德观念等构成的社会秩序作为人类经济活动的背景或者变量，在不同程度上反映出对人类社会的其他价值观念的认可，只是对于经济学家来说，这些价值观是隐性的，或者是应该忽略的。

相反，法学的价值目标具有多元性和层次性。从法学整体上看，有人权为终极价值，正义为核心价值，顺次排列下去是秩序、自由、公平和效率，效率似乎成为最末端的价值目标。但是，这是从人类活动的最大视野下对法律价值的排列，人权和正义是人类对生存价值的抽象化的定性要求，而对秩序和自由以及公平和效率的要求又是对人类生存和发展基础的具体化和适度性的要求，这两对价值目标是相对的，是既对立又统一的两对矛盾。秩序和自由、公平和效率都只有在适度的前提下才能够成立，也就是在适当的时间、地点和条件下，平衡好了它们之间的关系时，才能称得上实现了秩序与自由、公平与效率，人类的人权和正义价值也才算得上实现。

从管理学来看，经济学追求的和法学追求的鲜明价值似乎都是管理学追求的价值，但又似乎都不是。因为管理学直接追求的价值目标是组织目标的实现，而组织的目标是综合性的价值目标，不是单纯的秩序，也不是单纯的效率，而且只有兼顾了组织中各成员的自由与公平，才能实现组织的最终目标。所以，秩序和效率是管理过程中的目标，或者是管理过程中目标的一部分，但秩序和效率无疑是组织管理过程中的优先目标。

（二）公平与效率在三学科中的显性和隐性状态

以动态的角度观察公平与效益这一对既冲突又协调的价值目标在经济学、管理学和法学中的存在状态，可以看出它们从隐性到显性和从显性到隐性的变化过程。

在经济学理论中，始终贯彻着效率至上的思想，但是经济学研究资源的优化配置，研究各种市场结构对厂商决策的影响，研究经济福利、国民收入的再分配以及国家的宏观调控政策，无一不包含着通过经济分析做出的决策达到公平结果的期望。并且，经济学主张的效率是建立在一系列均衡的基础上的，如供求均衡、消费者均衡、厂商均衡、局部均衡和一般均衡等。均衡一词是经济学从物理学中借用而来的概念，在物理学中，均衡是指一个物体在各种力量的作用下处于相对静止或匀速直线运动的一种状态。在经济学中，经济均衡是指一个经济事物处在各种经济力量的相互作用之中，如果有关该经济事物各方面的各种力量能够相互制约或者相互抵消，则该经济事物就会处于一种相对静止的不变状态。物理学的均衡与经济生活的公平的不同之处在于，物理均衡是一种客观现象，而人的经济活动中的公平是指对资源的配置和利用、收益的分配比例上的合理与否的主观判断。当经济学将均衡理论用于判断市场效率的标准时就具有了主观性。一般地理解，经济运行具有效率是指一个以最小成本生产出人们所需要产品的经济。也就是说，在经济社会的资源既定的条件下，经济体系生产是为了满足消费者的需求，并且，如果人们的欲望和需求能以更低成本的方式得到满足，那么经济体系就会选择这种方式。著名的帕累托最优状态，即在不可能通过资源重新配置而使经济社会在不影响其他成员境况的条件下改善某些人的近况的状态，实际上解释的是人们对效用的满足程度。但人们主观上得到满足时，人们就会认为是公平的。这种公平可以视为经济学在研究效率时的隐含背景，因此，经济学的价值目标中就隐含了公平，公平价值是隐性的，而效率价值是显性的。

在法学的价值体系中，公平作为正义价值的具体化从法学产生时起就是明确的价值目标，如同效率在经济学产生时起就是经济学的价值目标一样。而效率在经济法产生以前是没有作为法的价值目标明确提出来的，但这并不能说明法律直至经济法产生为止都不讲效率。追求效率是人类的本能，在任何时候的立法活动中，立法者在创立法律制度时都有意或无意地遵守了效率原则。所以，当经济法将效率明确作为立法原则后，对传统法律的经济分析便引起了法学界的广泛注意。透过波斯纳、科斯等经济学家对法律制度的经济分析，人们对传统法律隐性的效率目标有了进一步的认识。那就是，法律不但通过制定有效率的立法和司法制度保证法律自身运行的效率，更重要的是，法律通过确立和保障市场经济制度来保证经济效率，通过降低交易成本、确定科学方法以及解决市场失灵来提高经济效率，而且，法律的明确性、普适性、可预测性和稳定性更为人们追求经济效益提供了动力。所以在法学研究的视野中，效率价值经过了从隐性到显性化的过程。

在管理学中，效率价值是毫无疑问的，因为管理思想及管理学的产生都是首先来源于对追求经济效益的企业管理的关注。而公平价值则在稍后的公共管理理论中才出现，即使在公共管理中效率也是重要的价值目标，但是对事物的公平与否的处理，在人权意识被唤醒的法制社会，总是会对效率产生影响的。在经济生活中，公平与效率的冲突形态和协调方式，首先不是由法律加以假设和规定，而是在管理实践中观察和摸索的，效益和公平孰优孰劣不可妄加判断。

以几个典型的发达国家，如美国、瑞典和德国，对收入分配调控的政策及其效果的观察来说明这个问题。美国是宏观调控型市场经济的代表，美国模式的特点是崇尚自由竞争，实行自由企业制度，借助市场组织社会生产过程，完成资源与收入的分配，反对国家计划，主张国家对私人企业尽可能少加干预。政府对经济的干预仅限于控制若干重要的宏观经济目标，如就业、通货膨胀与国际收支平衡等。干预的重点也主要放在需求方面，避免因对供给干预过多而损害市场机制。在这种体制下，对收入的再分配调节将是十分有限的。美国经济发达而贫富悬殊，说明在美国的国民收入分配管理中，效率重于公平。相比之下，福利国家的代表瑞典以公平的分配政策促进了经济增长，但是当凭借强大经济基础推行过度的收入均等化、福利高度化和全面化的制度以后，曾经繁荣的经济状况趋向了衰退。而实行公平与效率均衡的社会市场经济体制的代表国家德国，采用以市场自由竞争为基础，国家适当调节，社会安全为保障的市场经济模式，在个人自由、社会公正之间建立了良好的平衡机制，实现了国民经济繁荣和人民生活共同向上的成功结合。可见，正确的管理制度是以对人性的合理分析为基础的有效刺激，在经济生活中不能不考虑人性的趋利和懒惰等消极方面，因此要在保证适度公平的前提下，以效率价值为优先。

由上可见，公平和效率价值在经济学、管理学和法学中的显性及隐形程度虽然不同，但三者是可以兼容的。

三、三大学科方法理论的互动性

（一）经济学方法论的开拓性

经济学是社会科学中的基础性科学，这也决定了它以自然科学，尤其是数学、物理学为应用工具，而经济学本身又是其他社会科学的应用工具，社会学、伦理学、管理学、法学等无一不是它的应用范围。这明确显示了直接以人类基础的、复杂多变的经济生活为研究对象的经济学在方法论上必然会不断开拓创新。

（二）管理学方法论的融合性

管理学是一门综合性学科，它吸取经济学、社会学、心理学、数学、法学、政治学等学科的相关知识为己所用。管理学理论的研究方法既不是演绎，也不是归纳，更不是抽象，而是将所采用的各种学科的知识，通过大脑融会贯通以后得出某种创意，这就是管理学研究方法的融合性。

（三）法学方法论的规范性

法学方法论的规范性是指法学的研究和法律的适用都必须以事实或经过实证的理论为基础进行严谨的推理。法学方法论的规范性是由法学研究的对象以及法律制度所担负的社会使命所决定的。

法学研究的准确性要求来源于法律的权威性和严肃性。作为社会生活的行为规范的法律，只有具备准确性才能保证其普遍适用性。经济学揭示的经济规律是客观存在的，人们采用各种方法进行摸索，为的是找到它的准确性所在，然而至今还没有完全找到，因此，经济学研究是不可能一开始就要求准确的。而管理学是具有权变性的学科，它的理论因地制宜，不能要求具有普遍适用性。尽管管理学家在寻求普遍适用的理论，但它的普遍性是相对的。

四、"三位一体"适合"厚基础、宽口径"教育原则

由于知识经济时代的发展变化是极其迅速的，人才的培养要视市场的需要来定。因此对会计人才的培养教育必须是终身的。对会计工作者来讲，在工作过程中学习和应用知识要交替进行。这样，需要教育就只能是基础教育，学校应设置内容丰富的基础课程。学生通过这些基础课程的学习，打好深厚的基本理论功底，为在今后的工作中不断学习新知识，接受新生事物打下良好的基础。新的经济活动更为复杂，更为多维，它要求高智能型的会计人才，他们是集科学技术与管理知识、专业知识和渊博文化于一身的专业人才，必须借助多种知识和技能的综合运用在真实业务活动中来进行创新。这就要求学校教育应在专业化教育的基础上，加强经济类、法学类和管理类的相关课程，如西方经济学、管理学、经济法等，同时积极开设新兴的多学科，如系统工程、运筹学，以及社交公关口才、证券投资、国际贸易等选修课，拓宽学生的知识面，丰富学生的知识。

当然，"三位一体"的教育核心理念应该是培养既懂会计又懂法律的会计人才、高级管理人员。市场经济是竞争的经济，同时也是法制经济。随着市场经济的发展，法律体系将继续不断完善，法律对会计的影响是直接的，有时甚至是强制性的。会计必须运用合法手段和法律环境维护企业的合法权益，必须遵循有关法律、制度为信息使用者提供真实可靠的有用信息，以维护各利益相关者的利益。这就要求会计人员首先必须懂法，然后才能依法理财。一方面要按照法律法规守法理财，另一方面当企业的利益受到损害时要依法维护企业的合法权益。

【第二部分】

法律基础实务

第二章　法务会计证据

第一节　法务会计证据概述

法院或仲裁机构审理案件进行裁判的过程实际上是裁判三段论的运用过程，是以法律规范为大前提，以案件事实为小前提，法院根据认定法律要件事实的结果，做出是否适用该法律的裁判这样一种结论。通过这一程序过程，最终实现对实体法律关系的维护。证据是这一程序运用过程的灵魂与关键，是联系实体法与程序法的桥梁与纽带。法院审理案件，首先必须查明事实，继而在查明事实的基础上适用法律，从而作出裁判。只有在事实清楚的基础上，适用的法律才是正确的。然而事实本身虽是客观的，但其已为过去时，要在事后查明，只能发挥人们的主观能动性，依靠理性思维去加以认识和判定。因此，证据是否充分，直接影响司法活动中的判断。任何人在诉讼中主张了案件事实，除非这种事实是众所周知无须证明的，或是属于司法认知等情形而无须加以证明的，一概都要提供相应的证据加以证明。证明的目的是要说服具有法律适用权的司法或行政主体，使之能够在被事实主张者说服的前提下，依事实主张者的请求而适用法律，从而满足其权利请求。反之则可驳回其请求。通过证据发现案件事实和法律要件事实的真相，不仅使法院的认定事实活动具有客观性、公正性及正当性，还可以使当事人全面客观地了解法院的认定事实过程，从而增加对审判结果的认同性。

法务会计的作用是提出专业性意见或在法庭作证支持诉讼，其工作成果内容主要是依当事人要求调查、收集会计证据材料或者由司法机关指定而独立、客观进行的会计证据鉴定并提出鉴定报告。法务会计人员所提供的会计证据材料能否被法庭所采信作为定案依据，决定于会计证据材料是否具有证据能力及证明力。因此，对会计证据的基本概念及特性进行研究，有利于帮助法务会计人员确定调查会计证据过程中采用的调查方法以及固定、保全方法，从而使自己所提供的会计证据材料得以提交于法庭，对特定财务会计事实进行证明。对会计证据审查、认定方法的研究，有利于法官对会计证据采取一致的审查和认定原则，保证会计证据的证明作用得到充分发挥，从而实现诉讼公平。

一、诉讼证据与法务会计证据概念

（一）证据及相关概念

1. 证据

关于证据的定义众说纷纭，是证据法学领域的一个长期存在争议的问题，在国内外都存有不同观点。

按照学界通说，外国学者所界定的证据概念有以下几种：

原因说：该学说认为证据是确信不疑某种待证事实存在或不存在的原因，也即证据是使法官产生心证的原因，凡是使法院确认当事人主张之某事实或某法则为真实之外部原因，都是证据。该种定义方式，没有为证据附加任何外在约束，因而是最广泛意义上的证据概念。

结果说：该学说认为证据是使法官对待证事实的真伪获得确认所举证的结果。日本学者松冈正义指出：证据者，举证和证据调查之结果也。结果说之下的证据定义缺点在于时间滞后。

方法说：该学说认为证据是举证人为了使法官认定待证事实所使用的各种证明方法。如英国学者泰勒认为：凡是一切法律之方法，除辩论外，用以证实或反驳司法调查中各项事实之真相者，谓之证据。苏联学者克林曼也认为：证据不是别的东西，而是确定真实情况的一种手段，它是法院从其中获得对解决民事权利争议具有重要法律意义的法律事实所必需材料的源泉，是借以确认对某一案件有法律意义的事实存在或不存在的一种手段。

事实及方法说：该学说认为证据是指那些可以被证明的事实和证明的方法。英国学者菲普森认为：证据一是除辩论和推论外通过起诉和答辩向法院提供关于查明案件事实而凭借的方法；二是这些方法的标的。此说弥补了前说的缺陷。

资料说：该学说认为证据就是依据已知的材料以推理其事实之存在或不存在者。我国台湾学者陈朴生持此学说。

而在我国国内，则存在事实说、事实材料说、统一说、根据说、双重含义说、多重含义说等各种观点。

事实说在我国证据法学研究中影响最大，几成通说。此观点认为证据即能够证明案件真实情况的一切事实。该学说的主要依据是我国《中华人民共和国刑事诉讼法》（简称《刑事诉讼法》）第四十八条规定："可以用于证明案件事实的材料，都是证据。"但事实说虽然有法律规定上的条文支持，其令人困惑之处也是明显的。首先，依此定义，证据即是事实，然而事实即意味着客观真实性，但证据是否都是事实，从诉讼实践来看，难免令人怀疑，如证人伪证或者提交给法庭的伪造的录音录像资料，显然不应为事实的范畴。其次，既然证据是事实，又为什么在法律中规定需经法院审查属实方能作为定案的根据？显然这里存在定义与过程的矛盾。

统一说认为证据内容（证据所含有的有关案件事实的信息）与形式（表现为各种证据各类的载体）的统一，将证据定义为"是以法律规定的形式表现出来的能够证明案件真实情况的一切事实"。

根据说则认为诉讼证据是指在诉讼过程中用来确定案件事实的根据。

双重含义说的主张者认为证据一方面指事实，即能够证明案件真实情况的一切事实，也可以指证据的表现形式，即证人证言、物证、书证等各个证据种类。

多重含义说认为，诉讼证据的概念含义丰富，在不同的诉讼阶段或在不同的场合，在使用同一概念时，其实际的含义往往不尽相同。在立法上，证据一词在不同的条文中含义有所不同：在定义上，法律将其定义为证明案件事实情况的一切事实；在有形方面，证据为法院查明案件事实的有关事实材料；在结果方面，证据为法院认定案件事实的根据。单就一个证据的定义，学者们即存在如此之多的观点，且争议的范围也突破法学的领域扩展到了哲学、社会学的领域，足见证据问题在诉讼法埋论中的重要性。我们认为，对证据可做如下定义：证据是指法院或仲裁机构在审理案件过程中，经法定程序认定作为证明对象的事实是否存在所依据的资料。

2. 与诉讼证据有关的几个概念

（1）证据材料。证据材料，是指诉讼或仲裁过程中，由事实主张者向法院或仲裁机构提供的或者法院依职权搜集的，用来证明案件事实的各种材料。

在我国相关立法内容中，证据与证据材料一词往往被混同使用，造成表述的不明确。证据一词有时是指证据材料，如我国《中华人民共和国民事诉讼法》（简称《民事诉讼法》）第六十四条"人民法院应当按照法定程序，全面地、客观地审查核实证据"及第六十六条"证据应当在法庭上出示，并由当事人互相质证"中的"证据"，实则应表述为"证据材料"才恰当。而有时立法中的"证据"就是指证据本身，即能够作为认定案件事实依据的定案证据，如《民事诉讼法》第二百条中所说"有新的证据，足以推翻原判决、裁定的"，"原判决、裁定认定的基本事实缺乏证据证明的"。而有些法条在表述上，对于尚未被审查、认定的"证据"，直接使用"证据材料"这一概念，以示与作为定案依据的"证据"之区别。如2001年《最高人民法院关于民事诉讼证据的若干规定》第一、十四、三十四条中的表述："原告向人民法院起诉或者被告提出反诉，应当附有符合起诉条件的相应的证据材料"；"当事人应当对其提交的证据材料逐一分类编号，对证据材料的来源、证明对象和内容作简要说明，签名盖章，注明提交日期，并依照对方当事人人数提出副本"；"当事人应当在举证期限内向人民法院提交证据材料"，即是如此。

必须明确的是，诉讼或仲裁的过程中，证据与证据材料应该是两个不同的概念。案件的诉讼或仲裁过程中，只有经过当事人的质证并被法院或仲裁机构采纳为认定案件事实的依据的证据材料，才能成为定案证据或裁判证据，或者直接称之为证据。因此，定案证据来源于证据材料，证据材料则是定案证据的初始形态，证据源于证据材料。证据材料本身并不完全满足合法性，而证据必须具备合法性的要求。当事人提供和法院搜集的证据材料，有的符合定案证据的条件，能够成为法院认定案件事实的根据；有的不具备条件，则最终不能作为认定本案事实的证据使用。或者说，只有具备证据资格的证据材料最终才能确定成为证据。

（2）证据方法。证据方法，是指诉讼中可以作为调查对象进行证据调查的对象物，也指当事人作为证据向法院提出的对象物，分为人证和物证两大类。按照我国诉讼法规定的证据分类，人证有证人、鉴定人、当事人，物证有文书、物品、勘验物、视听资料等。

证据方法的概念，旨在说明只有法律规定的证据种类，才具有成为证据调查对象的资格。当然，在诉讼过程中，影响法官发现事实真相的资料并非限于证据方法，如当事人在诉讼中的辩论状况及表现，都可能影响法官对事实真相的发现。

证据方法和证据资料的区别在于，前者是指证据调查的对象，是一种客观存在；后者是证据调查的结果，是一种主观认识或感知。认识两者在概念上的区别，有利于分清证据资格与证据价值两个概念，以及对不同的证据方法适用不同的证据调查方法。如对证人、鉴定人、当事人本人为证据调查对象的证据方法进行证据调查，其方法分别是证人询问、鉴定和当事人询问，而由此所得到的证据调查结果即证据资料，则分别是证人证言、鉴定结论、当事人的陈述。而对文书、物品、勘验对象、视听资料等物证的证据方法进行证据调查，采用的方法分别是书证、物证、勘验、视听，而由此所得到的证据调查结果（证据资料）则分别是文书中记载的内容、物品的特性、勘验笔录和视听内容。针对不同的证据方法所得的证据资料，在判断其能否作为定案依据时所考虑的标准应是有所差别的。

（3）证据原因。证据原因是法官对于当事人主张的事实是否属实形成心证的原因。证据原因来自办案人员对证据证明力（或曰证明价值）的判断。此外，当事人的辩论状况及表现，也是法官认定事实真相所依据的资料。

（二）法务会计证据的概念

法务会计证据首先当属于证据，是一种具有特定内容的证据。对于会计证据的概念，学界同样存在不同的表述。

有人将会计证据称为财务会计资料证据，是指以财务会计资料形式所表现的诉讼证据。各种与案件有关联的经过法定程序搜集固定的财务会计资料都可以成为财务会计资料证据。也有人认为会计证据是指司法机关依照法律程序从财务会计资料中搜集和固定的能够证明案件事实的会计凭证、账簿和报表。还有人将会计证据概括为司法机关依照法律程序从发案单位和与其相关业务单位的账务会计资料中搜集和固定的能够证明案件事实的会计凭证、账簿、报表和其他会计资料。

毫无疑问，前述对于会计证据概念的表述都是从诉讼证据出发的，但是，会计证据搜集的目的，不仅包括在诉讼中证明案件事实，也包括在替代性纠纷解决机制中发挥作用。因此，有学者将会计证据定义为：会计证据是法务会计人员依法搜集的能够证明案件事实的一切会计资料。我们认为，如前面分析的证据材料与诉讼证据之间存在差别一样，会计证据材料与会计证据亦具有不同的要求。因此，法务会计证据是指由法务会计人员制作或提交的，经法院或仲裁机构等认定的，以会计信息为内容的据以确定案件相关事实的依据。

法务会计证据与一般诉讼证据相比，主要有以下特殊之处：

第一，证据提供主体特殊。一般诉讼证据的提交可以是任何当事人，也可以是检察人员、律师或其他诉讼代理人，在特殊情形下法院可以主动调查搜集。相比较于一般诉讼证据而言，法务会计证据的提供者则表现出明显的专业性，它是由法务会计专家提供的。此处法务会计专家具体可分为两种情况，一种是作为当事人、律师、法官或陪审团的咨询顾问，参与诉讼策略的制定以及调查；另一种是作为法庭上的专家证人（英美法系国家）或者司法鉴定人（大陆法系国家，我国亦如此）。在诉讼或相关活动中，法务会计证据资料作用的发挥，不是通过该凭证或账簿本身的形式而显现，而是通过相关财务会计资料如凭证、账簿等记载或表达的内容来实现，而会计凭证、会计账簿记载的内容是有一定专业规则要求的，要从大量的财务会计资料中寻找出与案件相关事实的证据，必须由专业人士即法务会计人员来进行搜集和分析判断。

第二，证据表现形式特殊。普通诉讼证据的认定目的在于用来证明诉讼案件的全部法律事实，而法务会计证据的作用则在于诉讼或有关活动中用以证明相关财务会计事实，此事实只是案件法律事实的一部分，并且，法务会计证据的证明作用需要通过其本身记载的内容或者法务会计人员作出的专家报告或鉴定书表现。因此其主要的表现形式可以是各种财务会计资料（如会计凭证、会计账簿、会计报表及其他会计资料）或专家报告或者证人证言等，凡与财务、会计事项有关的各类材料都可能成为法务会计证据。如果从证据分类来考虑的话，法务会计证据多表现为物证、书证或鉴定结论，特别情况下以证人证言形式存在。

第三，证据证明内容的特殊性。法务会计证据的证明内容具有特定性，是与财务会计活动有关的一切事项，具体来说包括三个层面：①可以揭示相关经济活动的类型，也就是证明具体的财务事项所涉及的经济业务属于哪一属性。如通过会计证据确定民事案件中争议事项属于买卖行为还是借贷行为，从而为解决相关法律问题的法律适用提供依据。②法务会计证据证明内容还包括在该经济行为中的不同主体状况，可以揭示有关财务关系当事人（购货人、收货人、纳税人、投资人等）、具体财务行为人（业务经办人、财务资料制作人、出纳人员、财务审核人等）的情况。③通过法务会计人员的调查，就会计资料内容的真实与否及其他情况作出报告或鉴定意见。

第四，证据属性的特殊性。普通诉讼证据一般具有的本质特性是客观性、关联性与合法性，但法务会计证据除此以外，还表现出双重性、间接性和技术性等突出特性。

二、证据的本质特征

具有法律意义的证据具备不同于其他事物的本质特征。一般认为诉讼证据具有客观性、关联性、合法性三方面基本特征，而此三个特征其实也是判断证据材料是否存在证据能力的前提条件。我国目前立法虽未对会计证据有具体的特殊要求，但实务中，在作为证实与查明经济犯罪与欺诈舞弊事实的重要手段的法务会计活动中，法务会计人员要论证自己的主张与观点，为诉讼活动提供强有力的支持，法务会计证据也必须满足上述三个基本要求。

（一）客观性

客观性是证据最基本的因素和特征。证据的客观性是指证据必须是客观存在的事实材料，而非猜测、虚构之物，它不以人的主观意志为转移，因此这一属性亦可表述为证据的真实性。

证据的客观性包括两个基本方面：一方面，在形式上证据表现为客观存在的实体，无论其具体形式是人证还是物证，都是客观存在物。正因如此，证据材料只有当庭出示，经由当事人质证，否则便不能作为认定案件事实的依据。另一方面，证据的内容是对与案件有关的事实的客观记载和反映，是客观存在的事实，而不是主观想象、揣测的事实。如《最高人民法院关于民事诉讼证据的若干规定》第五十七条第二款要求："证人作证时，不得使用猜测、推断或者评论性的语言。"

总之，为了保证证据的客观性，一方面要求当事人和其他诉讼参与人必须向法院提供真实的证据，不得伪造、篡改证据；另一方面要求法院在调查搜集和审查核实证据时必须客观、全面，不得先入为主、以偏概全。

当然，强调诉讼中证据的客观性的同时，并不应否认证据的提供、运用具有主观的一面。在诉讼中，无论是搜集证据、提供证据，还是审查、核实证据，运用证据认定案件事实，都离不开人的活动，而人的这些活动又难免带有主观的成分。但这种主观性是指对证据的客观性的主观上的认识，而不是主观随意性。在诉讼过程中，应当最大限度地使人的主观认识、主观判断与客观实际情况相一致。

承认和认识证据的客观性，就要求在诉讼实践中办案人员不能把个人主观的判断，或人们的想象、假设、推理、臆断、虚构等作为定案的证据适用。同时，也要求审判人员对于提交法庭的证据材料，必须要审查其来源，对于没有正确来源的，由于无法进行查证，不具备客观真实性，当然不能将其作为证据使用。

对于法务会计证据而言，证据的客观性要求法务会计人员必须根据真实的会计资料等去推测以前发生的财务会计的真实性情况，从而为正确处理法律事项提供依据。虚假的财务会计证据材料不得在法务会计支持中运用和被法院或仲裁机构裁判案件时所采信。

（二）关联性

关联性又称为相关性，是指诉讼证据必须与所要证明的案件事实（即待证事实）存在一定的客观联系。如果与案件事实无关，即便是客观事实，也不能作为认定案件事实的证据。证据与待证事实之间的关联性，是由事物之间相互联系的属性决定的。二者之间联系的紧密程度决定了证据证明力的强弱程度。即关联性越密切，其证明力就越强；关联性越弱，其证明力则越弱。具有关联性的证据又被称为"关联性证据"或"相关证据"，指证据具有某种倾向，使有待裁判加以确认的某项争议事实的存在比没有该项证据时更有可能或更无可能。

美国《联邦证据规则》第401条即明确规定："相关证据，指证据具有某种倾向，使决定某项在诉讼中待确认的争议事实的存在比没有该项证据时更有可能或更无可能。"《最高人民法院关于民事诉讼证据的若干规定》第六十五条也规定审判人员在对单一证据进行审核认定时要考虑"证据与本案是否相关"。证据与意图证明的争议事实之间必然存在着合理的关系，如果证据与该事实关系极为微小，或者没有足够的证明价值，那就是无关联的。

正确认识和理解证据的关联性时，须注意以下几点：

第一，关联性既可以是直接的联系，也可以是间接的联系。

第二，关联性既可以表现为肯定的联系，也可以表现为否定的联系。

肯定的联系是指证据对案件事实的存在起肯定的证明作用。否定的联系是指证据对案件事实的存在起否定的证明作用。

第三，关联性是客观存在的，而不是凭空推测的。证据与案件事实之间的关联性，虽然需要诉讼主体去认识，更需要法官进行主观判断，但二者之间的关联性应当是客观的。法官的认识和判决是对证据与案件事实之间的客观联系的反映，而不能是主观臆断的联系。证据事实与案件事实之间的关联性是客观存在的，其联系是不以人们的主观意志为转移的，办案人员分析认识这种联系时，既不能主观臆造，又不能牵强附会，更不能强加，否则就会导致冤、假、错案。

当然，对于法务会计证据而言，"关联性"标准仅指形式上的关联性，即只要证据有发现待证事实的可能就认定其具有关联性。

（三）合法性

证据是查明案件事实的根据，所以，证据本身必须真实可靠。证据的合法性，也叫证据的许可性、证据的法律性，指证据的形式、搜集、出示和查证，都由法律予以规范和调整，作为定案根据的证据必须符合法律规定的标准，为法律所容许。即运用证据的主体要合法，每个证据来源的程序要合法，证据必须具有合法的形式，必须经法定程序查证属实。证据的合法性，是证据客观性和相关性的重要保证，也是证据具有法律效力的重要条件。

为了确保证据的合法性，我国三大诉讼法对于搜集证据、固定和保全证据、审查和判断证据、查证核实证据等，都规定了严格的程序和制度。法律规定民事诉讼当事人搜集、提供证据，司法人员搜集证据，审查和运用证据，必须依照法律规定而为之，证据材料经过法定的审查、质证或认证后查证属实，才能作为逮捕、起诉或判决的根据。具体而言，证据的合法性包括如下内容：

1. 证据材料的来源必须合法

无论刑事诉讼、民事诉讼还是行政诉讼中，证据的来源必须合法，也就是说证据材料的调查、搜集的主体、程序或手段必须合法。只有依法定程序或方法搜集的证据材料才能保证其内容的客观性、真实性。因此我国法律对于证据的调查与搜集的主体和程序方面都有一定的要求，如没有鉴定资格的人所提出的鉴定结论在法庭上不被认可作为合法的诉讼证据。在刑事诉讼中，检察、侦查人员搜集证据时的手段不得违背我国《刑事诉讼法》第五十条的规定："审判人员、检察人员、侦查人员必须依照法定程序，收集能够证实犯罪嫌疑人、被告人有罪或者无罪、犯罪情节轻重的各种证据。严禁刑讯逼供和以威胁、引诱、欺骗以及其他非法的方法收集证据。"同时，我国《刑事诉讼法》第一百二十二条规定："询问证人应当个别进行。"在民事诉讼活动过程中，当事人及其代理人搜集证据时不得侵害他人的合法权益，不得违反法律的禁止性规定。《最高人民法院关于民事诉讼证据的若干规定》第六十八条规定："以侵害他人合法权益或者违反法律禁止性规定的方法取得的证据，不能作为认定案件事实的依据。"

2. 证据的表现形式应当合法

缺少形式要件的证据材料，不能作为证据使用。一方面，我国民事诉讼与刑事诉讼等立法中均对于证据的法定形式有明确的列举；另一方面，对于不同形式的证据材料，如果法律规定有特定形式要求的，必须满足方可具有证据效力。如当事人向法院提供的证据，法律要求应当提供原件或者原物，除非法律规定的特别情况，方可以复制件或复制品代替。如果当事人向人民法院提供的证据是在中国领域外形成的，则该证据应当经所在国公证机关予以证明，并经中华人民共和国驻该国使领馆予以认证，或者履行中国与该所在国订立的有关条约中规定的证明手续。又如《中华人民共和国继承法》（简称《继承法》）第十七条第三款规定："代书遗嘱应当有两个以上见证人在场见证，由其中一人代书，注明年、月、日，并由代书人、其他见证人和遗嘱人签名。"

3. 证据材料的审查、证据的认定必须经过法定程序

在诉讼活动中，只有经过法院审查认定的证据材料才能成为定案的依据，也就是证据。证据的审查过程中，法院需要对相关主体提供的证据材料进行审查从而确定其是否能成为定案的依据。诉讼过程中各方主体提供的证据都必须在法庭上当庭出示，经过质证之后由人民法院决定是否认定。未经庭审质证的证据材料，无论是当事人提供的证据材料，还是法院调查、搜集的证据材料，当然不具有证据能力，《最高人民法院关于民事诉讼证据的若干规定》第四十七条明确规定，"证据应当在法庭上出示，由当事人质证。未经质证的证据，不能作为认定案件事实的依据"。经过法庭质证程序，对于来源不合法的证据，法院当然应当予以排除。《最高人民法院关于执行〈中华人民共和国刑事诉讼法〉若干问题的解释》第六十一条规定："严禁以非法的方法收集证据。凡经查证确实属于用刑讯逼供或威胁、引诱、欺骗等非法的方法取得的证人证言、被害人陈述、被告人供述，不能作为定案的依据。" 2010 年 5 月 30 日，最高人民法院、最高人民检察院、公安部、国家安全部和司法部联合发布《关于办理死刑案件审查判断证据若干问题的规定》，其中第一条、第二条即明确规定，采用刑讯逼供等非法手段取得的犯罪嫌疑人、被告人供述和采用暴力、威胁等非法手段取得的证人证言、被害人陈述，属于非法言词证据。经依法确认的非法言词证据，应当予以排除，不能作为定案的根据。此外，民事诉讼中，《最高人民法院关于民事诉讼证据的若干规定》第六十八条规定："以侵害他人合法权益或者违反法律禁止性规定的方法取得的证据，不能作为认定案件事实的依据。"在行政诉讼方面，《最高人民法院关于行政诉讼证据若干问题的规定》第五十八条中也作了与民事诉讼类似的规定。

对于法务会计证据而言，因其内容所特有的专业性，更应对合法性有严格的要求。在提供主体、证据形式以及获取方法等方面均满足合法性的条件下，才能认定其证据能力的存在。

总之，为了保障人民法院审理案件的正确性，审判人员应当依照法定程序，全面、客观地审核证据，依据法律的规定，遵循法官职业道德，运用逻辑推理和日常生活经验，对证据有无证明力和证明力大小独立进行判断，并公开判断的理由和结果。

三、证据的意义

作为证据学中心概念的证据，是诉讼活动的基本条件。诉讼过程是搜集证据、运用证据和审判判断证据的过程。这一过程通常是由法律加以规范，由一

定的原则加以统摄并由一定的程序和规则加以约束的。证据在诉讼活动中占有重要地位，它是用以查明案件事实的手段。诉讼最终要将一定的法律规范适用于一定的事实，在适用法律之前必须查明案件事实，诉讼证据的功能在于使案件事实或者当事人的主张得到确认，最终使裁判者得以适用法律，形成一定的结论。

一般认为，证据在进行诉讼活动中发挥着重要作用，主要体现在以下几个方面。

（一）证据是诉讼活动的基本条件

在现代诉讼中，裁判必须建立在诉讼证据的基础之上，这一观念早已成为一项重要的诉讼原则，被称为证据裁判主义。这一原则的内容虽然并不复杂，无非要求做出裁判应凭具有证据能力并且经过调查的证据，但这一原则却是人类经过长期的磨难最终得以确立的，它排斥以神灵启示、主观臆断等非理性的因素作为确认案件事实的根据，使裁判建立在客观实在、理性讨论的基础之上。也就是说，"随着近代合理主义的兴起，开始通过人的理性发现事实真相。因此，形成一项原则：认定事实必须依据证据，其他任何东西都不是认定事实的根据。"

我国《民事诉讼法》《刑事诉讼法》《行政诉讼法》共同的基本原则之一是"以事实为根据，以法律为准绳"，对于其中的"事实"的理解，显然是指的证据事实，而不是指的客观事实，《最高人民法院关于民事诉讼证据的若干规定》中第六十三条即明确"人民法院应当以证据能够证明的案件事实为依据依法作出裁判"，因此有学者提出此原则表述为"以证据为根据，以法律为准绳"更为恰当。如果离开证据，当事人不能有效地行使诉讼权，人民法院不能作出有效的裁判。对于当事人而言，起诉的条件之一便是"有具体的诉讼请求和事实、理由"，并且"当事人对自己提出的主张，有责任提供证据"。据此规定，如果当事人不能提出相应的证据材料，则不能说明自己的起诉存在有事实和理由，不符合起诉的条件，起诉不能为法院所受理，而如果在诉讼过程中，当事人提出主张却没有相应的证据材料为支撑，则其必然承担败诉的后果，因为提供证据是其"责任"。对于人民法院而言，审查证据材料，认定证据是其认定案件事实的前提，人民法院审理案件，必须在事实清楚、是非分明的基础上做出裁判。而推定事实分明是非，一切都取决于证据的内容。而在刑事诉讼过程中，侦查、检察人员更必须要在有充分证据的基础上实现对于犯罪嫌疑人的指控。

总之，离开证据，诉讼无以发生，诉讼的进行也将失去意义。

（二）证据是实现司法公正的基础

证据对于实现司法公正的要求起着基础性作用。司法公正包括实体公正和程序公正两方面的要求。

证据对实体公正的实现起到基础性的作用。对诉讼本身而言，证据是还原案件真相的唯一工具。司法公正，最终的体现是诉讼裁判结果的公正，也就是实体保障的公正。而要实现这一公正，当然取决于两方面：一是法院对于案件事实认定的公正，即法院认定的案件事实与案件的客观真实的一致；二是法院在正确认定案件事实的基础上对于法律适用的公正。毫无疑问，对实体的处理能否公正，首先取决于能否运用证据准确地认定案件事实。由于诉讼总是在案件事实发生之后，且事实本身不可再现，因此诉讼过程中只能依据证据材料推知已经发生的事实。证据具有提示案件真实情况的作用，而发现案件真实情况乃是对案件作出符合实际的正确裁判的基础，没有证据，就难以实现实体公正。从一定程度上来说，任何一个案件的审理过程中，都不可能保证与案件有关的所有证据材料一定会搜集完全，或者提交到法庭的证据材料都一定是客观真实的，因此，审判机关在对证据材料进行审查之后如何认定相关材料的证据能力及证明力，直接关系到对于案件事实的认定。

证据对于程序正义的实现更是有力的保障。对于各国而言，证据法律制度都是诉讼法律制度的主要组成部分，我国也不例外。各国立法中围绕证据制定的一些法律原则、法律程序和规则，能够起到限制国家专责机关的权力、保障实体权利和实现程序公正的作用。如证据规则中的反对强迫自证其罪的特权的设定、非法证据排除规则的确立等，对于国家专责机关获取证据材料的手段进行了约束，限制了国家专责机关滥用权力的可能性。同时，非法证据排除规则，还是保障诉讼程序的完善、制裁违反正当程序的重要手段。事实上，在诉讼过程中，对当事人的合法权利的损害有可能就来自国家专责机关，证据裁判原则要求在诉讼活动的进行中，国家专责机关采取行动、作出决定和裁决必须依据证据，这本身就对国家专责机关行使权力设定了一定的行为模式，以程序的公正性来保障实体结果的公正有效性。

由此可见，无论是对于案件事实的发现和确认，还是对于正当程序的维护，证据都具有非常重要的意义。

（三）证据具有维护当事人合法权益的功能

当事人的权利受到侵害或者发生争议，有权向国家专责机关请求法律救济，包括请求国家专责机关采取相应措施制止侵害，确认权利归属或者权利受损害的事实，迫使责任人赔偿损失，甚至追究责任人刑事责任。当事人主张自己的权利、国家专责机关行使职权以维护当事人的权利，都必须依靠证据，没有证据就不能正确认定当事人权利主张所依据的事实，当事人就不能使自己的诉讼主张得到支持，国家专责机关在难以通过行使职权获取证据的情况下，也难以维护当事人的合法权利。因此，证据往往是当事人维护自己合法权益的关键所在，不能掉以轻心。无论在社会生活中，还是在诉讼过程中，人们都应当有意识地培养自己的"证据意识"，明了某些材料在一旦发生纠纷后的证据价值，及时搜集和保全证据，以在自身权利受到损害或者一旦发生纠纷时能够运用这些"武器"捍卫自己的权利。

第二节　法务会计证据的证明能力与证明内容

一、证据能力

（一）证据能力的概念

证据能力，又称为证明能力、证据资格或证据的适格性，是指一定的事实材料作为诉讼证据的法律上的资格，或者说，是指证据材料可以被采用为证据的资格。具备证据能力，是证据材料可以在法庭审理过程中出示并成为认定案件事实的依据的基本条件。是否具有证据能力，要由法律做出规定或通过司法解释、判例来确定，所以它是一个法律问题。向法庭或仲裁机构提供的证据材料只有在具备证据能力时，才有资格进入诉讼或仲裁程序发挥证明作用，进而才需要判断其证明力的大小，才能成为最终影响定案的依据，否则，该证据材料将被排除。

（二）证据能力的认定

英美法系国家对证据能力的限制非常严格，证据能力的判明标准是证据的关联性和可采性，并且其可采性规则在全部证据规则中占据相当的比重。这是因为，在英美法系国家，陪审制得以普遍采用，并且由于英美法系国家法律规定对陪审团成员选定的程序要求所致，陪审团成员往往是在审前未接触未了解案情的人员。在陪审过程中，陪审团成员对于案件事实的认定，主要是依靠庭审活动中获取的信息，受当事人各方或控辩双方法庭辩论内容所左右，似乎更易于感情用事，容易受到不良证据材料的影响甚至是误导。因此为了避免陪审团受到不良证据的误导和蒙骗，英美法系国家的立法中设计了许多规则，对于当事人双方可以将何种证据提交给陪审团作出严格的限制，只有具有证据能力的证据才可能在法庭上出示。因此，美国《联邦证据规则》第 103 条（C）规定："在陪审团审理的情况下，法官将指导诉讼，以防止不能采纳的证据通过各种手段，如作出陈述、提供证明或进行提问等，对陪审团产生影响。"

在英美法系国家，一般来说，不可采纳的证据主要有两方面的问题：

一是缺乏关联性。美国《联邦证据规则》第 402 条规定："所有具有相关性的证据均可采纳，但美国宪法、国会立法、本证据规则以及联邦最高法院根据立法授权确立的其他规则另有规定的除外。没有相关性的证据不能采纳。"二是应受排除的证据。美国《联邦证据规则》第 403 条规定："证据尽管具有关联性仍能予以排除，即如果该证据的证明价值基本上被下述因素超过，即造成不公平的偏见风险、混淆争执点、导致陪审团的误会、不应有的拖延、浪费时间、不必要的提出重叠证据等理由。"

我国立法中对于证据能力并没有系统的规定，只在某些条文中对于个别证据材料有所涉及。一般认为，我国对于证据的采用有三个标准：客观性、关联性、合法性。

具体从我国目前的相关立法及司法解释来看，主要有以下内容。

1. 证据形式条件

证据材料只有在满足法定的形式条件要求时，方能在法庭上出示并进行调查。如《最高人民法院关于民事诉讼证据的若干规定》第十一条规定："当事人向人民法院提供的证据系在中华人民共和国领域外形成的，该证据应当经所在国公证机关予以证明，并经中华人民共和国驻该国使领馆予以认证，或者履行中华人民共和国与该所在国订立的有关条约中规定的证明手续。"第十二条要求："当事人向人民法院提供外文书证或者外文说明资料，应当附有中译本。"第十条规定："当事人向人民法院提供证据，应当提供原件或者原物。如需自己保存证据原件、原物或者提供原件、原物确有困难的，可以提供经人民法院核对无异的复制件或者复制品。"

2. 证人资格条件

证人证言，是诉讼活动尤其是民事诉讼中的主要证据形式之一，我国《民事诉讼法》第七十二条规定："不能正确表达意思的人，不能作证。"《最高人民法院关于民事诉讼证据的若干规定》第五十三条规定："不能正确表达意志的人，不能作为证人，待证事实与其年龄、智力状况或者精神健康状况相适应的无民事行为能力人和限制民事行为能力人，可以作为证人。"由此应该可以推定，作为证人，必须对于自己所陈述的事实具有足够的认知能力。当然，此种认知能力的要求范围根据具体事实由法庭来裁定。《最高人民法院关于民事诉讼证据的若干规定》第七十八条规定："人民法院认定证人证言，可以通过对证人的智力状况、品德、知识、经验、法律意识和专业技能等的综合分析作出判断。"

3. 证据来源条件

证据来源条件主要是通过非法证据排除规则而明确。在民事诉讼方面，《最高人民法院关于民事诉讼证据的若干规定》第六十八条明确规定："以侵害他人合法权益或者违反法律禁止性规定的方法取得的证据，不能作为认定案件事实的依据。"在刑事诉讼方面，《最高人民法院关于办理刑事案件排除非法证据若干问题的规定》第一、二条明确规定，采用刑讯逼供等非法手段取得的犯罪嫌疑人、被告人供述和采用暴力、威胁等非法手段取得的证人证言、被害人陈述，属于非法言词证据。经依法确认的非法言词证据，应当予以排除，不能作为定案的根据。

4. 证据认定程序条件

依《最高人民法院关于民事诉讼证据的若干规定》第四十七条，"证据应当在法庭上出示，由当事人质证。未经质证的证据，不能作为认定案件事实的依据。"因此，无论何种证据，如未经质证，无论其来源途径为何，皆不具有证据能力。

此外，我国相关立法中还有举证时限及某些特定情况下的证据能力限制规定。

总体而言，尽管目前我国法律规定无论何种来源的证据材料都须经过法庭上的出示，经过质证之后由法院来审查认定，方能作为定案的依据，并且，我国相关司法活动大都由专职法官来主持进行，相对而言，专职法官具有更强的职业判断力，不会如英美法系国家陪审团成员一般易受不良信息的干扰，但是，由于人们的认识本身存在主观性，从维护法律威严性的角度出发，我国立法中还是应该对证据能力加以更系统、完善的规定。

（三）法务会计证据的证据能力

法务会计人员在具体诉讼活动中可能是由于受委托，也可能是由法院指定而履行一定的行为，因此法务会计人员所提供的证据材料，在不同的情形下可为证人证言，也可为书证，甚至可以被当作鉴定结论看待。因此，不同情形下的法务会计证据，其证据能力的确定必须分别加以考虑。

我国目前没有专门的证据法，也无完善的专家证人制度，但依据《最高人民法院关于民事诉讼证据的若干规定》，法务会计人员可以以鉴定人、专家辅助人的身份提供诉讼支持。作为人民法院或仲裁机构所指定的鉴定人，法务会计人员出庭发表的鉴定结论，除足以反驳外，人民法院或仲裁机构应当采信。作为专家辅助人，法务会计人员可以帮助委托人就涉及的会计、经济等专业问题进行说明，出庭接受询问及对鉴定人或对方当事人进行询问，其言辞具有证人证言的特性，只要不违反法律规定，当然具有证据能力。

二、证明力

（一）证明力的概念

证明力又称证据价值、证据力，是指证据对于案件事实有无证明作用及证明作用的大小。根据与案件事实联系程度的不同，不同证据对待证事实的证明作用当然会有所差异。但究竟可以采用的证据是否可靠及其有多大证明价值，最终需要由裁判人员依法进行评断。各国立法中关于证据证明力的确定规则有许多种，如仅凭口供不能定案规则、非原始证据的证明力受限制规则、补强证据规则等。

证明力与证据能力是既相互联系又相互区别的两个概念。证据能力是指证据材料是否具有证明案件事实的资格，而证明力是指证据对案件事实所起证明作用的程度如何。作为认定案件事实的依据，证据必须同时具备证据能力和证明力。证据的证明力是证据材料本身所固有的自然属性，属于事实问题的范畴。证据材料只要具有客观性并与案件的待证事实有关联性，就具有一定的证明力。但不同证据的特性及与案件事实的关系不同，对于待证事实常常具有不同的证明价值，发挥不同的证明作用，对证明力大小的判断就离不开法律的规定和法官的认识活动。不同的证据材料，对于法院审理案件认定事实做出裁判所产生的影响是不同的。

英美证据法对证据能力规则的强调到了令人惊讶的程度，证据可采性规则在全部证据规则中占据相当大的比重，可是，英美法几乎不对证据的证明力作任何规定，完全委诸裁判者的自由裁量。一般来说，可采性问题是由法官掌握，可靠性是由陪审团掌握。

依据以证明力是由法律统一规定还是以法官的内心判断为标准，理论上把证据制度分为法定证据制度与自由心证证据制度。法定证据制度是由法律预先明文规定证据证明力的大小及其取舍、运用而不允许法官自由判断的制度。自由心证制度，是指证据的取舍及其证明力由法官根据自己的理性和良知自由判断，形成确信，并依此认定案情的一种证据制度。自由心证的核心内容，就是对于各种证据的真伪、证明力的大小以及案件事实如何认定，法律并不作具体规定，完全听凭法官根据理性和良心的指示，自由地判断，在内心形成确信，从而对案件事实作出认定。比较而言，法定证据制度对于约束法官，避免其滥用裁判权，从而保证案件事实认定的统一性及法律适用的平等性能起到积极的作用，与此同时，也使得个案的特殊性被磨灭，也禁锢了法官的能动性。自由心证则使得法官得以摆脱形式的束缚，得以根据案件的具体情况来审查判断证据，从而达到对个案事实认定的灵活性，更易于接近客观真实性。当然，自由心证对于法官的职业素质提出了更高的要求。事实上，关于自由心证一直是我国证据法学界争论较多的课题之一。

（二）我国立法关于证明力的规定

《中华人民共和国民事诉讼法》第六十四条要求，"人民法院应当按照法定程序，全面地、客观地审查核实证据"，因此，对于证据材料的证明力的确定是法院认证环节的主要任务所在。

我国立法没有明确的证据规则规定，在以事实为根据、以法律为准绳的要求之下，对于证据证明力的审查判断，应该是实行的法定证据规则，但是从司法实践来看，案件审理过程中，是由法官基于审理活动所获的证据和法庭调查与辩论的情况，再依照相关法律来加以认定事实，进而适用法律。虽然法律当中没有规定自由心证制度，但至少在民事诉讼过程中，能见到自由心证的痕迹，《最高人民法院关于民事诉讼证据的若干规定》第六十四条的规定更是为此提供了依据："审判人员应当依照法定程序，全面、客观地审核证据，依据法律的规定，遵循法官职业道德，运用逻辑推理和日常生活经验，对证据有无证明力和证明力大小独立进行判断，并公开判断的理由和结果。"

为了限制法官滥用裁量权，法律和司法解释依据不同情形规定了不同情况下证据的证明力，目前而言，相对内容较为系统的确定证据价值、判断证据证明力的规范见诸《最高人民法院关于民事诉讼证据的若干规定》中。这些规定为司法实践活动提供了一定的指引。其内容主要包括如下三个方面：

第一，明确证明力有无的规定，即认定证据在特定情形下是否具有证明力的规则。一般而言，如果一方提供的证据，对方认可，或者一方当事人提供证据，对方提出异议但不能提供有效的反证，应当认定其具有证明力。如《最高人民法院关于民事诉讼证据的若干规定》第七十条明确规定一方当事人提供的书证、物证、视听资料、勘验笔录，对方当事人提出异议但没有足以反驳的相反证据的，人民法院应当确认其证明力。第七十一条规定："人民法院委托鉴定部门作出的鉴定结论，当事人没有足以反驳的相反证据和理由的，可以认定其证明力。"第七十二条规定："一方当事人提出的证据，另一方当事人认可或者提出相反证据不足以反驳的，人民法院可以确认其证明力。一方当事人提出的证据，另一方当事人有异议并提出反驳证据，对方当事人对反驳证据认可的，可以确认反驳证据的证明力。"

第二，明确证明力强弱大小的规定，这主要是指当对于同一待证事实存在数个不同证据时，对其证明力大小加以比较确认的规则。人民法院就数个证据对同一事实的证明力，依照下列原则加以认定：

①国家机关、社会团体依职权制作的公文书证的证明力一般大于其他书证；

②物证、档案、鉴定结论、勘验笔录或者经过公证、登记的书证，其证明力一般大于其他书证、视听资料和证人证言；

③原始证据的证明力一般大于传来证据；

④直接证据的证明力一般大于间接证据；

⑤证人提供的对与其有亲属或者其他密切关系的当事人有利的证言，其证明力一般小于其他证人证言。

此外，双方当事人对同一事实分别举出相反的证据，但都没有足够的依据否定对方证据的，人民法院应当结合案件情况，判断一方提供证据的证明力是否明显大于另一方提供证据的证明力，并对证明力较大的证据予以确认。

第三，确定证明力优先顺序的规定。这主要是指当不同证据所揭示的事实存在差异，也就是发生不同证明结果时，采信何种证据的规则。在不同证据的采信顺序方面，应当考虑两方面的标准。首先证明力大者优先，也就是说，应当优先采信证明力强的证据。而在同等证明力的情况下，则应考虑原始证据优于传来证据，直接证据优于间接证据。

三、法务会计证据的证明力

法务会计报告是法务会计人员的工作成果，其是否具有证明力及证明力强弱的判断，职权在于人民法院或仲裁机构，而法官或仲裁人员相对可能对财会知识比较陌生，因此，证明力的要求对于法务会计人员的取证工作产生极大的影响，在搜集会计信息时，必须获得充分的、有证明力的会计信息。如原始凭证或记账凭证，其证明力就大大高于对应收账款坏账计提的估计。

法务会计证据与一般证人证言不同。一般而言，证人只能陈述自己亲身感受和经历的事实，法庭并不听取其对该事实的意见或者结论。法务会计人员所作的法务会计报告应属于专家证言的范畴，无论英美法系国家还是大陆法系国家，都将专家证人的意见作为一般意见证据排除规则之外。当然，即使在允许专家提供意见的案件中，也必须由法官决定该事项是否需要专家意见及专家是否具备相应资格。

证明力的要求对法务会计工作的作用主要体现在法务会计结论的举证、质证和认证过程中。为了使律师或法官能依赖自己的意见，法务会计专家的诉讼策略一般采取四个步骤，即回答四个问题："与会计信息相关的事实是什么？与会计信息相关的问题是什么？我是怎样解决这些问题的？我应当如何报告我发现的问题？"因此，在这样的一种诉讼流程与策略之下，法务会计人员所提供证据的证明力相对于其他证据材料而言当然会强得多。

第三节　法务会计证据的收集与保全

一、会计证据收集必须坚持的原则

（一）目标明确

一是要明确根据法律程序、调查项目的需要获取哪些证据；二是根据调查方案要求，确定收集的会计证据达到什么目标。按照证据的形式可分为物证、书证、证人证言、被调查人的陈述、鉴定结论、勘验和检查笔录、视听资料、电子数据等。对于重大的违法违纪案件和个人的经济案件的调查，一般必须取得物证、书证、证人、证言、被会计人的陈述、视听资料、鉴定结论等，而一般的财务欺诈的调查则以书面证据和被调查单位的财务会计资料为主。

（二）及时准确

会计证据是客观存在的，但也有时间上的要求，有些证据在短期内会因各种客观因素导致证据的消失。在调查过程中，对发现的重大违纪线索必须保护好现场资料，调查人员认为必须获取的会计证据应当及时取得书面证据和被调查人的证言以及实物资料。根据需要，在报经调查机关负责人批准的情况下，迅速作出是否采用封存财务会计资料、先行登记保存银行存款、有价证券、找相关人取得证人证言等手段，及时抓住时机，防止串供、更改账目、作伪证等情况的发生，确保调查工作处于主动的地位。

（三）客观全面

所谓客观全面是指在调查职责的范围内，从客观实际出发进行证据收集，不夸大、不缩小、不先入为主，对调查不采取威胁、诱导等方式来收集证据。

（四）科学细致

在证据的收集过程中必须做到细致认真，抓住一些细小的环节进行分析对比，使获取的证据具有相关性、可靠性、合法性和充分性，便于分清罪与非罪、违法与违纪、违规与账目差错的界限。在展开调查前就应根据不同的情况，作出是先从被调查单位的外部收集，还是从内部收集，是先向当事人收集，还是向被调查单位收集的决策，并做到收集证据全过程科学、细致、可靠。科学细致对于发现调查线索具有十分重要的意义，尤其是对稍纵即逝的违纪违规问题，通过细致入微地观察，可以从中发现线索。

（五）严格依法

一是对被调查单位的调查必须是依法授权的项目或具有调查管辖权的项目；二是必须由法定的机关和指定二人以上的调查人员进行；三是调查取证的方法、手段、程序必须依法进行。只有具备这些条件，收集的会计证据才具有合法性。

二、会计证据获取的途径

（一）通过账表审核与复核获取

首先，在对原始凭证进行审阅取证时，要注意是否存在涂改或伪造的情况，记载的经济业务是否合理合法，大小写金额是否一致，有关人员的签字是否齐全等；其次，在对会计账簿进行审阅取证时，要注意查看对经济业务的会计处理是否符合会计制度与会计准则的规定，账簿记录的内容与记账凭证和原始凭证的记载是否一致，会计分录的编制与账户的运用是否恰当，货币收支的金额有无不正常的现象等；再次，在对会计报表进行审阅取证时，要注意会计报表的编制是否符合有关的财务会计制度的规定，财务指标是否出现异常等。最后，在对会计记录和其他书面材料进行复核取证时，要注意审查各种书面记录是否一致。具体地讲：①复核原始凭证上记载的数量、单价、金额及其合计数量是否正确；②日记账上的记录是否与相应原始凭证记录一致；③日记账是否与总分类账以及有关的明细分类账的记录保持一致；④总分类账的余额是否与所属明细分类账的余额合计数相同；⑤各账户的余额或发生额是否与会计报表相应项目的金额相等；⑥会计报表各有关项目的数字是否正确；⑦各会计报表之间的钩稽关系是否正确，如果涉及前期会计报表的数字，要检查是否与前期会计报表的数字相一致。

（二）通过财产清查与盘点取证

调查人员在认为有必要时，可以对被调查单位的各种实物资产、现金、有价证券等进行清查与盘点。财产的清查与盘点一般由被调查单位安排专门人员进行，调查人员需要进行现场监督，对于贵重物资或重点物资可以由调查人员进行抽查复点。在进行实物清查时，调查人员要注意查定被调查单位的实物形态的财产物资是否真实存在，账实是否相符，有无短缺、毁损、贪污、挪用、盗窃等问题存在。

（三）通过计算或验算取证

调查人员往往需要对被调查单位的凭证、账簿和报表的数字进行计算、平衡，以验证其是否真实存在，与账面数是否相符，查明有无短缺、贪污、挪用、盗窃等问题的存在。

（四）通过分析性符合取证

调查人员通过比较分析法、因素分析法、比率分析法及趋势分析法等方法，对被审计单位重要的项目、比率、趋势进行分析，以调查这些项目、比率、趋势与预期数字、相关信息的差异，分析异常变动情况，获取相应的审计证据。

三、会计证据的保全

会计证据的保全是指在会计证据可能灭失或者以后难以取得的情况下所采取的保护措施。会计证据保全的方法通常有以下几种。

（1）制作笔录。其要求是必须有固定的专用笔录格式，必须有当事人和记录人的签字。

（2）拍照。拍照要有文字说明，注明拍摄的时间、地点、面积等。

（3）绘图。绘图要有文字说明，注明绘图的时间、地点、当事人及绘图人的签名。

（4）录音。在正常情况下，录音应当取得当事人的同意。

（5）录像。要有必要的解说，也需要注明拍摄的时间、地点等。

（6）技术鉴定。鉴定人进行鉴定后，鉴定单位必须出具鉴定结论、鉴定人并且签名，鉴定人与鉴定事项有经济利益和其他利害关系的应当回避。

（7）复制、复印。复制、复印应该注明资料来源、提供者的签名，是在有关单位复制、复印的，复制、复印件上加盖该单位的公章。

（8）提取。对于提取的物品和文件、会计资料，应当会同在场见证人和被提取物品持有人查点清楚，当场开列清单一式两份，由提取人、见证人和持有人签名或者盖章。

（9）封存。封存被调查单位与违反国家财政、财务收支的账册资料。

从会计证据的物证意义上讲，我们收集会计证据时要尽量收集到原件，因为会计证据的原件可以保持财务会计资料的全部物质痕迹和书证的内容。鉴于会计证据一般都是重要的会计档案，在调查取证时往往无法取得原件，更多的情况需要采用复制的技术方法对会计证据进行固定与保全。考虑到会计证据的物证的意义，在对会计证据进行保全时，可供选择的保全证据的方法依次为拍照、复印、复制、抄录。其中拍照所能够固定的物质痕迹最全，复印次之，复制再次之，抄录则不能固定证据上的物质痕迹。

第四节　法务会计证据的检查技术

会计证据主要包括原始凭证、记账凭证、会计账簿和会计报表。本节将分别介绍原始凭证、记账凭证、会计账簿和会计报表的检查技术与方法。

一、原始凭证的检查技术

对原始凭证的检查是对会计资料检查的最重要的一个环节，因为任何欺诈舞弊行为都会想方设法在原始凭证上做手脚，以达到掩人耳目的目的。对原始凭证的检查主要包括对其真实性、合法性、准确性与完整性的检查，对于一般的案件而言，对原始凭证的检查是审查判断证据的重要内容。对于查处经济案件而言，对原始凭证的检查是发现案件线索的重要途径。

（一）检查原始凭证的格式是否符合要求，内容填写是否完整、手续是否齐全

在对原始凭证的格式进行检查时，要特别注意检查外来原始凭证的填写是否规范，是否符合国家的有关规定。要注意原始凭证是否正确填写了品名、规格、等级、数量、单价、合计金额等内容。对于收付款的原始凭证，要注意检查是否写明款项的性质与内容。对于处理财产损失或损耗的原始凭证，要注意是否写明了损失损耗的原因。原始凭证的金额如果是根据有关数据计算得出的，则应该注意检查各项计算依据是否填写完整。在检查原始凭证的手续是否齐全时，除了要检查填制单位的公章以及填制人员的签名以及有关经办人员的签名是否齐全以外，还应该检查收取原始凭证的单位的有关人员，如经办人员、实物验收人员、损失责任人员和审批人员的签章是否齐全。

（二）检查原始凭证的真实性，查明有无伪造、变造和其他弄虚作假的现象

我们可以通过观察的方法看原始凭证的笔迹、签章、凭证的接收单位有无异常。在检查过程中如果发现以下情况时要特别注意凭证的真实性的问题：

①原始凭证存在更改处，而且更改以后的文字或数字与更改以前的文字或数字的字迹不同，更改处也没有加盖填制人或填制单位的印章；

②原始凭证的字迹模糊不清，有用药水或褪色灵涂改的痕迹；

③原始凭证的填字处的字面铰其他处毛糙，纸张的纹路扭曲、或重合、或断裂，纸面隐现反光，置于亮处可见透光较强，这种情况一般可能是刮擦涂改的结果；

④不同售货单位开具的发票笔迹完全相同，或外来原始凭证的笔迹与本单位自制凭证的笔迹完全相同；

⑤原始凭证的各位数字的笔迹不相同，字迹的颜色深浅也不相同，此时应检查有无利用原数字前面的空白处加填数字的情况，如果遇到有使用不规范的简写数字，如采用"一、二、三"等易于涂改的汉字替代大写的"壹、贰、叁"等汉字的情况，要特别予以重视；

⑥原始凭证的印章轮廓过于清晰或过于模糊，应检查该印章是否伪造；

⑦一式多联的原始凭证未复写，或用非报销联报销；

⑧用复印的原始凭证报销；

⑨购货原始凭证上的填制凭证单位的名称与汇款时的收款单位名称不一致；

⑩原始凭证的抬头是否与被查单位的名称一致，或职工报销医药费或差旅费的报销单据上的姓名是否与职工的姓名一致。

我们可以通过核对的方法将所检查的原始凭证同与经济业务活动有关的单位的相关资料进行核对，以检查原始凭证是否真实。在核对时具体要注意以下几个方面：

①购买实物的原始凭证要与验收证明相核对，查明发票上的品名、规格、等级、数量与验收凭证上的相关内容是否相符。如果购买实物的原始凭证没有附经过验收人签章的入库验收单，或验收人没有在购买实物的发票上签章，或发票与验收单的内容不相符，则说明发票是不真实或不正确的。此外还需注意验收人必须是除购买人和出售人以外的第三者，要注意鉴别验收人所签名字笔迹，防止他人模仿冒签。

②劳务支出（如运费、装卸搬运费、挑选整理费、加工费等）的原始凭证要与有关实物收付原始凭证核对，通过核对要查明计费的实物品名、数量是否相符，支付运费的原始凭证还需要查明运输的起止地点是否相符。

③银行存款付出结算凭证要与收款单位或收款人的收款证明核对相符。销货退回支付的款项的银行结算凭证要与对方的收款收据核对相符，同时也要与经办验收人签章的退货发票核对相符。此外，还需要将退货发票与原销货发票进行核对，查明退货是否是被查单位原先销售出的商品。

④支付工资的原始凭证要与实际在册的员工名单核对相符，要查明原始凭证上的职工姓名、工资标准、工作时间与合同有关规定是否相符。

⑤对于一式数联的原始凭证，特别是涉及款项收付的原始凭证，要注意将第一联与其他几联进行核对，防止有人利用套写的方法在不同凭证联上写入不同的金额数字。

我们可以提高逻辑分析的方法，对原始凭证的有关内容进行合理性分析，如果发现原始凭证存在下列异常现象，应该注意其真实性，并进一步进行核查：

①购货发票上的单价与现行市价相差悬殊，有可能有人用改变价格的手段进行贪污；

②原始凭证所填的商品不是出具发票单位的经营业务，应警惕有人用窃取的发票或让有关单位代开虚假的发票进行舞弊；

③出具原始凭证的时间与报账的时间相隔久远，或原始凭证载明的时间、地点与实际情况不符，此时要警惕存在伪证的可能。

（三）检查原始凭证数字计算是否准确，大小写金额是否相符

一要注意检查计算的依据是否准确。计算的依据主要包括三个部分：一是计算基数，如计算商品价款的商品数量，计算借款利息的借款金额与借款天数；二是计算的标准，如商品的单价、公里运价、利率、汇率、税率等；三是据以计算小计或合计的各项金额。

二要注意检查计算结果是否准确。计算结果主要需要进行三方面的检查：一是检查计算基数乘以计算标准是否等于金额；二是检查各项金额相加是否等于小计金额，各项小计金额相加是否等于合计金额，各有关数字相减是否等于差额；三是检查汉字大写金额是否与小写阿拉伯数字金额相等。

（四）检查原始凭证所反映的经济业务是否合理、合法

合法是一切经济业务活动的基础与前提，合理是一切经济业务的出发点与立足点。任何经济业务都必须以经济效益为中心。在对原始凭证检查时必须正确地将合法性与合理性结合起来。

首先应该检查原始凭证所记载的经济业务是否符合法律、政策和财经制度；其次要检查经济业务是否严格执行了规定的计划、预算、定额和合同协议；最后要检查经济业务是否符合经济效益的原则，有无盲目使用资金、浪费资源、随意开支费用的情况。在对原始凭证合法性与合理性进行检查的重点提示如下：

①对于支付现金的原始凭证，要注意检查有无违反《中华人民共和国现金管理暂行条例》（简称《现金管理暂行条例》）规定的现金使用范围，有无超限额使用现金的情况；

②对于进货业务的原始凭证，要检查有无超量购买，有无超计划进货以及重复进货的情况，要检查是否符合进货合同、协议规定的进货品名、数量、规格与质量；

③对于购入固定资产、工程物资、原材料等大额物资的原始凭证要检查购货过程是否经过批准与授权，是否存在超计划购货的情况；

④对于支付费用的原始凭证，要注意检查是否超出制度与计划规定的金额与摊销期；

⑤对于支付款项的原始凭证，要注意检查所付款项是否与被查单位的业务活动有关。

二、记账凭证的检查技术

记账凭证是会计人员根据合法的原始凭证或汇总原始凭证，按照经济业务的内容加以归类，并据以确定会计分录而填制的，作为登记账簿依据的会计凭证。从证据角度讲，记账凭证反映单位或会计人员对会计业务的认识，也是证明会计处理事项的基本证据。记账凭证在编制过程中，可以出现的错弊多种多样，对其疑点发现与问题查证的方法也不一样，下面选择其中主要错弊介绍检查技术。

（一）记账凭证编号的检查

记账凭证应该每月进行顺序的连续编号。在检查记账凭证时应首先检查记账凭证是否存在无编号、重复编号、编号不连续，编号虽连续但与经济业务的实际情况不相符的情况。如果存在上述问题，应将记账凭证与相关账簿进行核对，检查是否存在重复登账或漏登账的错弊。

检查人员在对装订成册的记账凭证进行检查时，要注意检查空号前后的记账凭证之间有无撕扯的痕迹；要注意检查重号的凭证是否是补粘入册的，从而确认或排除为应付检查而临时撕掉或粘贴有关记账凭证的可能性。

（二）记账凭证摘要的检查

记账凭证摘要是对经济业务内容的简要说明。如果摘要存在错弊，可能会误导检查人员。常见的问题主要有：未填写摘要；摘要过于简单，使人无法看出经济业务的具体情况；摘要书写得不正确，造成含义不清，易于产生误解；摘要不真实，以此进行舞弊。

对于记账凭证摘要的错弊，可以通过审阅所附原始凭证的有关内容来进行检查核对，检查摘要的描述是否准确、真实，查明实际业务中是否存在舞弊行为。

（三）记账凭证日期的检查

记账凭证的日期一般是按照经济业务发生的先后顺序逐日填写的，并且与原始凭证上所记载的日期相接近，且原始凭证的日期要早于记账凭证的日期。检查中，如果发现原始凭证上所记载的日期与记账凭证上的日期相差太远，则说明可能存在某种错弊。比如，某一出纳人员在收取一笔现金并开具收据以后，没有按照规定将现金入库，而是将现金挪作个人炒股。两个月以后，该出纳在股市上大赚一笔以后，将该笔现金放回保险柜，并根据收据编制记账凭证。这样记账凭证上的日期与收据上的日期就会相差两个月。

对于记账凭证上日期的错弊，主要应该运用审阅与核对的方法来检查记账凭证日期与实际是否相符，与原始凭证是否衔接一致。如果发现有疑点存在，应在调查分析的基础上进一步进行查证。

（四）记账凭证所附原始凭证的张数

记账凭证是根据审核无误的原始凭证或原始凭证汇总表进行填制的，除结转损益和更改错误的记账凭证可以不附原始凭证以外，其他的记账凭证必须附有原始凭证，并且要在记账凭证上注明所附原始凭证的张数。

在检查记账凭证时，如果发现应附未附的原始凭证，要注意检查记账凭证上注明的所附原始凭证的张数与实际所附的原始凭证的张数是否相符，如果不符，则要仔细检查记账凭证的背面有无粘贴原始凭证的痕迹或撕去的痕迹，其中可能存在故意销毁欺诈舞弊证据的可能。当然，这种记账凭证上注明的所附原始凭证的张数与实际所附的原始凭证的张数的差异也可能是由工作人员计数差错造成的，要注意加以区别。

（五）记账凭证汇总

对于采用科目汇总表或汇总记账凭证核算形式的单位，要注意检查在记账凭证汇总中可能出现的错弊。要注意是否存在汇总不准确，要检查有无多汇或少汇的情况，有无漏汇或重汇的情况。舞弊者通常的做法是在汇总付款凭证时故意多汇总，在汇总收款凭证时故意少汇总，将多汇或少汇的差额据为己有。

三、会计账簿的检查技术

会计账簿由许多具有专门格式而又相互关联的账页所组成。它是以审核无误的记账凭证为依据，全面、连续、系统地记录和反映各项经济业务的簿籍，是编制财务报表的主要依据。在欺诈舞弊的调查中，检查会计账簿是发现案件线索或确认案件证据的重要环节。

会计账簿在启用、登记、结账等环节都会出现错弊。此外，会计凭证的错弊也会造成会计账簿的错弊。

（一）会计账簿启用的检查

在会计账簿启用方面的错弊主要有：在会计账簿封面上未写明单位名称与账簿名称；在会计账簿的扉页上未附"会计账簿启用表"；虽有"会计账簿启用表"，但是填列的内容不齐全、不完整；会计人员在调动工作岗位时，没有按照规定在账簿中注明交接人员、监交人员的姓名或未加盖签章，无法明确责任；没有按照规定对账簿编制页数。在上述问题中，要注意查明哪些问题是当事人故意所为，以达到其掩盖不合法、不合理事实真相的目的。

在对会计账簿启用的检查过程中，可以采用审阅的方法来检查每一个账簿的扉页记录内容以及账页页数的编写情况。要注意检查账页的编号是否连续，有无重页或缺页的现象；也要注意检查账页的新旧程度是否一致，是否存在为应付检查而添加新页的情况。如果发现疑点，可以采取查询、核对、复核等方法进行进一步的检查。

（二）会计账等登记的检查

1. 检查账簿中的"摘要"

检查人员首先应该检查摘要中有无与查办的案件有关的会计事项；要注意是否存在那些故意将摘要填写得含混不清，甚至故意不写摘要，以掩盖不合法或不合理的经济业务的真实情况；也应该注意将摘要的内容与所记载的经济业务进行联系检查，查看有无违反常理的情况；对于那些有过更正情况的"摘要"要予以注意，要注意辨别与对比更正前后摘要文字的内容，搞清楚更正的原因是否正常。

2. 问题账簿的核对

如果在对会计账簿登记进行检查时发现下列问题，需要检查人员将所涉及的会计账簿与相应的原始凭证进行核对：

（1）漏记或重记；

（2）账面有空行存在，且空行后的余额有变化；

（3）账格之间有加行记载，但账面余额未包含加记的发生额；

（4）未按照规范的方法进行错账的更正，出现涂抹、挖补的痕迹；

（5）记账的项目，如日期、凭证编号、业务内容摘要、金额等与有关资料的记载不一致。

（三）会计账簿余额的检查

采用审阅的方法，检查各账页的最后一行的余额与次页首行的余额是否一致。

如果不一致，则可能存在缺页或计算错误，需要进一步检查是否存在舞弊。具体检查的内容有：检查同一账户前后各期的余额是否衔接一致，有无少转、多转或未转的情况。

本编制试算平衡表，检查各总账账户本期发生额与余额合计数是否平衡。试算平衡的公式为：

所有账户本期借方发生额合计 = 所有账户本期贷方发生额合计

所有账户借方余额合计 = 所有账户贷方余额合计

检查各个总账与所属明细分类账余额是否平衡。检查平衡的公式为：

总分类账户本期发生额 = 所属明细分类账户本期发生额的代数和

总分类账户期末余额 = 所属明细分类账户期末余额的代数和

四、会计报告的检查技术

对于会计报告的检查包括技术性检查与实质性检查。技术性检查主要是检查会计报告编制的程序和编制的方法是否符合会计规范的规定，是否达到了会计报告编制的要求。实质性检查主要是对经济内容的审核，审核各项经济指标所反映的经济内容是否真实可靠，是否存在异常的数值表现，是否符合财经法规，是否完成了预算或计划，是否符合经济效益要求等。

对会计报告的检查一般都要结合对会计账簿与凭证的检查来实现。就会计报告本身的检查内容来看，主要包括以下工作：

（1）检查会计报告的数字是否真实，计算是否正确。

要注意检查是否存在人为的调节财务指标的情况。要注意验算各有关小计、合计等计算结果是否正确，有无漏算、重算等错弊。

（2）检查各报表数字的来源是否正确、可靠。

可以运用核对的方法将有关的报表数字与有关账簿或其他方面的数字进行核对，以检查各有关数字是否相符、真实。

（3）检查会计报表间的数字钩稽关系是否正常。

可以运用分析的方法、核对的方法将各会计报表的数字进行核对，将本期报表与上期报表的有关数字进行核对。

（4）对于会计报告中出现的涂改的情况要予以特别关注。

必要时可以调取已经上报财政、税务以及主管部门的会计报告，或调取在工商、银行、审计等机构留存的会计报告进行核对，并进一步核查有关资料，以确认涂改内容的真实情况。

第三章　公司及其他主体法律制度

第一节　公司法律制度

一、公司法概述

（一）公司的概念和特征

（1）公司是指股东依照《公司法》的规定，以出资方式设立，股东以其认缴的出资额或认购的股份为限对公司承担责任，公司以其全部财产对公司的债务承担责任的企业法人。

（2）一般来说，公司须具有如下特征：营利性、社团性、法人性。

（二）公司的分类

1.按股东对公司债务承担责任的范围分类

以股东对公司债务承担责任的范围为标准进行分类可分为无限公司、两合公司、股份公司、股份两合公司和有限公司。

（1）无限公司。无限公司又称无限责任公司，是指由两个以上股东共同组成的，股东对公司债务承担无限连带责任的公司。换言之，无限公司就是仅由承担无限责任的股东组成的公司。

（2）两合公司。两合公司是指由1个以上的无限责任股东与1个以上的有限责任股东共同组成的，前者对公司债务承担无限责任或者无限连带责任，后者对公司债务承担有限责任的公司。

（3）股份公司。股份公司又称股份有限公司，是指全部资本由等额股份构成并通过发行股票筹集资本，由一定人数以上的股东组成，股东以其所持股份对公司承担责任，公司以其全部资产对公司债务承担责任的公司。

（4）股份两合公司。股份两合公司是无限公司和股份公司的结合形态，是指由 1 个以上的无限责任股东与 1 个以上的有限责任股东共同组成的，前者对公司债务承担无限责任或者无限连带责任，后者对公司债务以其认购股份承担有限责任的公司。

（5）有限公司。有限公司又称有限责任公司，是指由一定人数范围内的股东组成，股东以其认缴的出资额对公司承担责任，公司以其全部资产对公司债务承担责任的公司。

需要指出的是，随着时代的发展变迁，以上公司形式除股份公司与有限公司外，其他公司的类别已渐趋没落甚至消亡。因此我国《公司法》第二条规定："本法所称公司是指依照本法在中国境内设立的有限责任公司和股份有限公司。"

2. 按公司的信任基础分类

以公司的信用基础为标准进行分类可分为人合公司、资合公司和人合兼资合公司。

（1）人合公司。人合公司是指公司的设立基础和经营活动以股东的个人信用而非公司的资本信用为信用基础的公司。在人合公司中，股东之间具有较强的依附性，强调信赖与合作。无限公司即为人合公司。

（2）资合公司。资合公司是指公司的设立基础和经营活动以公司的资本信用而非股东的个人信用为信用基础的公司。因为股东对公司债务不承担出资以外的责任，故公司资本成为资合公司对外承担民事责任的唯一担保。股份公司即为资合公司。

（3）人合兼资合公司。人合兼资合公司是指公司的设立基础和经营活动兼以股东的个人信用和公司的资本信用为信用基础的公司。因为无限责任股东与有限责任股东在公司中的地位、权利、责任不尽一致，人合兼资合公司的股东关系较难协调，成为其固有缺陷。两合公司即为人合兼资合公司。

3. 按公司间的控制与依附关系分类

以公司间的控制与依附关系为标准进行分类可分为母公司和子公司。

（1）母公司。母公司是指基于与对方公司签订的协议或者拥有的对方公司的一定比例以上的股份，能够对对方公司的经营进行控制、支配的公司。母公司是一种控制性公司，故有时也被称为"控股公司"。其实，这个称呼并不确切。在西方国家学理上，控股公司可分为"纯粹控股公司"与"混合控股公司"两类，前者只以控股获利为目的，并不实际介入被控制公司的经营，而后者两者兼具。所以，通常意义的母公司更接近于后者。

（2）子公司。子公司是指基于与对方公司签订的协议或者对方公司拥有的本公司一定比例以上的股份，被对方公司控制、支配本公司实际经营的公司。尽管母公司与子公司之间存在着一定的控制与依附关系，但就法律地位而言，彼此均具有法人资格，独立对外承担民事责任。《公司法》第十四条第二款规定："公司可以设立子公司，子公司具有法人资格，依法独立承担民事责任。"

我国《公司法》虽未对母公司作出直接界定，但在"附则"中明确了控股股东与实际控制人的含义。

《公司法》第二百一十六条第二项规定："控股股东，是指其出资额占有限责任公司资本总额50%以上或者其持有的股份占股份有限公司股本总额百分之五十以上的股东；出资额或者持有股份的比例虽然不足百分之五十，但依其出资额或者持有的股份所享有的表决权已足以对股东会、股东大会的决议产生重大影响的股东。"第三项规定："实际控制人，是指虽不是公司的股东，但通过投资关系、协议或者其他安排，能够实际支配公司行为的人。"实际上，如果控股股东或者实际控制人具有公司资质，它们也就实际处于母公司地位。

4. 按公司间的内部管辖关系分类

以公司间的内部管辖关系为标准进行分类可分为总公司和分公司。

（1）总公司。总公司是指能够管辖包括分支机构在内的公司全部组织的公司。总公司当然具有独立的法人资格。

（2）分公司。分公司，是指受总公司管辖的分支机构。作为总公司的分支机构，分公司具有经营资格，可以在总公司的授权范围内进行必要的业务活动，但因不具有法人资格，其业务活动的法律后果当由总公司承受。《公司法》第十四条第一款规定："公司可以设立分公司。设立分公司，应当向公司登记机关申请登记，领取营业执照。分公司不具有法人资格，其民事责任由公司承担。"

5. 按公司的国籍分类

以公司的国籍为标准进行分类可分为本国公司和外国公司。

（1）本国公司。本国公司即具有本国国籍的公司。

（2）外国公司。外国公司即不具有本国国籍而具有外国国籍的公司。

6. 按公司股份公开发行与自由转让情况分类

以公司股份公开发行与否及公司股份自由转让与否为标准进行分类可分为封闭式公司和开放式公司。

（1）封闭式公司。封闭式公司又称私公司、不上市公司、少数人公司、非公开招股公司，是指公司股份全部归属于设立该公司的股东，不能对外发行股份，股东的出资证明不能在股票市场上自由流通的公司。

（2）开放式公司。开放式公司又称公开公司、上市公司、多数人公司、公开招股公司，是指可以按照法定条件与程序公开招股，股票可以在证券市场公开进行交易的公司。

封闭式公司与开放式公司的分类为英美法国家公司法所采用，从其具体内容及表征来看，封闭式公司类似于大陆法国家公司法里的有限公司及股份公司中的非上市公司，开放式公司类似于大陆法国家公司法里的股份公司中的上市公司。

7. 按公司所适用的法律分类

以公司所适用的法律为标准进行分类可分为一般法上的公司和特别法上的公司。

（1）一般法上的公司。一般法上的公司是指仅适用公司法调整的公司。现实中绝大多数公司都属于一般法上的公司。

（2）特别法上的公司。特别法上的公司是指除公司法外，还适用其他特别法调整的公司。例如，保险公司、商业银行、外商独资公司等除适用公司法外，还受保险法、商业银行法、外资企业法等特别法的管辖。《公司法》第二百一十七条规定："外商投资的有限责任公司和股份有限公司适用本法；有关外商投资的法律另有规定的，适用其规定。"

（三）公司法的概念

公司法是调整公司在设立、变更、终止和其在经营管理过程中发生的社会关系的法律规范的总称。简言之，公司法是规范和调整公司对内对外关系的法律。

二、有限责任公司

（一）有限责任公司的概念和特征

1. 有限责任公司的概念

有限责任公司是指由 50 个以下股东出资设立，每个股东以其认缴的出资额为限对公司承担责任，公司以其全部财产对公司的债务承担责任的企业法人。

2.有限责任公司的特征

有限责任公司的特征包括以下几点：①股东人数的受限性；②股东责任的有限性；③股东出资的非股份性；④公司资本的封闭性；⑤公司组织的简便性；⑥资合人合的统一性。

（二）有限责任公司的设立

1.有限责任公司的设立条件

（1）股东符合法定人数。一般情况下，有限责任公司由2个以上50个以下股东共同出资设立。不过，一人有限责任公司与国有独资公司的股东可以为1人。

（2）股东出资达到法定资本最低限额。一般情况下，有限责任公司注册资本的最低限额为人民币3万元。不过，一人有限责任公司的注册资本最低限额为人民币10万元。法律、行政法规对有限责任公司注册资本的最低限额有较高规定的，从其规定。

（3）股东共同制定公司章程。有限责任公司的章程由股东共同制定，全体股东应当在公司章程上签名、盖章。

（4）有公司名称，建立有限责任公司要求的组织机构。公司名称应当符合国家有关规定，有限责任公司必须在公司名称中标明"有限责任公司"或者"有限公司"字样。一般情况下，有限责任公司应当依法建立股东会、董事会、经理、监事会等组织机构。不过，股东人数较少或者规模较小的有限责任公司，可以不设立董事会或监事会，代之以1名执行董事或1~2名监事。

（5）有公司住所。有限责任公司以其主要办事机构所在地为住所。经公司登记机关登记的公司住所只能有1个，公司住所应当在其公司登记机关辖区内。

2.有限责任公司的设立程序

（1）签订发起人协议。有限责任公司的设立人只能采取发起设立的方式设立公司，即公司设立时的全部股权均由其认购。设立人应当签订发起人协议，以明确各自在公司设立过程中的权利和义务。

（2）制定公司章程。设立公司必须依法制定公司章程，公司章程对公司、股东、董事、监事、高级管理人员具有约束力。基于有限责任公司的人合属性，公司章程由股东共同制定，并由股东在其上签名、盖章。有限责任公司章程应当载明的事项有：①公司名称和住所；②公司经营范围；③公司注册资本；④

股东的姓名或者名称；⑤股东的出资方式、出资额和出资时间；⑥公司的机构及其产生办法、职权、议事规则；⑦公司法定代表人；⑧股东会会议认为需要规定的其他事项。

（3）申请名称预先核准。根据《中华人民共和国公司登记管理条例》（简称《公司登记管理条例》）规定，设立公司应当申请名称预先核准。法律、行政法规或者国务院决定规定设立公司必须报经批准，或者公司经营范围中属于法律、行政法规或者国务院决定规定在登记前须经批准的项目的，应当在报送批准前办理公司名称预先核准，并以公司登记机关核准的公司名称报送批准。

（4）报经批准。通常情况下，设立有限责任公司无须经过此程序。但是，《公司法》第六条第二款规定："法律、行政法规规定设立公司必须报经批准的，应当在公司登记前依法办理批准手续。"《公司法》第十二条第二款还规定："公司的经营范围中属于法律、行政法规规定须经批准的项目，应当依法经过批准。"

（5）出资。具体有以下几方面的内容：①出资方式。股东可以用货币出资，也可以用实物、知识产权、土地使用权等可以用货币估价并可以依法转让的非货币财产作价出资；但是，法律、行政法规规定不得作为出资的财产除外。②出资数额。公司全体股东的首次出资额不得低于注册资本的20%，也不得低于法定的注册资本最低限额。全体股东的货币出资金额不得低于注册资本的30%。③出资期限。股东分期出资的，首期出资额外的其余部分由其自公司成立之日起2年内缴足，如为投资公司，可以在5年内缴足。④缴纳出资。股东应当按期足额缴纳公司章程中规定的各自所认缴的出资额。股东以货币出资的，应当将货币出资足额存入有限责任公司在银行开设的账户；以非货币财产出资的，应当依法办理其财产权的转移手续。⑤违规责任。股东不按照规定缴纳出资的，除应当向公司足额缴纳外，还应当向已按期足额缴纳出资的股东承担违约责任。需要注意的是，有限责任公司成立后，发现作为设立公司出资的非货币财产的实际价额显著低于公司章程所定价额的，应当由交付该出资的股东补足其差额；公司设立时的其他股东承担连带责任。

（6）验资。股东缴纳出资后，必须经依法设立的验资机构验资并出具证明。

（7）申请设立登记。股东的首次出资经依法设立的验资机构验资后，由全体股东指定的代表或者共同委托的代理人向公司登记机关报送公司登记申请书、公司章程、验资证明等文件，申请设立登记。

（8）登记发照。公司登记机关对于符合《公司法》规定的设立条件的拟设有限责任公司，予以登记；否则，不予登记。予以登记的公司，由公司登记机关发给公司营业执照。公司营业执照签发日期为公司成立日期。

（三）有限责任公司的组织机构

1. 股东会

（1）股东会的性质和职权。根据《公司法》的规定，有限责任公司股东会由全体股东组成，是公司的权力机构，依法行使下列职权：①决定公司的经营方针和投资计划；②选举和更换非由职工代表担任的董事、监事，决定有关董事、监事的报酬事项；③审议批准董事会的报告；④审议批准监事会或者监事的报告；⑤审议批准公司的年度财务预算方案、决算方案；⑥审议批准公司的利润分配方案和弥补亏损方案；⑦对公司增加或者减少注册资本作出决议；⑧对发行公司债券作出决议；⑨对公司合并、分立、解散、清算或者变更公司形式作出决议；⑩修改公司章程；⑪公司章程规定的其他职权。此外，股东会要求董事、监事、高级管理人员列席会议的，董事、监事、高级管理人员应当列席并接受股东的质询。

（2）会议种类。股东会会议分为定期会议和临时会议。定期会议应当依照公司章程的规定按时召开。代表 1/10 以上表决权的股东、1/3 以上的董事、监事会或者不设监事会的公司的监事提议召开临时会议的，应当召开临时会议。

（3）会议的召集和主持。有限责任公司首次股东会会议由出资最多的股东召集和主持，《公司法》第四十条对其余各次会议的召集和主持作出了如下规定：①有限责任公司设立董事会的，股东会会议由董事会召集，董事长主持；董事长不能履行职务或者不履行职务的，由副董事长主持；副董事长不能履行职务或者不履行职务的，由半数以上董事共同推举 1 名董事主持。②有限责任公司不设董事会的，股东会会议由执行董事召集和主持。③董事会或者执行董事不能履行或者不履行召集股东会会议职责的，由监事会或者不设监事会的公司的监事召集和主持；监事会或者监事不召集和主持的，代表 1/10 以上表决权的股东可以自行召集和主持。

（4）会议通知与会议记录。有限责任公司召开股东会会议，应当于会议召开 15 日前通知全体股东；但是，公司章程另有规定或者全体股东另有约定的除外。有限责任公司股东会应当对所议事项的决定作成会议记录，出席会议的股东应当在会议记录上签名。

（5）会议决议。股东会会议由股东按照出资比例行使表决权；但是，公司章程另有规定的除外。股东会会议作出修改公司章程、增加或者减少注册资本的决议，以及公司合并、分立、解散或者变更公司形式的决议，必须经代表 2/3 以上表决权的股东通过。

（6）径行决定。根据《公司法》第三十七条的规定，有限责任公司全体股东对股东会职权范围内事项以书面形式一致表示同意的，可以不召开股东会会议，直接作出决定，并在决定文件上签名、盖章。

2. 董事会、执行董事和经理

（1）董事会的性质和职权。有限责任公司的董事会是公司的执行机构，对股东会负责，行使下列职权：①召集股东会会议，并向股东会报告工作；②执行股东会的决议；③决定公司的经营计划和投资方案；④制订公司的年度财务预算方案、决算方案；⑤制订公司的利润分配方案和弥补亏损方案；⑥制订公司增加或者减少注册资本以及发行公司债券的方案；⑦制订公司合并、分立、解散或者变更公司形式的方案；⑧决定公司内部管理机构的设置；⑨决定聘任或者解聘公司经理及其报酬事项，并根据经理的提名决定聘任或者解聘公司副经理、财务负责人及其报酬事项；⑩制定公司的基本管理制度；⑪公司章程规定的其他职权。

（2）董事会的组成。具体规定如下：①有限责任公司董事会成员为3~13人。②两个以上的国有企业或者两个以上的其他国有投资主体投资设立的有限责任公司，其董事会成员中应当有公司职工代表；其他有限责任公司董事会成员中可以有公司职工代表。董事会中的职工代表由公司职工通过职工代表大会、职工大会或者其他形式民主选举产生。③董事会设董事长1人，可以设副董事长。董事长、副董事长的产生办法由公司章程规定。

（3）董事的任期。具体规定如下：①董事任期由公司章程规定，但每届任期不得超过3年；②董事任期届满，连选可以连任；③董事任期届满未及时改选，或者董事在任期内辞职导致董事会成员低于法定人数的，在改选出的董事就任前，原董事仍应当依照法律、行政法规和公司章程的规定，履行董事职务。

（4）董事会会议。具体规定如下：①董事会会议由董事长召集和主持；董事长不能履行职务或者不履行职务的，由副董事长召集和主持；副董事长不能履行职务或者不履行职务的，由半数以上董事共同推举1名董事召集和主持。②董事会的议事方式和表决程序，除《公司法》有规定的外，由公司章程规定。③董事会应当将所议事项的决定作成会议记录，出席会议的董事应当在会议记录上签名。④董事会决议的表决，实行一人一票。

（5）执行董事。具体规定如下：①股东人数较少或者规模较小的有限责任公司，可以设1名执行董事，不设董事会；②执行董事可以兼任公司经理；③执行董事的职权由公司章程规定。

（6）经理。有限责任公司可以设经理，由董事会决定聘任或者解聘。经理对董事会负责，行使下列职权：①主持公司的生产经营管理工作，组织实施董事会决议；②组织实施公司年度经营计划和投资方案；③拟订公司内部管理机构设置方案；④拟订公司的基本管理制度；⑤制定公司的具体规章；⑥提请聘任或者解聘公司副经理、财务负责人；⑦决定聘任或者解聘除应由董事会决定聘任或者解聘以外的负责管理人员；⑧董事会授予的其他职权。公司章程对经理职权另有规定的，从其规定。经理列席董事会会议。

3. 监事会（监事）

（1）监事会的性质和组成。具体规定如下：①有限责任公司的监事会是公司的监督机构；②监事会成员不得少于3人；③股东人数较少或者规模较小的有限责任公司，可以设1~2名监事，不设监事会；④监事会应当包括股东代表和适当比例的公司职工代表，其中职工代表的比例不得低于1/3，具体比例由公司章程规定，监事会中的职工代表由公司职工通过职工代表大会、职工大会或者其他形式民主选举产生；⑤监事会设主席1人，由全体监事过半数选举产生；⑥董事、高级管理人员不得兼任监事。

（2）监事的任期。具体规定如下：①监事的任期每届为3年；②监事任期届满，连选可以连任；③监事任期届满未及时改选，或者监事在任期内辞职导致监事会成员低于法定人数的，在改选出的监事就任前，原监事仍应当依照法律、行政法规和公司章程的规定，履行监事职务。

（3）监事会（监事）的职权。监事会、不设监事会的公司的监事行使下列职权：①检查公司财务；②对董事、高级管理人员执行公司职务的行为进行监督，对违反法律、行政法规、公司章程或者股东会决议的董事、高级管理人员提出罢免的建议；③当董事、高级管理人员的行为损害公司的利益时，要求董事、高级管理人员予以纠正；④提议召开临时股东会会议，在董事会不履行《公司法》规定的召集和主持股东会会议职责时召集和主持股东会会议；⑤向股东会会议提出提案；⑥依法对董事、高级管理人员提起诉讼；⑦公司章程规定的其他职权。

（4）监事会（监事）的特别职权。具体规定如下：①监事可以列席董事会会议，并对董事会决议事项提出质询或者建议。②监事会、不设监事会的公司的监事发现公司经营情况异常，可以进行调查；必要时，可以聘请会计师事务所等协助其工作，费用由公司承担。

（5）监事会会议。具体规定如下：①监事会主席召集和主持监事会会议；监事会主席不能履行职务或者不履行职务的，由半数以上监事共同推举1名监事召集和主持监事会会议；②监事会每年度至少召开1次会议，监事可以提议召开临时监事会会议；③监事会的议事方式和表决程序，除《公司法》有规定的外，由公司章程规定；④监事会决议应当经半数以上监事通过；⑤监事会应当对所议事项的决定作成会议记录，出席会议的监事应当在会议记录上签名。

（6）监事会（监事）履职的保障。具体规定如下：①监事会、不设监事会的公司的监事行使职权所必需的费用，由公司承担；②董事、高级管理人员应当如实向监事会或者不设监事会的公司的监事提供有关情况和资料，不得妨碍监事会或者监事行使职权。

（四）一人有限责任公司

1. 一人有限责任公司的概念

根据《公司法》第五十七条第二款的规定，一人有限责任公司是指只有一个自然人股东或者一个法人股东的有限责任公司。

2. 一人有限责任公司的特殊规制。

（1）一人有限责任公司的注册资本。一人有限责任公司的注册资本最低限额为人民币10万元。股东应当一次足额缴纳公司章程规定的出资额。

（2）一人有限责任公司的设立数量。一个自然人只能投资设立一个一人有限责任公司。该一人有限责任公司不能投资设立新的一人有限责任公司。

（3）一人有限责任公司的投资主体性质公示。一人有限责任公司应当在公司登记中注明自然人独资或者法人独资，并在公司营业执照中载明。

（4）一人有限责任公司的权力机构。一人有限责任公司不设股东会，公司章程由股东制定。股东作出隶属有限责任公司权力机构职权的决定时，应当采用书面形式，并由股东签名后置备于公司。

（5）一人有限责任公司的财会报告。一人有限责任公司应当在每一会计年度终了时编制财务会计报告，并经会计师事务所审计。

（6）一人有限责任公司的人格否认。一人有限责任公司的股东不能证明公司财产独立于股东自己的财产的，应当对公司债务承担连带责任。

（五）国有独资公司

1. 国有独资公司的概念

根据《公司法》第六十四条第二款的规定，国有独资公司是指国家单独出资、由国务院或者地方人民政府授权本级人民政府国有资产监督管理机构履行出资人职责的有限责任公司。

2. 国有独资公司的章程

国有独资公司章程由国有资产监督管理机构制定，或者由董事会制定报国有资产监督管理机构批准。

3. 国有独资公司的组织机构

（1）国有独资公司的权力机构。具体规定如下：①国有独资公司不设股东会，由国有资产监督管理机构行使股东会职权。②国有资产监督管理机构可以授权公司董事会行使股东会的部分职权，决定公司的重大事项，但公司的合并、分立、解散、增加或者减少注册资本和发行公司债券，必须由国有资产监督管理机构决定；其中，按照国务院的规定确定的重要的国有独资公司合并、分立、解散、申请破产的，应当由国有资产监督管理机构审核后，报本级人民政府批准。

（2）国有独资公司的董事会。具体规定如下：①国有独资公司设董事会，依法行使职权。董事每届任期不得超过 3 年。董事会成员中应当有公司职工代表。②董事会成员由国有资产监督管理机构委派；但是，董事会成员中的职工代表由公司职工代表大会选举产生。③董事会设董事长 1 人，可以设副董事长。董事长、副董事长由国有资产监督管理机构从董事会成员中指定。

（3）国有独资公司的经理。具体规定如下：①国有独资公司设经理，由董事会聘任或者解聘，经理依法行使职权；②经国有资产监督管理机构同意，董事会成员可以兼任经理。

（4）国有独资公司负责人的专任制度。国有独资公司的董事长、副董事长、董事、高级管理人员，未经国有资产监督管理机构同意，不得在其他有限责任公司、股份有限公司或者其他经济组织兼职。

（5）国有独资公司的监事会。具体规定如下：①国有独资公司监事会成员不得少于 5 人，其中职工代表的比例不得低于 1/3，具体比例由公司章程规定。②监事会成员由国有资产监督管理机构委派；但是，监事会成员中的职工代表由公司职工代表大会选举产生。监事会主席由国有资产监督管理机构从监事会成员中指定。③监事会行使的职权有：一是检查公司财务；二是对董事、高级管理人员执行公司职务的行为进行监督，对违反法律、行政法规、公司章程或者股东会决议的董事、高级管理人员提出罢免的建议；三是当董事、高级管理人员的行为损害公司的利益时，要求董事、高级管理人员予以纠正；四是国务院规定的其他职权。

（六）有限责任公司的股权转让

1. 股权的自愿转让

（1）股权的内部转让。有限责任公司的股东之间可以相互转让其全部或者部分股权。

（2）股权的外部转让。具体规定如下：①股东向股东以外的人转让股权，应当经其他股东过半数同意。②股东应就其股权转让事项书面通知其他股东并征求同意，其他股东自接到书面通知之日起满 30 日未答复的，视为同意转让。其他股东半数以上不同意转让的，不同意的股东应当购买该转让的股权；不购买的，视为同意转让。④经股东同意转让的股权，在同等条件下，其他股东有优先购买权。⑤两个以上股东主张行使优先购买权的，协商确定各自的购买比例；协商不成的，按照转让时各自的出资比例行使优先购买权。⑥公司章程对股权转让另有规定的，从其规定。

2. 股权的强制转让

人民法院依照法律规定的强制执行程序转让股东的股权时，应当通知公司及全体股东，其他股东在同等条件下有优先购买权。其他股东自人民法院通知之日起满 20 日不行使优先购买权的，视为放弃优先购买权。

需要注意的是，在自愿转让与强制转让情形下，公司应当注销原股东的出资证明书，向新股东签发出资证明书，并相应修改公司章程和股东名册中有关股东及其出资额的记载。对公司章程的该项修改不需再由股东会表决。

3. 股权的回购转让

根据《公司法》第七十四条的规定，有下列情形之一的，对股东会该项决议投反对票的股东可以请求公司按照合理的价格收购其股权：①公司连续 5 年不向股东分配利润，而公司该 5 年连续盈利，并且符合《公司法》规定的分配利润条件的；②公司合并、分立、转让主要财产的；③公司章程规定的营业期限届满或者章程规定的其他解散事由出现，股东会会议通过决议修改章程使公司存续的。自股东会会议决议通过之日起 60 日内，股东与公司不能达成股权收购协议的，股东可以自股东会会议决议通过之日起 90 日内向人民法院提起诉讼。需要注意的是，根据《最高人民法院关于适用〈中华人民共和国公司法〉若干问题的规定（一）》第三条的规定，前述"90 日"的期限如若逾越，对于相关诉讼，人民法院不予受理。

4. 继承转让

自然人股东死亡后，其合法继承人可以继承股东资格；但是，公司章程另有规定的除外。

三、股份有限公司

（一）股份有限公司的概念和特征

1. 股份有限公司的概念

股份有限公司，又称股份公司，是指全部资本由等额股份构成并通过发行股票筹集资本，股东以其认购的股份为限对公司承担责任，公司以其全部财产对公司的债务承担责任的企业法人。

2. 股份有限公司的特征

①股东责任的有限性；②资本募集的公开性；③股东出资的股份性；④公司股票的流通性；⑤公司机构的完备性；⑥公司信用的资合性。

（二）股份有限公司的设立

1. 股份有限责任公司的设立条件

（1）发起人符合法定人数。根据《公司法》第七十八条的规定，设立股份有限公司，应当有 2 人以上 200 人以下为发起人，其中须有半数以上的发起人在中国境内有住所。

（2）发起人认购和募集的股本达到法定资本最低限额。股份有限公司注册资本的最低限额为人民币 500 万元。法律、行政法规对股份有限公司注册资本的最低限额有较高规定的，从其规定。发起设立方式下，发起人应当认购公司应发行的全部股份；募集设立方式下，除法律、行政法规另有规定外，发起人认购的股份不得少于公司股份总数的 35%。

（3）股份发行、筹办事项符合法律规定。股份有限公司的发起人必须按规定认购其应认购的股份，承担公司筹办事务，依法向社会公开募集股份。

（4）发起人制定公司章程。在发起设立方式下，章程由发起人共同制定，全体发起人应当在公司章程上签名、盖章；在募集设立方式下，章程由发起人制定并经创立大会通过。

（5）有公司名称，建立符合股份有限公司要求的组织机构。公司名称应当符合国家有关规定，股份有限公司必须在公司名称中标明"股份有限公司"或者"股份公司"字样。股份有限公司应当依法建立股东大会、董事会、经理、监事会等组织机构。

（6）有公司住所。股份有限公司以其主要办事机构所在地为住所。经公司登记机关登记的公司住所只能有一个，公司住所应当在其公司登记机关辖区内。

2. 股份有限责任公司的设立程序

股份有限公司的设立，可以采取发起设立或者募集设立的方式。发起设立是指，由发起人认购公司应发行的全部股份而设立公司。募集设立是指，由发起人认购公司应发行股份的一部分，其余股份向社会公开募集或者向特定对象募集而设立公司。因设立方式不同，股份有限公司的设立程序不尽一致。一般来说，发起设立的程序相对简单，募集设立的程序则较为烦冗。因股份有限公司的发起设立程序与有限责任公司设立程序差异不大，下文主要谈及股份有限公司的募集设立程序。

（1）发起人签订发起人协议、制定公司章程。股份有限公司发起人应当签订发起人协议，明确各自在公司设立过程中的权利和义务。公司章程是公司设立运行的前提和基础，股份有限公司章程应当载明下列事项：①公司名称和住所；②公司经营范围；③公司设立方式；④公司股份总数、每股金额和注册资本；⑤发起人的姓名或者名称、认购的股份数、出资方式和出资时间；⑥董事会的组成、职权和议事规则；⑦公司法定代表人；⑧监事会的组成、职权和议事规则；⑨公司利润分配办法；⑩公司的解散事由与清算办法；⑪公司的通知和公告办法；⑫股东大会会议认为需要规定的其他事项。

（2）申请名称预先核准。设立股份有限公司应当申请名称预先核准，预先核准的公司名称保留期为6个月。保留期内，该名称不得用于从事经营活动，不得转让。

（3）报经批准。设立股份有限公司须经过国务院授权部门或者省、自治区、直辖市人民政府的批准。募集设立的股份有限公司还须经国务院证券监督管理机构批准。

（4）发起人认购股份。除法律、行政法规另有规定外，发起人认购的股份不得少于公司股份总数的35%。发起人可以用货币认购股份，也可以用实物、知识产权、土地使用权等可以用货币估价并可依法转让的非货币财产作价认购股份；但是，法律、行政法规规定不得作为出资的财产除外。发起人认购股份不能分期进行。

（5）发起人向社会公开募集股份。具体的程序是：①公告招股说明书。招股说明书应当附有发起人制定的公司章程，并载明下列事项：发起人认购的股份数；每股的票面金额和发行价格；无记名股票的发行总数；募集资金的用途；认股人的权利、义务；本次募股的起止期限及逾期未募足时认股人可以撤回所认股份的说明。②制作认股书。认股书应当载明招股说明书所列事项，由认股人填写认购股数、金额、住所，并签名、盖章。③签订承销协议。发起人向社会公开募集股份，应当由依法设立的证券公司承销，签订承销协议。④签订代收股款协议。发起人向社会公开募集股份，应当同银行签订代收股款协议。⑤缴纳股款。认股人按照所认购股数向代收股款的银行缴纳股款。代收股款的银行应当按照协议代收和保存股款，向缴纳股款的认股人出具收款单据，并负有向有关部门出具收款证明的义务。需要注意的是，发行的股份超过招股说明书规定的截止期限尚未募足的，或者发行股份的股款缴足后，发起人在30日内未召开创立大会的，认股人可以按照所缴股款并加算银行同期存款利息，要求发起人返还。

（6）验资。发起人向社会公开募集股份的股款缴足后，必须经依法设立的验资机构验资并出具证明。

（7）召开创立大会。具体事项如下：①创立大会的召开时间与组成。发起人应当自股款缴足之日起30日内主持召开公司创立大会。创立大会由发起人、认股人组成。②会议日期的通告。发起人应当在创立大会召开15日前将会议日期通知各认股人或者予以公告。③会议出席人数。创立大会应有代表股份总数过半数的发起人、认股人出席，方可举行。④创立大会的职权。创立大会行使下列7项职权：审议发起人关于公司筹办情况的报告；通过公司章程；选举董事会成员；选举监事会成员；对公司的设立费用进行审核；对发起人用于抵作股款的财产的作价进行审核；发生不可抗力或者经营条件发生重大变化直接影响公司设立的，可以作出不设立公司的决议。⑤会议决议。创立大会对其职权范围内事项作出决议，必须经出席会议的认股人所持表决权过半数通过。

（8）申请设立登记。董事会应于创立大会结束后30日内，向公司登记机关报送下列文件，申请设立登记：①公司登记申请书；②创立大会的会议记录；

③公司章程; ④验资证明; ⑤法定代表人、董事、监事的任职文件及其身份证明; ⑥发起人的法人资格证明或者自然人身份证明; ⑦公司住所证明; ⑧国务院证券监督管理机构的核准文件。

（9）登记发照。公司登记机关对于符合《公司法》规定的设立条件的拟设股份有限公司，予以登记; 否则，不予登记。予以登记的公司，由公司登记机关发给公司营业执照。公司营业执照的签发日期为公司成立日期。

3. 发起人的责任

（1）发起人（也适用于认股人）缴纳股款或者交付抵作股款的出资后，除未按期募足股份、发起人未按期召开创立大会或者创立大会决议不设立公司的情形外，不得抽回其股本。

（2）股份有限公司成立后，发起人未按照公司章程的规定缴足出资的，应当补缴; 其他发起人承担连带责任。

（3）股份有限公司成立后，发现作为设立公司出资的非货币财产的实际价额显著低于公司章程所定价额的，应当由交付该出资的发起人补足其差额; 其他发起人承担连带责任。

（4）股份有限公司不能成立时，发起人对设立行为所产生的债务和费用负连带责任。

（5）股份有限公司不能成立时，对认股人已缴纳的股款，负返还股款并加算银行同期存款利息的连带责任。

（6）在股份有限公司设立过程中，由于发起人的过失致使公司利益受到损害的，应当对公司承担赔偿责任。

（三）股份有限公司的组织机构

1. 股东大会

（1）股东大会的性质和职权。股份有限公司股东大会由全体股东组成，是公司的权力机构。《公司法》第三十七条赋予有限责任公司股东会的11项职权，适用于股份有限公司股东大会。此外，股东大会要求董事、监事、高级管理人员列席会议的，董事、监事、高级管理人员应当列席并接受股东的质询。

（2）股东大会会议。具体事项如下: ①会议类别。股东大会应当每年召开1次年会。有下列6种情形之一的，应当在2个月内召开临时股东大会: 董事人数不足《公司法》规定人数或者公司章程所定人数的2/3时; 公司未弥补的亏损达实收股本总额1/3时; 单独或者合计持有公司10%以上股份的股东请求时；董事会认为必要时；监事会提议召开时；公司章程规定的其他情形。②会议的召集和主持。股东大会会议由董事会召集，董事长主持；董事长不能履行职务或者不履行职务的，由副董事长主持；副董事长不能履行职务或者不履行职务的，由半数以上董事共同推举1名董事主持。董事会不能履行或者不履行召集股东大会会议职责的，监事会应当及时召集和主持；监事会不召集和主持的，连续90日以上单独或者合计持有公司10%以上股份的股东可以自行召集和主持。③会议相关事项的通告。召开股东大会会议，应当将会议召开的时间、地点和审议的事项于会议召开20日前通知各股东；临时股东大会应当于会议召开15日前通知各股东；发行无记名股票的，应当于会议召开30日前公告会议召开的时间、地点和审议事项。单独或者合计持有公司3%以上股份的股东，可以在股东大会召开10日前提出临时提案并书面提交董事会；董事会应当在收到提案后2日内通知其他股东，并将该临时提案提交股东大会审议。临时提案的内容应当属于股东大会职权范围，并有明确议题和具体决议事项。

（3）股东大会的议事规则。具体规定如下：①股东大会不得对会议通知中未列明的事项作出决议。②无记名股票持有人出席股东大会会议的，应当于会议召开5日前至股东大会闭会时将股票交存于公司。③股东大会选举董事、监事，可以依照公司章程的规定或者股东大会的决议，实行累积投票制。所谓累积投票制，是指股东大会选举董事或者监事时，每一股份拥有与应选董事或者监事人数相同的表决权，股东拥有的表决权可以集中使用。④《公司法》和公司章程规定公司转让、受让重大资产或者对外提供担保等事项必须经股东大会作出决议的，董事会应当及时召集股东大会会议，由股东大会就上述事项进行表决。⑤股东可以委托代理人出席股东大会会议，代理人应当向公司提交股东授权委托书，并在授权范围内行使表决权。⑥股东出席股东大会会议，所持每一股份有一表决权。但是，公司持有的本公司股份没有表决权。⑦股东大会作出决议，必须经出席会议的股东所持表决权过半数通过。但是，股东大会作出修改公司章程、增加或者减少注册资本的决议，以及公司合并、分立、解散或者变更公司形式的决议，必须经出席会议的股东所持表决权的2/3以上通过。⑧股东大会应当对所议事项的决定作成会议记录，主持人、出席会议的董事应当在会议记录上签名。会议记录应当与出席股东的签名册及代理出席的委托书一并保存。

2. 董事会和经理

（1）董事会的性质和职权。股份有限公司的董事会是公司的执行机构，对股东大会负责。《公司法》第四十六条赋予有限责任公司董事会的 11 项职权，适用于股份有限公司董事会。

（2）董事会的组成。具体规定如下：①股份有限公司设董事会，其成员为 5~19 人；②董事会成员中可以有公司职工代表，董事会中的职工代表由公司职工通过职工代表大会、职工大会或者其他形式民主选举产生。

（3）董事长和董事的任期。具体规定如下：①董事会设董事长 1 人，可以设副董事长。董事长和副董事长由董事会以全体董事的过半数选举产生。②董事长召集和主持董事会会议，检查董事会决议的实施情况。副董事长协助董事长工作，董事长不能履行职务或者不履行职务的，由副董事长履行职务；副董事长不能履行职务或者不履行职务的，由半数以上董事共同推举 1 名董事履行职务。③《公司法》第四十五条关于有限责任公司董事任期的规定，适用于股份有限公司董事。

（4）董事会会议。具体规定如下：①董事会每年度至少召开 2 次会议，每次会议应当于会议召开 10 日前通知全体董事和监事。代表 1/10 以上表决权的股东、1/3 以上董事或者监事会，可以提议召开董事会临时会议。董事长应当自接到提议后 10 日内，召集和主持董事会会议。董事会召开临时会议，可以另定召集董事会的通知方式和通知时限。②董事会会议应有过半数的董事出席方可举行。董事会作出决议，必须经全体董事的过半数通过。董事会决议的表决，实行一人一票。③董事会会议应由董事本人出席；董事因故不能出席，可以书面委托其他董事代为出席，委托书中应载明授权范围。④董事会应当对会议所议事项的决定作成会议记录，出席会议的董事应当在会议记录上签名。⑤董事应当对董事会的决议承担责任。董事会的决议违反法律、行政法规或者公司章程、股东大会决议，致使公司遭受严重损失的，参与决议的董事对公司负赔偿责任。但经证明在表决时曾表明异议并记载于会议记录的，该董事可以免除责任。

（5）经理。具体规定如下：①股份有限公司设经理，由董事会决定聘任或者解聘；②《公司法》第四十九条关于有限责任公司经理职权的规定，适用于股份有限公司经理；③公司董事会可以决定由董事会成员兼任经理。

3. 监事会

（1）监事会的性质和组成。具体包括如下内容：①股份有限公司的监事会是公司的监督机构。②监事会成员不得少于3人。③监事会应当包括股东代表和适当比例的公司职工代表，其中职工代表的比例不得低于1/3，具体比例由公司章程规定。监事会中的职工代表由公司职工通过职工代表大会、职工大会或者其他形式民主选举产生。④监事会设主席1人，可以设副主席。监事会主席和副主席由全体监事过半数选举产生。⑤董事、高级管理人员不得兼任监事。

（2）监事会的职权和监事任期。《公司法》第五十三条关于有限责任公司监事会职权的规定，适用于股份有限公司监事会。《公司法》第五十二条关于有限责任公司监事任期的规定，适用于股份有限公司监事。

（3）会议。具体规定如下：①监事会主席召集和主持监事会会议；监事会主席不能履行职务或者不履行职务的，由监事会副主席召集和主持监事会会议；监事会副主席不能履行职务或者不履行职务的，由半数以上监事共同推举1名监事召集和主持监事会会议。②监事会每6个月至少召开1次会议。监事可以提议召开临时监事会会议。③监事会的议事方式和表决程序，除《公司法》有规定的外，由公司章程规定。④监事会决议应当经半数以上监事通过。⑤监事会应当对所议事项的决定作成会议记录，出席会议的监事应当在会议记录上签名。

（4）监事会的履职保障。具体规定如下：①股份有限公司监事会行使职权所必需的费用，由公司承担；②董事、高级管理人员应当如实向监事会提供有关情况和资料，不得妨碍监事会行使职权。

4. 有关上市公司的规定

（1）上市公司的概念。上市公司是指其股票在证券交易所上市交易的股份有限公司。

（2）重大资产处置引致股东大会特别决议。上市公司在1年内购买、出售重大资产或者担保金额超过公司资产总额30%的，应当由股东大会作出决议，并经出席会议的股东所持表决权的2/3以上通过。

（3）设立独立董事。独立董事是指不在公司担任除董事外的其他职务，并与其受聘的上市公司及其主要股东不存在可能妨碍其进行独立客观判断的关系的董事。独立董事除履行董事的一般职责外，更应对控股股东及其选任的上市公司的董事和高级管理人员以及他们与公司进行的关联交易等进行监督。根据《公司法》第一百二十二条的规定，上市公司设独立董事，具体办法由国务院规定。

（4）设立董事会秘书。董事会秘书是指掌管董事会文件并协助董事会成员处理日常事务的人员。上市公司设董事会秘书，负责公司股东大会和董事会会议的筹备、文件保管以及公司股东资料的管理，办理信息披露事务等事宜。

（5）关联董事表决回避。具体规定如下：①上市公司董事与董事会会议决议事项所涉及的企业有关联关系的，不得对该项决议行使表决权，也不得代理其他董事行使表决权；②该董事会会议由过半数的无关联关系董事出席即可举行，董事会会议所作决议须经无关联关系董事过半数通过；③出席董事会的无关联关系董事人数不足3人的，应将该事项提交上市公司股东大会审议。

（6）股票依照法律、法规上市交易。上市公司的股票，依照有关法律、行政法规及证券交易所交易规则上市交易。

（7）财会报告的公布。上市公司必须依照法律、行政法规的规定，公开其财务状况、经营情况及重大诉讼，在每会计年度内半年公布一次财务会计报告。

（四）股份有限公司的股份发行和转让

1. 股份发行

（1）股票的概念。股份有限公司的股份采取股票的形式，股票是股份有限公司签发的证明股东所持股份的凭证。股份有限公司成立前不得向股东交付股票。

（2）股份发行的原则。股份的发行，实行公平、公正的原则，同种类的每一股份应当具有同等权利。同次发行的同种类股票，每股的发行条件和价格应当相同；任何单位或者个人所认购的股份，每股应当支付相同价额。

（3）股票的发行价格。股票发行价格可以按票面金额，也可以超过票面金额，但不得低于票面金额。

（4）股票的表现形式。股票采用纸面形式或者国务院证券监督管理机构规定的其他形式。

（5）股票的记载内容。股票应当载明下列主要事项：①公司名称；②公司成立日期；③股票种类、票面金额及代表的股份数；④股票的编号。此外，发起人的股票，应当标明"发起人股票"字样。股票由法定代表人签名，公司盖章。

（6）记名股票与无记名股票。具体的规定如下：①公司发行的股票，可以为记名股票，也可以为无记名股票。②公司向发起人、法人发行的股票，应当为记名股票，并应当记载该发起人、法人的名称或者姓名，不得另立户名或者以代表人姓名记名。③公司发行记名股票的，应当置备股东名册，记载以下四项内容：股东的姓名或者名称及住所、各股东所持股份数、各股东所持股票的编号、各股东取得股份的日期。此外，发行无记名股票的，公司应当记载其股票数量、编号及发行日期。④国务院可以对公司发行《公司法》规定以外的其他种类的股份，另行作出规定。

（7）新股发行。具体规定如下：①公司发行新股，股东大会应当对下列四项内容作出决议：新股种类及数额、新股发行价格、新股发行的起止日期、向原有股东发行新股的种类及数额。②公司经国务院证券监督管理机构核准公开发行新股时，应当公告新股招股说明书和财务会计报告，并制作认股书；应当同依法设立的证券公司签订承销协议，同银行签订代收股款协议。③公司发行新股，可以根据公司经营情况和财务状况，确定其作价方案。④公司发行新股募足股款后，必须向公司登记机关办理变更登记，并公告。

2. 股份的转让

股份转让是指股份有限公司的股东依法自愿将自己所拥有的股份转让给他人，使他人取得股份成为股东或增加股份数额的法律行为。

（1）股份转让的场所。股东转让其股份，应当在依法设立的证券交易场所进行或者按照国务院规定的其他方式进行。

（2）股份转让的方式。具体规定如下：①记名股票，由股东以背书方式或者法律、行政法规规定的其他方式转让；转让后由公司将受让人的姓名或者名称及住所记载于股东名册。需要注意的是，股东大会召开前 20 日内或者公司决定分配股利的基准日前 5 日内，不得进行记名股票转让后股东名册的变更登记。但是，法律对上市公司股东名册变更登记另有规定的，从其规定。另外，记名股票被盗、遗失或者灭失，股东可以依照《民事诉讼法》规定的公示催告程序，请求人民法院宣告该股票失效。人民法院宣告该股票失效后，股东可以向公司申请补发股票。②无记名股票的转让，由股东将该股票交付给受让人后即发生转让的效力。

（3）股份转让的限制。具体规定如下：①发起人持有的本公司股份，自公司成立之日起 1 年内不得转让。②公司公开发行股份前已发行的股份，自公司股票在证券交易所上市交易之日起 1 年内不得转让。③公司董事、监事、高级管理人员应当向公司申报所持有的本公司的股份及其变动情况，在任职期间每年转让的股份不得超过其所持有本公司股份总数的 25%；所持本公司股份自公司股票上市交易之日起 1 年内不得转让。上述人员离职后半年内，不得转让其所持有的本公司股份。公司章程可以对公司董事、监事、高级管理人员转让其所持有的本公司股份作出其他限制性规定。

（4）公司不得收购本公司股份。但是，有下列情形之一的除外：①减少公司注册资本；②与持有本公司股份的其他公司合并；③将股份奖励给本公司职工；④股东因对股东大会作出的公司合并、分立决议持异议，要求公司收购其股份的。公司因第①②项的原因收购本公司股份的，应当经股东大会决议。公司依照前述规定收购本公司股份后，属于第①项情形的，应当自收购之日起 10 日内注销；属于第②、④项情形的，应当在 6 个月内转让或者注销。

（5）股票质押。股份有限公司不得接受本公司的股票作为质押权的标的。

四、董事、监事和高级管理人员的资格、义务和责任

（一）董事、监事和高级管理人员任职的消极资格

《公司法》第一百四十六条第一款规定："有下列情形之一的，不得担任公司的董事、监事、高级管理人员：①无民事行为能力或者限制民事行为能力；②因贪污、贿赂、侵占财产、挪用财产或者破坏社会主义市场经济秩序，被判处刑罚，执行期满未逾五年，或者因犯罪被剥夺政治权利，执行期满未逾五年；③担任破产清算的公司、企业的董事或者厂长、经理，对该公司、企业的破产负有个人责任的，自该公司、企业破产清算完结之日起未逾三年；④担任因违法被吊销营业执照、责令关闭的公司、企业的法定代表人，并负有个人责任的，自该公司、企业被吊销营业执照之日起未逾三年；⑤个人所负数额较大的债务到期未清偿。"

（二）董事、监事和高级管理人员具有任职消极资格的法律后果

（1）公司违反《公司法》第一百四十六条第一款的规定，选举、委派董事、监事或者聘任高级管理人员的，该选举、委派或者聘任无效。

（2）董事、监事、高级管理人员在任职期间出现《公司法》第一百四十六条第一款所列情形的，公司应当解除其职务。

（三）董事、监事和高级管理人员的义务

董事、监事、高级管理人员应当遵守法律、行政法规和公司章程，对公司负有忠实义务和勤勉义务。董事、监事、高级管理人员不得利用职权收受贿赂或者其他非法收入，不得侵占公司的财产。

此外，为了督促董事、监事和高级管理人员正确履职，公司亦应担负相应义务。根据《公司法》第一百一十五、一百一十六条的规定，股份有限公司除不得直接或者通过子公司向董事、监事、高级管理人员提供借款外，还应当定期向股东披露董事、监事、高级管理人员从公司获得报酬的情况。

（四）董事、高级管理人员的禁止行为

根据《公司法》第一百四十八条的规定，董事、高级管理人员不得有下列行为：①挪用公司资金；②将公司资金以其个人名义或者以其他个人名义开立账户存储；③违反公司章程的规定，未经股东会、股东大会或者董事会同意，将公司资金借贷给他人或者以公司财产为他人提供担保；④违反公司章程的规定或者未经股东会、股东大会同意，与本公司订立合同或者进行交易；⑤未经股东会或者股东大会同意，利用职务便利为自己或者他人谋取属于公司的商业机会，自营或者为他人经营与所任职公司同类的业务；⑥接受他人与公司交易的佣金归为己有；⑦擅自披露公司秘密；⑧违反对公司忠实义务的其他行为。董事、高级管理人员违反前述规定所得的收入应当归公司所有。

（五）董事、监事、高级管理人员的赔偿责任

《公司法》第一百四十八条规定："董事、监事、高级管理人员执行公司职务时违反法律、行政法规或者公司章程的规定，给公司造成损失的，应当承担赔偿责任。"

（六）股东诉讼

（1）股东公益诉讼。根据《公司法》第一百五十一条的规定，董事、高级管理人员有《公司法》第一百四十九条规定的情形，或者他人侵犯公司合法权益，给公司造成损失的，有限责任公司的股东、股份有限公司连续180日以上单独或者合计持有公司1%以上股份的股东，可以书面请求监事会或者不设监事会的有限责任公司的监事向人民法院提起诉讼；监事有《公司法》第一百四十九条规定的情形的，前述股东可以书面请求董事会或者不设董事会的有限责任公司的执行董事向人民法院提起诉讼。监事会、不设监事会的有限责任公司的监事，或者董事会、执行董事收到前述股东的书面请求后拒绝提起诉

讼，或者自收到请求之日起 30 日内未提起诉讼，或者情况紧急、不立即提起诉讼将会使公司利益受到难以弥补的损害的，前述股东有权为了公司的利益以自己的名义直接向人民法院提起诉讼。需要注意的是，根据《最高人民法院关于适用〈中华人民共和国公司法〉若干问题的规定（一）》第四条的规定，《公司法》第一百五十一条规定的 180 日以上连续持股期间，应为股东向人民法院提起诉讼时，已期满的持股时间；规定的合计持有公司 1% 以上股份，是指两个以上股东持股份额的合计。

此外，《公司法》第二十二条规定，公司股东会或者股东大会、董事会的决议内容违反法律、行政法规的无效。股东会或者股东大会、董事会的会议召集程序、表决方式违反法律、行政法规或者公司章程，或者决议内容违反公司章程的，股东可以自决议作出之日起 60 日内，请求人民法院撤销。股东依照前述规定提起诉讼的，人民法院可以应公司的请求，要求股东提供相应担保。公司根据股东会或者股东大会、董事会决议已办理变更登记的，人民法院宣告该决议无效或者撤销该决议后，公司应当向公司登记机关申请撤销变更登记。需要注意的是，根据《最高人民法院关于适用〈中华人民共和国公司法〉若干问题的规定（一）》第三条的规定，前述"60 日"的期限如若逾越，对于相关诉讼，人民法院不予受理。

（2）股东私益诉讼。董事、高级管理人员违反法律、行政法规或者公司章程的规定，损害股东利益的，股东可以依法向人民法院提起诉讼。

五、公司债券及财务会计

（一）公司债券

1. 公司债券的概念和特征

（1）公司债券是指公司依照法定程序发行约定在一定期限还本付息的有价证券。

（2）与公司股票相比，公司债券有着自己的特征：①公司债券的持有人是公司的债权人，对公司享有相应的债权；②无论公司是否实现盈利，公司债券的持有人均享有依约给付利息的请求权；③约定期限届至，公司须向公司债券的持有人偿付债券本金；④公司债券的持有人享有优先于公司股票的持有人即股东受偿的权利；⑤公司债券的利率一般固定不变，风险较小。

2. 公司债券的种类

（1）记名公司债券与无记名公司债券。这是以公司债券上是否记载债权人姓名或者名称为标准对公司债券所作的分类。记名公司债券是指在公司债券上记载债权人姓名或者名称的债券；无记名公司债券是指在公司债券上不记载债权人姓名或者名称的债券。记名公司债券与无记名公司债券在转让上的法律规定有所不同：记名公司债券，由债券持有人以背书方式或者法律、行政法规规定的其他方式转让，转让后由公司将受让人的姓名或者名称及住所记载于公司债券存根簿；无记名公司债券的转让，由债券持有人将该债券交付给受让人后即发生转让的效力。

（2）可转换公司债券与不可转换公司债券。这是以公司债券是否可以转换为公司股票为标准对公司债券所作的分类。可转换公司债券是指可以转换为公司股票的公司债券。如条件成就，发行可转换债券的公司应当按照其转换办法向债券持有人换发股票，但债券持有人对转换股票或者不转换股票有选择权。不可转换公司债券是指不能转换为公司股票的公司债券。凡在发行公司债券时未作出转换约定的，均为不可转换公司债券。

3. 公司债券的发行

（1）公司债券发行的条件。根据《中华人民共和国证券法》（简称《证券法》）第十六条的规定，公开发行公司债券，应当符合下列条件：①股份有限公司的净资产不低于人民币3000万元，有限责任公司的净资产不低丁人民币6000万元；②累计债券余额不超过公司净资产的40%；③最近3年平均可分配利润足以支付公司债券1年的利息；④筹集的资金投向符合国家产业政策；⑤债券的利率不超过国务院限定的利率水平；⑥国务院规定的其他条件。

（2）公司债券发行的规制。根据《证券法》第十六条的规定，公开发行公司债券筹集的资金，必须用于核准的用途，不得用于弥补亏损和非生产性支出。上市公司发行可转换为股票的公司债券，除应当符合上述规定的条件外，还应当符合《证券法》关于公开发行股票的条件，并报国务院证券监督管理机构核准。

（3）公司债券发行的禁止。根据《证券法》第十八条的规定，有下列情形之一的，不得再次公开发行公司债券：①前一次公开发行的公司债券尚未募足；②对已公开发行的公司债券或者其他债务有违约或者延迟支付本息的事实，仍处于继续状态；③违反《证券法》规定，改变公开发行公司债券所募资金的用途。

（二）公司财务会计制度

1. 公司的财务会计报告

（1）财务会计报告的编制与审计。公司应当依照法律、行政法规和国务院财政部门的规定制作财务会计报告。在每一会计年度终了时，公司应当编制财务会计报告，并依法经会计师事务所审计。

（2）财务会计报告的公示。有限责任公司应当依照公司章程规定的期限将财务会计报告送交各股东。股份有限公司的财务会计报告应当在召开股东大会年会的 20 日前置备于本公司，供股东查阅；公开发行股票的股份有限公司必须公告其财务会计报告。

2. 公司的公积金和利润分配

（1）公积金。公积金是公司在资本之外所保留的资金金额，又称为附加资本或准备金。公司的公积金主要用于弥补公司的亏损、扩大公司生产经营或者转为公司资本。根据《公司法》第一百六十七、一百六十八条的规定，公司有以下三类公积金：①法定公积金。公司分配当年税后利润时，应当提取利润的 10% 列入公司法定公积金，如法定公积金累计额在公司注册资本的 50% 以上的，可以不再提取。公司的法定公积金不足以弥补以前年度亏损的，在依法提取法定公积金之前，应当先用当年利润弥补亏损。法定公积金转为资本时，所留存的该项公积金不得少于转增前公司注册资本的 25%。②任意公积金。公司从税后利润中提取法定公积金后，经股东会或者股东大会决议，可以从税后利润中提取任意公积金。③资本公积金。股份有限公司以超过股票票面金额的发行价格发行股份所得的溢价款以及国务院财政部门规定列入资本公积金的其他收入，应当列为公司资本公积金。资本公积金不得用于弥补公司的亏损。

（2）利润分配。公司利润是指公司在一定会计期间的经营成果。公司应当按照下列顺序分配利润：①弥补以前年度的亏损，但不得超过税法规定的弥补期限；②缴纳所得税；③弥补在税前利润弥补亏损之后仍存在的亏损；④提取法定公积金；⑤提取任意公积金（非必须）；⑥向股东分配利润。公司弥补亏损和提取公积金后所余税后利润，有限责任公司按照股东实缴的出资比例分配，但全体股东约定不按照出资比例分配的除外；股份有限公司按照股东持有的股份比例分配，但股份有限公司章程规定不按持股比例分配的除外。股东会、股东大会或者董事会违反法律规定，在公司弥补亏损和提取法定公积金之前向股东分配利润的，股东必须将违反规定分配的利润退还公司。需要注意的是，公司持有的本公司股份不得分配利润。

3.会计师事务所的聘用和解聘

公司聘用、解聘承办公司审计业务的会计师事务所，依照公司章程的规定，由股东会、股东大会或者董事会决定。公司股东会、股东大会或者董事会就解聘会计师事务所进行表决时，应当允许会计师事务所陈述意见。公司应当向聘用的会计师事务所提供真实、完整的会计凭证、会计账簿、财务会计报告及其他会计资料，不得拒绝、隐匿、谎报。

六、公司的合并、分立和终止

（一）公司合并与分立

1.公司合并与分立的概念和种类

（1）公司合并与分立的概念。公司合并是指两个以上的公司按照法定程序变为一个公司的行为。公司分立是指一个公司按照法定程序分为两个以上公司的行为。

（2）公司合并与分立的种类。公司合并可分为吸收合并与新设合并两种。一个公司吸收其他公司为吸收合并，两个以上公司合并设立一个新的公司为新设合并。作为公司合并的逆过程，公司分立可分为派生分立与新设分立两种。一个公司以其部分财产和业务另行设立一个以上的新公司为派生分立，一个公司拆分为两个以上的新公司为新设分立。

2.公司合并与分立的程序及效力

（1）公司合并与分立的程序。公司合并的程序：①签订合并协议。公司合并，应当由合并各方签订合并协议。②编制资产负债表及财产清单。③作出合并决议。有限责任公司的股东会须经代表2/3以上的表决权的股东通过，合并决议才为有效；股份有限公司的股东大会经出席会议的股东所持表决权的2/3以上通过，合并决议才为有效。国有独资公司的合并决议，由国有资产监督管理机构决定。其中，重要的国有独资公司的合并，应当由国有资产监督管理机构审核后，报本级人民政府批准。④通告债权人。公司应当自作出合并决议之日起10日内通知债权人，并于30日内在报纸上公告。⑤债权人表意。债权人自接到通知书之日起30日内，未接到通知书的自公告之日起45日内，可以要求公司清偿债务或者提供相应的担保。⑥进行相应登记。公司合并或者分立，登记事项发生变更的，应当依法向公司登记机关办理变更登记；公司解散的，应当依法办理公司注销登记；设立新公司的，应当依法办理公司设立登记。公司分立的程序与公司合并的程序基本一致，包括编制资产负债表和财产清单，作出分立决议，通告债权人，进行相应登记等。需要注意的是，因公司分立并未增加债权人风险，故公司只需通告债权人即可，并不需债权人表意。

（2）公司合并与分立的效力。公司合并时，合并各方的债权、债务，应当由合并后存续的公司或者新设的公司承继。公司分立前的债务由分立后的公司承担连带责任。但是，公司在分立前与债权人就债务清偿达成的书面协议另有约定的除外。

（二）公司组织形式的变更

有限责任公司与股份有限公司间可以相互转变公司组织形式。有限责任公司如变更为股份有限公司，应当符合《公司法》规定的股份有限公司的条件，反之亦然。公司变更组织形式的，其变更前的债权、债务由变更后的公司承继。需要注意的是，有限责任公司变更为股份有限公司时，折合的实收股本总额不得高于公司净资产额。有限责任公司变更为股份有限公司，为增加资本公开发行股份时，应当依法办理。

（三）公司的解散和清算

1.公司的解散

（1）公司解散的原因。公司因下列原因解散：①公司章程规定的营业期限届满或者公司章程规定的其他解散事由出现；②股东会或者股东大会决议解散；③因公司合并或者分立需要解散；④依法被吊销营业执照、责令关闭或者被撤销；⑤人民法院依法予以解散。根据《公司法》第一百八十二条的规定，公司经营管理发生严重困难，继续存续会使股东利益受到重大损失，通过其他途径不能解决的，持有公司全部股东表决权10%以上的股东，可以请求人民法院解散公司。

（2）公司的继续存续。公司出现前述第1种解散情形的，也可以通过修改公司章程而使自身存续。修改公司章程时，有限责任公司须经持有2/3以上表决权的股东通过，股份有限公司须经出席股东大会会议的股东所持表决权的2/3以上通过。

2.公司的清算

（1）清算组的成立。公司非因合并或者分立而解散的，应当在解散事由出现之日起15日内成立清算组，开始清算。

（2）清算组的组成。有限责任公司的清算组由股东组成，股份有限公司的清算组由董事或者股东大会确定的人员组成。逾期不成立清算组进行清算的，债权人可以申请人民法院指定有关人员组成清算组进行清算。人民法院应当受理该申请，并及时组织清算组进行清算。清算组成员应当忠于职守，依法履行清算义务。清算组成员不得利用职权收受贿赂或者其他非法收入，不得侵占公司财产。清算组成员因故意或者重大过失给公司或者债权人造成损失的，应当承担赔偿责任。

（3）清算组的职权。清算组在清算期间行使下列职权：①清理公司财产，分别编制资产负债表和财产清单；②通知、公告债权人；③处理与清算有关的公司未了结的业务；④清缴所欠税款以及清算过程中产生的税款；⑤清理债权、债务；⑥处理公司清偿债务后的剩余财产；⑦代表公司参与民事诉讼活动。

（4）清算程序。具体程序如下：①通告债权人。清算组应当自成立之日起 10 日内通知债权人，并于 60 日内在报纸上公告。②申报债权。债权人应当自接到通知书之日起 30 日内，未接到通知书的自公告之日起 45 日内，向清算组申报其债权。债权人申报债权，应当说明债权的有关事项，并提供证明材料。在申报债权期间，清算组不得对债权人进行清偿。③债权登记。清算组应当对债权人申报的债权进行登记。④清理公司财产。⑤编制资产负债表和财产清单。⑥制定并确认清算方案。清算组制定完清算方案后，应将其报送股东会、股东大会或者人民法院确认。⑦财产处置。公司财产在分别支付清算费用、职工的工资、社会保险费用和法定补偿金，缴纳所欠税款，清偿公司债务后的剩余财产，有限责任公司按照股东的出资比例分配，股份有限公司按照股东持有的股份比例分配。为了保护债权人的权益，公司财产在未依法清偿债务前，不得分配给股东。需要注意的是，因还未办理注销登记，清算期间公司存续，但不得开展与清算无关的经营活动。

（5）注销登记。公司清算结束后，清算组应当制作清算报告，报股东会、股东大会或者人民法院确认，并报送公司登记机关，申请注销公司登记，公告公司终止。

（6）破产清算。清算组在清理公司财产、编制资产负债表和财产清单后，发现公司财产不足清偿债务的，应当依法向人民法院申请宣告破产。公司经人民法院裁定宣告破产后，清算组应当将清算事务移交给人民法院。公司被依法宣告破产的，依照有关企业破产的法律实施破产清算。

第二节　个人独资企业法律制度

一、个人独资企业法概述

（一）个人独资企业的概念与特征

个人独资企业，是指依法在中国境内设立，由一个自然人投资，财产为投资人个人所有，投资人以其个人财产对企业债务承担无限责任的经营实体。

其特征如下：①个人独资企业只能由一个自然人投资设立；②个人独资企业的财产为投资人个人所有；③个人独资企业的投资人对企业债务承担无限责任；④个人独资企业的组织机构设置简单，经营管理方式灵活；⑤个人独资企业不具有法人资格。

（二）个人独资企业法的概念与基本原则

个人独资企业法是调整个人独资企业在设立、变更、终止和其在经营管理过程中发生的社会关系的法律规范的总称。简言之，个人独资企业法是规范和调整个人独资企业对内对外关系的法律。

其基本原则如下：①国家依法保护个人独资企业的财产和其他合法权益；②个人独资企业从事经营活动必须遵守法律、行政法规，遵守诚实信用原则，不得损害社会公共利益；③个人独资企业应当依法履行纳税义务；④个人独资企业应当依法招用职工；⑤职工的合法权益受法律保护。

二、个人独资企业的设立、变更和解散

（一）设立

1. 设立的条件

设立个人独资企业应当具备下列条件：①投资人为一个自然人；②有合法的企业名称；③有投资人申报的出资；④有固定的生产经营场所和必要的生产经营条件；⑤有必要的从业人员。

2.设立的程序

（1）投资人提出设立申请。设立个人独资企业，应当由投资人或者其委托的代理人向个人独资企业所在地登记机关申请设立登记，提交下列文件：①投资人签署的个人独资企业设立申请书，申请书应当载明下列事项：企业的名称和住所；投资人的姓名和居所；投资人的出资额和出资方式；经营范围及方式。个人独资企业投资人以个人财产出资或者以其家庭共有财产作为个人出资的，应当在设立申请书中予以明确。②投资人的身份证明。③企业住所证明。④委托代理人申请设立登记的，应当提交投资人的委托书和代理人的身份证明或者资格证明。⑤从事法律、行政法规规定须报经有关部门审批的业务的，应当提交有关部门的批准文件。⑥国家工商行政管理局规定提交的其他文件。

（2）登记机关作出决定。登记机关应当在收到设立申请文件之日起15日内，作出核准登记或者不予登记的决定。予以核准的发给营业执照；不予核准的，发给企业登记驳回通知书。个人独资企业营业执照的签发日期为个人独资企业成立日期。在领取个人独资企业营业执照前，投资人不得以个人独资企业名义从事经营活动。

（二）变更

个人独资企业存续期间，企业名称、企业住所、经营范围及方式、投资人姓名和居所、出资额和出资方式等登记事项发生变更的，应当在作出变更决定之日起或者变更事由发生之日起15日内向原登记机关申请变更登记。有关事项如下：

1.提交文件明细

个人独资企业申请变更登记，应当向登记机关提交下列文件：①投资人签署的变更登记申请书；②委托代理人申请变更登记的，应当提交投资人的委托书和代理人的身份证明或者资格证明；③从事法律、行政法规规定须报经有关部门审批的业务的，应当提交有关部门的批准文件；④国家工商行政管理局规定提交的其他文件。

2.登记机关作出决定

登记机关应当在收到申请变更登记的全部文件之日起15日内作出核准登记或者不予登记的决定。予以核准的，换发营业执照或者发给变更登记通知书；不予核准的，发给企业登记驳回通知书。

3. 特别事项处理

个人独资企业变更住所跨登记机关辖区的，应当向迁入地登记机关申请变更登记。迁入地登记机关受理的，由原登记机关将企业档案移送迁入地登记机关。个人独资企业因转让或者继承致使投资人变化的，个人独资企业可向原登记机关提交转让协议书或者法定继承文件，申请变更登记。个人独资企业改变出资方式致使个人财产与家庭共有财产变换的，个人独资企业可向原登记机关提交改变出资方式文件，申请变更登记。

（三）解散

1. 解散的原因

个人独资企业有下列情形之一时，应当解散：①投资人决定解散；②投资人死亡或者被宣告死亡，无继承人或者继承人决定放弃继承；③被依法吊销营业执照；④法律、行政法规规定的其他情形。

2. 清算

个人独资企业解散，由投资人自行清算或者由债权人申请人民法院指定清算人进行清算。投资人自行清算的，应当在清算前15日内书面通知债权人，无法通知的，应当予以公告。债权人应当在接到通知之日起30日内，未接到通知的应当在公告之日起60日内，向投资人申报其债权。清算期间，个人独资企业不得开展与清算目的无关的经营活动。在按法律规定的财产清偿顺序清偿债务前，投资人不得转移、隐匿财产。

3. 债务清偿的顺序

个人独资企业解散的，财产应当按照下列顺序清偿：①所欠职工工资和社会保险费用；②所欠税款；③其他债务。个人独资企业财产不足以清偿债务的，投资人应当以其个人的其他财产予以清偿。

4. 持续清偿责任

个人独资企业解散后，原投资人对个人独资企业存续期间的债务仍应承担偿还责任，但债权人在5年内未向债务人提出偿债请求的，该责任消灭。

需要注意的是，个人独资企业清算结束后，投资人或者人民法院指定的清算人应当编制清算报告，并于15日内到登记机关办理注销登记。个人独资企业办理注销登记时，应当缴回营业执照。

三、个人独资企业的投资人和事务管理

（一）投资人

1. 投资人的条件

个人独资企业的投资人只能为中国自然人，但并非任何中国自然人都能成为个人独资企业的投资人。首先，非完全民事行为能力人不能作为投资人申请设立个人独资企业；其次，法律、行政法规禁止从事营利性活动的人，如国家公务员、党政机关领导干部、警官、法官、检察官、商业银行工作人员等不得作为投资人申请设立个人独资企业。

2. 投资人的权利

个人独资企业投资人对本企业的财产依法享有所有权，其有关权利可以依法进行转让或继承。

3. 投资人的责任

个人独资企业投资人应以其个人财产对企业债务承担无限责任，但如在申请企业设立登记时投资人明确以其家庭共有财产作为个人出资的，应当依法以家庭共有财产对企业债务承担无限责任。

（二）事务管理

1. 事务管理的方式

个人独资企业投资人可以自行管理企业事务，也可以委托或者聘用其他具有民事行为能力的人负责企业的事务管理。

投资人委托或者聘用他人管理个人独资企业事务的，应当与受托人或者被聘用的人签订书面合同，明确委托的具体内容和授予的权利范围。受托人或者被聘用的人员应当履行诚信、勤勉义务，按照与投资人签订的合同负责个人独资企业的事务管理。投资人委托或者聘用的管理个人独资企业事务的人员不得有下列行为：①利用职务上的便利，索取或者收受贿赂；②利用职务或者工作上的便利侵占企业财产；③挪用企业的资金归个人使用或者借贷给他人；④擅自将企业资金以个人名义或者以他人名义开立账户储存；⑤擅自以企业财产提供担保；⑥未经投资人同意，从事与本企业相竞争的业务；⑦未经投资人同意，同本企业订立合同或者进行交易；⑧未经投资人同意，擅自将企业商标或者其他知识产权转让给他人使用；⑨泄露本企业的商业秘密；⑩法律、行政法规禁止的其他行为。

需要注意的是，投资人对受托人或者被聘用的人员职权的限制，不得对抗善意第二人。

2. 事务管理的内容

（1）个人独资企业应当依法设置会计账簿，进行会计核算。

（2）个人独资企业招用职工的，应当依法与职工签订劳动合同，保障职工的劳动安全，按时、足额发放职工工资。

（3）个人独资企业应当按照国家规定参加社会保险，为职工缴纳社会保险费。

（4）个人独资企业可以依法申请贷款、取得土地使用权，并享有法律、行政法规规定的其他权利。

（5）任何单位和个人不得违反法律、行政法规的规定，以任何方式强制个人独资企业提供财力、物力、人力；对于违法强制提供财力、物力、人力的行为，个人独资企业有权拒绝。

第三节　合伙企业法律制度

一、合伙企业法概述

（一）合伙企业的概念与分类

1. 合伙企业的概念

合伙企业是指由两个以上的人共同出资、共同经营、共享收益、共担风险，为了共同目的而设立的对经营负债承担无限连带责任、无限责任或者有限责任的企业。

2. 合伙企业的分类

依现行法律规定，合伙企业分为普通合伙企业与有限合伙企业两类。普通合伙企业由普通合伙人组成，合伙人对合伙企业债务原则上承担无限连带责任；有限合伙企业由普通合伙人与有限合伙人共同组成，普通合伙人对合伙企业债务承担无限连带责任或者无限责任，有限合伙人对合伙企业债务承担有限责任。

（二）合伙企业法的概念与基本原则

1. 合伙企业法的概念

合伙企业法是调整合伙企业在设立、变更、终止和其在经营管理过程中发生的社会关系的法律规范的总称。简言之，合伙企业法是规范和调整合伙企业对内对外关系的法律。

2. 合伙企业法的基本原则

其基本原则如下：①协商原则；②自愿、平等、公平、诚实信用原则；③守法原则；④合法权益受法律保护原则；⑤依法纳税原则。

二、普通合伙企业

（一）普通合伙企业的概念与特征

1. 普通合伙企业的概念

普通合伙企业是指由两个以上普通合伙人组成，合伙人对合伙企业债务原则上承担无限连带责任的合伙企业。

2. 普通合伙企业的特征

（1）合伙企业由两个以上普通合伙人组成。

（2）合伙人对合伙企业债务原则上承担无限连带责任。根据《中华人民共和国合伙企业法》（简称《合伙企业法》）第五十七条的规定，普通合伙人在特定情形下也可能会对企业负债承担无限责任或者有限责任。

（二）普通合伙企业的设立

1. 普通合伙企业的设立条件

设立合伙企业，应当具备下列条件：①有两个以上合伙人，合伙人为自然人的，应当具有完全民事行为能力；②有书面合伙协议；③有合伙人认缴或者实际缴付的出资；④有合伙企业的名称和生产经营场所；⑤法律、行政法规规定的其他条件。

2. 合伙人的出资方式

合伙人可以用货币、实物、知识产权、土地使用权或者其他财产权利出资，也可以用劳务出资。合伙人以实物、知识产权、土地使用权或者其他财产权利出资，需要评估作价的，可以由全体合伙人协商确定，也可以由全体合伙人委托法定评估机构评估。合伙人以劳务出资的，其评估办法由全体合伙人协商确定，并在合伙协议中载明。

3. 合伙人出资义务的履行

合伙人应当按照合伙协议约定的出资方式、数额和缴付期限，履行出资义务。以非货币财产出资的，依照法律、行政法规的规定，需要办理财产权转移手续的，应当依法办理。

4. 合伙协议

（1）合伙协议的概念。合伙协议是依法由合伙人协商一致，遵循自愿、平等、公平、诚实信用原则，以书面形式订立的、调整合伙人之间相互关系、规范合伙企业及合伙人行为规则的基本文件。

（2）合伙协议的订立方式。合伙协议应由全体合伙人协商一致、以书面形式订立。

（3）合伙协议的订立原则。订立合伙协议应当遵循自愿、平等、公平、诚实信用原则。

（4）合伙协议应载明的事项。合伙协议应当载明下列事项：①合伙企业的名称和主要经营场所所在地；②合伙目的和合伙经营范围；③合伙人的姓名或者名称、住所；④合伙人的出资方式、数额和缴付期限；⑤利润分配、亏损分担方式；⑥合伙事务的执行；⑦入伙与退伙；⑧争议解决办法；⑨合伙企业的解散与清算；⑩违约责任。

（5）合伙协议的生效与变更。合伙协议经全体合伙人签名、盖章后生效。修改或者补充合伙协议，应当经全体合伙人一致同意；但是，合伙协议另有约定的除外。

（6）合伙协议中未定与难定事项的处理。合伙协议未约定或者约定不明确的事项，由合伙人协商决定；协商不成的，依照《合伙企业法》和其他有关法律、行政法规的规定处理。

（7）合伙协议的效力。合伙人按照合伙协议享有权利，履行义务。

5. 合伙企业的设立程序

（1）申请人提交文件。申请人申请设立合伙企业，应当向企业登记机关提交登记申请书、合伙协议书、合伙人身份证明等文件。合伙企业的经营范围中有属于法律、行政法规规定在登记前须经批准的项目的，该项经营业务应当依法经过批准，并在登记时提交批准文件。

（2）登记机关作出决定。决定的类型有如下几种：①当场登记。申请人提交的登记申请材料齐全、符合法定形式，企业登记机关能够当场登记的，应予当场登记，发给申请者营业执照。②限期登记。对于不能当场登记且符合登记条件的，企业登记机关应当自受理申请之日起20日内，作出予以登记的决定，发给申请者营业执照。③不予登记。对于不能当场登记且不符合登记条件的，企业登记机关应当自受理申请之日起20日内，作出不予登记的决定，并给予申请者书面答复，说明理由。

需要注意的是，合伙企业的营业执照签发日期为合伙企业成立日期。合伙企业领取营业执照前，合伙人不得以合伙企业名义从事合伙业务。

（三）普通合伙企业的内部关系

1. 合伙企业的财产

（1）合伙企业的财产范围。合伙企业的财产包括合伙人的出资、以合伙企业名义取得的收益和依法取得的其他财产。

（2）合伙企业财产的处置。分为如下几种情况：①合伙人在合伙企业清算前，不得请求分割合伙企业的财产；但是，《合伙企业法》另有规定的除外。合伙人在合伙企业清算前私自转移或者处分合伙企业财产的，合伙企业不得以此对抗善意第三人。②合伙人之间转让在合伙企业中的全部或者部分财产份额时，应当通知其他合伙人。③除合伙协议另有约定外，合伙人向合伙人以外的人转让其在合伙企业中的全部或者部分财产份额时，须经其他合伙人一致同意。合伙人向合伙人以外的人转让其在合伙企业中的财产份额的，在同等条件下，其他合伙人有优先购买权；但是，合伙协议另有约定的除外。需要注意的是，合伙人以外的人依法受让合伙人在合伙企业中的财产份额的，经修改合伙协议即成为合伙企业的合伙人，依照《合伙企业法》和修改后的合伙协议享有权利，履行义务。④合伙人以其在合伙企业中的财产份额出质的，须经其他合伙人一致同意；未经其他合伙人一致同意，其行为无效，由此给善意第三人造成损失的，由行为人依法承担赔偿责任。

2. 合伙事务的执行

（1）合伙事务执行的形式。具体来说有如下的形式：①共同执行。合伙企业是具有高度人合性的企业，不论出资额多少，合伙人对执行合伙事务享有同等权利，自然可以共同执行合伙事务。②分别执行。为了减少成本，提高效率，合伙企业按照合伙协议的约定或者经全体合伙人决定，可由合伙人分别执行合伙事务，执行某项合伙事务合伙人之外的合伙人不再执行该项事务。③委托执行。按照合伙协议的约定或者经全体合伙人决定，可以委托一个或者数个合伙人对外代表合伙企业，执行合伙事务，其他合伙人不再执行合伙事务。

（2）合伙事务执行中的权利。具体有如下几种：①执行权。合伙人对执行合伙事务享有同等的权利，即执行权。②对外代表权。执行事务合伙人对外代表合伙企业，执行合伙事务。③监督权。不执行合伙事务的合伙人有权监督执行事务合伙人执行合伙事务的情况。④了解查阅权。合伙人为了解合伙企业的经营状况和财务状况，有权查阅合伙企业会计账簿等财务资料。⑤提出异议权。合伙人分别执行合伙事务的，执行事务合伙人可以对其他合伙人执行的事务提出异议。提出异议时，应当暂停该项事务的执行。如果发生争议，依照《合伙企业法》的相关规定作出决定。⑥撤销委托权。受委托执行合伙事务的合伙人不按照合伙协议或者全体合伙人的决定执行事务的，其他合伙人可以决定撤销该委托。

（3）事务执行中的义务。执行合伙事务的合伙人应当谨慎、忠实地执行合伙事务，负有如下义务：①报告义务。由一个或者数个合伙人执行合伙事务的，执行事务合伙人应当定期向其他合伙人报告事务执行情况以及合伙企业的经营和财务状况，需要注意的是，其执行合伙事务所产生的收益归合伙企业，所产生的费用和亏损由合伙企业承担。②竞业禁止义务。合伙人不得自营或者同他人合作经营与本合伙企业相竞争的业务。③内部交易禁止义务。除合伙协议另有约定或者经全体合伙人一致同意外，合伙人不得同本合伙企业进行交易。④不损害合伙企业利益义务。根据法律规定，合伙人不得从事损害本合伙企业利益的活动。需要注意的是，这是一项兜底性义务。

3. 合伙企业的表决办法

（1）协议约定的表决办法。根据协议优先的原则与惯例，合伙人对合伙企业有关事项作出决议，应当按照合伙协议约定的表决办法办理。

（2）过半数通过的表决办法。合伙协议对于表决办法未约定或者约定不明确的，实行合伙人一人一票并经全体合伙人过半数通过的表决办法。

（3）一致通过的表决办法。除合伙协议另有约定外，合伙企业的下列事项应当经全体合伙人一致同意方可通过：①改变合伙企业的名称；②改变合伙企业的经营范围、主要经营场所的地点；③处分合伙企业的不动产；④转让或者处分合伙企业的知识产权和其他财产权利；⑤以合伙企业名义为他人提供担保；⑥聘任合伙人以外的人担任合伙企业的经营管理人员。

4.合伙企业的利润分配与亏损分担

合伙企业的利润分配、亏损分担，按照合伙协议的约定办理；合伙协议未约定或者约定不明确的，由合伙人协商决定；协商不成的，由合伙人按照实缴出资比例分配、分担；无法确定出资比例的，由合伙人平均分配、分担。需要注意的是，合伙协议不得约定将全部利润分配给部分合伙人或者由部分合伙人承担全部亏损。

5.合伙人出资的变更

根据《合伙企业法》的规定，合伙人按照合伙协议的约定或者经全体合伙人决定，可以增加或者减少对合伙企业的出资。

6.非合伙人参与经营管理

《合伙企业法》规定，除合伙协议另有约定外，经全体合伙人一致同意，合伙企业可以聘任合伙人以外的人担任经营管理人员。被聘任的合伙企业的经营管理人员应当在合伙企业授权范围内履行职务。被聘任的合伙企业的经营管理人员，超越合伙企业授权范围履行职务，或者在履行职务过程中因故意或者重大过失给合伙企业造成损失的，依法承担赔偿责任。

（四）普通合伙企业与第三人的关系

1.对善意第三人的保护

根据《合伙企业法》的规定，合伙企业对合伙人执行合伙事务以及对外代表合伙企业权利的限制，不得对抗善意第三人。

2.合伙企业的债务清偿

（1）企业财产优先偿债。合伙企业对其债务，应先以其全部财产进行清偿。

（2）合伙人自有财产偿债。合伙企业不能清偿到期债务的，合伙人承担无限连带责任。

（3）合伙人的追偿权。合伙人由于承担无限连带责任，清偿数额超过其亏损分担比例的，有权向其他合伙人追偿。

3.合伙人的个人债务清偿

（1）债权人的选择权。合伙人的自有财产不足清偿其与合伙企业无关的债务的，该合伙人可以以其从合伙企业中分取的收益用于清偿；债权人也可以依法请求人民法院强制执行该合伙人在合伙企业中的财产份额用于清偿。需要注意的是，人民法院强制执行合伙人的财产份额时，应当通知全体合伙人，其他合伙人有优先购买权。

（2）债权人抵销与代位禁止。合伙人发生与合伙企业无关的债务，相关债权人不得以其债权抵销其对合伙企业的债务，也不得代位行使合伙人在合伙企业中的权利。

（五）普通合伙企业合伙人的入伙与退伙

1. 入伙

入伙是指在合伙企业存续期间，合伙人以外的第三人加入合伙，从而取得合伙人资格的行为。根据《合伙企业法》的规定，新合伙人入伙，除合伙协议另有约定外，应当经全体合伙人一致同意，并依法订立书面入伙协议。入伙的新合伙人与原合伙人享有同等权利，承担同等责任，但如入伙协议另有约定，则应从其约定。需要注意的是，订立书面入伙协议时，原合伙人应当向新合伙人如实告知原合伙企业的经营状况和财务状况；入伙后，新合伙人对入伙前合伙企业的债务承担无限连带责任。

2. 退伙

退伙是指在合伙企业存续期间，合伙人退出合伙企业，从而丧失合伙人资格的行为。根据合伙人退伙意愿积极与否，可将退伙分为正常退伙与法定退伙两类。

（1）正常退伙。正常退伙是合伙人基于真实退伙意思而为的退伙。可分为：①自愿退伙。合伙协议约定合伙期限的，在合伙企业存续期间，有下列四种情形之一的，合伙人可以退伙：一是合伙协议约定的退伙事由出现；二是经全体合伙人一致同意；三是发生合伙人难以继续参加合伙的事由；四是其他合伙人严重违反合伙协议约定的义务。②通知退伙。合伙协议未约定合伙期限的，合伙人在不给合伙企业事务执行造成不利影响的情况下，可以退伙，但应当提前30日通知其他合伙人。

（2）法定退伙。法定退伙是合伙人基于消极退伙意思而为的退伙。可分为：①当然退伙。合伙人有下列五种情形之一的，为当然退伙：一是作为合伙人的自然人死亡或者被依法宣告死亡；二是个人丧失偿债能力；三是作为合伙人的法人或者其他组织依法被吊销营业执照、责令关闭撤销，或者被宣告破产；四是法律规定或者合伙协议约定合伙人必须具有相关资格而丧失该资格；五是合伙人在合伙企业中的全部财产份额被人民法院强制执行。需要注意的是，合伙人被依法认定为无民事行为能力人或者限制民事行为能力人的，经其他合伙人一致同意，可以依法转为有限合伙人，普通合伙企业依法转为有限合伙企业。

其他合伙人未能一致同意的，该无民事行为能力或者限制民事行为能力的合伙人退伙。此外，当然退伙事由实际发生之日为退伙生效日。②除名退伙。合伙人有下列四种情形之一的，经其他合伙人一致同意，可以决议将其除名：一是未履行出资义务；二是因故意或者重大过失给合伙企业造成损失；三是执行合伙事务时有不正当行为；四是发生合伙协议约定的事由。需要注意的是，对合伙人的除名决议应当书面通知被除名人。被除名人接到除名通知之日，除名生效，被除名人退伙。此外，被除名人对除名决议有异议的，可以自接到除名通知之日起 30 日内，向人民法院起诉。

3. 法律对合伙人继承人的规定

（1）法律对完全民事行为能力继承人的规定。合伙人如死亡或者被依法宣告死亡的，对该合伙人在合伙企业中的财产份额享有合法继承权的继承人，可按照合伙协议的约定或者经全体合伙人一致同意，从继承开始之日起，取得该合伙企业的合伙人资格。不过，有下列三种情形之一的，合伙企业应当向合伙人的继承人退还被继承合伙人的财产份额：①继承人不愿意成为合伙人；②法律规定或者合伙协议约定合伙人必须具有相关资格，而该继承人未取得该资格；③合伙协议约定不能成为合伙人的其他情形。

（2）法律对非完全民事行为能力继承人的规定。合伙人的继承人为无民事行为能力人或者限制民事行为能力人的，经全体合伙人一致同意，可以依法成为有限合伙人，普通合伙企业依法转为有限合伙企业。全体合伙人未能一致同意的，合伙企业应当将被继承合伙人的财产份额退还该继承人。

4. 退伙的程序性规定

（1）退伙结算。合伙人退伙，其他合伙人应当与该退伙人按照退伙时的合伙企业财产状况进行结算，退还退伙人的财产份额。退伙人对给合伙企业造成的损失负有赔偿责任的，相应扣减其应当赔偿的数额。退伙时有未了结的合伙企业事务的，待该事务了结后进行结算。

（2）退伙人积极利益的获取。退伙人在合伙企业中财产份额的退还办法，由合伙协议约定或者由全体合伙人决定，可以退还货币，也可以退还实物。

（3）退伙人消极利益的承受。合伙人退伙时，合伙企业财产少于合伙企业债务的，退伙人应当依照《合伙企业法》的规定分担亏损。需要注意的是，退伙人对基于其退伙前的原因发生的合伙企业债务，承担无限连带责任。

（六）特殊的普通合伙企业

1. 特殊的普通合伙企业的概念

特殊的普通合伙企业是指在以专业知识和专门技能为客户提供有偿服务的专业服务机构中，合伙人视其在执业活动中的过错程度对企业负债承担相应责任的普通合伙企业。

2. 特殊的普通合伙企业的责任承担

（1）责任形式。一个合伙人或者数个合伙人在执业活动中因故意或者重大过失造成合伙企业债务的，应当承担无限责任或者无限连带责任，其他合伙人以其在合伙企业中的财产份额为限承担有限责任。

（2）损失追偿。合伙人执业活动中因故意或者重大过失造成的合伙企业债务，以合伙企业财产对外承担责任后，该合伙人应当按照合伙协议的约定对给合伙企业造成的损失承担赔偿责任。

3. 风险防范

（1）名称公示。特殊的普通合伙企业名称中应当标明"特殊普通合伙"字样。

（2）建立执业风险基金。特殊的普通合伙企业应当建立执业风险基金并单独立户管理，以用于偿付合伙人执业活动造成的债务。

（3）办理执业保险。因为特殊的普通合伙企业的执业合伙人将承受较大责任风险，故《合伙企业法》规定其所在企业要为合伙人办理执业保险。

三、有限合伙企业

（一）有限合伙企业的概念与特征

1. 有限合伙企业的概念

有限合伙企业是指由普通合伙人和有限合伙人组成，普通合伙人对合伙企业债务承担无限连带责任，有限合伙人以其认缴的出资额为限对合伙企业债务承担责任的合伙企业。有限合伙企业名称中应当标明"有限合伙"字样。

2. 有限合伙企业的特征

有限合伙企业的特征包括以下几点：①合伙企业由普通合伙人和有限合伙人组成；②普通合伙人对合伙企业债务承担无限连带责任；③有限合伙人以其认缴的出资额为限对合伙企业债务承担责任。

（二）合伙协议

有限合伙企业的合伙协议是调整合伙人之间相互关系、规范合伙企业及合伙人行为规则的基本文件，应当载明下列内容：①有限合伙企业的名称和住所；②合伙目的和合伙经营范围；③普通合伙人和有限合伙人的姓名或者名称、住所；④普通合伙人和有限合伙人的出资方式、数额和缴付期限；⑤利润分配、亏损分担方式；⑥合伙事务的执行（包括执行事务合伙人应具备的条件和选择程序、执行事务合伙人权限与违约处理办法、执行事务合伙人的除名条件和更换程序等）；⑦普通合伙人和有限合伙人入伙、退伙的条件、程序以及相关责任；⑧普通合伙人和有限合伙人相互转变程序；⑨争议解决办法；⑩有限合伙企业的解散与清算；⑪违约责任。

（三）合伙人的出资

1. 合伙人的出资方式

有限合伙人可以用货币、实物、知识产权、土地使用权或者其他财产权利作价出资。需要注意的是，有限合伙人不得以劳务出资。

有限合伙人应当按照合伙协议的约定按期足额缴纳出资；未按期足额缴纳的，应当承担补缴义务，并对其他合伙人承担违约责任。

2. 合伙人出资数额的登记

有限合伙企业登记事项中应当载明有限合伙人的姓名或者名称及认缴的出资数额。

（四）合伙事务的执行

1. 普通合伙人执行合伙事务

《合伙企业法》第六十七条规定，有限合伙企业由普通合伙人执行合伙事务。执行事务合伙人可以要求在合伙协议中确定执行事务的报酬及报酬提取方式。

2. 有限合伙人不执行合伙事务

需要注意的是，《合伙企业法》第六十八条规定了有限合伙企业有限合伙人参与合伙事务管理的"安全港"事项，即有限合伙人的下列行为，不视为执行合伙事务：①参与决定普通合伙人入伙、退伙；②对企业的经营管理提出建议；③参与选择承办有限合伙企业审计业务的会计师事务所；④获取经审计的有限合伙企业财务会计报告；⑤对涉及自身利益的情况，查阅有限合伙企业财务会计账簿等财务资料；⑥在有限合伙企业中的利益受到侵害时，向有责任的合伙人主张权利或者提起诉讼；⑦执行事务合伙人怠于行使权利时，督促其行使权利或者为了本企业的利益以自己的名义提起诉讼；⑧依法为本企业提供担保。

（五）合伙企业的经营管理

1. 利润分配

有限合伙企业不得将全部利润分配给部分合伙人；但是，合伙协议另有约定的除外。

2. 内部交易

有限合伙人可以同本有限合伙企业进行交易；但是，合伙协议另有约定的除外。

3. 竞业

有限合伙人可以自营或者同他人合作经营与本有限合伙企业相竞争的业务；但是，合伙协议另有约定的除外。

4. 财产质押

有限合伙人可以将其在有限合伙企业中的财产份额出质；但是，合伙协议另有约定的除外。

5. 财产份额的对外转让

有限合伙人可以按照合伙协议的约定向合伙人以外的人转让其在有限合伙企业中的财产份额，但应当提前30日通知其他合伙人。

6. 有限合伙人个人债务的清偿

有限合伙人的自有财产不足清偿其与合伙企业无关的债务的，该合伙人可以以其从有限合伙企业中分取的收益用于清偿；债权人也可以依法请求人民法院强制执行该合伙人在有限合伙企业中的财产份额用于清偿。需要注意的是，人民法院强制执行有限合伙人的财产份额时，应当通知全体合伙人。在同等条件下，其他合伙人有优先购买权。

7. 合伙人类型欠缺

有限合伙企业仅剩有限合伙人的，应当解散；有限合伙企业仅剩普通合伙人的，转为普通合伙企业。

8. 有限合伙人的特别责任

第三人有理由相信有限合伙人为普通合伙人并与其交易的，该有限合伙人对该笔交易承担与普通合伙人同样的责任。有限合伙人未经授权以有限合伙企业名义与他人进行交易，给有限合伙企业或者其他合伙人造成损失的，该有限合伙人应当承担赔偿责任。

（六）合伙人的退伙

1. 当然退伙

有限合伙人有下列情形之一的，当然退伙：①作为有限合伙人的自然人死亡或者被依法宣告死亡；②作为有限合伙人的法人或者其他组织依法被吊销营业执照、责令关闭撤销，或者被宣告破产；③法律规定或者合伙协议约定有限合伙人必须具有相关资格而丧失该资格；④有限合伙人在合伙企业中的全部财产份额被人民法院强制执行。

2. 有限合伙人丧失民事行为能力的处理

作为有限合伙人的自然人在有限合伙企业存续期间丧失民事行为能力的，其他合伙人不得因此要求其退伙。

需要注意的是，作为有限合伙人的自然人死亡、被依法宣告死亡或者作为有限合伙人的法人及其他组织终止时，其继承人或者权利承受人可以依法取得该有限合伙人在有限合伙企业中的资格。

（七）有限合伙人入伙与退伙对企业债务的承担

根据《合伙企业法》第七十七、八十一条的规定，新入伙的有限合伙人对入伙前有限合伙企业的债务，以其认缴的出资额为限承担责任；有限合伙人退伙后，对基于其退伙前的原因发生的有限合伙企业债务，以其退伙时从有限合伙企业中取回的财产承担责任。

（八）合伙人合伙身份的转变

1. 双向转变

除合伙协议另有约定外，有限合伙企业的普通合伙人可以转变为有限合伙人，有限合伙人也可以转变为普通合伙人，但均应经全体合伙人一致同意。

2. 责任承担

在有限合伙企业中，有限合伙人转变为普通合伙人的，对其作为有限合伙人期间有限合伙企业发生的债务承担无限连带责任；普通合伙人转变为有限合伙人的，对其作为普通合伙人期间合伙企业发生的债务承担无限连带责任。

四、合伙企业的解散、破产与清算

（一）合伙企业的解散

根据《合伙企业法》第八十五条的规定，合伙企业有下列情形之一的，应当解散：①合伙期限届满，合伙人决定不再经营；②合伙协议约定的解散事由出现；③全体合伙人决定解散；④合伙人已不具备法定人数满 30 天；⑤合伙协议约定的合伙目的已经实现或者无法实现；⑥依法被吊销营业执照、责令关闭或者被撤销；⑦法律、行政法规规定的其他原因。

（二）合伙企业的破产

根据《合伙企业法》第九十二条的规定，合伙企业不能清偿到期债务的，债权人可以依法向人民法院提出破产清算申请，也可以要求普通合伙人清偿。需要注意的是，合伙企业依法被宣告破产的，普通合伙人对合伙企业债务仍应承担无限连带责任。

（三）合伙企业的清算

合伙企业解散，应当由清算人进行清算。需要注意的是，清算期间合伙企业存续，但不得开展与清算无关的经营活动。《合伙企业法》关于合伙企业清算的规定有：

1. 清算人的充任

（1）全体合伙人充任清算人。通常情形下，合伙企业的清算人由全体合伙人担任。

（2）个别合伙人充任清算人。经全体合伙人过半数同意，合伙企业可以自其解散事由出现后 15 日内指定一个或者数个合伙人，担任清算人。

（3）第三人充任清算人。经全体合伙人过半数同意，合伙企业可以自其解散事由出现后 15 日内委托第三人担任清算人。

（4）人民法院指定的人充任清算人。如合伙企业自其解散事由出现之日起 15 日内未确定清算人，合伙人或者其他利害关系人可以申请人民法院指定清算人。此种情势下，合伙企业的清算人由人民法院指定的人担任。

2. 清算人的主要职责

清算人在清算期间执行下列事务：①清理合伙企业财产，分别编制资产负债表和财产清单；②处理与清算有关的合伙企业未了结事务；③清缴所欠税款；④清理债权、债务；⑤处理合伙企业清偿债务后的剩余财产；⑥代表合伙企业参加诉讼或者仲裁活动。

3. 清算程序

（1）通告债权人。清算人自被确定之日起10日内应将合伙企业解散事项通知债权人，并于60日内在报纸上公告。

（2）申报债权。债权人应自接到通知书之日起30日内，未接到通知书的自公告之日起45日内，向清算人申报债权。债权人申报债权，应当说明债权的有关事项，并提供证明材料。

（3）债权登记。清算人应当对债权人申报的债权进行登记。

（4）财产处置。合伙企业财产在支付清算费用和职工工资、社会保险费用、法定补偿金以及缴纳所欠税款、清偿债务后的剩余财产，按照下列规则依序进行分配：合伙协议对如何分配合伙企业剩余财产有明确约定的，按照合伙协议的约定办理；合伙协议未约定或者约定不明确的，由合伙人协商决定；协商不成的，由合伙人按照实缴出资比例分配；无法确定出资比例的，由合伙人平均分配。

需要注意的是，合伙企业清算结束，清算人应当编制清算报告，经全体合伙人签名、盖章后，在15日内向企业登记机关报送清算报告，申请办理合伙企业注销登记。此外，合伙企业注销后，原普通合伙人对合伙企业存续期间的债务仍应承担无限连带责任。

第四章　知识产权法律制度

第一节　知识产权法律制度概述

一、知识产权的概念与特征

（一）知识产权的概念

知识产权是人们基于自己的智力活动创造的成果和经营管理活动中的标记、信誉而依法享有的权利。

我国《民法通则》的规定，知识产权包括著作权、专利权、商标权、发现权、发明权和其他科技成果权。根据 1967 年签订的《建立世界知识产权组织公约》的有关规定，知识产权的范围包括：关于文学、艺术和科学作品的权利（著作权）；关于表演艺术家的演出、录音制品和广播节目的权利（邻接权）；关于人类在一切领域的发明的权利；关于科学发现的权利；关于工业品外观设计的权利；关于商标、服务标志、厂商名称和标志的权利；关于制止不正当竞争的权利；以及一切在工业、科学、文学或艺术领域由于智力活动产生的其他权利。作为世界贸易组织（WTO）规则重要组成部分的《与贸易有关的知识产权协议》（TRIPs）将知识产权的范围列举如下：著作权及其相关权利、商标权、地理标志权、工业品外观设计权、专利权、集成电路布图设计权、未公开信息的保护权（商业秘密权）。

（二）知识产权的特征

1.客体的无体性

知识产权的客体是智力成果或工商业标记，其实质是一种信息，是一种无形体的财富。知识产权客体的无体性，是其与其他有形财产所有权最根本的区别。基于此，知识产权的客体与载体相分离。例如，当某人收到他人信件时，信件作为有体物归收信人所有，而存在于信件上的著作权仍归写信人享有。

2. 法定性

知识产权的法定性是指知识产权的种类、内容、获得要件、限制乃至救济制度等，须由法明文确定，除立法者在法律中特别授权外，任何人不得根据自己的意愿在法律之外创设知识产权。

3. 专有性

专有性即排他性。知识产权的专有性主要体现在两个方面：一是知识产权为权利人所独占，权利人垄断这种专有权并受到严格保护，无法律规定或未经权利人许可，任何人不得使用权利人的知识产品；二是对同一项知识产品，不允许有两个或两个以上的主体同时对同一属性的知识产品享有权利（著作权除外）。

4. 地域性

知识产权作为专有权在空间上的效力并非无限，而要受地域限制，其效力仅限于本国境内。按照一国法律获得承认和保护的知识产权，只能在该国发生法律效力。同时，不同国家、地区可彼此独立地在同一时间，基于各自立法对同一智力成果设定不同内容或不同类别的知识产权。

5. 时间性

知识产权法规定了知识产权的存续期限，知识产权只在法定期限内有效，期限届满，权利归于消灭，其客体就会成为整个社会的共同财富，为全人类所共同使用。

二、知识产权法的概念

广义的知识产权法不仅包括知识产权的专门法律法规，还涉及所有与知识产权创造、使用、保护和管理相关的法律规范。具体而言，其不仅包括著作权法、商标法、专利法、反不正当竞争法以及有关的条例，如计算机软件保护条例、海关知识产权保护条例、集成电路保护条例等，还包括一些并不是专门的单行法律，如宪法、刑法、民法通则中涉及有关知识产权的法律规范等。因此知识产权法是指调整有关智力成果和工商业标记在创造、使用、保护和管理过程中所产生的法律规范的总称。

三、我国知识产权立法概况

自改革开放以来，我国十分重视知识产权的立法工作。特别是加入WTO以后，立法部门对知识产权的有关法律、法规以及规章进行了修订和完善。迄今为止，我国已经初步建立起了一套完整的知识产权法律制度。

1986年4月通过的《民法通则》第五章第三节对知识产权做了专节规定。

1982年8月通过了《中华人民共和国商标法》（简称《商标法》），该法分别于1993年、2001年和2013做了三次修正。1984年3月通过了《中华人民共和国专利法》（简称《专利法》），该法分别于1992年、2000年和2008年做了三次修正。1990年9月通过了《中华人民共和国著作权法》（简称《著作权法》），该法于2001年和2010年做了两次修正。根据上述法律，国家有关立法部门分别制定并修改了相关的实施细则，并颁布了相关配套的条例。

此外，我国还加入了一系列保护知识产权的国际公约，如《建立世界知识产权组织公约》《保护工业产权巴黎公约》《保护文学艺术作品伯尔尼公约》《商标国际注册马德里协定》《世界版权公约》《专利合作条约》《保护表演者、唱片制作者和广播组织罗马公约》以及TRIPs协议等。

第二节　知识产权侵权案件的法务会计检查

公司在实现其价值的过程中，越来越认识到包括专利权、商标权、版权和商业秘密在内的知识产权是公司价值的核心部分。越来越多的公司开始保护自己的知识产权，知识产权成为决定公司命运的重要发展因素。知识产权成为对经济活动和经济发展贡献最高的领域，同时也成为法律纠纷的多发领域。因为知识产权有着独一无二的特征，要证明其受到侵害需要进行非常复杂的分析。比如在一件侵害知识产权案中，可能存在着销售下降、利润减少的赔偿要求。但是，因为侵害知识产权会对市场上的产品价格、产品数量和产品竞争产生影响，所以，法务会计师通常不是去看销售降低多少，而是去发现若非侵害则不会出现的由价格侵蚀、规模经济性的降低和竞争加剧等所产生的额外损失。①在产权转让协议引起的产权纠纷中，转让人和受让人可能围绕侵权的损失或者利润损失的确定标准和计算的方法产生分歧，法务会计师可帮助确定转让人受到的侵权损失以及由于受让人的行为所带来的利润损失。知识产权是特殊的财产，近年来知识产权侵权案件发生率居高不下，民事审判中知识产权侵权损失赔偿的评估计量仅凭法律知识难以解决，必须综合运用会计知识、法律知识、审计技术等交叉学科知识和综合技术方法，为诉讼和非诉讼解决知识产权侵权案件提供法务会计支持。

一、知识产权侵权损失赔偿

（一）知识产权侵权损失赔偿范围的界定

知识产权侵权损失赔偿范围应按照全部赔偿原则加以界定，因侵权行为造成知识产权权利人现有利益和可得利益的减少或损失均计入后续赔偿的损失范围。知识产权保护的创造性智力成果的价值，一般要通过其对有形财产的转化才能实现。也就是说，知识产权价值的实现要面对开放的知识产权市场，需要以知识产权的使用、知识产权的交易和转让为条件，并始终受到市场因素的制约。知识产权侵权所致的财产损失与其他一般性侵权所致财产损失从特征、影响、后果的认定等诸多方面皆不同。知识产权作为创造性智力成果，其价值构成和受损形态是复杂的，一旦遭遇侵权行为，其直接损失的后果不是特别显著，更多的损失表现为市场占有率的下降、权利价值的流失、产学研转化机会的丧失、对权利人的精神损害以及维权和恢复权利价值的成本投入等可得利益的损失。知识产权侵权所致财产权益的范围可以包括侵权行为所致的直接损失和间接损失。

1. 直接损失

直接损失包括：对侵权直接造成的知识产权使用费等收益减少或丧失的损失，因侵权发生而对应为维权和恢复权利而发生的调查、谈判、诉讼等费用，对知识产权权利人的精神损害。

2. 间接损失

间接损失是知识产权权利人已经具备各项条件并已确定即将或已经把知识产权向生产或交易领域实施以实现知识产权的价值转化和增值，而在此过程中因侵权行为导致其预期可得利益的减少或丧失的损失。间接损失的特征是：（1）遭受损失的是尚未实现的可得利益，侵害行为发生时，该可得利益只具备利益实现的可能性而不具备利益实现的必然性；（2）该项尚未实现的可得利益并非基于假设，而是具备了实现的大部分条件，只要尚缺少的部分条件具备即可完成实现；（3）该项可得利益的范围应严格限定在知识产权侵权直接影响所涉及的范围。

（二）知识产权侵权损失赔偿的认定

知识产权侵权损失赔偿的认定取决于对知识产权侵权损失赔偿额的计算。考虑到立法与知识产权实践有一定的脱节以及新形势下知识产权的复杂形态，各个知识产权案件都有其自身的特点，所以对知识产权侵权损失赔偿的认定应遵循以下原则：

（1）知识产权侵权损失赔偿的认定方案应根据相关法律规定和法律程序，充分结合各个知识产权案件的具体案情，以最具原则性和最具灵活性的思路加以策划制定。

（2）知识产权侵权损失赔偿的计算方法不能套用一成不变的计算模式和计算方法，应根据知识产权案件的个案特征和实际需要一案一设定。

（3）在知识产权案件的审理过程中，承办法官应组织法务会计师等相关技术力量依据知识产权法律的规定，以既往的成功审判经验为指导确立科学、有效的工作方法和程序，保证计算结果的公正与合理。

（三）知识产权侵权损失赔偿的举证

知识产权侵权所致的实际损失应由受害人举证并经过法庭质证、辩论，认定查证属实的部分。对没有造成实际损失的侵权行为，在选择民事责任的承担形式时不应适用赔偿的民事责任承担形式而应适用停止侵权等民事责任承担形式。对于有最低赔偿数额规定的，按照最低赔偿数额进行赔偿。

在知识产权案件的审理过程中，对涉及知识产权侵权损失赔偿相关证据的收集和认定是审理工作的关键环节。具体包括以下工作内容：

（1）听取诉讼各方当事人就赔偿数额、范围、认定等问题的陈述并收集有关证据；（2）对知识产权侵权行为所致经济盈亏、财产损失以及侵权所得等决定案件审理结果的关键事实进行审计和法务会计鉴定工作；（3）对有争议的知识产权的市场价值及使用费和转让费等进行专业评估。

二、法务会计技术方法在知识产权侵权损失赔偿诉讼中的应用

（一）为知识产权侵权案件调查定位调查方向、确定调查范围

知识产权侵权的有关线索经由举报或其他途径出现后，法务会计师首先应运用法务会计技术方法对线索进行分析判断，以确定具有调查价值的涉案会计资料的范围，侵权方的会计资料以及与外单位经济往来的会计资料是调查的重

点。明确重点可以厘清调查的脉络，提高调查的效率，但对与案件有关的非重点事实也不能遗漏。

（二）为知识产权侵权案件的关键事实部分进行专业分析

1. 通过法务会计技术方法鉴定并界定涉案的知识产权侵权损失赔偿是否符合法律规定的范围以及侵权的时间与损失额度

知识产权侵权案件中并非所有的损失都属于知识产权法保护的范围，必须依据法律的具体规定加以鉴别。知识产权侵权的时间与损失额度是涉案事实的重点部分，同时也是法务会计调查的重点。法务会计调查应抓住知识产权侵权的时间和知识产权获利的时间这两个关键的时间节点来开展调查。

2. 通过法务会计技术方法分析知识产权侵权的会计舞弊手段和方法

社会主义市场经济建设的过程中，经济活动日益频繁，经济交往主体的多元化和经济交往形式的复杂化使得生产经营领域内的知识产权侵权的手段、方式更加隐蔽和复杂，会计舞弊成为众多舞弊手段中的一个重要手段，对此只有通过法务会计技术方法进行分析，才能通过对会计证据的收集和判断，识别其会计舞弊手段和方法，进而确定调查的方法和策略。

3. 通过法务会计技术方法的运用为法律责任的界定和归责提供技术支持

在知识产权侵权案件的审理过程中，在确定责任的成因和界定责任的归属时，必须厘清责任成因及相关事实中涉及财务和会计内容的部分，才能在正确的基础之上形成法律判断。零星的、偶然的借助会计专业分析不能从根本上解决问题，必须将法务会计技术支持制度化地引入审判机制中。

（三）法务会计鉴定结论为知识产权侵权诉讼提供证据支持

法务会计调查和鉴定活动的最终目的是为知识产权侵权诉讼提供专家意见，以证据支持的方式和途径为判决的公正、合法提供制度保障。法务会计调查和鉴定活动的结论将形成书面报告，对审判活动中必须了解的经济事实进行专业调查、分析、判断，并形成总结性的专家意见作为法庭判决的依据。

三、法务会计支持知识产权侵权案件的调查取证思路

法务会计支持知识产权侵权案件的调查活动因其调查的方向、范围和方法具有自身的特殊性而不同于一般的法律调查活动，知识产权侵权案件一旦发生，围绕案件开展的法律调查等诸多调查活动中，都会注重引用法务会计调查活动

形成技术支持以提升调查活动的效率和效果，法务会计调查在调查活动中应注意与法律调查等其他调查活动优势互补、有效结合。

（一）将法务会计技术方法适时运用于证据调查活动

1. 对知识产权侵权案件的会计证据状态不稳定的，要及时运用法务会计技术方法查实并固定证据

对涉及侵权销售总额的各明细分类账及相关原始单据、单据存根及时查封、固定并查证，阻断侵权人毁灭、隐匿、伪造、变造账目及相关资料的途径和机会。

2. 以账证查证为鉴别侵权线索价值的首要方法

侵权线索不是证据，只是案件侵权发生或存在的嫌疑。在知识产权侵权案件中，在多个线索或线索不明的情况下，应首先采用账证查证的方法鉴别线索的价值，重点围绕侵权人作案过程中在财务会计资料中留下的舞弊痕迹，同时与其他取证方法相互配合，查证能证明侵权行为存在并造成实际损失的一系列确凿证据，才能保证调查工作的正确方向。

（二）坚持内部调查与外部调查相结合

调查者不能低估侵权人的舞弊水平和技能，即使是最专业的法务会计师，也会受到种种主、客观条件的限制，不能从侵权人的会计资料中获取全部的有效证据、发现所有的真相。所以，法务会计师应选择内部调查与外部调查相结合的调查路径。例如，暂时不暴露法务会计师的身份，借助外部审计等他项调查的机会深入被调查单位，通过客观独立的观察以及与财务、营销等相关人员的面谈，在避免被调查单位可能的抵触情绪和态度下顺利获取有价值的信息，同时还可以结合市场调查，估算侵权行为所造成的实际损失数额。

（三）坚持法务会计调查方法与法律调查方法相结合

查账是法务会计的基本调查方法，但案件自身情况的复杂性和易变性使得法务会计调查方法必须与法律调查方法相结合才能顺利地完成调查任务。对案件事实的进一步揭露、对线索的梳理、对证据的发掘无一不依赖于综合调查手段的运用。例如：法务会计师发现数据有被涂改、变造的嫌疑时，要立即结合笔迹鉴定技术来辨别真伪；发现财务数据库的关键信息被删除时，要立即启用数据恢复程序；法务会计师在与相关人员面谈时，虽然不具有司法侦查人员的身份和权利，但就面谈计划的制订、面谈问题的设计、证言的提取和固定等方面可以充分借鉴司法侦查调查的成熟经验。法务会计调查的方法和效果一定程度上是超越审计调查或法律调查的方法和效果的。

第五章 破产法律制度

第一节 破产法律制度概述

一、破产法概述

（一）破产法的概念与特征

破产法是规定在债务人丧失清偿能力时，法院强制对其全部财产进行清算分配，公平清偿给债权人，或通过债务人与债权人会议达成的和解协议清偿债务，或进行企业重整，避免债务人破产的法律规范的总称。现代意义上的破产法均由破产清算制度与挽救债务人的和解、重整制度两方面的法律构成。破产法具有以下特征：

（1）破产法是集实体与程序内容合一的综合性法律。破产法调整范围一般限于债务人丧失清偿能力的特殊情况，解决的主要是如何公平清偿债务，即执行问题。

（2）破产法的基本制度主要源于民事债权和民事执行制度。破产法根据破产程序的原则、特点加以适当变更，对当事人的权利、义务予以必要的扩张或限制，同时兼顾对社会利益的维护。

（二）破产法的立法宗旨

2006年8月27日，第十届全国人大常委会第二十三次会议通过了《中华人民共和国企业破产法》（以下简称《破产法》），自2007年6月1日起施行。

《破产法》第一条规定："为规范企业破产程序，公平清理债权债务，保护债权人和债务人的合法权益，维护社会主义市场经济秩序，制定本法。"《破产法》立法宗旨贯彻市场经济理念，在立法宗旨上进行了革新，主要有三点：

第一，明确《破产法》的特定社会调整目标，区分其直接社会调整作用与间接社会影响的关系。第二，区分《破产法》与《中华人民共和国劳动法》（简称《劳动法》）、《中华人民共和国社会保障法》（简称《社会保障法》）等相关立法之间不同的调整范围。将不属于《破产法》调整的破产企业职工的救济安置等社会问题交由其他立法调整，从理论和实践上为《破产法》的实施扫除社会障碍。第三，排除政府的不当行政干预，避免因行政利益的影响而再度歪曲《破产法》的实施，同时强调政府必须履行提供社会保障、安置失业职工等职责，保障《破产法》的顺利实施。

（三）破产法的适用范围

1. 破产法的主体适用范围

《破产法》第二条规定，其主体适用范围是所有的企业法人，同时，该法第一百三十五条规定："其他法律规定企业法人以外的组织的清算，属于破产清算的，参照适用本法规定的程序。"适当扩大《破产法》的适用范围，以适应市场经济的调整需要。目前，根据其他法律规定可以参照适用《破产法》的主体，主要是合伙企业、农民专业合作社以及民办学校等。此外，《破产法》还规定有若干主体适用法律的特殊情况。该法第一百三十五条第二款规定："金融机构实施破产的，国务院可以依据本法和其他有关法律的规定制定实施办法。"

这是因为金融机构的破产存在一些特殊问题，需要制定具体实施办法解决。该法第一百三十三条规定："在本法施行前国务院规定的期限和范围内的国有企业实施破产的特殊事宜，按照国务院有关规定办理。"这是指国有企业政策性破产的处理。

2. 破产法的地域适用范围

《破产法》的地域适用范围是指破产程序的域外效力问题，即一国的破产程序对位于其他国家的破产人财产是否有效。我国《破产法》采取了有限制的普及主义原则，《破产法》第五条规定："依照本法开始的破产程序，对债务人在中华人民共和国领域外的财产发生效力。对外国法院作出的发生法律效力的破产案件的判决、裁定，涉及债务人在中华人民共和国领域内的财产，申请或者请求人民法院承认和执行的，人民法院依照中华人民共和国缔结或者参加的国际条约，或者按照互惠原则进行审查，认为不违反中华人民共和国法律的基本原则，不损害国家主权、安全和社会公共利益，不损害中华人民共和国领域内债权人的合法权益的，裁定承认和执行。"

二、破产的申请和受理

（一）破产界限

1. 破产界限概述

破产界限也称破产原因，指认定债务人丧失清偿能力，当事人得以提出破产申请，法院据以启动破产程序的法律事实。破产原因也是和解与重整程序开始的原因，但重整程序开始的原因更为宽松，企业法人有明显丧失清偿能力可能的就可以依法申请重整。各国立法对破产原因的规定方式主要有列举主义与概括主义。我国立法采取概括主义。

2. 破产界限的基本规定

根据《破产法》第二条的规定，破产界限是企业法人不能清偿到期债务，并且资产不足以清偿全部债务或者明显缺乏清偿能力。根据《破产法》的规定，破产界限分为两种情况。第一，债务人不能清偿到期债务，并且资产不足以清偿全部债务，主要适用于债务人提出破产申请且其资不抵债易于判断的案件；第二，债务人不能清偿到期债务，并且明显缺乏清偿能力，主要适用于债权人提出破产申请和债务人提出破产申请但其资不抵债不易判断的案件。

（二）破产申请和受理

1. 破产申请的提出

《破产法》规定，债务人发生破产原因，债务人可以向人民法院提出重整、和解或者破产清算申请。债务人不能清偿到期债务，债权人可以向人民法院提出对债务人进行重整或者破产清算的申请。企业法人已解散但未清算或者未清算完毕，资产不足以清偿债务的，依法负有清算责任的人应当向人民法院申请破产清算。

当事人的申请应向对破产案件有管辖权的人民法院提出。《破产法》规定，破产案件的地域管辖由债务人住所地人民法院管辖。但对级别管辖，立法未作规定。

当事人向人民法院提出破产申请，应当提交破产申请书和有关证据。破产申请书应当载明下列事项：①申请人、被申请人的基本情况；②申请目的；③申请的事实和理由；④人民法院认为应当载明的其他事项。债务人提出申请的，还应当向人民法院提交财产状况说明、债务清册、债权清册、有关财务会计报告、职工安置预案以及职工工资的支付和社会保险费用的缴纳情况。

2. 破产申请的受理

债权人提出破产申请的，人民法院应当自收到申请之日起5日内通知债务人，通知中应告知债务人不得转移资产、逃避债务，不得进行有碍于公平清偿的行为。债务人对申请有异议的，应当自收到人民法院的通知之日起7日内向人民法院提出。人民法院应当自异议期满之日起10日内裁定是否受理。除上述情形外，人民法院应当自收到破产申请之日起15日内裁定是否受理。有特殊情况需要延长受理案件期限的，经上一级人民法院批准，可以延长15日。

人民法院裁定受理破产申请的，应当将裁定自作出之日起5日内送达申请人。债权人提出申请的，人民法院应当自裁定作出之日起5日内送达债务人。债务人应当自裁定送达之日起15日内向人民法院提交财产状况说明、债务清册、债权清册、有关财务会计报告以及职工工资的支付和社会保险费用的缴纳情况。债务人违反法律规定，拒不向人民法院提交或者提交不真实的上述文件与情况说明的，人民法院可以对直接责任人员依法处以罚款。人民法院裁定受理破产申请的，应当同时指定管理人，并在裁定受理破产申请之日起25日内通知已知债权人，并予以公告。

人民法院裁定不受理破产申请的，应当将裁定自作出之日起5日内送达申请人并说明理由。申请人对裁定不服的，可以自裁定送达之日起10日内向上一级人民法院提起上诉。人民法院受理破产申请后至破产宣告前，经审查发现债务人未发生破产原因的，可以裁定驳回申请。申请人对裁定不服的，可以自裁定送达之日起10日内向上一级人民法院提起上诉。

根据《破产法》的规定，人民法院受理破产申请后，管理人对破产申请受理前成立而债务人和对方当事人均未履行完毕的合同有权决定解除或继续履行，并通知对方当事人。管理人自破产申请受理之日起两个月内未通知对方当事人，或者自收到对方当事人催告之日起30日内未答复的，视为解除合同。

根据《破产法》的规定，人民法院受理破产申请后，已经开始而尚未终结的有关债务人的民事诉讼或者仲裁应当终止；在管理人接管债务人的财产后，该诉讼或者仲裁继续进行。破产申请受理后，有关债务人的民事诉讼只能向受理破产申请的人民法院提起。但是其他法律有特殊规定的应当除外，如劳动争议仍应先行进行劳动仲裁。当事人约定仲裁解决纠纷的，也应当以仲裁方式解决。

（三）债权申报与确认

1. 债权申报

根据《破产法》的一般规定，破产案件受理后，债权人只有在依法申报债权并得到确认后，才能行使破产参与、受偿等权利。债权人行使各项权利，应依照破产法规定的程序进行。《破产法》规定，人民法院受理破产申请后，应当确定债权人申报债权的期限。债权申报期限自人民法院发布受理破产申请公告之日起计算，最短不得少于30日，最长不得超过3个月。在法律规定的期间内，人民法院可以根据案件具体情况确定申报债权的期限。

债权人应当在人民法院确定的债权申报期限内向管理人申报债权。但债务人所欠职工的工资和医疗、伤残补助、抚恤费用，所欠的应当划入职工个人账户的基本养老保险、基本医疗保险费用，以及法律、行政法规规定应当支付给职工的补偿金，不必申报，由管理人调查后列出清单并予以公示，所以，职工劳动债权是免申报的债权。

债权人申报债权时，应当书面说明债权的数额和有无财产担保，并提交有关证据。

申报的债权是连带债权的，应当说明。连带债权人可以由其中一人代表全体连带债权人申报债权，也可以共同申报债权。

债务人的保证人或者其他连带债务人已经代替债务人清偿债务的，以其对债务人的求偿权申报债权；尚未代替债务人清偿债务的，以其对债务人的将来求偿权申报债权。

未到期的债权，在破产申请受理时视为到期。附利息的债权自破产申请受理时起停止计息。附条件、附期限的债权和诉讼，仲裁未决的债权，债权人也可以申报其债权。

管理人或者债务人依照《破产法》规定解除合同的，对方当事人以因合同解除所产生的损害赔偿请求权申报债权。可申报的债权以实际损失为限，违约金不作为破产债权。

2. 债权确认

债权人申报的债权需经确认后才能在破产程序中行使权利。债权审查的判断原则是，凡法律允许通过一般司法程序提出异议的债权，即未经发生法律效力的裁判所确认的债权，均应在审查确认之列；凡经发生法律效力的裁判所确认的债权，原则上不在审查确认之列，应直接列入债权确认表中。

根据《破产法》的规定，管理人收到债权申报材料后，应当登记造册，对申报的债权进行审查，并编制债权表。管理人必须将申报的债权全部编入债权表，不允许以其认为债权超过诉讼时效或不能成立等为由拒绝编入债权表。管理人进行实质审查后对各项债权的认定结果，如是否真实存在、是否超过诉讼时效等，应附在提交第一次债权人会议的债权表后，供核查使用。债权表和债权申报材料由管理人保存，供利害关系人查阅。管理人依法编制的债权表，应当提交第一次债权人会议核查。经核查后仍存在异议的债权，由人民法院裁定该异议是否成立。

三、债务人财产与管理人

（一）债务人财产

1. 债务人财产的范围

根据《破产法》第三十条规定，债务人财产包括破产申请受理时属于债务人的全部财产，以及破产申请受理后至破产程序终结前债务人取得的财产。债务人财产在破产宣告后称破产财产。

2. 破产撤销权与无效行为制度

《破产法》规定了破产撤销权与无效行为制度。撤销权是指管理人对债务人在破产案件受理前的法定期间内进行的欺诈逃债或损害公平清偿的行为，由申请法院撤销，并追回财产的权利。《破产法》对撤销权制度予以全面完善，首先区分规定无效行为与可撤销行为。《破产法》第三十一条规定："人民法院受理破产申请前1年内，涉及债务人财产的下列行为，管理人有权请求人民法院予以撤销：（一）无偿转让财产的；（二）以明显不合理的价格进行交易的；（三）对没有财产担保的债务提供财产担保的；（四）对未到期的债务提前清偿的；（五）放弃债权的。"《破产法》第三十二条规定："人民法院受理破产申请前6个月内，债务人有本法第二条第一款规定的情形，仍对个别债权人进行清偿的，管理人有权请求人民法院予以撤销。但是，个别清偿使债务人财产受益的除外。"这两条是对可撤销行为的规定。

《破产法》第三十三条规定："涉及债务人财产的下列行为无效：（一）为逃避债务而隐匿、转移财产的；（二）虚构债务或者承认不真实的债务的。"这是对无效行为的规定。

同时，《破产法》第三十四条规定："因本法第三十一条、第三十二条或者第三十三条规定的行为而取得的债务人的财产，管理人有权追回。"《破产法》

第一百二十八条规定："债务人有本法第三十一条、第三十二条、第三十三条规定的行为，损害债权人利益的，债务人的法定代表人和其他直接责任人员依法承担赔偿责任。"

3. 债务人财产的收回

《破产法》第三十五条规定："人民法院受理破产申请后，债务人的出资人尚未完全履行出资义务的，管理人应当要求该出资人缴纳所认缴的出资，而不受出资期限的限制。"

为维护债权人及债务人的合法权益，《破产法》第三十六条规定："债务人的董事、监事和高级管理人员利用职权从企业获取的非正常收入和侵占的企业财产，管理人应当追回。"

在人民法院受理破产申请后，管理人可以通过清偿债务或者提供为债权人接受的担保，取回质物、留置物。管理人所作的债务清偿或者替代担保，在质物或者留置物的价值低于被担保的债权额时，以该质物或者留置物当时的市场价值为限；否则，就可能出现不公平清偿的情况。

4. 取回权

破产企业中存在的他人财产，该财产的权利人有权取回原物的权利，但取回权仅限于权利人取回原物，如果原物在破产宣告前已被破产企业非法处置，则有权以物价作为破产债权要求清偿。《破产法》上的取回权分为一般取回权与特别取回权。《破产法》第三十八条规定："人民法院受埋破产申请后，债务人占有的不属于债务人的财产，该财产的权利人可以通过管理人取回。但是，本法另有规定的除外。"这是对一般取回权的规定。《破产法》第三十九条规定："人民法院受理破产申请时，出卖人已将买卖标的物向作为买受人的债务人发运，债务人尚未收到且未付清全部价款的，出卖人可以取回在运途中的标的物。但是，管理人可以支付全部价款，请求出卖人交付标的物。"这是对特别取回权的规定。

5. 抵销权

《破产法》上的抵销权，是指债权人在破产申请受理前对债务人即破产人负有债务的，无论是否已到清偿期限、标的是否相同，均可在破产财产最终分配确定前向管理人主张相互抵销的权利。《破产法》第四十条规定："债权人在破产申请受理前对债务人负有债务的，可以向管理人主张抵销。"此即破产抵销权。破产抵销权是破产债权只能依破产程序受偿的例外，抵销权实施的结果使该债权在抵销范围内得以由破产财产中得到全额、优先清偿。

为防止破产抵销权被当事人滥用，损害他人利益，各国破产法对抵销权的行使均规定有禁止条款。《破产法》第四十条规定："有下列情形之一的，不得抵销：（一）债务人的债务在破产申请受理后取得他人对债务人的债权的；（二）债权人已知债务人有不能清偿到期债务或者破产申请的事实，对债务人负担债务的；但是，债权人因为法律规定或者有破产申请 1 年前所发生的原因而负担债务的除外；（三）债务人的债务人已知债务人有不能清偿到期债务或者破产申请的事实，对债务人取得债权的；但是，债务人的债务人因为法律规定或者有破产申请 1 年前所发生的原因而取得债权的除外。"

（二）破产费用与共益债务

1. 破产费用

在破产案件中，为维护全体债权人的共同利益，会产生各种各样的费用支出：为在必要时继续破产企业的营业、继续履行合同、进行破产财产的管理等，也可能会使破产财产负担一定的债务。旧《破产法》将这些费用与债务统一规定，称为破产费用，从破产财产中优先拨付。《破产法》则区分其性质，分别规定为破产费用与共益债务，更为科学合理。破产费用是在破产程序中为全体债权人共同利益而支付的各项费用的总称。《破产法》第四十一条规定："人民法院受理破产申请后发生的下列费用，为破产费用：（一）破产案件的诉讼费用；（二）管理、变价和分配债务人财产的费用；（三）管理人执行职务的费用、报酬和聘用工作人员的费用。"

2. 共益债务

共益债务是在破产程序中为全体债权人利益而由债务人财产负担的债务的总称。《破产法》第四十二条规定："人民法院受理破产申请后发生的下列债务，为共益债务：（一）因管理人或者债务人请求对方当事人履行双方均未履行完毕的合同所产生的债务；（二）债务人财产受无因管理所产生的债务；（三）因债务人不当得利所产生的债务；（四）为债务人继续营业而应支付的劳动报酬和社会保险费用以及由此产生的其他债务；（五）管理人或者相关人员执行职务致人损害所产生的债务；（六）债务人财产致人损害所产生的债务。"

3. 破产费用与共益债务的清偿

破产费用与共益债务均是以债务人财产为清偿对象的，并享有优先于其他债权的受偿权。《破产法》第四十三条规定："破产费用和共益债务由债务人财产随时清偿。债务人财产不足以清偿所有破产费用和共益债务的，先行清偿破产费用。债务人财产不足以清偿所有破产费用或者共益债务的，按照比例清偿。债务人财产不足以清偿破产费用的，管理人应当提请人民法院终结破产程序。人民法院应当自收到请求之日起15日内裁定终结破产程序，并予以公告。"

（三）管理人制度

1. 管理人的资格与指定

管理人是指破产宣告后成立的，全面接管破产企业并负责破产财产的保管、清理、估价、处理和分配等破产清算事务的专门机构。

《破产法》第二十二条规定："管理人由人民法院指定。债权人会议认为管理人不能依法、公正执行职务或者有其他不能胜任职务情形的，可以申请人民法院予以更换。指定管理人和确定管理人报酬的办法，由最高人民法院规定。"管理人没有正当理由不得辞去职务。管理人辞去职务应当经人民法院许可。管理人经人民法院许可，可以聘用必要的工作人员。

我国《破产法》第二十四条规定："管理人可以由有关部门、机构的人员组成的清算组或者依法设立的律师事务所、会计师事务所、破产清算事务所等社会中介机构担任。人民法院根据债务人的实际情况，可以在征询有关社会中介机构的意见后，指定该机构具备相关专业知识并取得执业资格的人员担任管理人。有下列情形之一的，不得担任管理人：（一）因故意犯罪受过刑事处罚；（二）曾被吊销相关专业执业证书；（三）与本案有利害关系；（四）人民法院认为不宜担任管理人的其他情形。个人担任管理人的，应当参加执业责任保险。"

2. 管理人的职责与报酬

管理人应当勤勉尽责，忠实执行职务。根据《破产法》的规定，管理人履行下列职责：①接管债务人的财产、印章和账簿、文书等资料；②调查债务人财产状况，制作财产情况报告；③决定债务人的内部管理事务；④决定债务人的日常开支和其他必要开支；⑤在第一次债权人会议召开之前，决定继续或者停止债务人的营业；⑥管理和处分债务人的财产；⑦代表债务人参加诉讼、仲裁或者其他法律程序；⑧提议召开债权人会议；⑨人民法院认为管理人应当履行的其他职责。破产法对管理人的职责另有规定的，适用其规定。同时《破产法》第二十六条规定："在第一次债权人会议召开之前，管理人决定继续或者停止债务人的营业或者有本法第六十九条规定行为之一的，应当经人民法院许可。"债务人违反法律规定，拒不向管理人移交财产、印章和账簿、文书等资料的，或者伪造、销毁有关财产证据材料而使财产状况不明的，人民法院可以对直接责任人员依法处以罚款。管理人履行职责，应当获得合理的报酬，管理人的报酬由人民法院确定。债权人会议对管理人的报酬有异议的，有权向人民法院提出。管理人未依照法律规定勤勉尽责，忠实执行职务的，人民法院可以依法处以罚款；给债权人、债务人或者第三人造成损失的，依法承担赔偿责任。

四、债权人会议

（一）债权人会议的组成

1. 债权人会议的概念

我国破产程序中的债权人会议，是由所有依法申报债权的债权人组成，以保障债权人共同利益为目的，为实现债权人的破产程序参与权，讨论决定有关破产事宜，表达债权人意志，协调债权人行为的破产议事机构。债权人会议仅为决议机关，虽享有法定职权但本身无执行功能，其所作出的相关决议一般由管理人负责执行。

2. 债权人会议的成员与权利

依法申报债权的债权人为债权人会议的成员，有权参加债权人会议，享有表决权。

需注意的是，凡是申报债权者均有权参加第一次债权人会议，有权参加对其债权的核查、确认活动，并可依法提出异议。对于第一次会议以后的债权人会议，便只有债权得到确认者才有权参加并行使表决权。债权被否认而又未提起债权确认诉讼者，不得再参加债权人会议。债权尚未确定的债权人，除人民法院能够为其行使表决权而临时确定债权额者外，不得行使表决权。

债权人可以委托代理人出席债权人会议，行使表决权。代理人出席债权人会议应当向人民法院或者债权人会议主席提交债权人的授权委托书。为维护企业职工的权益，立法规定，债权人会议应当有债务人的职工和工会的代表参加，对有关事项发表意见。为保证债权人会议的顺利进行，我国立法规定，债权人会议设主席一人，由人民法院在有表决权的债权人中指定，通常是在破产程序中无优先权的债权人。债权人会议主席依法行使职权，负责债权人会议的召集、主持等工作。在债权人会议上除有权出席会议的债权人之外，还有其他列席人员。债务人的法定代表人有义务列席债权人会议。经人民法院决定，债务人企业的财务管理人员和其他经营管理人员也有义务列席债权人会议。管理人作为负有财产管理职责的人也应当列席债权人会议。有义务列席债权人会议的债务人的有关人员，经人民法院传唤，无正当理由拒不列席债权人会议的，人民法院可以拘传，并依法处以罚款。债务人的有关人员违反法律规定，拒不陈述、回答，或者作虚假陈述、回答的，人民法院可以依法处以罚款。

（二）债权人会议的召集与职权

1. 债权人会议的召集

债权人会议是依召集方式活动的议决机关。第一次债权人会议由人民法院召集，自债权申报期限届满之日起15日内召开。以后的债权人会议，在人民法院认为必要时，或者管理人、债权人委员会、占债权总额1/4以上的债权人向债权人会议主席提议时召开。

召开债权人会议，管理人应当提前15日通知已知的债权人。

2. 债权人会议的职权

《破产法》第六十一条规定："债权人会议行使下列职权：（一）核查债权；（二）申请人民法院更换管理人，审查管理人的费用和报酬；（三）监督管理人；（四）选任和更换债权人委员会成员；（五）决定继续或者停止债务人的营业；（六）通过重整计划；（七）通过和解协议；（八）通过债务人财产的管理方案；（九）通过破产财产的变价方案；（十）通过破产财产的分配方案；（十一）人民法院认为应当由债权人会议行使的其他职权。债权人会议应当对所议事项的决议作成会议记录。"《破产法》第六十四条第一款规定："债权人会议的决议，由出席会议的有表决权的债权人过半数通过，并且其所代表的债权额占无财产担保债权总额的二分之一以上。但是，本法另有规定的除外。"债权人会议的决议，对于全体债权人均有约束力。同时，立法为反对债权人会议决议者提供了救济渠道。债权人认为债权人会议的决议违反法律规定，损害其利益的，可以自债权人会议做出决议之日起15日内，请求人民法院裁定撤销该决议，责令债权人会议依法重新做出决议。

（三）债权人委员会

1. 债权人委员会的概念与组成

《破产法》规定，在债权人会议中可以设置债权人委员会，建立了各国破产法中均存在的破产监督人制度。债权人委员会是遵循债权人的共同意志，代表债权人会议监督管理人行为以及破产程序的合法、公正进行，处理破产程序中的有关事项的常设监督机构。

债权人委员会为破产程序中的选任机关，由债权人会议根据案件具体情况决定是否设置。债权人委员会中的债权人代表由债权人会议选任、罢免。此外，债权人委员会中应当有一名债务人企业的职工代表或者工会代表。为便于决定事项、开展工作，债权人委员会的成员人数原则上应为奇数，最多不得超过9人。债权人委员会成员应当经人民法院书面认可。

2. 债权人委员会的职权

债权人委员会行使下列职权：①监督债务人财产的管理和处分；②监督破产财产分配；③提议召开债权人会议；④债权人会议委托的其他职权。债权人委员会执行职务时，有权要求管理人、债务人的有关人员对其职权范围内的事务作出说明或者提供有关文件。管理人、债务人的有关人员违反法律规定拒绝接受监督的，债权人委员会有权就监督事项请求人民法院作出决定，强制执行。人民法院接到债权人委员会的请求后应当在5日内作出决定。债权人委员会的成员应当依法正确履行职责，公平维护债权人的正当权益。如有违法渎职行为，应当承担相应的法律责任。

五、重整与和解制度

（一）重整制度

1. 重整制度的概念

重整是指对可能或已经发生破产原因但又有挽救希望的法人企业，通过对各方利害关系人的利益协调，借助法律强制进行营业重组与债务清理，以避免破产、获得新生的法律制度。我国重整制度的适用范围为企业法人，由于其程序复杂、费用高昂、耗时很长，故实践中主要适用于大型企业，中小型企业则往往采用更为简化的和解程序。重整制度是破产法价值取向发展中的一次突破，在现代立法由个体本位逐步向社会本位的转变过程中，重整制度体现国家公力透过司法程序对私人经济活动的主动介入，更强调保护社会的整体利益。

2. 重整制度的特征

重整制度具有以下几个特点。

（1）重整申请时间提前、启动主体多元化。

提出破产与和解申请，以债务人已发生破产原因为前提，而重整申请则在债务人有发生破产原因的可能时即可提出。不仅债务人、债权人可提出重整申请，债务人的股东也可在一定条件下提出。根据《破产法》第一百三十四条的规定，国务院金融监督管理机构也可以向人民法院提出对金融机构进行重整的申请。

（2）参与重整活动的主体多元化、重整措施多样化。

债权人包括有物权担保的债权人、债务人及债务人的股东等各方利害关系人均参与重整程序的进行。重整企业可运用多种重整措施，达到恢复经营能力、清偿债务、避免破产的目的，除延期或减免偿还债务外，还可采取向重组者无偿转让全部或部分股权，核减或增加注册资本，向特定对象定向发行新股或债券，将债权转为股份，转让营业或资产等方法。重整的目的在于维持公司之事业，而不限于公司本身，故必要时还可采取解散原有公司，设立第二公司，或公司分立、与其他公司合并等方法。

（3）担保物权受限。

在重整程序中，物权担保债权人的优先受偿权受到限制，这是其与《破产法》上其他程序的重大不同之处。限制担保物权的目的，是为保证债务人不因担保财产的执行而影响生产经营，无法进行重整。

（4）重整程序具有强制性。

只要债权人会议各表决组及股东组以法定多数通过重整计划，经法院批准，对所有当事人均具有法律效力。而且，在未获全部表决组通过的情况下（但至少有一组通过），如重整计划草案符合法定条件，债务人或者管理人可以申请人民法院予以批准。法院可在保证反对者的既得利益不受损害等法定条件下强制批准重整计划，以避免因部分利害关系人的反对而无法进行重整。

（5）债务人可负责制定、执行重整计划。

除非债务人存在破产欺诈、无经营能力等情况，根据《破产法》的规定，在重整期间，经债务人申请、法院批准，债务人可以在管理人的监督下制订重整计划草案，在重整计划批准后自行管理财产和营业事务。这样可以消除债务人对重整的抵制因素，保障其合理的既得利益，促使其在发生债务危机时尽早申请重整，以减少债权人的损失。而且，相对于由律师、注册会计师等出任的管理人，债务人更为熟悉企业的经营与业务，由其负责重整计划的执行，成功的可能性较大。

3. 重整计划

根据《破产法》第八十一条规定："重整计划应当包括下列内容：（一）债务人的经营方案；（二）债权分类；（三）债权调整方案；（四）债权受偿方案；（五）重整计划的执行期限；（六）重整计划执行的监督期限；（七）有利于债务人重整的其他方案。"经人民法院裁定批准的重整计划，对债务人和全体债权人均有约束力，包括对债务人的特定财产享有的担保权的债权人。债权人对债务人的保证人和其他连带债务人所享有的权利，不受重整计划的影响，可以依据原合同约定行使权利。

4. 重整终止

在重整期间，有下列情形之一的，经管理人或者利害关系人请求，人民法院应当裁定终止重整程序，并宣告债务人破产：

（1）债务人的经营状况和财产状况继续恶化，缺乏挽救的可能性；

（2）债务人有欺诈、恶意减少债务人财产或者其他显著不利于债权人的行为；

（3）由于债务人的行为致使管理人无法执行职务。

债务人不能执行或者不执行重整计划的，人民法院经管理人或者利害关系人请求，应当裁定终止重整计划的执行，并宣告债务人破产。

按照重整计划减免的债务，自重整计划执行完毕时起，债务人不再承担清偿责任。

（二）和解制度

1. 和解的概念

和解是预防债务人破产的法律制度之一。在发生破产原因时，债务人可以提出和解申请及和解协议草案，由债权人会议表决，如能获得通过，再经法院裁定认可后生效执行，可以避免被宣告破产。

2. 和解程序

和解申请只能由债务人一方提出，这是与破产清算申请和重整申请还可由债权人等提出不同的。在《破产法》下，债务人可以依法直接向人民法院申请和解，也可以在人民法院受理破产申请后、宣告破产前，向人民法院申请和解。申请和解的原因是债务人发生破产原因。债务人申请和解，应当提出和解协议草案。

人民法院经审查认为和解申请符合法律规定的，应当受理其申请，裁定和解，予以公告，并召集债权人会议讨论和解协议草案。和解程序对就债务人特定财产享有担保权的权利人无约束力，该权利人自人民法院裁定和解之日起可以对担保物行使权利。

债权人会议通过和解协议的决议，由出席会议的有表决权的债权人过半数同意，并且其所代表的债权额占无财产担保债权总额的2/3以上。对债务人的特定财产享有担保权的债权人，对此事项无表决权。

债权人会议通过和解协议的，由人民法院裁定认可，终止和解程序，并予以公告。管理人应当向债务人移交财产和营业事务，并向人民法院提交执行职务的报告。和解协议草案经债权人会议表决未获得通过，或者已经债权人会议通过的和解协议未获得人民法院认可的，人民法院应当裁定终止和解程序，并宣告债务人破产。

3. 和解协议的终止

债务人不能执行或者不执行和解协议的，人民法院经和解债权人请求，应当裁定终止和解协议的执行，并宣告债务人破产。和解协议只具有程序法上的意义，没有强制执行的效力。债务人不履行和解协议时，债权人只能向法院申请终止和解协议，宣告其破产，而不能提起对和解协议的强制执行程序。人民法院裁定终止和解协议执行的，和解债权人在和解协议中作出的债权调整的承诺失去效力，但债务人方面为和解协议的执行提供的担保继续有效。和解债权人因执行和解协议所受的清偿仍然有效，和解债权未受清偿的部分作为破产债权。上述债权人只有在其他债权人同自己所受的清偿达到同一比例时，才能继续接受破产分配。

为尊重当事人的自主决定权，《破产法》还规定，人民法院受理破产申请后，债务人与全体债权人就债权债务的处理自行达成协议的，可以请求人民法院裁定认可，并终结破产程序。

六、破产清算程序

（一）破产宣告

破产宣告是指法院依据当事人的申请或法定职权裁定宣布债务人破产以清偿债务的活动。人民法院依法宣告债务人破产，应当自裁定作出之日起 5 日内送达债务人和管理人，自裁定作出之日起 10 日内通知已知债权人，并予以公告。债务人被宣告破产后，在破产程序中的有关称谓也发生相应变化。债务人称为破产人，债务人财产称为破产财产，人民法院受理破产申请时对债务人享有的债权称为破产债权。《破产法》第一百零八条规定："破产宣告前，有下列情形之一的，人民法院应当裁定终结破产程序，并予以公告：（一）第三人为债务人提供足额担保或者为债务人清偿全部到期债务的；（二）债务人已清偿全部到期债务的。"因为在此种情况下，债务人已不存在破产原因，自然应终结破产程序。

（二）破产财产的变价

破产财产的分配以货币分配为基本方式，所以，在破产宣告后，管理人应当及时拟订破产财产变价方案，提交债权人会议讨论。管理人应当按照债权人会议通过的或者人民法院依法裁定的破产财产变价方案，适时变价出售破产财产。变价出售破产财产应当通过拍卖方式进行，但债权人会议另有决议的除外。破产企业可以全部或者部分变价出售；企业变价出售时，可以将其中的无形资产和其他财产单独变价出售。按照国家规定不能拍卖或者限制转让的财产，应当按照国家规定的方式处理。

（三）别除权

《破产法》第一百零九条规定："对破产人的特定财产享有担保权的权利人，对该特定财产享有优先受偿的权利。"此项权利即是破产法理论上的别除权。别除权是基于担保物权及特别优先权产生的，其优先受偿权的行使不受破产清算与和解程序的限制，但在重整程序中受到限制。别除权人行使优先受偿权利未能完全受偿的，其未受偿的债权作为普通债权；别除权人放弃优先受偿权利的，其债权作为普通债权。

（四）破产财产的分配

破产财产的分配是指将破产财产按照法律规定的债权清偿顺序和案件实际情况决定的受偿比例进行清偿的程序。破产财产的分配应当遵守法定的分配顺序和分配方法。对破产财产可以进行一次性分配，也可以进行多次分配，需视破产财产的多少、变价难易等情况而定。依照破产分配进行的时间不同，可分为中间分配、最后分配和追加分配。《破产法》第一百一十三条规定："破产财产在优先清偿破产费用和共益债务后，依照下列顺序清偿：（一）破产人所欠职工的工资和医疗、伤残补助、抚恤费用，所欠的应当划入职工个人账户的基本养老保险、基本医疗保险费用，以及法律、行政法规规定应当支付给职工的补偿金；（二）破产人欠缴的除前项规定以外的社会保险费用和破产人所欠税款；（三）普通破产债权。破产财产不足以清偿同一顺序的清偿要求的，按照比例分配。破产企业的董事、监事和高级管理人员的工资按照该企业职工的平均工资计算。"

此外，其他立法对破产分配顺序有特别规定的，依其规定执行。

《破产法》第一百三十二条对职工债权的清偿问题有特别规定。根据该条规定："本法施行后，破产人在本法公布之日前所欠职工的工资和医疗、伤残补助、抚恤费用，所欠的应当划入职工个人账户的基本养老保险、基本医疗保险费用，以及法律、行政法规规定应当支付给职工的补偿金，依照本法第一百一十三条的规定清偿后不足以清偿的部分，以本法第一百零九条规定的特定财产优先于对该特定财产享有担保权的权利人受偿。"

管理人应当及时拟订破产财产分配方案，提交债权人会议讨论。破产财产分配方案应当载明下列事项：①参加破产财产分配的债权人名称或者姓名、住所；②参加破产财产分配的债权额；③可供分配的破产财产数额；④破产财产分配的顺序、比例及数额；⑤实施破产财产分配的方法。

债权人会议表决通过破产财产分配方案后，由管理人将该方案提请人民法院裁定认可，经人民法院裁定认可后，由管理人执行。

（五）破产程序的终结

1. 破产终结程序

《破产法》规定的破产程序终结方式有三种：其一，因和解、重整程序顺利完成而终结；其二，因债务人的破产财产不足以支付破产费用而终结；其三，因破产财产分配完毕而终结。在破产清算程序中仅涉及后两种情况。破产人无财产可供分配的，管理人应当请求人民法院裁定终结破产程序。在破产人有财产可供分配的情况下，管理人在最后分配完结后，应当及时向人民法院提交破产财产分配报告，并提请人民法院裁定终结破产程序。人民法院应当自收到管理人终结破产程序的请求之日起 15 日内作出是否终结破产程序的裁定。裁定终结的，应当予以公告。管理人应当自破产程序终结之日起 10 日内，持人民法院终结破产程序的裁定，向破产人的原登记机关办理注销登记。

2. 遗留事务的处理

通常情况下，管理人应于办理破产人注销登记完毕的次日终止执行职务。但是，破产案件存在诉讼或者仲裁未决等情况时，管理人可以在破产程序终结后，继续办理破产案件的遗留事务。

在破产程序因债务人财产不足以支付破产费用而终结，或者因破产人无财产可供分配或破产财产分配完毕而终结时，自终结之日起两年内，有下列情形之一的，债权人可以请求人民法院按照破产财产分配方案进行追加分配：

（1）发现在破产案件中有可撤销行为、无效行为或者债务人的董事、监事和高级管理人员利用职权从企业获取非正常收入和侵占企业财产的情况，应当追回财产的；（2）发现破产人有应当供分配的其他财产的。

有上述情形，但财产数量不足以支付分配费用的，不再进行追加分配，由人民法院将其上交国库。破产人的保证人和其他连带债务人，在破产程序终结后，对债权人依照破产清算程序未受清偿的债权，依法继续承担清偿责任。

第二节　破产案件的法务会计应用

破产是指债务人因经营管理不善而造成严重亏损，不能清偿到期债务时，由法院根据债权人或债务人的申请，作出对债务人的财产变价依法归还各债权人的裁定，或经债权人会议通过及人民法院批准认可所进行的和解重整的经济事件。重整是以被申请破产企业与债权人会议所达成重整计划为其目标的。如果这一目标不能实现，便意味着该企业必然被宣告破产。如果被申请破产企业通过重整取得了明显成效，并且恢复了偿债能力，则重整程序即告终结。法务会计鉴定不同于一般的审计工作，在破产程序的全过程均能发挥作用，法务会计鉴定报告的内容成为法院破产案件审理与裁定的主要依据。

一、破产法务会计鉴定的目标、原则

（一）破产法务会计鉴定的目标

破产法务会计鉴定的基本目标是保证债权人的债权得到最大限度的受偿，以及剩余财产的公平分配。破产法务会计鉴定的具体目标是：

（1）鉴定企业是否已经达到破产标准；

（2）鉴定和解协议草案及重整方案的可行性，鉴定重整结果的有效性；

（3）监督破产清算过程的合规性、破产费用和公益债务核算的合法性；

（4）确认清算会计报表的合法性；

（5）针对破产责任就法人财产权的维护或资产保全方面发表专业意见；

（6）维护债权人合法权益，审核债务人偿债方式、偿债顺序、偿债比例、剩余财产分配等方面的公正性、合法性。

（二）破产法务会计鉴定的原则

企业破产法务会计鉴定的原则是指组织破产鉴定并在整个鉴定过程中处理具体所有鉴定事项所必须遵循的原则。

1. 重要性与一般性相结合的原则

破产法务会计鉴定不同于完全持续经营企业审计，对债务人与破产有关的各项经济业务应全面监督，对债权债务清册、和解整顿方案及效果、破产财产、担保财产、破产费用、清算报告、债务清偿、破产责任界定等影响债权人与企业所有者利益的重要经济业务应进行全面详细审查，而对低值财产的估价、小额债权的界定等一般性业务，可简化审查程序。

2. 综合性与相关性原则

在法务会计鉴定过程中应严格按《破产法》《公司法》等有关法律规定开展鉴定工作并坚持基本目标与具体目标相结合，同时要综合债权人、管理人、法院等与破产企业财产密切相关的各方面对鉴定结论的具体要求形成鉴定结论。

3. 独立性与公正性原则

无论是英美法系诉讼中的专家证人或大陆法系诉讼中的鉴定人，鉴定人和鉴定结论的独立性决定证据的客观性和证明力。所以，只有鉴定人与破产程序涉及的债务人企业、债权人、职工、所有者以及管理人等各方面保持经济利益上的独立性，才能保证鉴定结论的客观性和公正性，从而提高鉴定结论的证明力与客观性。

二、破产标准的界定

（一）破产标准的法律界定

破产案件首先需对破产标准进行法律界定。破产标准是指债务人的财务事实状况或清偿能力状况能否达到破产程序开始的法律标准。《破产法》第二条规定："企业法人不能清偿到期债务，并且资产不足以清偿全部债务或者明显缺乏清偿能力的，依照本法规定清理债务。企业法人有前款规定情形，或者有明显丧失清偿能力可能的，可以依照本法规定进行重整。"基于破产案件申请与受理程序上的鉴定需求展开对破产标准的法务会计鉴定。《破产法》第八条规定："向人民法院提出破产申请，应当提交破产申请书和有关证据。债务人提出申请的，还应当向人民法院提交财产状况说明、债务清册、债权清册、有关财务会计报告、职工安置预案以及职工工资的支付和社会保险费用的缴纳情况。"司法实践中法院受理破产案件的申请均要求债务人企业的财务会计报告要附有关鉴定结论。企业破产程序中破产标准的法务会计鉴定的科学性和准确性决定了处理结果的公正性和各相关主体的利益公平。

1. 不能清偿的界定

不能清偿，是指债务人由于缺乏清偿能力对于已届清偿期而受请求的债务持续地无法全部进行清偿的一种客观经济状态。2002 年最高人民法院《关于审理企业破产案件若干问题的规定》（以下简称《破产规定》）第三十一条规定：不能清偿到期债务是指：债务的履行期限已届满；债务人明显缺乏清偿债务的能力。债务人停止清偿到期债务并呈连续状态，如无相反证据，可推定为"不能清偿到期债务"。不能清偿的认定应符合以下几个条件：

（1）债务的履行期限已届满且债权人已提出清偿要求。债务的履行期限可以是双方当事人协商约定的期限，也可以是法律规定的期限；既无约定又无法定履行期限的，可以根据债务的性质或者是交易习惯等来确定一个合理的履行期限。按照以上情形均无法确定债务人的清偿期限的，应以债权人向债务人正式提出清偿要求时为清偿期限已届满。清偿期限未满，债务人仅负有将来的清偿义务而无即时的清偿责任，即使债务人现在已经陷入不能清偿的境地，也不能称为"不能清偿到期债务"。此外，尽管债务履行期限已到，但债权人并未向债务人提出清偿债务的要求，即使这时债务人无支付能力，也不属于不能清偿到期债务。实务中还需注意的是，虽然债务的履行期限已经届满且债权人也向债务人提出了清偿债务的请求，但是如果债务人基于双务合同履行中的抗辩权等正当抗辩权的行使或者主张与对方的债权抵销债务的，也不应认为债务人不能清偿到期债务。

（2）债务人明显缺乏清偿债务的能力。债务人明显缺乏清偿债务的能力，是指债务人客观上没有能力清偿债务，不能以其财产、信用或者能力等任何方法清偿债务，而不是暂时停止清偿债务或者拒绝清偿债务。债务人是否具有清偿能力，应从债务人的资产现有状况、信用优劣状况、技术力量以及知识产权拥有程度等多方面进行考察评价。具体而言，主要是从以下几个方面分析企业的清偿能力：①企业的现有资金状况。企业的全部资产，包括企业的固定资产和流动资金。固定资产除了机器、设备、厂房外，如果土地使用权是以出让或者转让方式取得的，还包括该土地使用权剩余年限内的土地使用权。流动资金除账上所有外，还包括应收的欠款。企业的这些全部资产能否抵偿到期的债务额，是企业有无偿还能力的一个重要标准。例如，企业的全部资产虽超过负债额，但为了还债，需要变卖大部分固定资产，比如需要变卖厂房或土地使用权时，则企业实际上已不能生存，仍需要破产。②企业的信用状况。一个企业的信誉高低，也影响着企业的清偿能力。如果企业的信用较高，即使该企业出现支付困难的状况，甚至已经资不抵债，它亦可以凭借自己良好的信誉举借新债偿还旧债，而不被宣告破产。这样的企业仍然具有偿付能力。在市场经济下，信用虽非资产，但也是一笔无形的财富。③企业的技术力量、知识产权、劳动力等因素。企业如能凭借这些因素融通资金，以偿还到期债务，仍具有偿付能力，不会被宣告破产。如一个企业可以通过转让或者出售其专利技术、著名商标等来获得资金或引进新的投资，从而盘活企业经济恢复偿付能力。由此可见，一个企业的清偿能力，不是由企业拥有的财产数额决定的，而是由企业的可供抵偿债务的各种手段和因素综合构成的。只有当一个企业凭借自己的资产、信用、技术力量、知识产权等综合因素而确实不能清偿到期债务的，才构成企业缺乏清偿能力。

（3）债务人须是对债权的一般性和持续性的不能清偿。所谓一般性，是指就全体债务的清偿，债务人因资力不足而不能清偿；即债务人的不能清偿必须是对全体债权人的债务一般性的无法履行的状态，并非是指对某一个特定的债权人发生支付不能，或者债务人对于个别的债权有争议，拒绝清偿之情形而言。所谓持续性是指并非一时而是一种连续的状态，如果债务不能清偿是属于一时的或者暂时性的，比如暂时的资金周转不开或者资金不到位等，不能认为其具有破产原因。

（4）不能清偿到期债务是一种客观状态。债务人不能清偿到期债务是一种客观状态，与债务人主观上的行为或者认识无关，应由法院依据法律和事实加以认定。如果债务人错误地认为自己没有财产已构成不能清偿，而向债权人表明支付不能，此种行为仅仅构成停止支付，并不当然成为不能清偿。如果债务人通过临时借他人财产貌似具有清偿能力，但实际上已无清偿能力时，法院仍然应当认定其为不能清偿。

（5）债务人不能清偿的债务不限于金钱债务。破产程序的进行，虽然多以金钱债务的不能清偿而引起，但不能由此得出不能清偿的债务仅限于金钱债务的结论。实务中，债务人不能清偿的债务可能是基于侵权行为而引起的损害赔偿债务，也可能是不能交付的标的物。既然破产程序中，破产管理人必须把债务人的财产变价、拍卖为金钱在债权人之间进行分配，非金钱债务当然也可以进行破产债权的申报，要求破产管理人将非金钱债权折算成金钱从而获得清偿。笔者认为，债务人之所以对非金钱债务不能履行，多数情况下是因为债务人缺乏金钱，无法购买或生产给付标的物。因此，金钱债务不能清偿和非金钱债务不能清偿，其原因基本相同，都是源于债务人缺乏清偿能力。

2. 资产不足以清偿全部债务的界定

资产不足以清偿全部债务，又称为资不抵债，是指债务人的全部资产总额不足以偿付其所负的全部债务总额。资不抵债是就债务人的资产和负债相比较而言的，因而也是一种客观经济状况，但又与不能清偿的客观状态不完全相同。因为资不抵债的确定标准只是根据债务人的资产多少与负债多少来计算的，即只是从单纯的财产因素上来判断，而没有考虑债务人的信用与技术力量以及知识产权等因素。当债务人资不抵债时，如能以借贷等信用方式还债，并不一定会丧失对到期债务的偿还能力。在西方国家，将资不抵债作为破产原因的大多限于企业法人和遗产破产。这种规定的根据在于，个人的清偿能力是由财产、信用和能力组成的。而企业的清偿能力，主要是以财产为清偿能力的。企业一旦出现资不抵债，若不及时宣告破产，就可能进一步扩大债权人的损失。我国《中华人民共和国企业破产法（试行）》和《民事诉讼法》均未将资不抵债作为破产原因进行规定，而现行《公司法》将资不抵债作为清算中公司破产的原因，其第一百八十七条规定："清算组在清理公司财产、编制资产负债表和财产清单后，发现公司财产不足以清偿债务的，应当依法向人民法院申请宣告破产。"《企业破产法》第二条明确规定了资不抵债，将其与不能清偿共同作为企业破产的原因，即债务人企业在不能清偿到期债务时还必须具备资不抵债这一要件才能构成破产原因，实务中法院也只有在这种情况下才能对债务人作出破产宣告。该种方式较之于以前的因严重亏损而导致的不能清偿到期债务这一对于破产原因的界定，在实务中更具标准上的明确性和操作上的方便性。

3. 明显缺乏清偿能力的界定

根据最高人民法院《破产规定》第三十一条的规定，债务人明显缺乏清偿能力是债务人不能清偿到期债务的一个条件，《企业破产法》第二条又将债务人不能清偿到期债务且明显缺乏清偿能力作为破产原因进行规定，实际上仍然是以债务人不能清偿到期债务作为破产原因，因为明显缺乏清偿能力是不能清偿到期债务的应有之义。

（二）破产标准的法务会计界定

债务人破产的原则标准在各国破产法中规定为：丧失债务清偿能力。

奉行概括主义立法模式的大陆法系国家均根据破产发生的一般原因描述破产标准：第一，债务清偿标准，不能清偿到期债务或称支付不能，着重判断债务关系能否正常维系，债务人企业的现金流量与到期债务的比较是否足以偿还，并且在可预计的未来期间，这种支付不能的状况是否会一直持续且不可逆转。

第二，资不抵债标准，现有资产总量与债务总额相比，债务超过资产。第三，停止支付。债务人企业对到期债务偿还行为的普遍性、持续性的停止支付的情况。

我国现行破产标准立法采用概括主义，具体规定在《企业破产法》第二条："企业法人不能清偿到期债务，并且资产不足以清偿全部债务或者明显缺乏清偿能力。"对债务人申请破产的情形，标准是债务人不能清偿到期债务，并且资产不足以清偿全部债务。债务人自己申请破产的时候，是有条件提供资产、负债的证明依据的。对债权人申请破产的情形，标准是债务人不能清偿到期债务并且明显缺乏清偿能力。债权人无法举证证明债务人资不抵债，但债权人可根据债务人停止支付来证明债务人的现金流产生障碍、缺乏清偿能力。最终由法院依据对法务会计资料的分析并参照债务清偿标准与资不抵债标准来判断裁量债务人是否明显缺乏清偿能力。

1. 债务清偿标准

支付不能，指债务人因缺乏清偿能力，对于已届清偿期而被请求清偿的债务全部或大部分持续性不能清偿的事实状况。法律上的清偿包括以财产、信用或者能力等任何方法清偿债务。支付货币及财产为通常的债务清偿方法；以信用方法清偿债务，主要是指债务人借新债还旧债，或协议延期还债；以能力方法清偿债务，主要是指债务人以提供债权人接受的劳务、技能服务等折抵货币清偿债务。当债务人以所有方法均不能清偿债务时，即构成丧失清偿能力。

只要债务人本人不能清偿到期债务，即为丧失清偿能力，应当宣告破产而不以连带责任人、保证人等其他负有清偿义务者是否能代为清偿为条件。

2. 资产负债标准

资产负债标准主要依据资产负债比例关系，以实有财产为限考察债务人的偿还能力，排除信用、能力等可能的偿还因素，计算债务数额时，到期和未到期债务均纳入总额计算。以资不抵债概念评价债务人的清偿能力时，债务是否到期均应计算在内，债务未到期，并不影响对资债比例的比较。债务人资不抵债时，如能以借贷等信用方式还债，并不一定会丧失对到期债务的清偿能力，从而不必然导致企业破产。所以，实践中在对破产界限的认定上，债务清偿标准与资产负债标准有以下区别：首先，资产负债标准通过将财产与负债进行对比来衡量债务人是否构成破产原因，而不考虑债务人的信用、劳务技能等非财产因素。债务超过资产不必然导致不能清偿，而不能清偿也并非一定资不抵债。其次，资产负债标准适用于只要出现债务超过而不论债务是否到期即认为债务人形成破产原因，不能清偿则只能适用于债务到期之时。

三、破产标准的法务会计鉴定

（一）破产标准的法务会计鉴定重点内容

破产程序中，与一般的财务报告作用不同，破产标准的法务会计鉴定报告首先是债务人申请破产的鉴定结论证据，其次是法院受理破产案件的司法裁定证据，最后是管理人向债权人会议报告债务人企业财务状况和债权人大会作出重整、和解或清算决策的重要依据。破产标准的法务会计鉴定在鉴定方法上的专业复杂性要甚于财务报告审计，其按照破产标准利用审计方法确定的是资产负债表与现金流量表会计审计意义上的真实性与合法性，并在此基础上形成关于支付不能的现金流量与资不抵债方面的具体财务事实的解释或说明。具体表现为以下特点：

1. 以现金流量事实为鉴定重点

破产标准的法务会计鉴定的重点是现金流量表，现金流量表中现金的概念是指现金及现金等价物。现金是指库存现金、银行活期存款及具有银行活期存款性质可以随时支取而不受任何限制的其他项目。现金等价物是指 3 个月内到期的具有高度流动性的短期投资。现金流量表依据收付实现的原则制定，提供债务人企业经营活动、投资活动、筹资活动等各渠道及项目的现金流量信息，据此可以作出现金流量信息的多种分析，包括流入结构分析与流出结构分析、定基趋势动态分析与环比趋势动态分析的现金流量的趋势分析、短期偿债能力分析和长期偿债能力分析以及偿债能力结构分析的偿债能力分析等。综合以上会计信息的横向、纵向分析并结合企业所属行业特点和市场周期，可以形成对企业债务支付困难的时间性、严重性和逆转可能性的正确判断。

2. 坚持先审计后评估的资产鉴定程序

资产审计环节，应着重盘点实物，力求账实相符：对流动资产中的原材料、产成品、半成品、低值易耗品等盘点中要注意到残次、破损状况；盘点包装物要考虑其剩余可利用价值的变现；有些产品商标虽属报废品，仍应盘点清楚；应点清核实生产成本账户的余额，判断是否存在潜亏。对固定资产应以账对物、以物查账、实地见物。查明固定资产盘盈和盘亏的真实原因和固定资产有无漏盘借出在外的情况。

资产审计过程中应注意：一是搜集产权归属证据，对不动产权属证书的归属与产权的限制状况要特别注意核查。二是关注资产会计处理的计价基础，为后续评估工作打好基础。三是重视填制盘点表，由盘点人员做好完整记录并签章。不同于一般的资产评估，破产程序中的评估，追求的结果不是历史成本、现行成本或公允价值，而是资产的可变现净值。可变现净值，是指在正常生产经营过程中，以预计售价减去进一步加工成本和销售所必需的预计税金、费用后的净值。在可变现净值计量下，资产按照其正常对外销售所能收到现金或者现金等价物的金额，扣减该资产至完工时估计将要产生的成本、估计的销售费用以及相关税费后的金额计量。

3. 关注企业信用的现状和转机

有些企业因内外因素的突变，虽然目前账面反映资不抵债，但其凭借一贯良好的信誉积累，仍然可以采取借新还旧、协议债务展期、债务重组、债转股等方式克服现存困难，使企业脱离破产标准界限。

4. 全面审查债务

审查债务包括真实性、正确性、合法性审查，还包括债务是否到期的审查与债务性质的审查。对债务是否到期主要审查到期的真实性，是否把延期债务列入到期计算等；对债务性质的审查主要审查有无财产担保，查明有财产担保债权的真实性、可靠性与正确性，审查债权人与债务人订立的合同、往来电报及信函等原始证据并与企业的会计记账凭证、账簿及报表等进行比对核查，同时还应向债权人函证债权债务的事实，查证担保财产真实性与完整性。

5. 审查破产可撤销行为和无效行为

根据《破产法》第二十一与第三十二条规定，审查鉴定日前一年内的交易中涉及债务人财产有无下列可撤销破产行为：（1）无偿转让财产的；（2）以明显不合理的价格进行交易的；（3）对没有财产担保的债务提供财产担保的；（4）对未到期的债务提前清偿的；（5）放弃债权的。重点鉴定关联交易，如鉴定为可以撤销，应当确认破产财产并对资产重分类。《破产法》第三十三条所规定的无效的破产行为包括：（1）为逃避债务而隐匿、转移财产的；（2）虚构债务或者承认不真实的债务的。审查重点是资产的真实性与完整性。

（二）破产标准的法务会计鉴定规范措施

1. 明确鉴定委托目的

从司法实践中看，按照普通的财务报表审计出具的审计结论用于破产案件的立案申请，因其在证据的相关性方面的缺陷或证明力限制不能给司法机关及债权人提供足够的法务会计事实的信息，所以应采用鉴定目的明确的法务会计鉴定，而法务会计鉴定结论的最终用途是用于司法裁判的证据。

破产案件立案后所进行破产标准司法鉴定，大多发生在债权人申请破产但又不能控制债务人账册及资产的情况，鉴定日就应确定在受理案件裁定日，鉴定人此时应与法院、债权人以及管理人充分协商，书面确定委托鉴定目的是破产标准的鉴定还是包括重整和解的鉴定，以便确定鉴定人的权利、义务及鉴定所用的方法。选择鉴定方法时，了解债务人企业的总体资产负债及偿债能力状况之后，初步判断重整与和解的可能性，并把初步判断结果同法院、债权人以及管理人进行沟通，达成共识后再决定是否放弃持续经营假设。

2. 重视《破产法》程序中特别问题的处理，保证鉴定结论的合法性

破产程序中的法务会计鉴定涉及企业职工、股东、债权、债务人及国家等多方面的利益平衡，应当结合《破产法》及其司法解释的规范内容处理好一些特别问题。

（1）破产企业职工住房的处理。根据《破产规定》第八十一条规定，破产企业的职工住房已房改给个人的，不属于破产财产。未进行房改的，可由清算组向有关部门申请办理房改事项并向职工出售。不具备房改条件，或者职工在房改中不购买住房的，由清算组根据实际情况处理。

（2）职工集资款的处理。根据《破产规定》第五十八条的规定：首先，应尊重事实，以公认的实际情况来判明集资款的性质；其次，如果产生争议，一般以企业对职工的承诺来区分。企业承诺到期还本付息的，一般是集资性质；承诺到期分红，共担风险的，一般属于投资性质；企业股份制改造中的职工持股，原则上属于职工投资行为。但如果是企业强迫职工入股的，法院确认该入股行为属于无效民事行为的，入股金可以参照《破产规定》优先受偿。

（3）实收资本不足的处理。根据《破产规定》第六十六条规定，债务人的开办人注册资金投入不足的，应当由该开办人予以弥补，补足部分属于破产财产。同时清算组对开办人不足的投资应当予以清收，必要时可以申请人民法院对开办人进行强制执行。

四、破产财产的变价和分配

（一）破产财产的变价

1. 破产财产处置的原则及管理人职权

破产财产要本着公开、公正、公平的原则进行处置。破产管理人必须恪尽职守，在破产企业的财产拍卖、清算、资产评估、分配等方面做到公开、公正、

公平。人民法院、债权人有权对管理人在破产程序中是否公开、公正、公平进行监督。各债权人根据法律规定有权对管理人进行质询，有权查阅有关材料，有权进行必要的调查。管理人如果有违反原则的徇私舞弊行为，人民法院可以随时撤换、解除不称职的管理人成员，以做到在破产程序进行的过程中始终保持公开、公正、公平。人民法院受理企业的破产申请后即指定管理人，由管理人对破产企业的财产进行管理，清理破产企业的资产，并作出分配方案。这项工作只能由管理人负责，其他任何机关、团体、企事业单位都无权干涉，企业破产管理人独立进行工作，并自觉接受人民法院、债权人委员会和债权人会议的监督。如果人民法院、债权人委员会和债权人会议发现管理人成员有违法现象，可以撤销其管理人成员资格，并追究其相应的经济责任和行政责任；如果构成犯罪的将交由司法机关处理。当然管理人在处理财产时应征得法院的同意方可进行。

2. 破产财产的估价

在破产程序进行中，其账面价值不能真正地体现财产价值，因此必须对破产企业的破产财产进行重新评估，以便在处理、分配破产财产时提供参考。对破产财产的评估，是一项严肃的工作，为了体现公平、公正和公开的原则，不能自己进行评估，而需要由国家认可的具有法定资格的评估机构和评估师进行。这样才能更好地保护国有资产不流失，保护债权人和破产人的利益均不受到侵害。处理破产财产前，管理人应委托具有相应评估资质的资产评估机构对破产财产进行评估。涉及房产和土地使用权价格评估的，应由房地产管理部门认可的具有土地或房产估价资质的机构进行评估。破产企业为全民所有制性质的，其资产的评估应依据有关国有资产评估的规定，由管理人向国有资产管理部门申请办理资产评估立项，经国有资产管理部门授予资格的资产评估机构进行评估，并经国有资产管理部门备案。资产评估，严禁高值低估或低值高估。债权人、管理人对资产评估结果、评估费用有异议的，可以在知道或应当知道资产评估结果、评估费用后在规定期限内申请法院进行审查。评估结果确属不当的，法院可以要求评估机构重新评估。破产财产市场价格明确，债权人无异议的，经法院同意可以不评估，但国有资产必须评估。

3. 破产财产的处置方法

破产财产的变现首先应当按照债权人会议决议的方式进行，债权人会议可以决议以拍卖的方式进行，也可以决议以折价的方式或者其他的方式进行。债权人会议如果没有特别决议，应当以拍卖的方式进行。实践中，破产财产的变现一般以拍卖方式进行。破产企业应以评估确认的价格为依据，按国家有关规定确定底价，以拍卖方式为主，依法转让。管理人负责委托拍卖行进行拍卖。拍卖活动应严格依照《中华人民共和国拍卖法》（以下简称《拍卖法》）的规定进行。法院可以指导管理人选择资信良好的拍卖行进行财产拍卖，对拍卖活动有监督权，但不得干预拍卖活动。依法不得拍卖、客观上拍卖不能或拍卖所得不足以支付拍卖费用的，不进行拍卖。只有一家参加竞拍的，终止拍卖。债权人对管理人在实物分配或者作价变卖中对破产财产的估价有异议的，可以请求人民法院进行审查。实践中变现破产财产可以采取以下几种方式：（1）拍卖。拍卖是变现破产财产的通常和主要方式。拍卖分为自愿拍卖和强制拍卖。破产财产的拍卖由破产管理人确定，性质上属于强制拍卖。破产管理人须委托有拍卖资格的拍卖机构进行拍卖，按照法定的拍卖程序通过公开竞价来变卖破产财产。（2）招标出售。破产管理人可以通过发出标书征询投标人购买破产财产，由出价最高的投标者买得破产财产。这种形式类似于拍卖，好处在于变现费用低，又比较经济、合理。（3）标价零售。这是一种比较简单的方法，实际上属于破产财产的零售。由买受人按标价购买或者按照与破产管理人协商的价格购买。

破产财产不适于拍卖方式转让的，可以在分配时进行实物分配或作价出让后将所得价款进行分配。采用实物分配的，应由管理人将实物合理作价后分配给债权人；作价出让的，管理人应对财产委托估价后，再行出让给买受人，所得价款纳入破产分配。采用实物分配处理破产财产的，也可以委托评估机构进行评估，确定价格。实物分配和作价出让不得损害债权人的利益。采取实物分配或作价出让的，管理人应就估价情况征求债权人会议的意见，并向法院汇报。债权人对管理人在实物分配或者作价变卖中对破产财产的估价有异议的，可以在知道或应当知道该估价后及时提出，请求法院进行审查。破产企业可以全部或者部分变价出售。企业变价出售时，可以将其中的无形资产和其他财产单独变价出售。但破产财产中的成套设备，一般应整体转让。破产财产属限制流通物的，应由国家指定的部门收购或按照国家有关法律规定处理。破产财产变价时，共有财产人、承租人、有限责任公司中的其他股东、其他合伙人在同等条件下应有优先购买权。破产企业与他人组成法人型或合伙型联营体的，破产企业作为出资投入的财产和应得收益应当收回；不能收回的可以转让，联营对方在同等条件下享有优先购买权。同等条件下的优先购买权不会损害债权人的利益。

（二）破产财产的分配

1.破产财产分配的方式

管理人分配破产企业财产，应以财产变现、金钱分配为原则。破产财产无法变现的，也可以采用实物分配方式。

（1）金钱分配方式。这是基本的分配方式，是应当优先考虑和首选的，它要求在绝大多数破产企业进入破产程序后，管理人尽可能地采用金钱方式分配破产财产，要采取评估拍卖等多种形式变现资产并将其分配给债权人。应该说这种方式是最好的，能够解除债权人的其他负担，保护债权人的合法权益，体现公平、公正的原则。

（2）实物分配方式。实物分配方式是指在不能采用金钱分配方式时，对于不便于变现的大量积压的库存产品，但可以化整为零分散处理的产品，采用对产品进行评估后将实物分配给债权人。采取这种方法一般在不能采用金钱分配方式时，又不能采用拍卖等手段来进行变现时采用。

（3）债权分配方式。列入破产财产的债权，可以进行债权分配。债权分配以便于债权人实现债权为原则。将法院已经确认的债权分配给债权人的，由管理人向债权人出具债权分配书，债权人可以凭债权分配书要求破产企业的债务人履行。债务人拒不履行的，债权人可以申请法院强制执行。未经法院确认的债权分配时，法院应以裁定方式确认，并向债权人和破产企业的债务人送达裁定书。债权人可以凭裁定书向破产企业债务人所在地法院申请执行。

债权分配方式适合的情况是破产企业的破产财产主要体现形式是对外债权，管理人采用债权分配方式将债权分配给债权人，这样做既可以节省清算费用的支出，提高办案效率，同时也确保了破产程序的按时完成。但是，这不能意味着清算人员就简单地采取此方法，而是要在破产程序进行中并在时间和人员充裕的情况下，尽可能积极、主动地清理债权，防止给债权人造成更大损失。同时即使是采取此种办法也不能盲目地分配债权，将已失效的债权或虚假的债权分配给债权人。

2.破产财产分配方案的内容

破产财产分配方案，是用于记载破产财产如何分配给债权人的书面文件，构成破产管理人执行破产分配的依据。破产财产分配方案一般由破产管理人拟定。管理人清理破产财产后，应写出清理破产财产的情况报告（包括破产原因分析），并根据清算结果制作破产财产明细表、资产负债表、破产企业资产统计表，并及时提出破产财产清偿分配方案，附有关分配方案说明，提交债权人会议审议。债权人会议通过破产财产分配方案后，由管理人将该方案提请人民法院裁定认可。法院应对管理人提出的破产财产分配方案的真实性、准确性、合法性进行审查。破产财产分配方案准确性有问题的，法院可直接调整或责令管理人调整。破产财产分配方案不真实、违反法律规定或损害债权人利益的，法院应责令管理人重新制定。管理人提交的破产财产分配方案经审查数据准确，分配顺序合法的，法院应及时裁定，认可管理人提出的破产财产分配方案。破产财产分配方案一般包括以下内容：

（1）参加破产财产分配的债权人名称或者姓名、住所。

（2）可受破产分配的债权总额。破产财产分配方案对不同顺位的债权，应当分别说明。可供破产分配的财产是指破产财产总额中扣除破产费用后的财产金额，包括已变现的财产的现金数额和拟以实物分配的未变现财产的价值。

（3）可供破产分配的财产总额。不能用于破产分配的财产，不应计入破产财产分配方案。例如，用于支付破产费用的破产财产数额，构成破产财产但实际已不能收回的部分等。可供分配的财产总额，如有已变现的财产、尚未变现的财产和不需变现的财产，则需在备制破产财产分配方案时，予以分别说明。方案对将来能够追回的财产拟进行追加分配的应加以说明。

（4）破产财产分配的顺序、比例及数额。方案应当详细记载各项债权的权利人的请求权数额以及应受分配的比例和数额。

（5）实施破产财产分配的方法，一般应当详细说明破产分配的方式、时间和地点。

管理人可以编制破产财产清偿分配表。破产分配通常应当一次分配。

必要时，也可采用二次分配或多次分配。管理人按照破产财产分配方案实施多次分配的，应当公告本次分配的财产额和债权额。管理人实施最后分配的，应当在公告中指明。

3. 破产分配方案的执行

破产财产分配方案，由破产管理人执行。一般而言，法院裁定破产财产分配方案后，破产管理人应当立即通知请求权人受领分配的时间、地点以及受领分配的手续，并发布分配公告。应受分配请求权人未依破产管理人的通知或者公告受领分配时，破产管理人可以通过提存实施分配，因提存所发生的费用，由逾期受领的请求权人负担。请求权人领取破产分配的财产时，应当出具请求权人身份证明材料。破产管理人执行破产财产分配方案，受分配人由此取得受偿请求权的确定效果，破产管理人如拒绝依破产财产分配方案满足个别请求权人的清偿要求，该请求权人可以提请法院依破产财产分配方案强制执行。

　　破产财产分配方案经债权人会议讨论通过、法院裁定认可或法院审查裁定后，管理人应立即交付执行，通知债权人领取财产的时间、地点、方式等，并限期领取财产。债权人领取财产的，应出具债权人身份证明材料，注明债权人具体地址、开户银行及账号等。管理人对债权人领取财产的，应逐一进行登记，填写破产企业财产清偿分配登记表，办理手续，划转价金；有关交付财产的凭据、收据等均应装订入卷，待分配工作结束后，向法院移交。债权人未在限期内领取财产的，可由管理人将财产送交法院提存或者变卖后提存价款，并由管理人向债权人发出催领通知书。债权人在收到催领通知书后 1 个月内或管理人发出通知书后两个月内仍不领取财产的，该部分财产由法院裁定，按原清偿分配顺序，追加分配给其他债权人。

第六章　合同法律制度

第一节　合同法律制度概述

一、合同的基本理论

（一）合同的概念

合同又称契约、协议，是平等的当事人之间设立、变更、终止民事权利义务关系的协议。合同作为一种民事法律行为，是当事人协商一致的产物，是两个以上的意思表示相一致的协议。只有当事人所做出的意思表示合法，合同才具有法律约束力。依法成立的合同从成立之日起生效，具有法律约束力。

《中华人民共和国合同法》（以下简称《合同法》）第二条第一款规定，合同是平等主体的自然人、法人、其他组织之间设立、变更、终止民事权利义务关系的协议。

（二）合同的特征

合同是社会财产私有的产物。随着社会分工和交换而不断发展，到了市场经济的今天，它已经成为商品经济流转的重要纽带，是社会维系正常商品交换关系的基本经济手段。

合同具有如下主要特征。

（1）合同是一种民事法律行为。民事法律行为是指民事主体设立、变更、终止民事权利和民事义务关系的行为，它以意思表示为核心要素。当事人之间达成的协议，是依据法律规定成立的。合同作为当事人的一种行为，就其本质说是一种合法的行为，因此，是一种民事法律行为。只有在合同当事人所做出的意思表示是合法的、符合法律要求的情况下，合同才具有法律约束力，并受到国家法律的保护。

如果当事人的行为或根据其行为所建立的权利义务关系违反了法律规定，

虽然达成协议，建立一种关系，但由于其行为和内容的违法性，法律上并不承认这样的当事人行为。另外，在日常生活中的好意施惠行为也不是一种合同行为，当事人通过协商建立的一种普通社会关系，因其不具有法律规定的权利与义务的内容，而不视为合同，如请客吃饭、提醒下车等行为。

（2）合同是平等主体在自愿的基础上达成的协议。合同关系最典型的特征就是平等关系，合同发生在平等的公民、法人或其他组织之间，订立合同的前提是当事人地位一律平等，自愿协商，这也是合同关系的灵魂。任何一方当事人不得凭借行政权力、经济实力等将自己的意志强加给另一方当事人，任何第三人也不得将自己的意志强加给合同当事人。

（3）合同是产生、变更和终止平等主体之间权利义务关系的协议。合同作为平等主体之间的协议的种类之一，有其自身的特征。合同是以发生某种具体的法律关系为目的，能够产生一定的法律后果，以实现当事人的特定经济目的。平等民事主体订立合同，是为了追求特定的目的，即在当事人之间引起民事权利和民事义务关系的产生、变更或终止。

（三）合同的分类

1. 有名合同和无名合同

以法律、法规是否对其名称做出明确规定为标准，分为有名合同和无名合同。有名合同，又称典型合同，是指法律上或者经济生活习惯上按其类型已确定了一定名称的合同。如我国《中华人民共和国合同法》分则所规定的十五类合同，包括买卖合同、赠与合同、承揽合同、租赁合同等。无名合同，又称非典型合同是指有名合同以外的、尚未统一确定一定名称的合同。

无名合同如经法律确认或在形成统一的交易习惯后，可以转化为有名合同。

2. 诺成合同与实践合同

以除双方意思表示一致外，是否需交付标的物才能成立为标准，分为诺成合同与实践合同。诺成合同是指当事人意思表示一致即可认定合同成立的合同，如买卖合同。实践合同是指在当事人意思表示一致以外，尚须有实际交付标的物或者有其他现实给付行为才能成立的合同。确认某种合同属于实践合同必须法律有规定或者当事人之间有约定。常见的实践合同有保管合同、自然人之间的借贷合同、定金合同等。但赠与合同、质押合同不再是实践合同。

3. 要式合同和不要式合同

以法律、法规是否要求具备特定形式和手续为标准，分为要式合同和不要式合同。要式合同是按照法律规定或者当事人约定必须采用特定形式订立方能成立的合同。不要式合同是对合同成立的形式没有特别要求的合同。确认某种合同属于要式合同必须法律有规定或者当事人之间有约定。

4. 双务合同和单务合同

以双方是否互负给付义务为标准，分为双务合同和单务合同。双务合同是指当事人双方互相承担对待给付义务的合同。在双务合同中，当事人双方均承担合同义务，并且双方的义务具有对应关系，一方的义务就是对方的权利，反之亦然。从另一个角度说，双务合同也就是当事人双方互享债权的合同。双务合同是合同的主要形态，合同法所规定的多数合同均为双务合同。如买卖、租赁、承揽等合同。单务合同是指只有一方当事人承担给付义务的合同。在单务合同中，当事人双方不存在对待给付关系，一方仅承担义务而不享有权利，另一方则相反。

5. 有偿合同与无偿合同

以当事人权利的获得是否支付代价为标准，分为有偿合同与无偿合同。有偿合同是指当事人一方享有合同规定的权益，须向对方当事人偿付相应代价的合同，如买卖、租赁等合同。无偿合同是指当事人一方享有合同规定的权益，不必向对方当事人偿付相应代价的合同，无偿合同不是典型的交易形式，实践中主要有赠与合同、无偿借用合同、无偿保管合同等。

6. 主合同与从合同

以合同相互间的主从关系为标准，分为主合同与从合同。主合同是无须以其他合同存在为前提即可独立存在的合同。这种合同具有独立性。从合同，又称附属合同，是以其他合同的存在为其存在前提的合同。保证合同、定金合同、质押合同等相对于提供担保的借款合同即为从合同。从合同的存在是以主合同的存在为前提的，故主合同的成立与效力直接影响到从合同的成立与效力。但是从合同的成立与效力不影响主合同的成立与效力。

二、合同的订立

（一）合同订立的含义及其形式

合同的订立又称缔约，是当事人为设立、变更、终止财产权利义务关系而进行协商、达成协议的过程。《合同法》第二条规定："合同是平等主体的自然人、法人、其他组织之间设立、变更、终止民事权利义务关系的协议。"既然合同为一种协议，就须当事人各方的意思表示一致即合意才能成立。当事人为达成协议，相互为意思表示进行协商到达成合意的过程也就是合同的订立过程。合同当事人可以是自然人，也可以是法人或者其他组织，但都应当具有与订立合同相应的民事权利能力和民事行为能力。当事人也可以依法委托代理人订立合同。

《合同法》规定，当事人订立合同有书面形式、口头形式和其他形式。法律、行政法规规定采用书面形式的，应当采用书面形式。当事人约定采用书面形式的，应当采用书面形式。

（1）口头形式。

口头形式是指当事人双方通过言语表达其内心意思而达成协议。口头形式直接、简便、迅速，但发生纠纷时难以取证，不易分清责任，所以大多用于即时清结的小额交易行为，而金额较大的、非即时清结的合同，则不宜采用口头形式。

（2）书面形式。

书面形式是指合同书、信件和数据电文（包括电报、电传、传真、电子数据交换和电子邮件）等可以有形地表现所载内容的形式。书面形式的最大优点是合同有据可查，发生纠纷时容易举证，便于分清责任。因此，对于关系复杂的合同、重要的合同，最好采取书面形式。

（3）推定形式。

除了书面形式和口头形式，合同还可以根据当事人的行为或者特定情形推定合同的成立。推定形式是，当事人未用语言、文字表达其意思表示，仅用行为向对方发出要约，对方接受该要约，做出一定或指定的行为作为承诺的，合同成立。如商店安装自动售货机，顾客将规定的货币投入机器内，买卖合同即成立。

（二）合同的主要条款

合同条款是当事人合意的产物，合同内容的表现形式，是确定合同当事人权利义务的根据。根据合同的类型和性质，不同种类的合同的主要条款有所区别。合同的主要条款，有时由法律直接规定的。如《合同法》要求借款合同应有币种的条款（第一百九十七条第二款），该条款即为合同的主要条款。合同的主要条款也可以由当事人约定产生。如买卖合同中关于交货地点的条款，如一方提出必须就该条款达成协议，它就是主要条款；若双方均未提出必须在某地交货，则该条款不是主要条款。

为了示范较完备的合同条款，《合同法》第十二条规定了如下条款，提示合同当事人，一般应当包括以下条款。

（1）当事人的名称或者姓名与住所。

当事人是合同权利义务的承受者，没有当事人，合同权利义务就失去存在的意义，给付和受领给付便无从谈起，因此，这是每个合同必备的条款。当事人由其名称或者姓名及住所加以特定化、固定化，所以，订立合同时必须写清当事人的名称或者姓名和住所。

（2）标的。

标的是合同权利义务执行的对象。合同不规定标的，就会失去目的，失去意义。可见，标的是一切合同的主要条款。合同标的表现形式多样，具体包含物、行为、智力产品和货币等。

（3）质量与数量。

标的（物）的质量和数量是确定合同标的（物）的具体条件，是这一标的（物）区别于同类另一标的（物）的具体特征。标的（物）的质量需订得详细具体，如标的（物）的技术指标、质量要求、规格、型号等要明确。标的（物）的数量要确切。首先应选择双方共同接受的计量单位；其次要确定双方认可的计量方法；再次应允许规定合理的磅差或尾差。标的物的数量为主要条款；标的物的质量若能通过有关规则及方式推定出来，则合同欠缺这样的条款也不影响成立（《合同法解释（二）》第一条）。

（4）价款或报酬。

价款是取得标的物所应支付的代价，酬金是获得服务所应支付的代价。价款，一般指标的物本身的价款，但因商业上的大宗买卖一般是异地交货，便产生了运费、保险费、装卸费、保管费、报关费等一系列额外费用。它们由哪一方支付，需在价款条款中写明。报酬，一般指对提供劳务或者工作成果的当事人支付的货币，作为主要条款，在合同中应当明确规定其数额、计算标准、结算方式和程序。

（5）履行的期限、地点、方式。

履行期限直接关系到合同义务完成的时间，涉及当事人的期限利益，也是确定违约与否的因素之一，十分重要。履行期限可以规定为及时履行，也可以规定为定时履行，还可以规定为在一定期限内履行。如果是分期履行，尚应写明每期的准确时间。

履行地点是确定验收地点的依据，是确定运输费用由谁负担、风险由谁承受的依据，有时是确定标的物所有权是否转移、何时转移的依据，还是确定诉讼管辖的依据之一，对于涉外合同纠纷，它是确定法律适用的一项依据，十分重要。

履行方式，如是一次交付还是分期分批交付，是交付实物还是交付标的物的所有权凭证，是铁路运输还是空运、水运等，同样事关人的物质利益，合同应写明，但对于大多数合同来说，它不是主要条款。

履行的期限、地点、方式若能通过有关方式推定，则合同即使欠缺它们也不影响成立。

（6）解决争议的方法。

解决争议的方法是指有关解决争议运用什么程序、适用何种法律、选择哪家检验或者鉴定的机构等内容。当事人双方在合同中约定的仲裁条款、选择诉讼法院的条款、选择检验或者鉴定机构的条款、涉外合同中的法律适用条款、协商解决争议的条款等，均属解决争议的方法的条款。

（三）合同订立的程序

合同的订立程序是指当事人之间对合同内容进行相互协商，取得一致意见的过程。合同成立必须经过的两个阶段：要约和承诺阶段。

1. 要约

（1）要约的概念。

要约又称发盘、出盘、发价、出价、报价，要约是希望和他人订立合同的意思表示。

从一般意义上说，要约是一种订约行为，发出要约的人称为要约人，接受要约的人称为受要约人或相对人。

（2）要约应具备的条件。

①内容具体确定。

②必须是特定人所为的意思表示。

③要约必须向相对人发出。

④表明经受要约人承诺，要约人即受该意思表示约束。

我国《合同法》第十四条规定："要约是希望和他人订立合同的意思表示，该意思表示应当符合下列规定：（一）内容具体确定；（二）表明经受要约人承诺，要约人即受该意思表示约束。"该条规定揭示了要约的性质及其构成要件。

（3）要约邀请。

要约邀请也称要约引诱，是指希望他人向自己发出要约的意思表示。依此定义，要约邀请具有以下特点：

①要约邀请是一种意思表示，故应具备意思表示的一般成立要件。

②要约邀请的目的在于诱使他人向自己发出要约，而非与他人订立合同，故只是订立合同的预备行为，而非订约行为。

③要约邀请只是引诱他人发出要约，既不能因相对人的承诺而成立合同，也不能因自己做出某种承诺而约束要约人，行为人撤回其要约邀请，只要没有给善意相对人造成信赖利益的损失，不承担法律责任。

根据《合同法》第十五条，下列行为属要约邀请：寄送的价目表、拍卖公告、招标公告、招股说明书、商业广告等。但如果广告内容符合要约规定，应视为要约，如注明为要约或写明相对人只要做出规定的行为就可以使合同成立者。

（4）要约的效力。

关于要约的效力，世界各国通行采纳"到达主义"，我国《合同法》第十六条第一款规定："要约到达受要约人时生效。"可见，我国也采取了该立场。依到达主义，要约于到达受要约人时生效。

①到达受要约人与到达代理人（包括无行为能力人、限制行为能力人的法定代理人）。②"到手到达"与"非到手到达"（送达受要约人所能实际控制之处所，如信箱）。

数据电文要约的到达，《合同法》第十六条第二款规定："采用数据电文形式订立合同，收件人指定特定系统接收数据电文的，该数据电文进入该特定系统的时间，视为到达时间；未指定特定系统的，该数据电文进入收件人的任何系统的首次时间，视为到达时间。"

要约的效力期间由要约人确定。如未预先确定，则应区分以下两种情况。

第一，口头要约，如受要约人未立即作出承诺，即失去效力。

第二，书面要约，如要约中未规定有效期间，应确定一个合理期间作为要约存续期限，该期限的确定应考虑的因素有要约到达所需时间、作出承诺所需时间和承诺到达要约人所需时间。

要约的效力表现在如下两个方面。

一方面，对要约人的形式拘束力。这是指要约一经生效，要约人即应受到要约的约束，不得撤回、撤销或对要约加以限制、变更和扩张，学理上也称其为要约的不可撤销性。但要约人预先申明不受要约约束或依交易习惯可认为其有此意旨时，不在此限。

另一方面，受要约人的承诺权。要约生效以后，受要约人享有对要约承诺的权利，受要约人既可以作出承诺，也可以不做出承诺。要约一旦经过受要约人承诺，合同即为成立，要约人须接受承诺生效时合同成立的法律后果，受要约人的承诺权是要约固有的法律效力。

（5）要约的撤回和撤销。

要约的撤回是指要约人在发出要约后，于要约到达受要约人之前取消其要约的行为。

《合同法》第十七条规定："要约可以撤回。撤回要约的通知应当在要约到达受要约人之前或者同时到达受要约人。在此情形下，被撤回的要约实际上是尚未生效的要约。"倘若撤回的通知于要约到达后到达，而按其通知方式依通常情形应先于要约到达或同时到达，其效力如何？我国合同法未作规定。依诚实信用原则，在此情况下，相对人应当向要约人发出迟到的通知，相对人怠于为通知且其情形为要约人可得而知者，其要约撤回的通知视为未迟到。

要约的撤销是指在要约发生法律效力后，要约人取消要约从而使要约归于消灭的行为。

要约的撤销不同于要约的撤回（前者发生于生效后，后者发生于生效前）。《合同法》第十八条规定："要约可以撤销。撤销要约的通知应当在受要约人发出承诺通知之前到达受要约人。"第十九条规定："有下列情形之一的，要约不得撤销：（一）要约人确定了承诺期限或者以其他方式明示要约不可撤销；（二）受要约人有理由认为要约是不可撤销的，并且已经为履行合同做了准备工作。"

二者的区别仅在于时间的不同，在法律效力上是等同的。要约的撤回是在要约生效之前为之，即撤回要约的通知应当在要约到达受约人之前或者与要约同时到达受要约人；而要约的撤销是在要约生效之后承诺作用之前而为之，即撤销要约的通知应当在受要约人发出承诺通知之前到达受要约人。

（6）要约的失效。

要约的失效，即要约丧失法律拘束力。《合同法》第二十条规定："有下列情形之一的，要约失效：（一）拒绝要约的通知到达要约人；（二）要约人依法撤销要约；（三）承诺期限届满，受要约人未作出承诺；（四）受要约人对要约的内容进行实质性变更。"

2. 承诺

（1）承诺的概念和要件。

承诺是受要约人同意要约的意思表示。承诺应当具备的要件如下。

①承诺必须由受要约人向要约人作出。

由于要约原则上是向特定人发出的，因此只有接受要约的特定人即受要约人才有权作出承诺，第三人因不是受要约人，当然无资格向要约人作出承诺，否则视为发出要约。承诺之所以必须由受要约人作出，是因为受要约人是要约人选择的，要约人选定受要约人意味着要约人只是想与受要约人订立合同，而并不愿意与其他人订约，因此只有受要约人才有资格作出承诺。当然，在某些意外情况下，基于法律规定和要约人发出的要约规定，任何第三人可以对要约人作出承诺，则要约人应当受到承诺的约束。承诺必须向要约人作出。既然承诺是对要约人发出的要约所作的答复，因此只有向要约人作出承诺，才能导致合同成立。如果向要约人以外的其他人作出承诺，则只能视为对他人发出要约，不能产生承诺效力。

②承诺的内容必须与要约的内容一致。

《合同法》第三十条规定："承诺的内容应当与要约的内容一致。受要约人对要约的内容作出实质性变更的，为新要约。有关合同标的、数量、质量、价款或者报酬、履行期限、履行地点和方式、违约责任和解决争议方法等的变更，是对要约内容的实质性变更。"可见，承诺的内容必须与要约内容一致。所谓内容一致，具体表现在承诺是无条件的同意，不得限制、扩张或者变更要约的内容，否则不构成承诺，而应视为对要约的拒绝并做出一项新要约（或称反要约），并不是说承诺的内容对要约的内容不得作丝毫的更改，即允许承诺对要约的内容作非实质性变更。所谓实质性内容实际上是指未来合同的重要条款，换句话说，这些条款是未来的合同应当具备的，如果缺少这些条款则未来的合同便不能成立或者存在着重大缺陷。按照《合同法》第三十条的规定，有关合同的标的、数量、质量、价款或者报酬、履行期限、履行地点和方式、违约责任和解决争议的方法等条款属于实质性内容。如果承诺对要约中包含的上述条款作出了改变，就意味着更改了要约的实质性内容。这样的承诺将不产生使合同成立的效果，只能作为一种反要约而存在。

《合同法》第三十一条又规定："承诺对要约的内容作出非实质性变更的，除要约人及时表示反对或者要约表明承诺不得对要约的内容作出任何变更的以外，该承诺有效，合同的内容以承诺的内容为准。"也就是说，即使是非实质性内容的变更在以下两种情况下承诺也不能生效：第一，要约人及时表示反对，即要约人在受到承诺通知后，立即表示不同意受要约人对非实质性内容所作的变更。如果经过一段时间后仍不表示反对，则承诺已生效。第二，要约人在要约中明确表示，承诺不得对要约的内容作出任何变更，否则无效，则受要约人作出非实质性变更也不能使承诺生效。

③承诺必须在有效期限内作出。

承诺只有到达于要约人时才能生效，而到达也必须具有一定的期限限制。我国《合同法》第二十三条规定："承诺应当在要约确定的期限内到达要约人。"只有在规定的期限内到达的承诺才是有效的。承诺的期限通常都是在要约人发出的要约中规定的，如果要约规定了承诺期限，则应当在规定的承诺期限内到达；在没有规定期限时，根据《合同法》第二十三条的规定，如果要约是以对话方式作出的，承诺人应当即时作出承诺；如果要约是以非对话方式作出的，应当在合理的期限内作出并到达要约人。合理的期限的长短应当根据具体情况来确定，一般应当包括，根据一般的交易惯例，受要约人在收到要约以后需要考虑和作出决定的时间，以及发出承诺并到达要约人的时间。未能在合理期限内作出承诺并到达要约人，不能成为有效承诺。如果要约已经失效，承诺人也不能作出承诺。对失效的要约作出承诺，视为向要约人发出要约，不能产生承诺效力。如果承诺超过了规定的期限作出承诺，则视为承诺迟到，或称为逾期承诺。一般而言，逾期的承诺在民法上被视为一项新的要约，而不是承诺。

（2）承诺的效力。

承诺的效力表现为承诺生效时合同成立。关于承诺的生效时间，我国《合同法》采用达到注意。《合同法》第二十六条规定："承诺通知到达要约人时生效。承诺不需要通知的，根据交易习惯或者要约的要求作出承诺的行为时生效。"采用数据电文形式订立合同的，承诺到达的时间适用《合同法》第十六条第二款的规定："采用数据电文形式订立合同，收件人指定特定系统接收数据电文的，该数据电文进入该特定系统的时间，视为到达时间；未指定特定系统的，该数据电文进入收件人的任何系统的首次时间，视为到达时间。"

（3）承诺的撤回和延迟。

承诺的撤回是指受要约人在其作出的承诺生效之前将其撤回的行为。《合同法》第二十七条规定："承诺可以撤回。撤回承诺的通知应当在承诺通知到达要约人之前或者与承诺通知同时到达要约人。"承诺迟延又称迟到的承诺，是指受要约人未在承诺期限内发出的承诺。我国《合同法》第二十八规定："受要约人超过承诺期限发出承诺的，除要约人及时通知受要约人该承诺有效的以外，为新要约。"但是，承诺因意外原因而迟延者，并非一概无效。《合同法》第二十九条规定："受要约人在承诺期限内发出承诺，按照通常情形能够及时到达要约人，但因其他原因因承诺到达要约人时超过承诺期限的，除要约人及时通知受要约人因承诺超过期限不接受该承诺的以外，该承诺有效。"

（四）合同成立的时间和地点

1. 合同成立时间

（1）一般规定。

《合同法》第二十五条规定："承诺生效时合同成立。"

（2）合同书形式的合同成立时间。

《合同法》第三十二条规定："当事人采用合同书形式订立合同的，自双方当事人签字或盖章时合同成立。"当事人采用合同书形式订立合同，但并未签字盖章，意味着当事人的意思表示未能最后达成一致，因而一般不能认为合同成立。双方当事人签字或者盖章不在同一时间的，最后签字或者盖章时合同成立。

（3）确认书形式的合同成立时间。

《合同法》第三十三条规定："当事人采用信件、数据电文形式订立合同的，可以在合同成立之前要求签订确认书。签订确认书时合同成立。"在此情况下，确认书具有最终承诺的意义。

（4）合同的实际成立。

《合同法》第三十六条规定："法律、行政法规规定或者当事人约定采用书面形式订立合同，当事人未采用书面形式但一方已经履行主要义务，对方接受的，该合同成立。"因此，实际履行合同义务的行为中可以推知当事人之间已经形成了合同关系，当事人一方不得以未采取书面形式或未签字盖章为由，否认有效的民事合同关系。

2. 合同的成立地点

（1）一般规定。

《合同法》第三十四条规定："承诺生效的地点为合同成立的地点，采用数据电文形式订立合同的，收件人的主营业地为合同成立的地点；没有主营业地的，其经常居住地为合同成立的地点，当事人另有约定的，按照其约定。"

（2）书面合同的成立地点。

《合同法》第三十五条规定："当事人采用合同书形式订立合同的，双方当事人签字或者盖章的地点为合同成立的地点。"

三、合同的效力

（一）合同效力

1. 合同效力的概念

合同效力，指依法成立受法律保护的合同，对合同当事人产生的必须履行其合同的义务，不得擅自变更或解除合同的法律拘束力。具体表现在两种情况。

第一，依法成立的合同，对当事人具有法律约束力。当事人应当按照约定履行自己的义务，不得擅自变更或者解除合同。

第二，依法成立的合同，自成立时生效。合同的效力体现为双主事人订立合同的效果意思产生的法律效力，每一个合同的效力都是特定的，各个合同之间的效力都是不相同的。

2. 有效合同

有效合同是指依照法律的规定成立并在当事人之间产生法律约束力的合同。合同生效必须具备三个条件。

一是当事人具有相应的民事行为能力：民事行为能力包括合同行为能力和相应的缔约行为能力，这是当事人了解和把握合同的发展状况及法律效果的基本条件。对于自然人而言，原则上须有完全行为能力，限制行为能力人可以独立签订纯获利益的合同或者与其年龄、智力、精神健康状况相适应的合同。对于非自然人而言，必须是依法定程序成立后才具有合同行为能力，同时还要具有相应的缔约能力，即必须在法律、行政法规及有关部门授予的权限范围内签订合同。

二是当事人意思表示真实：当事人的行为应当真实地反映其内心的想法。

三是不违反法律或社会公共利益：当事人签订的合同从目的到内容都不能违反我国现行的法律、行政法规中的强制性规定，不能违背社会公德、扰乱社会公共秩序、损害社会公共利益。

（二）无效合同

无效合同是相对有效合同而言的，指不具有法律约束力和不发生履行效力的合同。无效合同自始没有法律约力，国家不予承认和保护。

根据《民法通则》《合同法》等有关法律、法规的规定，有下列情形之一的，合同无效：①一方以欺诈、胁迫的手段订立合同，损害国家利益。②恶意串通，损害国家、集体或者第三人利益。③以合法形式掩盖非法目的。④损害社会公共利益。⑤违反法律、行政法规的强制性规定。⑥无行为能力人订立的合同。

另外，当事人超越经营范围订立合同，人民法院不因此认定合同无效。但违反国家限制经营、特许经营以及法律、行政法规禁止经营规定的除外。

（三）效力待定的合同

效力待定的合同是指合同虽然已经成立，但因其不完全符合法律有关生效要件的规定，因此其发生效力与否尚未确定，一般须经有权人表示承认或追认才能生效。主要包括以下三种情况。

①限制行为能力人单独订立的与其年龄、智力、精神健康状况相适应的合同。

《合同法》第四十七条规定："限制民事行为能力人订立的合同，经法定代理人追认后，该合同有效，但纯获利益的合同或者与其年龄、智力、精神健康状况相适应而订立的合同，不必经法定代理人追认。相对人可以催告法定代理人在一个月内予以追认。法定代理人未作表示的，视为拒绝追认。合同被追认之前，善意相对人有撤销的权利。撤销应当以通知的方式作出。"

②无权代理人以本人名义订立的合同。

《合同法》第四十八条规定："行为人没有代理权、超越代理权或者代理权终止后以被代理人名义订立的合同，未经被代理人追认，对被代理人不发生效力，由行为人承担责任。相对人可以催告被代理人在一个月内予以追认。被代理人未作表示的，视为拒绝追认。合同被追认之前，善意相对人有撤销的权利。撤销应当以通知的方式作出。"

③无处分权人处分他人财产权利而订立的合同。

《合同法》第五十一条规定："无处分权的人处分他人财产，经权利人追认或者无处分权的人订立合同后取得处分权的，该合同有效。"

从上述规定看出，造成合同效力待定的主要原因就在于主体及客体方面存在着问题。

一是合同的主体不合格，其中分为限制民事行为能力人依法不能独立订立的合同。

因无效合同取得的财产，应当予以返还；不能返还或者没有必要返还的，应当折价补偿。有过错的一方应当赔偿对方因此所受到的损失；双方都有过错的，应当各自承担相应的责任。当事人恶意串通订立合同，损害国家、集体或者第三人利益的，因此取得的财产收归国家、集体所有或者返还第三人。

此外，对于免责条款的适用效力问题，免责条款是指合同中的双方当事人在合同中约定的，为免除或限制一方或双方当事人未来责任的条款，《合同法》第五十三条规定："合同中的下列免责条款无效：（一）造成对方人身伤害的；（二）因故意或者重大过失造成对方财产损失的。"一般而言，在当事人自愿的基础上协商确定的免责条款，只要不违反公共利益，法律对其效力给予承认；但是对严重违反诚实信用原则和社会公共利益的免责条款，法律予以禁止。

二是因无权代理而订立的合同包括：①根本无权代理；②超越代理权限范围进行的代理；③代理权消灭后的代理。

以上三种情形只有当法定代理人追认、本人追认或者有处分权人追认后方才生效，否则就不会发生法律效力。

从上面的论述中可以看出，此类合同的根本特点就在于合同有效与否取决于权利人的承认或追认与否，这就是效力待定合同与其他效力类型合同相区别的主要标志。

（四）可撤销合同

可撤销合同是指当事人在订立合同的过程中，由于意思表示不真实，或者出于重大误解从而作出错误的意思表示，依照法律的规定可予以撤销的合同。

1. 可撤销合同的主要原因

（1）缔约当事人意思表示不真实。

这其中包括重大误解、显失公平、欺诈、胁迫或乘人之危等情形。《合同法》第五十四条对此作出了比较详细的规定。

（2）合同撤销必须由享有撤销权的一方当事人提出，人民法院或仲裁机构一般是不能依职权主动来予以撤销的。《合同法》第五十四条第三款规定："当事人请求变更的，人民法院或仲裁机构不得撤销。"由此可见，撤销权是享有撤销权的当事人一方的一项权利，该当事人既可以依法主张，当然也可以依法予以放弃，这也充分地体现了当事人的意愿。

（3）合同在撤销前应为有效。

与合同解除不同，《合同法》第九十六条规定："当事人一方依照本法第九十三条第二款、第九十四条的规定主张解除合同的，应当通知对方。合同自通知到达对方时解除。对方有异议的，可以请求人民法院或者仲裁机构确认解除合同的效力。法律、行政法规规定解除合同应当办理批准、登记等手续的，依照其规定。"也就是说合同解除的意思表示只要到达了对方即告解除。合同的撤销在法院或仲裁机构依法作出认定后才能发生法律效力，只有享有撤销请求权的当事人主张或行使这一权利时，人民法院或仲裁机构才可对此请求作出判断、认定和处理。

2. 可撤销合同的类型

《合同法》规定了三种可撤销的合同。

（1）因重大误解订立的合同。

"重大误解"是指行为人因对行为的性质、对方当事人、标的物的品种、质量、规格和数量等的错误认识，使行为的后果与自己的意思相悖，并造成较大损失的情形。重大误解直接影响到当事人所应享有的权利和承担的义务，所以经一方当事人请求，可以变更或撤销。

（2）显失公平的合同。

"显失公平"是指一方当事人利用优势或者利用对方没有经验，致使双方的权利与义务明显违反公平、等价有偿原则的情形。法律规定显失公平的合同应予撤销，不仅是公平原则的体现，而且切实保障了公平原则的实现。

（3）一方以欺诈、胁迫的手段或者乘人之危，使对方在违背真实意思的情况下订立的合同。

"欺诈"是指一方当事人故意告知对方虚假情况，或者故意隐瞒真实情况，诱使对方当事人作出错误意思表示的情形。"胁迫"是指以非法的损害威胁他人，使其产生恐惧的心理并作出意思表示行为的情形。"乘人之危"是指一方当事人乘对方处于危难之机，为牟取不正当利益，迫使对方作出不真实的意思表示，严重损害对方利益的情形。

因重大误解订立的合同和因显失公平订立的合同的当事人任何一方，均有权请求变更或者撤销合同，且主要是误解方或受害方行使请求权；一方以欺诈、胁迫的手段或者乘人之危，使对方在违背真实意思的情况下订立的合同的受害方，有权请求人民法院或者仲裁机构变更或者撤销该合同。当事人请求变更的，人民法院或仲裁机构不得撤销。

由于撤销权的行使具有溯及力，被撤销的合同与无效合同一样，自始没有法律约束力。合同被撤销的，不影响合同中独立存在的有关解决争议方法的条款的效力。对因该合同取得的财产，应当予以返还。有过错的一方应当赔偿对方因此所受到的损失。双方都有过错的，应当各自承担相应的责任。

撤销权的行使受除斥期间的限制。《合同法》规定，有下列情形之一的，撤销权消灭：①具有撤销权的当事人自知道或者应当知道撤销事由之日起1年内没有行使撤销权；②具有撤销权的当事人知道撤销事由后明确表示或者以自己的行为放弃撤销权。

四、合同的履行

（一）合同履行的概念和特征

合同的履行是指合同生效后，合同的当事人按照合同约定的各项条款，完成各自应承担的义务，使各方当事人的合同目的得以实现的行为。合同一般由合同当事人履行，但在特殊情况下也可以由当事人以外的、合法的第三人履行。

合同的履行具有以下法律特征：

（1）合同的履行是当事人完成合同约定义务的行为。当事人按合同所约定的内容，无论是履行作为的义务，还是履行不作为的义务，都属于合同的履行。

（2）合同的履行是当事人正确地、全面地完成合同义务的行为。正确履行是指严格按合同规定的标的实际履行；全面履行是指合同所规定的各项条款都要履行。

（3）合同的履行是当事人完成合同义务的全部行为过程。包括履行合同义务的准备、具体合同义务的履行、义务履行的善后等。

（二）合同履行的规则

合同生效后，当事人应当按照约定全面履行自己的义务。当事人应当遵循诚实信用原则，根据合同的性质、目的和交易习惯履行通知、协助、保密等义务。合同生效后，当事人不得因姓名、名称的变更或法定代表人、负责人、承办人的变动而不履行合同义务。

1. 合同内容约定不明确的履行规则

合同生效后，当事人就质量、价款或报酬、履行地点等内容没有约定或约定不明确的，可以协议补充；不能达成补充协议的，按照合同有关条款或交易习惯确定。

依照上述履行原则仍不能确定的，则适用下列规则：

（1）质量要求不明确的，按照国家标准、行业标准履行；没有国家标准、行业标准的，按照通常标准或符合合同目的的特定标准履行。

（2）价款或报酬不明确的，按照订立合同时履行地的市场价格履行；依法执行政府定价或政府指导价的，按照其规定履行。

（3）履行地点不明确，给付货币的，在接收货币一方所在地履行；交付不动产的，在不动产所在地履行；其他标的，在履行义务一方所在地履行。

（4）履行期限不明确的，债务人可以随时履行，债权人也可以随时要求履行，但应当给对方必要的准备时间。

（5）履行方式不明确的，按照有利于实现合同目的的方式履行。

（6）履行费用的负担不明确的，由履行义务一方负担。

2. 执行政府定价或政府指导价合同的履行规则

合同约定执行政府定价或政府指导价的，在合同约定的交付期限内，政府价格调整时，按照交付时的价格计价。逾期交付标的物的，遇价格上涨时，按照原价格执行；价格下降时，按照新价格执行。逾期提取标的物或逾期付款的，遇价格上涨时，按照新价格执行；价格下降时，按照原价格执行。

3. 涉及第三人的合同履行规则

（1）当事人约定由债务人向第三人履行债务的，债务人未向第三人履行债务或履行债务不符合约定，应当向债权人承担违约责任。

（2）当事人约定由第三人向债权人履行债务的，第三人不履行债务或履行债务不符合约定，债务人应当向债权人承担违约责任。

4. 合同提前履行与部分履行的规则

（1）债务人提前履行债务的，债权人可以拒绝，但提前履行不损害债权人利益的除外。

债务人提前履行债务给债权人增加的费用，由债务人负担。

（2）债务人部分履行债务的，债权人可以拒绝，但部分履行不损害债权人利益的除外。

债务人部分履行债务给债权人增加的费用，由债务人负担。

（3）债权人分立、合并或变更住所没有通知债务人，致使履行债务发生困难的，债务人可以中止履行或将标的物提存。

（三）合同履行抗辩权

抗辩权是指在双务合同中，一方当事人在对方不履行合同义务或履行不符合约定时，依法对抗对方当事人的请求，暂时拒绝履行合同义务的权利。合同履行抗辩权具体分为同时履行抗辩权、后履行抗辩权和不安抗辩权三种。

1. 同时履行抗辩权

（1）同时履行抗辩权的概念。

同时履行抗辩权，是指在未约定先后履行顺序的双务合同中，当事人应当同时履行，一方在对方未履行合同义务之前，有拒绝履行自己的义务的权利。

（2）同时履行抗辩权的行使条件。

①当事人须因同一双务合同而互负债务。

②双方当事人互负的债务没有先后履行顺序，且已到履行期。

③对方的债务可能履行但对方未履行或未适当履行并有证据证明。

（3）同时履行抗辩权的效力。

同时履行抗辩权只是暂时阻止对方当事人请求权的行使，而不是永久地终止合同。当对方当事人完全履行了合同义务，同时履行抗辩权即消灭，主张抗辩权的当事人就应当履行自己的义务。

2. 后履行抗辩权

（1）后履行抗辩权的概念。

后履行抗辩权，是指当事人互负债务，有先后履行顺序，先履行一方未履行的，后履行一方有权拒绝其履行要求。先履行一方履行债务不符合约定的，后履行一方有权拒绝其相应的履行要求。

（2）后履行抗辩权的行使条件。

①双方当事人因同一双务合同互负债务。

②当事人之间的合同债务有先后履行顺序。

③先履行一方未按期履行债务或履行不符合约定。

（3）后履行抗辩权的效力。

后履行抗辩权行使后，可以暂时中止履行债务。先履行一方如果完全履行了合同义务，后履行抗辩权消失，后履行一方就应当履行自己的义务。

3. 不安抗辩权

（1）不安抗辩权的概念。

不安抗辩权又称先履行抗辩权，是指在双务合同中，应先履行义务的当事人，有确切证据证明后履行一方有丧失或可能丧失履行能力的情形时，有中止履行自己义务的权利。应先履行债务的当事人，有确切证据证明对方有下列情形之一的，可以行使不安抗辩权：

①经营状况严重恶化。

②转移财产、抽逃资金，以逃避债务。

③丧失商业信誉。

④有丧失或可能丧失履行债务能力的其他情形。

（2）不安抗辩权的成立条件。

①当事人之间因同一双务合同而互负债务。

②应先履行合同义务的当事人的债务已到履行期。

③后履行义务的当事人有丧失或可能丧失履行义务能力的情形。

（3）不安抗辩权的效力。

行使不安抗辩权的当事人可以中止合同履行或延期履行，并应当及时通知对方；对方提供适当担保时，应当恢复履行。但对方在合理期限内未恢复履行能力并且未提供适当担保的，中止履行的一方可以解除合同，并追究其违约责任。

（四）合同的保全措施

合同的保全措施是指已履行合同义务的债权人一方，为了预防债务人的财产不当减少，依法保全其债权的实现而采取的法律措施。合同保全措施主要有代位权与撤销权两种。

1. 代位权

代位权，是指债务人怠于行使其对第三人（次债务人）的到期债权，危及债权人债权实现时，债权人可以向人民法院请求以自己的名义代位行使债务人对第三人的债权，但该债权专属于债务人自身的除外。

（1）代位权行使的条件。

①债务人对第三人享有合法债权。

②债务人怠于行使其到期债权。

③因债务人怠于行使权利已害及债权人的债权。

④债务人的债权已到期。

⑤债务人的债权不是专属于债务人自身的债权。

所谓专属于债务人自身的债权，是指基于扶养关系、抚养关系、赡养关系、继承关系产生的给付请求权和劳动报酬、退休金、养老金、抚恤金、安置费、人寿保险、人身伤害赔偿请求权等权利。

（2）代位权诉讼中的主体及管辖。

在代位权诉讼中，债权人是原告，次债务人是被告，债务人为诉讼上的第三人。代位权诉讼由被告住所地人民法院管辖。

（3）代位权行使的法律效果。

代位权的行使范围以债权人的债权为限，否则对超出部分人民法院不予支持。债权人向次债务人提起的代位权诉讼经人民法院审理后认定代位权成立的，由次债务人向债权人履行清偿义务，债权人与债务人、债务人与次债务人之间相应的债权、债务关系即予消灭。

2. 撤销权

撤销权，是指因债务人不当处分自己的财产或权利，对债权人造成损害的，债权人可以请求人民法院撤销债务人行为的权利。债权人行使撤销权主要是针对债务人的以下行为：

（1）放弃到期债权，对债权人造成危害的。

（2）无偿转让财产，对债权人造成损害的。

（3）以明显不合理的低价转让财产，对债权人造成损害，并且受让人知道该情形。对于债务人的无偿转让行为不论第三人主观是否是恶意，均可撤销；有偿转让行为，如果第三人为恶意行为可撤销，第三人为善意行为则不能撤销。

撤销权自债权人知道或应当知道撤销事由之日起1年内行使。自债务人的行为发生之日起5年内没有行使撤销权的，该撤销权消灭。

撤销权必须通过诉讼程序行使。在诉讼中，债权人为原告，债务人为被告，受益人或受让人为诉讼上的第三人。撤销权诉讼由被告住所地人民法院管辖。

五、合同的担保

合同的担保，是指法律规定或当事人约定的保证合同履行、保障债权人债权实现的法律措施。根据《中华人民共和国物权法》（简称《物权法》）和《中华人民共和国担保法》（简称《担保法》）的规定，债权人在借贷、买卖等合同关系中，为保障实现其债权，需要担保的，可以依法设立担保物权。设立担保物权，应当依照法律规定订立担保合同。担保合同是主债权债务合同的从合同。订立担保合同的目的，是保证主合同的切实履行，促使合同债务人履行其债务，保障合同债权人实现其债权。担保活动应当遵循平等、自愿、公平、诚实信用的原则，以维护参加担保各方当事人的合法权益。担保的方式包括保证、抵押、质押、留置和定金等。

（一）保证

1. 保证与保证人

保证，是指第三人作为保证人和债权人约定，当债务人不履行债务时，保证人按照约定履行债务或承担责任的担保方式。具有代为清偿债务能力的法人、其他组织或公民，可以作保证人。

2. 保证合同

保证合同，是指保证人与债权人订立的在债务人不履行其债务时，由保证人承担保证债务的协议。保证合同应当由保证人与债权人以书面形式订立。但在以下两种情况下，保证合同也成立：第三人单方以书面形式向债权人出具担保书，债权人接受且未提出异议的；主合同中虽然没有保证条款，但是，保证人在主合同上以保证人的身份签字或盖章的。

保证合同应包括以下内容：被保证的主债权种类与数额；债务人履行债务的期限；保证的方式；保证担保的范围；保证期间；双方认为需要约定的其他事项。

3. 保证方式

保证的方式有一般保证和连带责任保证两种。

（1）一般保证。

当事人在保证合同中约定，在债务人不能履行债务时，由保证人承担保证责任的，为一般保证。

一般保证的保证人在主合同纠纷未经审判或仲裁，并就债务人财产依法强制执行仍不能履行债务前，对债权人可以拒绝承担保证责任。即一般保证的保证人享有先诉抗辩权。

但有下列情形之一的，保证人不得行使先诉抗辩权：

①债务人住所变更，致使债权人要求其履行债务发生重大困难的。

②人民法院受理债务人破产案件，中止执行程序的。

③保证人以书面形式放弃先诉抗辩权。

（2）连带责任保证。

当事人在保证合同中约定保证人与债务人对债务承担连带责任的，为连带责任保证。连带责任保证的保证人不享有先诉抗辩权。当债务人在主合同的债务履行期届满没有履行债务的，债权人可以要求债务人履行债务，也可以要求保证人在其保证范围内承担保证责任，代为清偿债务。

当事人对保证方式没有约定或约定不明确的，按照连带责任保证承担保证责任。

4. 保证期间

保证期间，是指当事人约定或法律规定的保证人承担保证责任的时间期限。保证人在与债权人约定的保证期间或法律规定的保证期间内承担保证责任。

当事人可以在合同中约定保证期间。如果没有约定的，保证期间为6个月。

一般保证的保证人与债权人未约定保证期间的，保证期间为主债务履行期届满之日起6个月。在保证期间债权人未对债务人提起诉讼或申请仲裁的，保证人免除保证责任。连带责任保证的保证人与债权人未约定保证期间的，债权人有权自主债务履行期届满之日起6个月内要求保证人承担保证责任。保证合同约定的保证期间早于或等于主债务履行期限的，视为没有约定。保证合同约定保证人承担保证责任，直至主债务本息还清时为止等类似内容的，视为约定不明，保证期间为主债务履行期届满之日起两年。如果主债务履行期限没有约定或约定不明时，保证期间自债权人要求债务人履行债务的宽限期届满之次日计算。

5.保证责任

（1）保证的责任范围。

保证人在约定的保证担保范围内承担保证责任。保证担保的责任范围包括主债权及利息、违约金、损害赔偿金和实现债权的费用。保证合同另有约定的，按照其约定。当事人对保证担保的范围没有约定或约定不明确的，保证人应当对全部债务承担责任。

（2）主合同变更与保证责任承担。

保证期间，债权人依法将主债权转让给第三人，保证债权同时转让，保证人在原保证担保的范围内对受让人承担保证责任。但是保证人与债权人事先约定仅对特定的债权人承担保证责任或禁止债权转让的，保证人不再承担保证责任。经债权人许可债务人转让债务的，应当取得保证人的书面同意，未经其同意转让的，保证人不再承担保证责任。

保证期间债权人与债务人协议变更主合同的，应当取得保证人书面同意，未经保证人同意的主合同变更，如果减轻债务人的债务的，保证人仍应当对变更后的合同承担保证责任；如果加重债务人的债务的，保证人对加重的部分不承担保证责任。

（3）共同保证的保证责任。

同一债务有两个以上保证人的，保证人应当按照保证合同约定的保证份额，承担保证责任。各保证人与债权人没有约定保证份额的，应当认定为连带共同保证。连带共同保证的债务人在主合同规定的债务履行期届满没有履行债务的，债权人可以要求债务人履行债务，也可以要求任何一个保证人承担全部保证责任，保证人都负有担保全部债权实现的责任。

（4）共同担保的保证责任。

同一债权既有保证又有物的担保的，属于共同担保。被担保的债权既有物的担保又有人的担保的，债务人不履行到期债务或发生当事人约定的实现担保物权的情形，债权人应当按照约定实现债权；没有约定或约定不明确，债务人自己提供物的担保的，债权人应当先就该物的担保实现债权；第三人提供物的担保的，债权人可以就物的担保实现债权，也可以要求保证人承担保证责任。

（5）保证人的追偿权。

保证人承担保证责任后，有权向债务人追偿其代为清偿的部分。保证人追偿权的行使不能超过保证人承担保证责任的范围。保证人应当自承担保证责任之日起两年内行使追偿权。

（二）抵押

1. 抵押的概念

抵押，是指债务人或第三人不转移对财产的占有，将该财产作为债权的担保，当债务人不履行债务时，债权人有权以该财产的变价款优先受偿。

抵押关系中，提供担保财产的债务人或第三人为抵押人，债权人为抵押权人，供担保的财产为抵押物。

2. 抵押合同

设立抵押权，当事人应当采取书面形式订立抵押合同。抵押合同一般包括下列条款：

（1）被担保债权的种类和数额。

（2）债务人履行债务的期限。

（3）抵押财产的名称、数量、质量、状况、所在地、所有权归属或使用权归属。

（4）担保的范围，包括主债权及利息、违约金、损害赔偿金和实现抵押权的费用。

（5）当事人认为需要约定的其他事项。

当事人在订立抵押合同时，不得在合同中约定在债务履行期满抵押权人未受清偿时，抵押物的所有权转移为债权人所有。

3. 抵押物

抵押物又称为抵押财产，是指抵押人用以设定抵押权的财产，它是抵押权的标的物。

作为抵押物的财产必须具备下列条件：

（1）抵押人对抵押物必须有处分权。

（2）抵押物必须是法律允许转让的。

（3）抵押物的价值应与所担保的债权金额一致。

（4）用作抵押物的财产应便于抵押的管理和实施，原则上应是不动产。

我国法律规定，可以用以抵押的财产包括：

（1）建筑物和其他土地附着物。

（2）建设用地使用权。

（3）以招标、拍卖、公开协商等方式取得的荒地等土地承包经营权。

（4）生产设备、原材料、半成品、产品。

（5）正在建造的建筑物、船舶、航空器。

（6）交通运输工具。

（7）抵押人依法有权处分的国有的土地使用权、房屋和其他地上定着物。

（8）抵押人依法承包并经发包方同意抵押的荒山、荒滩等荒地的土地使用权。

（9）法律、行政法规未禁止抵押的其他财产。

抵押人可以将上述所列财产一并抵押。

下列财产不得抵押：

（1）土地所有权。

（2）耕地、宅基地、自留地、自留山等集体所有的土地使用权，但法律规定可以抵押的除外。

（3）学校、幼儿园、医院等以公益为目的的事业单位、社会团体的教育设施、医疗卫生设施和其他社会公益设施。

（4）所有权、使用权不明或有争议的财产。

（5）依法被查封、扣押、监管的财产。

（6）法律、行政法规规定不得抵押的其他财产。

以建筑物抵押的，该建筑物占用范围内的建设用地使用权一并抵押。以建设用地使用权抵押的，该土地上的建筑物一并抵押。乡镇、村企业的建设用地使用权不得单独抵押。以乡镇、村企业的厂房等建筑物抵押的，其占用范围内的建设用地使用权一并抵押。以依法获准尚未建造的或正在建造中的房屋或其他建筑物抵押的，当事人办理了抵押物登记，人民法院可以认定抵押有效。当事人以农作物和与其尚未分离的土地使用权同时抵押的，土地使用权部分的抵押无效。共同共有人以其共有财产设定抵押，须经其他共有人的同意方为有效。已设定抵押的财产被采取查封、扣押等财产保全或执行措施的，不影响抵押权的效力。

4. 抵押登记

当事人以法律规定的，需要办理抵押物登记的财产作抵押的，应当向有关部门办理抵押物登记，抵押合同自登记之日起生效。

办理抵押物登记的部门如下：

（1）以无地上定着物的土地使用权抵押的，为核发土地使用权证书的土地管理部门。

（2）以城市房地产或乡（镇）、村企业的厂房等建筑物抵押的，为县级以上地方人民政府规定的部门。

（3）以林木抵押的，为县级以上林业主管部门。

（4）以航空器、船舶、车辆抵押的，为运输工具的登记部门。

（5）以企业的设备和其他动产抵押的，为财产所在地的工商行政管理部门。

抵押物登记记载的内容与抵押合同约定的内容不一致的，以登记记载的内容为准。

5. 抵押权的实现

抵押权的担保范围包括主债权及其利息、违约金、损害赔偿金、保管担保财产和实现担保物权的费用。当事人另有约定的，按照约定实行。

债务人不履行到期债务或发生当事人约定的实现抵押权的情形，抵押权人可以与抵押人协议以抵押财产折价或以拍卖、变卖该财产所得的价款优先受偿。抵押权人与抵押人未就抵押权实现方式达成协议的，抵押权人可以请求人民法院拍卖、变卖抵押财产。抵押物折价或拍卖、变卖所得的价款，当事人没有约定的，按下列顺序清偿：（1）实现抵押权的费用；（2）主债权的利息；（3）主债权。

抵押财产折价或拍卖、变卖后，其价款超过债权数额的部分归抵押人所有，不足部分由债务人另行清偿。

抵押人为第三人的，承担担保责任后，可以向债务人或其他担保人追偿。

同一财产向两个以上债权人抵押的，拍卖、变卖抵押财产所得的价款依照下列规定清偿：

（1）抵押权已登记的，按照登记的先后顺序清偿；顺序相同的，按照债权比例清偿。

（2）抵押权已登记的先于未登记的受偿。

（3）抵押权未登记的，按照债权比例清偿。

抵押权人应当在主债权诉讼时效期间行使抵押权；未行使的，人民法院不予保护。

6.最高额抵押

最高额抵押，是指为担保债务的履行，债务人或第三人对一定期间内将要连续发生的债权提供担保财产的，债务人不履行到期债务或发生当事人约定的实现抵押权的情形，抵押权人有权在最高债权额限度内就该担保财产优先受偿。

最高额抵押权的设定不以债权的已经存在为前提，而是对将来发生的债作担保。最高额抵押担保的债权确定前，部分债权转让的，最高额抵押权不得转让，但当事人另有约定的除外。

抵押权人实现最高额抵押权时，如果实际发生的债权余额高于最高限额的，以最高限额为限，超过部分不具有优先受偿的效力；如果实际发生的债权余额低于最高限额的，以实际发生的债权余额为限对抵押物优先受偿。

（三）质押

所谓质押，是指债务人或第三人将质押标的移交债权人占有作为债的担保，当债务人不履行债务时，债权人有权以该标的折价或拍卖、变卖该标的的价款优先受偿的担保方式。质押关系中，提供质押标的的债务人或第三人为出质人，债权人为质权人。按质押标的不同，质押分为动产质押与权利质押。

（四）留置

1.留置的概念

留置是指债权人按照合同约定占有债务人的动产，债务人不按照合同约定的期限履行债务的，债权人有权依法留置该财产，以该财产折价或以该财产的变价款优先受偿的债权担保方式。

法律规定，承揽合同的承揽人，运输合同的承运人，保管合同、仓储合同的保管人，行纪合同的行纪人在债务人不按照合同约定的期限履行债务时，依法可以拥有留置权。留置担保的范围包括主债权及利息、违约金、损害赔偿金、留置物保管费用和实现留置权的费用。

2.留置权成立的条件

（1）债权人按照合同的约定已经合法占有债务人的动产。

（2）债权人占有的动产，应当与债权属于同一法律关系，但企业之间留置的除外。

（3）债权已届清偿期且债务人未按规定期限履行义务。

3. 留置权人的权利与义务

（1）留置权人的权利。

留置物为不可分物的，留置权人可以留置全部留置物。留置物为可分物的，留置权人应当留置价值相当于债权额的部分留置物。留置权人有权收取留置物的孳息。孳息应当先充抵收取孳息的费用。留置权人因保管留置物所支出的必要费用，有权向债务人请求返还。留置权人就留置物有优先受偿的权利。

（2）留置权人的义务。

留置权人负有妥善保管留置物的义务。因保管不善使留置物损毁、灭失的，应当承担赔偿责任。留置财产后债务人履行债务的或债务人另行提供担保的，留置权人负有返还留置物的义务。

4. 留置权的实现

留置权人与债务人应当约定留置财产后的债务履行期间；没有约定或约定不明确的，留置权人应当给债务人两个月以上履行债务的期间，但鲜活、易腐等不易保管的动产除外。债务人在约定的或法定的留置财产后的债务履行期间内未履行债务的，留置权人可以与债务人协议以留置财产折价，也可以就拍卖、变卖留置财产所得的价款优先受偿。其价款超过债权数额的部分归债务人所有，不足部分由债务人清偿。

债务人也可以在债务履行期届满后请求留置权人行使留置权；留置权人不行使的，债务人可以请求人民法院拍卖、变卖留置财产以偿还债务。

同一财产抵押权与留置权并存时，留置权人优先于抵押权人受偿。

（五）定金

1. 定金的概念

定金，是指当事人一方为了担保合同的履行而预先按合同标的额的一定比例向对方支付的一定数额的货币资金。

2. 定金的设立

定金应当以书面形式约定。具体形式可以是单独订立的书面的定金合同，也可以是当事人之间约定定金性质的信函文件等，还可以是在主合同中约定的定金条款。定金合同应记载定金的交付期限、数额和明确定金性质的定金罚则等必要事项。

定金合同是实践性合同，从实际交付定金之日起生效。定金合同是从合同，其成立和有效以主合同的成立和有效为前提，主合同无效或被撤销的，定金合同不发生效力，主合同因解除或其他原因消灭时，定金合同也消灭。

当事人约定的定金数额不得超过主合同标的额的20%。超过20%的，超过的部分无定金的法律效力。

3. 定金的效力

（1）定金对主合同订立的效力。

当事人约定以定金作为订立主合同担保的，给付定金的一方拒绝订立主合同的，无权要求返还定金；收受定金的一方拒绝订立主合同的，应当双倍返还定金。

当事人约定以交付定金作为主合同成立或生效要件的，给付定金的一方未支付定金，但主合同已经履行或已经履行主要部分的，不影响主合同的成立或生效。

定金交付后，交付定金的一方可以按照合同的约定以丧失定金为代价而解除主合同，收受定金的一方可以双倍返还定金为代价而解除主合同。

（2）定金对主合同履行的效力。

因当事人一方迟延履行或其他违约行为，致使合同目的不能实现，可以适用定金罚则。

但法律另有规定或当事人另有约定的除外。当事人一方不完全履行合同的，应当按照未履行部分所占合同约定内容的比例，适用定金罚则。

因不可抗力、意外事件致使主合同不能履行的，不适用定金罚则。因合同关系以外第三人的过错，致使主合同不能履行的，适用定金罚则。因定金处罚受到损失的一方当事人，可以依法向第三人追偿。

主合同履行期限届满后，给付定金的一方不履行主合同的，无权要求返还定金；收受定金的一方不履行主合同的，应当双倍返还定金。债务人履行债务后，定金应当收回或抵作价款。

六、合同的变更、转让

（一）合同的变更

1. 合同变更的概念

所谓合同的变更，是指合同依法成立后尚未完全履行前，经双方当事人同意，依照法律规定的条件和程序，对原合同的内容条款进行的修改或补充。例如，合同标的改变、标的数量的增减、质量标准的修改、价格的提降、履行地点的变动、履行期限的提前或延缓等，都属于合同的变更。广义上的合同变更包括合同的内容和主体发生改变；狭义上的合同变更仅指合同内容的变更。我国合同法规定的合同变更是指狭义变更。

2. 合同变更的条件

合同的变更必须符合以下条件：

（1）当事人之间已存在合同关系。合同变更是在依法成立的原合同的基础上进行的补充和完善，原合同并不解除。

（2）合同内容发生了非实质性改变。合同内容变更包括合同标的数量的增减、质量标准的修改、价格的变动、履行地点的改变、履行期限的提前或延缓等。但变更前后合同关系应保持连续性和同一性。

（3）必须遵守法律的规定和当事人的约定。

3. 合同变更的类型

（1）协议变更。

合同是双方当事人合意的体现，因此经当事人协商一致，即可以变更合同。当事人协议变更合同有两种情形：一是当合同依法成立后，当事人又达成变更合同的协议；二是当事人可以在订立合同时约定，当某种特定情况出现时，当事人有权变更合同。

（2）法定变更。

法定变更合同有两种情况：一是基于法律的直接规定而变更。如法律规定，遇有不可抗力导致合同不能履行时，一方当事人可以延期履行或变更合同的其他内容。二是根据人民法院或仲裁机关的裁决而变更，如因重大误解而订立的合同或显失公平的合同，当事人一方有权请求人民法院或仲裁机构变更合同或撤销合同。

4. 合同变更的程序和效力

合同变更适用合同订立时关于要约、承诺的规定，双方经协商取得一致，并采用书面形式。如原合同是经过公证、鉴证的，变更后的合同仍应通过原公证、鉴证机关办理相关手续；如原合同是经过有关部门批准、登记的，变更后仍应报原批准、登记机关办理相关手续。

合同变更后，当事人就应当按照变更后的内容履行合同。当事人对合同变更的内容约定不明确的，推定为未变更。合同变更的效力原则上仅对未履行的部分有效，对已履行的部分没有溯及力，但法律另有规定或当事人另有约定的除外。

（二）合同的转让

合同的转让，即合同主体的变更，是指合同当事人一方将其合同的权利和义务全部或部分转让给第三人的行为。合同的转让分为合同权利的转让和合同义务的转让，当事人一方经对方同意，也可以将自己在合同中的权利和义务一并转让给第三人，即合同的概括移转。

1. 合同权利的转让

（1）合同权利转让的概念。

合同权利转让，是指债权人将合同的权利全部或部分转让给第三人的行为。其中债权人是转让人，第三人是受让人。

（2）合同权利转让的条件。

债权人转让合同权利的，无须债务人同意，但应当通知债务人。未经通知，该转让对债务人不发生效力。

（3）合同权利转让的法律效力。

合同权利全部转让的，原债权人脱离合同关系，受让人取代原债权人的地位，成为新的债权人。合同权利部分转让的，受让人作为第三人加入合同关系中，与原债权人共同享有债权。债权人转让合同权利的，不得损害债务人的利益。

债权人转让主权利时，附属于主权利的从权利也一并转让，受让人在取得债权时，也取得与债权有关的从权利，但该从权利从属于债权人自身的除外。

2. 合同义务的转移

（1）合同义务转移的概念。

合同义务转移是指在不改变合同义务的前提下，经债权人同意，债务人将合同的义务全部或部分转移给第三人。

（2）合同义务转移的条件。

债务人将合同的义务全部或部分转移给第三人的，应当经债权人同意。否则债务人转移合同义务的行为对债权人不发生效力，债权人有权拒绝第三人向其履行，同时有权要求债务人履行义务并承担不履行或迟延履行合同的法律责任。

（3）合同义务转移的法律效力。

合同义务全部转移的，第三人成为新的债务人完全取代原债务人承担全部债务；合同义务部分转移的，第三人即新的债务人与原债务人共同承担债务。新债务人可以主张原债务人对债权人的抗辩权。

债务人转移合同义务的，从属于主债务的从债务，随主债务的转移而转移。

原第三人向债权人提供的担保，若担保人未明确表示继续承担担保责任，则担保责任因债务转移而消灭。

七、合同的终止

合同的终止，是指依法成立的合同，因一定的法律事实的发生，使合同权利义务关系消灭的法律情形。

有下列情形之一的，合同的权利义务终止。

1. 债务已经按照约定履行

债务履行是指债务人按照约定的标的、质量、数量、价款或报酬、履行期限、履行地点和方式全面履行。

以下情况也属于合同按照约定履行：

（1）当事人约定的第三人按照合同内容履行。

（2）债权人同意以他种给付代替合同原定给付。

（3）当事人以外的第三人接受履行。

2. 合同解除

合同的解除，是指合同有效成立以后，没有履行或没有完全履行之前，通过双方当事人协议或一方行使解除权，使合同关系终止。合同解除有协议解除和法定解除两种情况。

（1）协议解除。

协议解除，是指合同双方当事人自愿通过一定形式达成意思表示的一致而解除合同。当事人协议解除合同包括两种情况：

协商解除。它是指合同生效后，未履行或未完全履行之前，当事人经协商一致，达成解除合同的协议，使合同效力消灭的行为。法律要求必须经有关机关批准才能解除的合同，还须经有关机关的批准。

约定解除权。它是指当事人在合同中约定，当出现某种情况时，当事人一方或双方有解除合同的权利。解除权可以在订立合同时同时约定，也可以在履行合同的过程中约定。法律要求必须经有关机关批准才能解除的合同，还须经有关机关的批准。

（2）法定解除。

法定解除，是指合同当事人在法律规定的解除事由出现时，行使解除权而使合同关系消灭。

有下列情形之一的，当事人可以解除合同：

①因不可抗力致使不能实现合同目的。属于不可抗力的情况有自然灾害、战争、社会异常事件、政府行为等。

②因预期违约解除合同。即在履行期限届满之前，当事人一方明确表示或以自己的行为表明不履行主要债务的，对方当事人可以解除合同。

③当事人一方延迟履行主要债务，经催告后在合理期限内仍未履行。

④当事人一方延迟履行债务或有其他违约行为致使不能实现合同目的。其他违约行为主要包括履行质量与约定不符，只能部分履行合同等。

⑤法律规定的其他情形。如因行使不安抗辩权而中止履行合同，对方在合理期限内未恢复履行能力，也未提供适当担保的，可以请求解除合同。

⑥法律规定或当事人约定解除权行使期限，期限届满当事人不行使的，该权利消灭。法律没有规定或当事人没有约定解除权行使期限，经对方催告后在合理期限内不行使的，该权利消灭。

⑦合同解除后，尚未履行的，终止履行；已经履行的，根据履行情况和合同性质，当事人可以要求恢复原状、采取其他补救措施，并有权要求赔偿损失。

3. 债务相互抵销

抵销是双方当事人互负债务，通过相互冲抵，使得双方的债务在等额度内消灭的行为。

抵销分为法定抵销与协议抵销。

（1）法定抵销。

当事人互负到期债务，该债务的标的相同的，任何一方可以将自己的债务与对方的债务抵销。当事人主张抵销的，应当通知对方。通知自到达对方时生效。

（2）协议抵销。

当事人互负债务，标的物种类、品质不相同的，经双方协商一致，也可以抵销。但依照法律规定或按照合同性质不得抵销的除外。

4. 债务人依法将标的物提存

提存是指由于债权人的原因，债务人无法向其交付合同标的物，而依法将该标的物交给提存机关，从而消灭债务、终止合同的行为。

有下列情形之一，债务人难以履行债务的，可以将标的物提存：

（1）债权人无正当理由拒绝受领。

（2）债权人下落不明。

（3）债权人死亡未确定继承人或丧失民事行为能力未确定监护人。

（4）法律规定的其他情形。

标的物提存后，除债权人下落不明的以外，债务人应当及时通知债权人或债权人的继承人、监护人。标的物不适于提存或提存费用过高的，债务人依法可以拍卖或变卖标的物，提存所得的价款。

提存期间，标的物的孳息归债权人所有。提存费用由债权人负担。标的物提存后，毁损、灭失的风险由债权人承担。债权人可以随时领取提存物。但债权人领取提存物的权利，自提存之日起 5 年内不行使则消灭，提存物扣除提存费用后归国家所有。

5. 债权人依法免除债务

债务的免除是指合同没有履行或未完全履行，权利人放弃自己的全部或部分权利，从而使合同义务减轻或使合同终止的行为。

债务免除分为单方免除和协议免除两种。单方免除是享有权利的一方单独向对方当事人作出意思表示，免除对方的义务。协议免除是合同双方通过协商达成一致，债权人免除债务人的义务。协议免除可以附条件和期限。

债权人免除债务人部分或全部债务的，合同的权利义务部分或全部终止，债权的从权利，如从属于债权的担保权利、利息权利、违约金请求权等也随之消灭。

6. 债的混同

债的混同，是指合同的债权债务归于同一当事人，合同权利义务消灭的情形。

债的混同的情形有以下两种：

（1）概括承受。它是指作为债权人的企业与债务人企业合并、债权人继承债务人的债务或债务人继承债权人的债权等情形。

（2）特定承受。即通过合同权利义务的转让或转移，债务人受让债权人的债权或债权人承受债务人的债务的情形。

债权和债务同归于一人的，合同的权利义务终止，但涉及第三人利益的除外。例如，当债权为他人质权的标的时，为了保护质权人的利益，不得使债权因合并而消灭。

7. 法律规定或当事人约定终止的其他情形

例如，委托人或受托人死亡、丧失民事行为能力或破产的，委托合同终止；代理人死亡、丧失民事行为能力，作为被代理人或代理人的法人终止，委托代理合同终止等。

合同权利义务终止有以下法律后果：

（1）合同失去效力。当事人不再受合同的约束。

（2）负债字据应当返还债务人。

（3）后合同义务产生。合同终止后，当事人仍应当履行通知、协助、保密等义务。

（4）合同无效、被撤销或终止的，合同中关于解决争议的条款继续有效。

第二节　合同纠纷案件的法务会计检查

经济合同纠纷案件，是指经济合同的当事人，就经济合同的履行、变更或解除等发生争议的民事案件。由于经济合同的双方或一方当事人必须是法人，且合同的内容均涉及款项或物品的收付，因而经济合同纠纷案件大都属于涉及财务会计业务的案件。人民法院在受理这类案件时，通过法务会计检查可以查明涉及经济合同的缔约、履约及履约争议等方面的事实。

一、涉及缔约事实的法务会计检查

通过法务会计检查，可以查明当事人的缔约资格、缔约能力及缔约过程等客观情况。

（一）关于缔约资格的法务会计检查

审查当事人的缔约资格问题，主要是涉及某一当事人是否具备法人资格的问题。通常情况下当事人是否具有法人资格，可以通过审查其营业执照来确认，但如遇当事人采用欺骗手段获取营业执照的情形时，就需要通过法务会计检查，查明其是否具备实质意义上的法人资格。检查要点如下：

（1）通过检查当事人申请法人资格时的资产申报表和验资记录，弄清当事人申报及验资所确认的自有资产的种类、数额和价值。

（2）通过检查当事人接受或购建固定资产的凭证和账簿，查明验资所确认的当事人自有固定资产的实际来源，以便确认这些固定资产是否系当事人的自有资产。

（3）通过检查当事人的所有者权益、负债及流动资产账户，查明验资所确认的当事人自有流动资产是不是属于投资性质的款项。

（4）检查当事人在经济合同缔约时的会计报表及相关账目，查明此时当事人实际具有的自有资产的数额，以确认缔约时当事人是否已实际具备了法人条件。

（二）关于缔约能力的法务会计检查

涉及审查当事人缔约能力的法务会计检查，主要包括以下方面。

（1）以生产的产品为合同标的的，可以通过检查提供产品一方当事人有关材料供应、生产计划及销售等方面的财务会计资料，查明其是否具备按经济合同的种类、数量、质量和期限提供产品的能力。需要检查的资料主要有：当年的生产计划书、主要原料的采购计划及采购合同、材料采购及库存材料账户资料、合同标的物的生产记录、库存产品及产品销售收入账户资料等。

（2）以经营的商品为合同标的的，可以通过检查提供商品一方当事人的商品采购账户和库存商品账户，直接查明其有无提供合同标的物的能力。也可以通过检查其商品采购合同、货币资金账户，查明其有无采购合同标的物的能力，进而间接地证实其有无缔结销售合同的能力。

（3）通过检查支付价款一方当事人货币资金等账户，查明其有无按经济合同规定的期限和数额支付价款的能力。

（三）关于缔约过程的法务会计检查

通过法务会计检查，可以收集到能够直接或间接证明经济合同的缔约方式、缔约时间、缔约地点等案件事实的有关证据。

（1）经济合同的缔约方式，除书面协议外，还有电报、实际履行等方式。通常情况下，如无书面协议，缔约双方特别是承诺的一方，会保留有缔约电报、实物签收记录、银行结算凭证等财务资料。当事人在向法庭提交这类证据后，审判人员可以通过法务会计检查核实证据的真实性。

（2）对异地当事人签订的书面协议，通过检查双方经办人报销差旅费的财务凭证，有时可以间接证实经济合同的缔约地在何方及经济合同的签订日期。

（3）通过检查经济合同签订中支付其他费用的财务凭证，也可能查明某些合同的签订时间和生效时间。例如：投保单位支付投保金的收据、保管合同或运输合同执行中的收货凭证等。

二、涉及履约事实的法务会计检查

在经济合同纠纷案件的审理中，当事人各方都须就经济合同的实际履约情况，向人民法院提供有关的财务会计资料。人民法院通过法务会计检查，除可以审查这类证据外，还可以收集当事人尚未提供或不愿提供的财务会计资料证据，以全面查清经济合同的履约过程。

（1）检查提供标的物一方当事人的存货账户、费用账户、销售收入或其他业务收入账户的资料，审查或收集与标的物交付有关的发票、出库单、运输凭证等证据，以查明已交付标的物的种类、数量、时间、地点及经办人等客观情况。

（2）检查接收标的物一方当事人的存货或固定资产账户资料，审查或收集与标的物的接收有关的验收单、入库单及运输凭证等，查明其实际收到标的物的种类、数量、时间、地点及经办人等客观情况。

（3）检查支付价款一方当事人的货币资金、应付账款等账户资料，审查或收集价款支付的凭证，查明其支付价款的方式、时间及金额等客观情况。

（4）检查接收价款一方当事人的收入账户、应收账款账户及货币资金账户等财务会计资料，审查或收集有关价款结算方面的凭证，查明其是否已收取价款或已收取价款的方式、时间及金额等客观情况。

三、涉及履约争议事实的法务会计检查

履约争议，是指因经济合同的一方当事人或双方当事人未按合同规定的内容履行合同而发生的争议。通过法务会计检查可以查明因人为原因而导致发生履约争议的部分案件事实。

（一）有关标的给付时间争议的法务会计检查

（1）对因接受标的一方当事人未按合同规定，支付有关款项或提供银行信用证明，而导致提供标的一方当事人未履约给付标的情形，可要求接受标的一方当事人提出反驳的财务会计资料证据，并通过法务会计检查予以核实。

（2）对提供标的的一方当事人因市场价格变化等原因，故意不履约或不全部履约的情形，可通过检查其库存商品或库存产品等账户资料，首先查明在合同规定的给付期间有无履约能力（即查明其是否具有库存的标的物），对有履约能力的，可通过检查其同期销售收入账户资料及其与其他单位签订的供货合同，查明其提供给其他单位同类标的物的价格是否高于本案合同规定的价格，以确认提供标的的一方有无因市场价格上涨而故意违约的事实。

（二）有关已付标的质量争议的法务会计检查

在司法实践中，对已给付标的质量的判定问题，一般通过质量鉴定解决。但通过法务会计检查有时也可以发现和收集到一些证据。

（1）对商业单位提供商品的，一是可以通过检查同批次商品的采购合同及采购凭证，查明购入商品的质量等级与本案合同规定的质量要求是否相符，

以及商品的产地、生产厂家与本案合同规定的产地、生产厂家是否相符等事实；二是通过检查核对同类商品的采购、销售凭证，弄清采购及销售日期，查明其提供的标的物是否系过期商品。

（2）对生产单位提供产品的，一是可以通过检查其主要原材料的采购合同及采购凭证，查明主要原材料的规格、型号、质量等级等，以便提交质量鉴定专家，供其解决生产、加工产品所用材料是否符合本案合同规定的产品设计要求的事实确认问题；二是可以通过检查核对产品质检单、出库记录、产成品及产品销售收入账户资料，直接查明未按本案合同规定的质量标准提供标的事实。

（三）有关价款支付争议的法务会计检查

价款支付争议，通常因标的给付问题所引起，但也有些情况是由于当事人的支付能力问题，或由于支付价款的一方当事人故意所致。对这类争议，可以进行下列法务会计检查。

（1）对提供标的的一方当事人按经济合同的规定，采用委托收款方式结算价款，但因支付价款的一方当事人银行账户无款而未能结算的情形，可以通过法务会计检查，查明支付价款的一方当事人有无恶意。具体检查方法：一是可以通过检查支付价款当事人的财务会计资料，采用前节所述述的检查方法，查明该账户是否系非日常结算所用的账户，特别应注意查阅该账户是否有经常顶票的现象，以确认其有无利用该账户进行民事欺诈的可能；二是可以通过检查支付价款一方当事人的银行对账单及银行结算凭证，如发现其有在接到银行付款通知后转移其银行存款，故意造成存款不足情形的，可以通过追查其转移款项的下落，证实其有无恶意。

（2）对支付价款的一方当事人已按合同规定向当事人支付价款，但收取价款的一方当事人未收到款项的，可以通过法务会计检查追查款项的下落。主要是通过检查银行的同城票据交换资料、联行票据汇寄记录等划款手续，排除因银行的差错造成款项未到的可能。在进行这类检查时，应特别注意有无经办人从中作梗的嫌疑账项。

（3）对按合同规定，支付价款的一方当事人应在标的物出售后，立即或在一定期限内支付价款，而该当事人未按合同执行的，可以通过检查其收取标的物后的库存商品账户资料、商品销售记录、商品盘点表（必要时可直接检查库存商品），查明其是否已将标的物销售完毕或实际销售完毕的日期，以查明其是否违约。

（四）有关继续履约争议的法务会计检查

一方当事人要求对方当事人继续履约的诉讼请求是否实际，往往涉及对方当事人有无继续履约的能力问题。在解决这类问题时可以按照前述履约能力的法务会计检查要点实施检查，但检查期间应侧重于本案的审理期间。

第七章　企业税收法律制度

第一节　流转类税法律制度

一、增值税法律制度

（一）增值税的含义

增值税是流转税中的主要税种。增值税是指对从事销售货物或者加工、修理修配劳务以及进口货物的单位和个人取得的以增值额为计税依据征收的一种流转税。

（二）增值税纳税人

增值税纳税人是指在中国境内销售货物或者提供加工、修理修配劳务以及进口货物的单位和个人。依据纳税人的经营规模大小、年应税销售额的多少以及会计核算健全与否，纳税人分为小规模纳税人和一般纳税人。

小规模纳税人是指经营规模较小，年应税销售额在规定标准以下，并且会计核算不健全的纳税人。年销售额超过小规模纳税人标准的其他个人按小规模纳税人纳税；非企业性单位、不经常发生应税行为的企业可选择按小规模纳税人纳税。为了便于增值税的征收管理，我国采取了国际上的通行做法，即对小规模纳税人不采取税款抵扣而实行简易计税的办法。

一般纳税人是指年应税销售额超过小规模纳税人标准的企业和企业性单位。

（三）增值税的征税范围

增值税的征税范围包括销售货物、进口货物，提供加工、修理修配劳务和属于增值税征收范围的其他项目。以下重点介绍前三类。

1. 销售货物的行为

销售货物是指在中国境内（以下简称境内）有偿转让货物的所有权。

2. 视同销售货物应征收增值税的法定行为

单位或者个体工商户的下列行为，视同销售货物：

（1）将货物交付其他单位或者个人代销。

（2）销售代销货物。

（3）设有两个以上机构并实行统一核算的纳税人，将货物从一个机构移送其他机构用于销售，但相关机构设在同一县（市）的除外。

（4）将自产或者委托加工的货物用于非增值税应税项目。

（5）将自产、委托加工的货物用于集体福利或者个人消费。

（6）将自产、委托加工或者购进的货物作为投资，提供给其他单位或者个体工商户。

（7）将自产、委托加工或者购进的货物分配给股东或者投资者。

（8）将自产、委托加工或者购进的货物无偿赠送给其他单位或者个人。

3. 混合销售行为

一项销售行为如果既涉及货物又涉及非增值税应税劳务的，为混合销售行为。从事货物的生产、批发或者零售的企业、企业性单位和个体工商户的混合销售行为，视为销售货物，应当缴纳增值税；其他单位和个人的混合销售行为，视为销售非增值税应税劳务，不缴纳增值税，而征收营业税。

4. 兼营行为

纳税人兼营非增值税应税项目的，应分别核算货物或应税劳务的销售额和非增值税应税项目的营业额；未分别核算的，由主管税务机关核定货物或者应税劳务的销售额。

5. 进口货物行为

进口货物是指进入中国关境的货物，在报关进口环节，除了依法缴纳关税之外，还缴纳增值税。

6. 加工、修理修配劳务行为

加工、修理修配劳务又称销售应税劳务，是指在境内有偿提供加工、修理修配劳务。单位或者个体工商户聘用的员工为本单位或者雇主提供加工、修理修配劳务的，不包括在内。

（四）增值税的免税项目

根据《中华人民共和国增值税暂行条例》（简称《增值税暂行条例》）第十五条的规定，下列项目免征增值税：①农业生产者销售的自产农产品；②避孕药品和用具；③古旧图书；④直接用于科学研究、科学试验和教学的进口仪器、设备；⑤外国政府、国际组织无偿援助的进口物资和设备；⑥残疾人组织直接进口供残疾人专用的物品；⑦销售自己使用过的物品。

（五）增值税的税率

《增值税暂行条例》第二、十二条对一般纳税人和小规模纳税人采用不同的税率，主要包括基本税率、低税率、零税率以及征收率等。

1.增值税基本税率

增值税的基本税率为17%，适用于纳税人在境内销售货物、进口货物或者提供加工、修理修配劳务，但是法律规定适用低税率、零税率和征收率的除外。

2.增值税低税率

增值税的低税率为11%，适用于纳税人销售或者进口下列货物：①粮食、食用植物油、食用盐；②自来水、暖气、冷气、热水、煤气、石油液化气、天然气、二甲醚、沼气、居民用煤炭制品；③图书、报纸、杂志、音像制品、电子出版物；④饲料、化肥、农药、农机、农膜；⑤国务院规定的其他货物。

3.增值税零税率

纳税人出口货物，税率为零，国务院另有规定的除外。

4.增值税的征收率

所有小规模纳税人一律适用3%的增值税征收率。根据《增值税暂行条例》第三条的规定，纳税人兼营不同税率的货物或者应税劳务，应当分别核算不同税率货物或者应税劳务的销售额；未分别核算销售额的，从高适用税率。

（六）增值税的税额计算

1.一般纳税人增值税应纳税额的计算

一般纳税人增值税应纳税额的计算一般采用税款抵扣的方法，即纳税人当期销售货物或提供应税劳务，按当期销项税额抵扣当期进项税额后的余额确定其增值税应纳税额。根据《增值税暂行条例》第四、五条的规定，计算公式为：

$$应纳税额 = 当期销项税额 - 当期进项税额$$
$$= 当期销售额 \times 税率 - 当期进项税额$$

其中，增值税销售额为纳税人销售货物或者提供应税劳务从购买方或承受应税劳务方收取的全部价款和一切价外费用，但是不包括收取的销项税额。进项税额为纳税人购进货物或者接受应税劳务支付或者负担的增值税额。实际上，增值税的销项税额与进项税额是相对的概念，一般纳税人在同一笔业务中，销售方取得的销项税额就是购买方支付的进项税额。从上述公式中可以看出，当期销售额、销项税额和进项税额的正确计算直接影响增值税应纳税额的确定。

（1）增值税当期销售额的确定。

①纳税人使用增值税专用发票，向购买方销售货物或提供应税劳务收取的价款和增值税税款在发票上分别注明的，销售额为增值税专用发票上注明的价款。

②纳税人销售货物或者提供应税劳务，采用销售额和销项税额合并定价方法的，按下列公式计算销售额：

$$销售额 = 含税销售额 / （1+ 税率）$$

一般纳税人向购买方收取的价外费用和逾期包装物的押金，属于含增值税销售额。一般纳税人将货物或应税劳务销售给消费者或小规模纳税人，无法开具增值税专用发票，只能开具普通发票，此时的销售额属于含增值税销售额。在计算增值税应纳税额时，应将含税销售额换算成不含税销售额。

③混合销售且应当征收增值税的行为，其销售额为销售货物与非应税劳务的销售额之和。

④兼营非应税劳务且应当征收增值税的行为，其销售额为销售货物或应税劳务与非应税劳务的销售额之和。

⑤视同销售行为且无销售额的以及纳税人销售货物或者提供应税劳务的价格明显偏低并无正当理由的，由主管税务机关按下列顺序核定其销售额：按纳税人最近时期同类货物的平均销售价格确定；按其他纳税人最近时期同类货物的平均销售价格确定；按组成计税价格确定。组成计税价格的公式为：

$$组成计税价格 = 成本 × （1+ 成本利润率）$$

如果核定销售额的货物属于应征消费税的货物，其组成计税价格中还应当加计消费税额。则计算公式为：

$$组成计税价格 = 成本 × （1+ 成本利润率）+ 消费税税额$$

或

$$组成计税价格 = 成本 × （1+ 成本利润率）/ （1- 消费税税率）$$

公式中的成本是指：销售自产货物的为实际生产成本，销售外购货物的为实际采购成本。公式中的成本利润率由国家税务总局统一确定。

（2）增值税当期进项税额的确定。

①根据《增值税暂行条例》第八条的规定，下列进项税额准予从销项税额中抵扣：一是一般纳税人购进货物或接受应税劳务，从销售方取得的增值税专用发票上注明的增值税额；二是一般纳税人进口货物，从海关取得的海关进口增值税专用缴款书上注明的增值税额；三是一般纳税人免税购进农产品，除取得增值税专用发票或者海关进口增值税专用缴款书外，按照农产品收购发票或者销售发票上注明的农产品买价和11%的扣除率计算的进项税额，进项税额计算公式：进项税额＝买价×扣除率；四是自境外单位或者个人购进劳务、服务、无形资产或者境内的不动产，从税务机关或者扣缴义务人取得的代扣缴税款的完税凭证上注明的增值税额。准予抵扣的项目和扣除率的调整，由国务院决定。

②根据《增值税暂行条例》第十条的规定，下列项目的进项税额不得从销项税额中抵扣：一是用于简易计税方法、计税项目、免增值税项目、集体福利或者个人消费的购进货物、劳务、服务、无形资产和不动产；二是非正常损失的购进货物，以及相关的劳务和交通运输服务；三是非正常损失的在产品、产成品所耗用的购进货物（不包括固定资产）、劳务和交通运输服务；四是国务院规定其他项目。

2.小规模纳税人增值税应纳税额的计算

根据《增值税暂行条例》第十一条的规定，小规模纳税人发生应税销售行为，实行按照销售额和征收率计算应纳税额的简易办法，并不得抵扣进项税额。应纳税额计算公式：

$$应纳税额＝销售额×征收率$$

其中"销售额"为不含税销售额。如果采用销售额和增值税销项税额合并定价方法的，要分离出不含税销售额，计算公式为：

$$应纳税额＝含税销售额/（1+征收率）$$

3.进口货物增值税应纳税额的计算

根据《增值税暂行条例》第十四条的规定，纳税人进口货物，以组成计税价格为依据，乘以税率计算增值税应纳税额，不得抵扣进项税额。计算公式为：

$$组成计税价格＝关税完税价格＋关税＋消费税$$
$$应纳税额＝组成计税价格×税率$$

（七）增值税纳税义务的发生时间、纳税地点和纳税期限

1. 增值税纳税义务的发生时间

根据《增值税暂行条例》第十九条的规定，增值税纳税义务发生时间为：①发生应税销售行为，为收讫销售款项或者取得索取销售款项凭据的当天；先开具发票的，为开具发票的当天。②进口货物，为报关进口的当天。增值税扣缴义务发生时间为纳税人增值税纳税义务发生的当天。

其中收讫销售款项或者取得索取销售款项凭据的当天，按销售结算方式的不同，具体为：

（1）采取直接收款方式销售货物，不论货物是否发出，均为收到销售款或者取得索取销售款凭据的当天。

（2）采取托收承付和委托银行收款方式销售货物，为发出货物并办妥托收手续的当天。

（3）采取赊销和分期收款方式销售货物，为书面合同约定的收款日期的当天，无书面合同的或者书面合同没有约定收款日期的，为货物发出的当天。

（4）采取预收货款方式销售货物，为货物发出的当天，但生产销售生产工期超过 12 个月的大型机械设备、船舶、飞机等货物，为收到预收款或者书面合同约定的收款日期的当天。

（5）委托其他纳税人代销货物，为收到代销单位的代销清单或者收到全部或者部分货款的当天。未收到代销清单及货款的，为发出代销货物满 180 天的当天。

（6）销售应税劳务，为提供劳务同时收讫销售款或者取得索取销售款的凭据的当天。

（7）纳税人发生视同销售货物行为，为货物移送的当天。

2. 增值税的纳税地点

根据《增值税暂行条例》第二十二条的规定，增值税纳税地点为：①固定业户应当向其机构所在地的主管税务机关申报纳税。总机构和分支机构不在同一县(市)的，应当分别向各自所在地的主管税务机关申报纳税；经国务院财政、税务主管部门或者其授权的财政、税务机关批准，可以由总机构汇总向总机构所在地的主管税务机关申报纳税。②固定业户到外县（市）销售货物或者应税劳务，应当向其机构所在地的主管税务机关申请开具外出经营活动税收管理证明，并向其机构所在地的主管税务机关申报纳税；未开具证明的，应当向销售地或者劳务发生地的主管税务机关申报纳税；未向销售地或者劳务发生地的主

管税务机关申报纳税的，由其机构所在地的主管税务机关补征税款。③非固定业户销售货物或者应税劳务，应当向销售地或者劳务发生地的主管税务机关申报纳税；未向销售地或者劳务发生地的主管税务机关申报纳税的，由其机构所在地或者居住地的主管税务机关补征税款。④进口货物，应当向报关地海关申报纳税。扣缴义务人应当向其机构所在地或者居住地的主管税务机关申报缴纳其扣缴的税款。

3. 增值税的纳税期限

根据《增值税暂行条例》第二十三条的规定，增值税的纳税期限分别为1日、3日、5日、10日、15日、1个月或者1个季度。纳税人的具体纳税期限，由主管税务机关根据纳税人应纳税额的大小分别核定；不能按照固定期限纳税的，可以按次纳税。纳税人以1个月或者1个季度为1个纳税期的，自期满之日起15日内申报纳税；以1日、3日、5日、10日或者15日为1个纳税期的，自期满之日起5日内预缴税款，于次月1日起15日内申报纳税并结清上月应纳税款。扣缴义务人解缴税款的期限，依照前述规定执行。

纳税人进口货物，应当自海关填发海关进口增值税专用缴款书之日起15日内缴纳税款。

二、消费税法律制度

（一）消费税的含义

消费税是指针对特定消费品和消费行为在特定环节征收的一种流转税，即对在我国境内从事生产、委托加工及进口应税消费品的单位和个人，就其消费品的销售额或销售数量或者销售额与销售数量相结合征收的一种税。

（二）消费税的纳税人

消费税的纳税人是指在中国境内生产、委托加工和进口应税消费品的单位和个人，以及国务院确定的销售应税消费品的其他单位和个人。

（三）消费税的征税范围

设定消费税主要是为了限制某些奢侈品和高能耗产品的生产，引导正确消费。我国消费税的征税范围随着我国经济的发展在不断调整，目前消费税的征税范围包括烟、酒及酒精、化妆品、贵重首饰及珠宝玉石、鞭炮和焰火、成品油、汽车轮胎、摩托车、小汽车、高尔夫球及球具、高档手表、游艇、木制一次性筷子、实木地板等14种。

（四）消费税的税率

消费税实行定额税率和比例税率，根据应税消费品的不同，消费税采用三种计税方法，分别为从价定率、从量定额和从价定率与从量定额相结合的复合计税方法。目前我国消费税主要采用从价定率的比例税率，定额税率仅限于黄酒、啤酒和成品油等，而从价定率与从量定额相结合的复合计税方法仅限于卷烟、白酒。

根据《中华人民共和国消费税暂行条例》（简称《消费税暂行条例》）第三条的规定，纳税人兼营不同税率的应当缴纳消费税的消费品（以下简称应税消费品），应当分别核算不同税率应税消费品的销售额、销售数量；未分别核算销售额、销售数量，或者将不同税率的应税消费品组成成套消费品销售的，从高适用税率。

（五）消费税税额的计算

根据《消费税暂行条例》第五条的规定，消费税实行从价定率、从量定额，或者从价定率和从量定额复合计税（以下简称复合计税）的办法计算应纳税额。应纳税额计算公式：

实行从价定率办法计算的应纳税额 = 销售额（或组成计税价格）× 比例税率

实行从量定额办法计算的应纳税额 = 销售数量 × 定额税额

实行复合计税办法计算的应纳税额 = 销售数量 × 定额税额 + 销售额（或组成计税价格）× 比例税率

1. 消费税销售额和销售数量的确定

（1）实行从价定率征税的应税消费品，消费税的销售额为含消费税而不含增值税的销售额。

第一，销售应税消费品销售额的确定。应税消费品销售额是纳税人销售应税消费品向购买方收取的全部价款和价外费用。上述销售额不包括应向购货方收取的增值税税款。如果应税消费品的销售额实行价款和增值税款合并收取的，在计算消费税时，应当换算为不含增值税税款的销售额。换算公式为：

应税消费品的销售额 = 含增值税的销售额 /（1+ 增值税率或征收率）

例如：某汽车制造厂向一客户销售汽车一辆，收到货款（含增值税）25.08万元，另支付设计费 3 万元。则计算该汽车的消费税时销售额 =（25.08+3）/（1+17%）=24（万元）。

第二，自产自用应税消费品销售额的确定。根据《消费税暂行条例》第七条的规定，纳税人自产自用的应税消费品，按照纳税人生产的同类消费品的销售价格计算纳税；没有同类消费品销售价格的，以组成计税价格为计税依据。计算公式为：

$$组成计税价格 = （成本 + 利润）/（1- 比例税率）$$
$$= 成本 \times （1+ 成本利润率）/（1- 比例税率）$$

其中"成本"是指应税消费品的产品生产成本。"利润"是指根据应税消费品的全国平均成本利润率计算的利润。应税消费品全国平均成本利润率由国家税务总局确定。

第三，委托加工应税消费品销售额的确定。根据《消费税暂行条例》第八条的规定，委托加工的应税消费品按照受托方同类消费品的销售价格计算纳税；没有同类消费品销售价格的，按组成计税价格计算纳税，计算公式为：

$$组成计税价格 = （材料成本 + 加工费）/（1- 比例税率）$$

第四，进口应税消费品组成计税价格的确定。根据《消费税暂行条例》第九条的规定，进口的应税消费品，按照组成计税价格计算纳税，计算方法为：

$$组成计税价格 = （关税完税价格 + 关税）/（1- 消费税比例税率）$$

第五，根据《消费税暂行条例》第十条的规定，纳税人应税消费品的计税价格明显偏低并无正当理由的，由主管税务机关核定其计税价格。

（2）实行从量定额征税的，消费税的销售数量是销售应税消费品的实际销售数量：①自产自用应税消费品的，为应税消费品的移送使用数量；②委托加工应税消费品的，为纳税人收回的应税消费品数量；③进口应税消费品的，为海关核定的应税消费品进口征税数量。

（3）实行从量定额与从价定率相结合的复合计税方法征税的，消费税销售额和销售数量分别是不含增值税的销售额和实际销售数量。

2. 消费税应纳税额的计算

（1）各应纳税额计算公式如下：

实行从价定率办法计算的应纳税额 = 销售额（或组成计税价格）× 比例税率

实行从量定额办法计算的应纳税额 = 销售数量 × 单位税额

实行复合计税办法计算的应纳税额 = 销售数量 × 单位税额 + 销售额（或组成计税价格）× 比例税率

（2）外购和委托加工收回的应税消费品已纳消费税的抵扣。外购和委托加工收回规定的应税消费品，用于连续生产应税消费品的，已经缴纳的或者被代扣代缴的消费税税款准予从应纳的消费税税额中抵扣。

（六）消费税纳税义务的发生时间、纳税地点和纳税期限

1. 消费税纳税义务的发生时间

（1）纳税人生产应税消费品，均于纳税人销售时纳税。根据销售和结算方式有所不同：①采取赊销和分期收款结算方式的，其纳税义务的发生时间为书面合同约定的收款日期的当天，书面合同没有约定收款日期或者无书面合同的，为发出应税消费品的当天；②采取预收货款结算方式的，其纳税义务的发生时间为发出应税消费品的当天；③采取托收承付和委托银行收款方式的，其纳税义务的发生时间为发出应税消费品并办妥托收手续的当天；④采取其他结算方式的，其纳税义务的发生时间为收讫销售款或者取得索取销售款凭据的当天。除铂金首饰在生产环节纳税外，其他金银首饰消费税在零售环节纳税，其纳税义务发生时间为收讫销货款或取得索取销货款凭据的当天。

（2）纳税人自产自用应税消费品的，其纳税义务的发生时间为移送使用的当天。

（3）委托加工的应税消费品，除受托方为个人外，由受托方向委托方交货时代收代缴消费税税款。

（4）纳税人进口应税消费品的，由报关进口人在报关进口时纳税。其纳税义务的发生时间，为报关进口的当天。

2. 消费税的纳税地点

消费税由税务机关征收，进口的应税消费品的消费税由海关代征。

个人携带或者邮寄进境的应税消费品的消费税，连同关税一并计征。具体办法由国务院关税税则委员会会同有关部门制定。

纳税人销售的应税消费品，以及自产自用的应税消费品，除国务院财政、税务主管部门另有规定外，应当向纳税人机构所在地或者居住地的主管税务机关申报纳税。

委托加工的应税消费品，除受托方为个人外，由受托方向机构所在地或者居住地的主管税务机关解缴消费税税款。委托个人加工的应税消费品，由委托方向其机构所在地或者居住地主管税务机关申报纳税。

进口的应税消费品，应当向报关地海关申报纳税。

3. 消费税的纳税期限

消费税的纳税期限分别为 1 日、3 日、5 日、10 日、15 日、1 个月或者 1 个季度。纳税人的具体纳税期限，由主管税务机关根据纳税人应纳税额的大小分别核定；不能按照固定期限纳税的，可以按次纳税。纳税人以 1 个月或者 1 个季度为 1 个纳税期的，自期满之日起 15 日内申报纳税；以 1 日、3 日、5 日、10 日或者 15 日为 1 个纳税期的，自期满之日起 5 日内预缴税款，于次月 1 日起 15 日内申报纳税并结清上月应纳税款。

纳税人进口应税消费品，应当自海关填发海关进口消费税专用缴款书之日起 15 日内缴纳税款。

三、营业税法律制度

（一）营业税的含义

营业税是指对在我国境内提供应税劳务、转让无形资产和销售不动产的单位和个人，就其取得的营业收入额或者销售额征收的一种流转税。

（二）营业税的纳税人

营业税的纳税人是指在中国境内提供应税劳务、转让无形资产或者销售不动产的单位和个人。

（三）营业税的征税范围

1. 一般征税范围

营业税的征税范围包括在中国境内（以下简称境内）提供应税劳务、转让无形资产或销售不动产的单位和个人，就其所取得的营业额征收的一种税。

这里的应税劳务是指属于交通运输业、建筑业、金融保险业、邮电通信业、文化体育业、娱乐业、服务业税目征收范围的劳务。

2. 资产和销售不动产视同发生应税行为而应当征收营业税的行为

《中华人民共和国营业税暂行条例实施细则》（简称《营业税暂行条例实施细则》）第五条规定，纳税人有下列情形之一的，视同发生应税行为：①单位或者个人将不动产或者土地使用权无偿赠送其他单位或者个人；②单位或者个人自己新建（以下简称自建）建筑物后销售，其所发生的自建行为；③财政部、国家税务总局规定的其他情形。

3. 混合销售行为

《营业税暂行条例实施细则》第六条规定，一项销售行为如果既涉及应税劳务又涉及货物，为混合销售行为。除该细则第七条的规定外，从事货物的生产、批发或者零售的企业、企业性单位和个体工商户的混合销售行为，视为销售货物，不缴纳营业税；其他单位和个人的混合销售行为，视为提供应税劳务，缴纳营业税。

4. 兼营应税行为和货物或者非应税劳务

纳税人兼营应税行为和货物或者非应税劳务的，应当分别核算应税行为的营业额和货物或者非应税劳务的销售额，其应税行为的营业额缴纳营业税，货物或者非应税劳务的销售额不缴纳营业税。未分别核算的，由主管税务机关核定其应税行为营业额。

（四）营业税的免税项目

根据《中华人民共和国营业税暂行条例》（简称《营业税暂行条例》）第八条的规定，下列项目免征营业税：

（1）托儿所、幼儿园、养老院、残疾人福利机构提供的育养服务、婚姻介绍、殡葬服务。

（2）残疾人员个人提供的劳务。

（3）医院、诊所和其他医疗机构提供的医疗服务。

（4）学校和其他教育机构提供的教育劳务，学生勤工俭学提供的劳务。

（5）农业机耕、排灌、病虫害防治、植物保护、农牧保险以及相关技术培训业务，家禽、牲畜、水生动物的配种和疾病防治。

（6）纪念馆、博物馆、文化馆、文物保护单位管理机构、美术馆、展览馆、书画院、图书馆举办文化活动的门票收入，宗教场所举办文化、宗教活动的门票收入。

（7）境内保险机构为出口货物提供的保险产品。

（五）营业税的税率

营业税针对不同行业实行比例税率，分为3%、5%和5%~20%三种。其中交通运输业、建筑业、邮电通信业和文化体育业适用3%的税率，金融保险业、服务业、转让无形资产和销售不动产适用5%的税率，娱乐业适用5%~20%的浮动税率。

根据《营业税暂行条例》第二条的规定，营业税的税目、税率，依照《营业税税目税率表》（见表 7-1）执行。

表 7-1　营业税税目税率表

税目	税率
一、交通运输业	3%
二、建筑业	3%
三、金融保险业	5%
四、邮电通信业	3%
五、文化体育业	3%
六、娱乐业	5% ~ 20%
七、服务业	5%
八、转让无形资产	5%
九、销售不动产	5%

根据《营业税暂行条例》第三条的规定，纳税人兼有不同税目的应当缴纳营业税的劳务（以下简称应税劳务）、转让无形资产或者销售不动产，应当分别核算不同税目的营业额、转让额、销售额（以下统称营业额）；未分别核算营业额的，从高适用税率。

（六）营业税的税额计算

根据《营业税暂行条例》第四条的规定，纳税人提供应税劳务、转让无形资产或者销售不动产，按照营业额和规定的税率计算应纳税额。应纳税额计算公式：

应纳税额＝营业额 × 税率

《营业税暂行条例》第五条规定，纳税人的营业额为纳税人提供应税劳务、转让无形资产或者销售不动产收取的全部价款和价外费用。但是，下列情形除外：

（1）纳税人将承揽的运输业务分给其他单位或者个人的，以其取得的全部价款和价外费用扣除其支付给其他单位或者个人的运输费用后的余额为营业额。

（3）纳税人从事旅游业务的，以其取得的全部价款和价外费用扣除替旅游者支付给其他单位或者个人的住宿费、餐费、交通费、旅游景点门票和支付给其他接团旅游企业的旅游费后的余额为营业额。

（3）纳税人将建筑工程分包给其他单位的，以其取得的全部价款和价外费用扣除其支付给其他单位的分包款后的余额为营业额。

（4）外汇、有价证券、期货等金融商品买卖业务，以卖出价减去买入价后的余额为营业额。

（5）国务院财政、税务主管部门规定的其他情形。

《营业税暂行条例》第六条规定，纳税人按照该条例第五条规定扣除有关项目，取得的凭证不符合法律、行政法规或者国务院税务主管部门有关规定的，该项目金额不得扣除。

纳税人的营业额计算。缴纳营业税后因发生退款减除营业额的，应当退还已缴纳营业税税款或者从纳税人以后的应缴纳营业税税额中减除。

纳税人发生应税行为，如果将价款与折扣额在同一张发票上注明的，以折扣后的价款为营业额；如果将折扣额另开发票的，不论其在财务上如何处理，均不得从营业额中扣除。

纳税人提供建筑业劳务（不含装饰劳务）的，其营业额应当包括工程所用原材料、设备及其他物资和动力价款在内，但不包括建设方提供的设备的价款。

娱乐业的营业额为经营娱乐业收取的全部价款和价外费用，包括门票收费、台位费、点歌费、烟酒、饮料、茶水、鲜花、小吃等收费及经营娱乐业的其他各项收费。

纳税人提供应税劳务、转让无形资产或者销售不动产的价格明显偏低并无正当理由的，或者出现视同发生应税行为而无营业额的，应当由主管税务机关按下列顺序核定其营业额：①按纳税人最近时期发生同类应税行为的平均价格核定；②按其他纳税人最近时期发生同类应税行为的平均价格核定；③按下列公式核定：营业额＝营业成本或者工程成本 ×（1+ 成本利润率）/（1- 营业税税率）。

（七）营业税的起征点

《营业税暂行条例》第十条规定，营业税起征点的适用范围限于个人。纳税人营业额未达到国务院财政、税务主管部门规定的营业税起征点的，免征营业税；达到起征点的，依照本条例规定全额计算缴纳营业税。

《营业税暂行条例实施细则》第 23 条第 3 款规定，营业税起征点的幅度规定如下：按期纳税的，为月营业额 5000~20000 元；按次纳税的，为每次（日）营业额 300 ~ 500 元。

（八）营业税的纳税时间、纳税地点和纳税期限

1. 营业税纳税义务的发生时间

《营业税暂行条例》第十二条规定，营业税纳税义务发生时间为纳税人提

供应税劳务、转让无形资产或者销售不动产并收讫营业收入款项或者取得索取营业收入款项凭据的当天。国务院财政、税务主管部门另有规定的，从其规定。营业税扣缴义务发生时间为纳税人营业税纳税义务发生的当天。

2. 营业税的纳税地点

《营业税暂行条例》第十四条规定，营业税纳税地点为：①纳税人提供应税劳务应当向其机构所在地或者居住地的主管税务机关申报纳税。但是，纳税人提供的建筑业劳务以及国务院财政、税务主管部门规定的其他应税劳务，应当向应税劳务发生地的主管税务机关申报纳税。②纳税人转让无形资产应当向其机构所在地或者居住地的主管税务机关申报纳税。但是，纳税人转让、出租土地使用权，应当向土地所在地的主管税务机关申报纳税。③纳税人销售、出租不动产应当向不动产所在地的主管税务机关申报纳税。扣缴义务人应当向其机构所在地或者居住地的主管税务机关申报缴纳其扣缴的税款。

3. 营业税的纳税期限

《营业税暂行条例》第十五条规定，营业税的纳税期限分别为 5 日、10 日、15 日、1 个月或者 1 个季度。纳税人的具体纳税期限，由主管税务机关根据纳税人应纳税额的大小分别核定；不能按照固定期限纳税的，可以按次纳税。纳税人以 1 个月或者 1 个季度为一个纳税期的，自期满之日起 15 日内申报纳税；以 5 日、10 日或者 15 日为一个纳税期的，自期满之日起 5 日内预缴税款，于次月 1 日起 15 日内申报纳税并结清上月应纳税款。扣缴义务人解缴税款的期限，依照前述规定执行。

2011 年下半年，国家率先在上海市交通运输业和部分现代服务业开展营业税改征增值税试点工作，2012 年 8 月 1 日起至年底，此项改革试点范围已由上海市扩大至北京、天津等 10 省市。

第二节　所得类税法律制度

一、企业所得税法律制度

（一）企业所得税的含义

企业所得税是指对中国境内的企业和其他取得收入的组织取得的生产经营

所得和其他所得征收的一种税。

(二) 企业所得税的纳税人

企业所得税的纳税人是指在中国境内的企业和其他取得收入的组织(以下统称企业),但不包括个人独资企业和合伙企业。

根据《中华人民共和国企业所得税法》(简称《企业所得税法》)第二条的规定,企业分为居民企业和非居民企业。居民企业是指依法在中国境内成立,或者依照外国(地区)法律成立但实际管理机构在中国境内的企业,包括依照中国法律、行政法规在中国境内成立的企业、事业单位、社会团体以及其他取得收入的组织,以及依照外国(地区)法律成立的企业和其他取得收入的组织。非居民企业,是指依照外国(地区)法律成立且实际管理机构不在中国境内,但在中国境内设立机构、场所的,或者在中国境内未设立机构、场所,但有来源于中国境内所得的企业。

(三) 企业所得税的征税范围

根据《企业所得税法》第三条的规定,居民企业应当就其来源于中国境内、境外的所得缴纳企业所得税。所得,包括销售货物所得、提供劳务所得、转让财产所得、股息红利等权益性投资所得、利息所得、租金所得、特许权使用费所得、接受捐赠所得和其他所得。

非居民企业在中国境内设立机构、场所的,应当就其所设机构、场所取得的来源于中国境内的所得,以及发生在中国境外但与其所设机构、场所有实际联系的所得,缴纳企业所得税。非居民企业在中国境内未设立机构、场所的,或者虽设立机构、场所但取得的所得与其所设机构、场所没有实际联系的,应当就其来源于中国境内的所得缴纳企业所得税。

(四) 企业所得税的税率

企业所得税适用比例税率,根据纳税人的性质不同,分为基本税率、低税率和优惠税率。

1. 基本税率

企业所得税的基本税率为25%,适用于居民企业和在中国境内设立机构、场所且取得的所得与其所设机构、场所有实际联系的非居民企业。

2. 低税率

低税率为20%,适用于在中国境内未设立机构、场所,或者虽设立机构、场所但取得的所得与其所设机构、场所没有实际联系的非居民企业。

3. 优惠税率

符合条件的小型微利企业，减按 20% 的税率征收企业所得税。国家需要重点扶持的高新技术企业，减按 15% 的税率征收企业所得税。

（五）企业所得税应纳税额的计算

企业所得税应纳税额，按纳税人应纳税所得额乘以适用税率计算。具体来说：企业的应纳税所得额乘以适用税率，减除依法规定减免和抵免的税额后的余额，为应纳税额。

企业的应纳税所得额是指纳税人每一纳税年度的收入总额，减除不征税收入、免税收入、各项扣除项目的金额以及允许弥补的以前年度亏损后的余额。计算公式为：

应纳税所得额 = 每一纳税年度的收入总额 − 不征税收入 − 免税收入 − 各项扣除项目 − 允许弥补的以前年度亏损

非居民企业有《企业所得税法》第三条第三款规定的所得的，按照下列方法计算其应纳税所得额：股息、红利等权益性投资收益和利息、租金、特许权使用费所得，以收入全额为应纳税所得额；转让财产所得，以收入全额减除财产净值后的余额为应纳税所得额；其他所得，参照前述规定的方法计算应纳税所得额。

1. 收入总额

（1）企业以货币形式和非货币形式从各种来源取得的收入，为收入总额。根据《企业所得税法》第六条的规定，具体包括：①销售货物收入；②提供劳务收入；③转让财产收入；④股息、红利等权益性投资收益；⑤利息收入；⑥租金收入；⑦特许权使用费收入；⑧接受捐赠收入；⑨其他收入。

（2）根据《企业所得税法》第七条的规定，收入总额中的下列收入为不征税收入：①财政拨款；②依法收取并纳入财政管理的行政事业性收费、政府性基金；③国务院规定的其他不征税收入。

（3）根据《企业所得税法》第二十六条的规定，企业的下列收入为免税收入：①国债利息收入；②符合条件的居民企业之间的股息、红利等权益性投资收益；③在中国境内设立机构、场所的非居民企业从居民企业取得与该机构、场所有实际联系的股息、红利等权益性投资收益；④符合条件的非营利组织的收入。

2. 准予扣除的项目。

（1）根据《企业所得税法》第八条的规定，企业实际发生的与取得收入有关的、合理的支出，包括成本、费用、税金、损失和其他支出，准予在计算应纳税所得额时扣除。成本是指企业在生产经营活动中发生的销售成本、销货成本、业务支出以及其他耗费。费用是指企业在生产经营活动中发生的销售费用、管理费用和财务费用，已经计入成本的有关费用除外。税金是指企业发生的除企业所得税和允许抵扣的增值税以外的各项税金及其附加。损失是指企业在生产经营活动中发生的固定资产和存货的盘亏、毁损、报废损失，转让财产损失，呆账损失，坏账损失，自然灾害等不可抗力因素造成的损失以及其他损失。其他支出是指除成本、费用、税金、损失外，企业在生产经营活动中发生的与生产经营活动有关的、合理的支出。

下列项目按税法规定的标准和比率扣除：①工资薪金；②借款费用；③公益、救济性捐赠；④广告费和业务宣传费；⑤业务招待费；⑥保险（基金）费用；⑦租入固定资产租赁费；⑧坏账损失；⑨职工福利费、工会经费和职工教育经费；⑩劳动保护支出。

（2）根据《企业所得税法》第九条的规定，企业发生的公益性捐赠支出，在年度利润总额12%以内的部分，准予在计算应纳税所得额时扣除。超过年利润总额12%的部分，准予结转以后三年内在计算应纳税所得额时扣除。

（3）在计算应纳税所得额时，企业按照规定计算的固定资产折旧，准予扣除。

（4）在计算应纳税所得额时，企业按照规定计算的无形资产摊销费用，准予扣除。

（5）在计算应纳税所得额时，企业发生的下列支出作为长期待摊费用，按照规定摊销的，准予扣除：①已足额提取折旧的固定资产的改建支出；②租入固定资产的改建支出；③固定资产的大修理支出；④其他应当作为长期待摊费用的支出。

（6）企业使用或者销售存货，按照规定计算的存货成本，准予在计算应纳税所得额时扣除。

（7）企业转让资产，该项资产的净值，准予在计算应纳税所得额时扣除。

（8）企业的下列支出，可以在计算应纳税所得额时加计扣除：开发新技术、新产品、新工艺发生的研究开发费用；安置残疾人员及国家鼓励安置的其他就业人员所支付的工资。

3. 不得扣除的项目

（1）根据《企业所得税法》第十条的规定，在计算应纳税所得额时，下列支出不得扣除：①向投资者支付的股息、红利等权益性投资收益款项；②企业所得税税款；③税收滞纳金；④罚金、罚款和被没收财物的损失；⑤准予扣除的公益性捐赠支出以外的捐赠支出；⑥赞助支出；⑦未经核定的准备金支出；⑧与取得收入无关的其他支出。

（2）根据《企业所得税法》第十一条第二款的规定，下列固定资产不得计算折旧扣除：①房屋、建筑物以外未投入使用的固定资产；②以经营租赁方式租入的固定资产；③以融资租赁方式租出的固定资产；④已足额提取折旧仍继续使用的固定资产；⑤与经营活动无关的固定资产；⑥单独估价作为固定资产入账的土地；⑦其他不得计算折旧扣除的固定资产。

（3）根据《企业所得税法》第十二条第二款的规定，下列无形资产不得计算摊销费用扣除：①自行开发的支出已在计算应纳税所得额时扣除的无形资产；②自创商誉；③与经营活动无关的无形资产；④其他不得计算摊销费用扣除的无形资产。

（4）企业对外投资期间，投资资产的成本在计算应纳税所得额时不得扣除。

（5）企业在汇总计算缴纳企业所得税时，其境外营业机构的亏损不得抵减境内营业机构的盈利。

4. 弥补亏损

企业纳税年度发生的亏损，准予向以后年度结转，用以后年度的所得进行弥补，但结转年限最长不得超过5年。

5. 应纳税额的计算

根据《企业所得税法》第二十二条的规定，企业的应纳税所得额乘以适用税率，减除依照该法关于税收优惠的减免和抵免的税额后的余额，为应纳税额。计算公式为：

应纳税额＝应纳税所得额×税率－减免和抵免税额

《企业所得税法》第二十三条规定，企业取得的下列所得已在境外缴纳所得税税额，可以从其当期应纳税额中抵免，抵免限额为该项所得依照该法规定计算的应纳税额；超过抵免限额的部分，可以在以后5个年度内，用每年度抵免限额抵免当年应抵税额后的余额进行抵补：居民企业来源于中国境外的应税所得；非居民企业在中国境内设立机构、场所，取得发生在中国境外但与该机构、场所有实际联系的应税所得。

居民企业从其直接或者间接控制的外国企业分得的来源于中国境外的股息、红利等权益性投资收益，外国企业在境外实际缴纳的所得税税额中属于该项所得负担的部分，可以作为该居民企业的可抵免境外所得税税额，在上述规定的抵免限额内抵免。

（六）企业所得税的征收方式、纳税地点和税款缴纳

1. 企业所得税的征收方式

企业所得税按纳税年度计算。纳税年度自公历1月1日起至12月31日止。

企业在一个纳税年度中间开业，或者终止经营活动，使该纳税年度的实际经营期不足12个月的，应当以其实际经营期为一个纳税年度。

企业依法清算时，应当以清算期间作为一个纳税年度。

2. 企业所得税的纳税地点

除税收法律、行政法规另有规定外，居民企业以企业登记注册地为纳税地点；但登记注册地在境外的，以实际管理机构所在地为纳税地点。居民企业在中国境内设立不具有法人资格的营业机构的，应当汇总计算并缴纳企业所得税。

非居民企业在中国境内设立机构、场所的，其所设机构、场所取得的来源于中国境内的所得，以及发生在中国境外但与其所设机构、场所有实际联系的所得，以机构、场所所在地为纳税地点。非居民企业在中国境内设立两个或者两个以上机构、场所的，经税务机关审核批准，可以选择由其主要机构、场所汇总缴纳企业所得税。非居民企业在中国境内未设立机构、场所的，或者虽设立机构、场所但取得的所得与其所设机构、场所没有实际联系的，其来源于中国境内的所得缴纳企业所得税，以扣缴义务人所在地为纳税地点。

3. 企业所得税的税款缴纳

企业所得税的缴纳实行按年计算，分月或分季预缴的办法。月份或者季度终了后15日内预缴，年度终了后5个月内汇算清缴，多退少补。

企业应当自月份或者季度终了之日起15日内，向税务机关报送预缴企业所得税纳税申报表，预缴税款。企业应当自年度终了之日起5个月内，向税务机关报送年度企业所得税纳税申报表，并汇算清缴，结清应缴应退税款。企业在报送企业所得税纳税申报表时，应当按照规定附送财务会计报告和其他有关资料。

企业在年度中间终止经营活动的，应当自实际经营终止之日起60日内，向税务机关办理当期企业所得税汇算清缴。

企业应当在办理注销登记前，就其清算所得向税务机关申报并依法缴纳企业所得税。

企业缴纳企业所得税的税款以人民币计算。所得以人民币以外的货币计算的，应当折合成人民币计算并缴纳税款。

除国务院另有规定外，企业之间不得合并缴纳企业所得税。

二、个人所得税

（一）个人所得税的含义

个人所得税是指对个人在法定地域范围内取得的全部所得征收的一种税。

（二）个人所得税的纳税人和扣缴义务人

个人所得税以所得人为纳税义务人，以支付所得的单位或者个人为扣缴义务人。

1. 纳税人

个人所得税的纳税义务人包括中国公民、个体工商户、合伙企业、个人独资企业以及在中国有所得的外籍人员（包括无国籍人员）和我国香港、澳门、台湾地区同胞。

个人所得税的纳税人根据住所和居住时间划分为居民纳税人和非居民纳税人。居民纳税人是指在中国境内有住所，或者虽无住所但在境内居住满1年的个人，此类纳税人应当就从中国境内和境外取得的全部所得纳税。非居民纳税人是指在中国境内无住所又不居住或者在中国境内无住所且居住不满1年的个人，此类纳税人只就来源于中国境内的所得纳税。

2. 扣缴义务人

为纳税人支付所得的单位或者个人是个人所得税的扣缴义务人。扣缴义务人应当按照国家规定办理全员全额扣缴申报。

（三）个人所得税的征税范围

（1）工资、薪金所得，包括个人因任职或者受雇而取得的工资、薪金、奖金、年终加薪、劳动分红、津贴、补贴以及与任职或者受雇有关的其他所得。

（2）个体工商户的生产、经营所得，包括：个体工商户从事工业、手工业、建筑业、交通运输业、商业、饮食业、服务业、修理业以及其他行业生产、经营取得的所得；个人经政府有关部门批准，取得执照，从事办学、医疗、咨询以及其他有偿服务活动取得的所得；其他个人从事个体工商业生产、经营取得的所得；上述个体工商户和个人取得的与生产、经营有关的各项应纳税所得。

（3）对企事业单位的承包经营、承租经营所得，是指个人承包经营、承租经营以及转包、转租取得的所得，包括个人按月或者按次取得的工资、薪金性质的所得。

（4）劳务报酬所得，是指个人从事设计、装潢、安装、制图、化验、测试、医疗、法律、会计、咨询、讲学、新闻、广播、翻译、审稿、书画、雕刻、影视、录音、录像、演出、表演、广告、展览、技术服务、介绍服务、经纪服务、代办服务以及其他劳务取得的所得。

（5）稿酬所得，是指个人因其作品以图书、报刊形式出版、发表而取得的所得。

（6）特许权使用费所得，是指个人提供专利权、商标权、著作权、非专利技术以及其他特许权的使用权取得的所得；提供著作权的使用权取得的所得不包括稿酬所得。

（7）利息、股息、红利所得，是指个人拥有债权、股权而取得的利息、股息、红利所得。

（8）财产租赁所得，是指个人出租建筑物、土地使用权、机器设备、车船以及其他财产取得的所得。

（9）财产转让所得，是指个人转让有价证券、股权、建筑物、土地使用权、机器设备、车船以及其他财产取得的所得。

（10）偶然所得，是指个人得奖、中奖、中彩以及其他偶然性质的所得。

（11）经国务院财政部门确定征税的其他所得。

此外，个人取得的所得难以界定应纳税所得项目的，应当由主管税务机关确定。

（四）个人所得税的减免项目

1. 免税项目

根据《中华人民共和国个人所得税法》（简称《个人所得税法》）第四条的规定，下列各项个人所得，免纳个人所得税：①省级人民政府、国务院部委和中国人民解放军军以上单位，以及外国组织、国际组织颁发的科学、教育、技术、文化、卫生、体育、环境保护等方面的奖金；②国债和国家发行的金融债券利息；③按照国家统一规定发给的补贴、津贴；④福利费、抚恤金、救济金；⑤保险赔款；⑥军人的转业费、复员费、退役金；⑦按照国家统一规定发给干部、职工的安家费、退职费、基本养老金或者退休费、离休费、离休生活补助费，⑧依照我国有关法律规定应予免税的各国驻华使馆、领事馆的外交代表、领事官员和其他人员的所得；⑨中国政府参加的国际公约、签订的协议中规定免税的所得；⑩经国务院规定的其他免税所得。

2. 减征项目

根据《个人所得税法》第五条的规定，有下列情形之一的，可以减征个人所得税：①残疾、孤老人员和烈属的所得；②因自然灾害遭受重大损失的；③国务院可以规定其他减税情形，报全国人民代表大会常务委员会备案。

（五）个人所得税的税率

依据征税范围的具体项目不同，个人所得税实行超额累进税率与比例税率相结合的税率。

1. 超额累进税率

工资、薪金所得以及个体工商户的生产、经营所得和对企事业单位的承包经营、承租经营所得适用超额累进税率，工资、薪金所得税率为3%~45%（税率表附后），个体工商户的生产、经营所得和对企事业单位的承包经营、承租经营所得，税率为5%~35%。

2. 比例税率

其他所得一律适用比例税率，税率为20%。

（六）个人所得税应纳税额的计算

根据《个人所得税法》第六条的规定，个人所得税应纳税所得额计算如下：

（1）居民个人的综合所得，以每一纳税年度的收入额减除费用60000元以及专项扣除、专项附加扣除和依法确定的其他扣除后的余额，为应纳税所得额。

（2）非居民个人的工资、薪金所得，以每月收入额减除费用5000元后的余额为应纳税所得额；劳务报酬所得、稿酬所得、特许权使用费所得，以每次收入额为应纳税所得额。

（3）经营所得，以每一纳税年度的收入总额减除成本、费用以及损失后的余额，为应纳税所得额。

（4）财产租赁所得，以每次收入不超过4000元的，减除费用800元；4000元以上的，减除20%的费用，其余额为应纳税所得额。

（5）财产转让所得，以转让财产的收入额减除财产原值和合理费用后的余额，为应纳税所得额。

（6）利息、股息、红利所得和偶然所得，以每次收入额为应纳税所得额。劳务报酬所得、稿酬所得、特许权使用费所得以收入减除20%的费用后的余额为收入额。稿酬所得的收入减按70%计算。

个人将其所得对教育、扶贫、济困等公益慈善事业进行捐赠，捐赠额未超过纳税人申报的应纳税所得额30%的部分，可以从其应纳税所得额中扣除；国务院规定对公益慈善事业捐赠实行全额税前扣除的，从其规定。

其中，专项扣除，包括居民个人按照国家规定的范围和标准缴纳的基本养老保险、基本医疗保险、失业保险等社会保险费和住房公积金等；专项附加扣除，包括子女教育、继续教育、大病医疗、住房贷款利息或者住房租金、赡养老人等支出，具体范围、标准和实施步骤由国务院确定，并报全国人民代表大会常务委员会备案。

（七）个人所得税的纳税申报、征收方式和纳税期限

1. 个人所得税的纳税申报

《个人所得税法》第十条规定，有下列情形之一的，纳税人应当依法办理纳税申报：

（1）取得综合所得需要办理汇算清缴。

（2）取得应税所得没有扣缴义务人。

（3）取得应税所得，扣缴义务人未扣缴税款。

（4）取得境外所得。

（5）因移居境外注销中国户籍。

（6）非居民个人在中国境内从两处以上取得工资、薪金所得。

（7）国务院规定的其他情形。

2. 个人所得税的征收方式和纳税期限

（1）居民个人取得综合所得，按年计算个人所得税；有扣缴义务人的，由扣缴义务人按月或者按次预扣预缴税款；需要办理汇算清缴的，应当在取得所得的次年3月1日至6月30日内办理汇算清缴。预扣预缴办法由国务院税务主管部门制定。

居民个人向扣缴义务人提供专项附加扣除信息的，扣缴义务人按月预扣预缴税款时应当按照规定予以扣除，不得拒绝。

非居民个人取得工资、薪金所得，劳务报酬所得，稿酬所得和特许权使用费所得，有扣缴义务人的，由扣缴义务人按月或者按次代扣代缴税款，不办理

汇算清缴。

（2）纳税人取得经营所得，按年计算个人所得税，由纳税人在月度或者季度终了后 15 日内向税务机关报送纳税申报表，并预缴税款；在取得所得的次年 3 月 31 日前办理汇算清缴。

纳税人取得利息、股息、红利所得，财产租赁所得，财产转让所得和偶然所得，按月或者按次计算个人所得税，有扣缴义务人的，由扣缴义务人按月或者按次代扣代缴税款。

（3）纳税人取得应税所得没有扣缴义务人的，应当在取得所得的次月 15 日内向税务机关报送纳税申报表，并缴纳税款。

纳税人取得应税所得，扣缴义务人未扣缴税款的，纳税人应当在取得所得的次年 6 月 30 日前，缴纳税款；税务机关通知限期缴纳的，纳税人应当按照期限缴纳税款。

居民个人从中国境外取得所得的，应当在取得所得的次年 3 月 1 日至 6 月 30 日内申报纳税。

非居民个人在中国境内从两处以上取得工资、薪金所得的，应当在取得所得的次月 15 日内申报纳税。

纳税人因移居境外注销中国户籍的，应当在注销中国户籍前办理税款清算。

（4）扣缴义务人每月或者每次预扣、代扣的税款，应当在次月 15 日内缴入国库，并向税务机关报送扣缴个人所得税申报表。

纳税人办理汇算清缴退税或者扣缴义务人为纳税人办理汇算清缴退税的，税务机关审核后，按照国库管理的有关规定办理退税。

第三节　其他税收法律制度

一、资源税收法律制度

（一）资源税

资源税是指对在我国境内开发和利用自然资源及生产盐的单位和个人，为调节因资源生成和开发条件差异而形成的级差收入，就其销售数量征收的一种税。资源税的纳税人为在我国境内开采应税矿产品和生产盐（简称开采或生产应税产品）的单位和个人。为了加强征管，堵塞漏洞，防止税款流失，以独立矿山、联合企业及其他收购未税矿产品的单位为资源税的代扣代缴义务人。

我国资源税的课税范围包括矿产品和盐，原则上以开采取得的原料产品或者自然资源的初级产品为课税对象。具体征税范围为：原油、天然气、煤炭、其他非金属矿原矿、黑色金属矿原矿、有色金属矿原矿和盐资源税的税目应按应税产品品种的类别设置。矿产品按产品类别设置6个税目，盐则单独设置1个税目，2个子目，共8个征税项目。资源税的税率实行固定幅度税额，按应税产品的标准单位（吨或立方米）规定相应的幅度税额。

资源税采取从量定额征收，即以纳税人的销售数量或使用数量为计税依据，根据规定的单位税额计算。计算公式为

$$应纳税额 = 课税数量 \times 单位税额$$

（二）城镇土地使用税

城镇土地使用税是指在城市、县城、建制镇、工矿区范围内，对使用国有和集体所有土地的单位和个人，按规定税额和使用面积征收的一种税。

城镇土地使用税的纳税人是在城市、县城、建制镇、工矿区范围内使用土地的单位和个人。城镇土地使用税在城市、县城、建制镇和工矿区征收。其课税对象为开征范围内的土地，包括国家所有的土地和集体所有的土地。城镇土地使用税以纳税人实际占用的土地面积为计税依据，根据规定的定额幅度税率计算。计算公式为：

$$应纳税额 = 应税土地的实际占用面积 \times 适用单位税额$$

（三）土地增值税

土地增值税是指在房地产的交易环节，对开发经营房地产取得的土地增值额征收的一种税。凡有偿转让我国国有土地使用权、地上的建筑物及其附着物并取得收入的单位和个人，均为土地增值的纳税人。土地增值税以纳税人转让房地产取得的增值额为征税对象，但不包括通过继承、赠与等方式无偿转让房地产的行为。土地增值税实行4级超额累进税率，最低税率为30%，最高税率为60%。

土地增值税以纳税人转让房地产所取得的收入（包括货币收入、实物收入和其他收入），减除扣除项目的金额后的余额即增值额，为计税依据。根据适用税率计算。计算公式为

$$土地增值额 = 土地增值额 \times 适用税率$$

（四）房产税

房产税是指对房产所有人或国有房产经管单位、承典人、房产代管人或使用人，就其房产的计税余值或租金收入征收的一种税。

房产税的纳税人是房屋产权所有人。产权属于全民所有的，以经营管理的单位为纳税人。产权出典的，由承典人为纳税人。产权所有人、承典人不在房产所在地的，或者产权未确定及租典纠纷未解决的，由房产代管人或者使用人为纳税人。

房产税的课税对象是房屋。房产税的征税范围是城市、县城建制镇和工矿区的房屋。房产税的计税依据是依照房产原值一次减除10%～30%后的余值。房产出租的，以房产租金收入为房产税的计税依据。房产税采用比例税率。凡是按房产余值计算缴纳的，税率为1.2%；凡是按房产租金收入计算缴纳的，税率为12%。

房产税应纳税的计算方法如下：

（1）从价计算应纳税额的计算公式为：

$$应纳税额 = 房产原值 \times （1-减除比率）\times 1.2\%$$

（2）从租计算应纳税额的计算公式为：

$$应纳税额 = 房产全年租金收入 \times 12\%$$

（五）车船税

车船税是指对在中华人民共和国境内车船的所有人或者管理人，按照其车船种类、吨位和规定税额征收的一种税。

车船税的纳税人为在我国境内车船的所有人或者管理人。如有租赁关系，所有人与使用人不一致时，则应由租赁双方商妥由何方为纳税人；租赁双方未商定的，由使用人纳税。如无租使用的车船，由使用人纳税。

车船税的应纳税额按下列公式计算：

$$机动船和载货汽车的应纳税额 = 净吨位数 \times 适用单位税额$$

$$非机动船的应纳税额 = 载重吨位数 \times 适用单位税额$$

$$机动车和非机动车的应纳税额 = 车辆数 \times 适用单位税额$$

二、行为税

（一）城市维护建设税

城市维护建设税是指国家为了加强城市的维护和建设，向缴纳增值税、消费税、营业税的单位和个人，征收的专用于城市维护建设的一种税。

凡缴纳增值税、消费税、营业税的单位和个人，都是城市维护建设税的纳税人。城市维护建设税以纳税人实际缴纳的增值税、消费税、营业税税额为计税依据，分别与增值税、消费税、营业税同时缴纳。城市维护建设税的税率分别为 7%、5% 和 1%。城市维护建设税的计算公式为

应纳税额 =（实纳增值税额 + 消费税额 + 营业税额）× 适用税率

（二）印花税

印花税是指对经济活动和经济交往中书立或领受的应税凭证而征收的一种税。因以购买并粘贴印花的形式缴纳税款而得名印花税的纳税人是在我国境内书立、领受应税凭证的单位和个人。印花税的征税对象是各种应税凭证。其范围包括：应税合同、产权转移书据、营业账簿、权利、许可证（或照）及其他凭证。印花税的税率采用比例税率和定额税率两种。

印花税依据应税凭证的种类不同，分别以所载金额和应税凭证件数为计税依据。应纳税额计算公式为

（1）从价定率征收，计算公式为

应纳税额 = 凭证所载应税金额 × 适用税率

（2）从量定额征收，计算公式为

应纳税额 = 应税凭证件数 × 适用单位税额

应纳税额在 1 角以上，其税额尾数不满 5 分的不计，满 5 分的按 1 角计算；对财产租赁合同规定了最低的应纳税额起点，即税额超过 1 角但不足 1 元的，按 1 元纳税。

【第三部分】

管理会计实务

第八章 本量利分析

第一节 本量利分析概述

一、本量利分析的含义

本量利分析(Cost-Volume-Profit Analysis , CVP)是对成本、产量(或销售量)、利润之间关系的一种数学分析方法。该方法是一种预测分析方法，它以数量化的模型或图形揭示企业的变动成本、固定成本、销售量以及销售单价之间的相互关系，帮助管理人员清晰地了解企业的获利情况，以便于管理者作出更加合理的经济决策。

本量利分析法起源于 20 世纪初的美国，到了 20 世纪 50 年代后，本量利分析技术在西方会计实践中得到广泛应用，其理论日臻完善，成为现代管理会计学的重要组成部分。20 世纪 80 年代初，我国引进了本量利分析理论，它作为加强企业内部管理的一项有效措施，可以为企业的预测和决策提供十分有用的资料。

本量利分析法是在成本性态分析和变动成本法的基础上发展起来的，着重研究销售数量、价格、成本和利润之间的数量关系，它所提供的原理、方法在管理会计中有着广泛的用途，是企业进行预测、决策、计划和控制等经营活动的重要工具，也是管理会计的一项基础内容。

二、本量利分析的基本假设

（一）销售价格稳定假设

在本量利分析中，通常都假设销售单价是一个常数，这样，销售收入和销售数量之间就呈现一种完全线性关系，即销售收入 = 销售数量 × 单价。但在市场经济条件下，物价不可避免地受多种因素的影响而上下波动。因而，产品售价就不会是一个常数，此时原来计划的销售收入与实际的销售收入就会产生很大的差异。

（二）固定成本不变假设

由于本量利分析是在成本性态分析的基础上发展起来的，所以，成本性态分析的基础假设也就成为本量利分析的基本假设。也就是在相关范围内，固定成本总额和单位变动成本是保持不变的。一般来说，只有在生产能力在一定范围内，固定成本才是稳定的，超出了这个范围后，如新增设备或加开班次，都会突然增加固定成本。

（三）变动成本与业务量完全线性关系假设

该假设也要在一定相关范围内才能成立。如果产量过低或超负荷时，都会增加变动成本。此时，变动成本与业务量的关系就需要另外来描述。

（四）品种结构不变的假设

本假设是指在一个多品种生产和销售的企业中，各种产品的销售收入在总收入中所占的比重不会发生变化。由于多品种条件下各种产品的获利能力一般会有所不同，有时差异还比较大，如企业产销的品种结构发生较大的变动，这势必导致预计利润与实际利润出现较大的差异。

（五）产销平衡的假设

本量利分析中的"量"指的是销售数量而非生产数量，在销售价格不变的条件下，这个"量"指销售收入。产量这一业务量的变化无论是对固定成本还是对变动成本都可能产生影响，这种影响当然也会影响到收入与成本之间的对比关系。所以，当从销售数量的角度进行本量利分析时，就必须假设产销关系是平衡的。

第二节　盈亏安全幅度分析和盈亏平衡图

一、盈利安全幅度分析

（一）安全边际

安全边际是指企业现有或预计的销售量（或销售额）与盈亏平衡点销售量（或销售额）之间的差量所确定的定量指标。它表明企业实际或者预计的销售量与盈亏平衡点的销售量之间的差距，同时该差距也反映了企业产品盈利的安全程度。安全边际越大，那么超过盈亏平衡点的销售量越大，盈利的安全程度就越高；反之，盈利的安全系数就越低。安全边际具体可以用安全边际量和安全边际额两种形式来表示，其计算公式如下：

$$安全边际量 = 实际或预计销售量 - 盈亏平衡点销售量$$
$$安全边际额 = 实际或预计销售额 - 盈亏平衡点销售额$$
$$安全边际额 = 安全边际量 \times 单价$$

（二）安全边际率

安全边际率，是指安全边际与实际或预计销售量（或销售额）之间的比率，它从相对指标角度反映盈利的安全程度。安全边际率越高，表示企业产品盈利的安全系数越大，安全程度越高。安全边际率的计算公式如下：

$$安全边际率 = \frac{安全边际量}{实际或预计销售量} \times 100\%$$
$$= \frac{安全边际额}{实际或预计销售额} \times 100\%$$

（三）盈亏平衡点作业率

盈亏平衡点作业率，又称危险率，是指盈亏平衡点销售量（或销售额）占实际或预计销售量（或销售额）的百分比。其计算公式如下：

$$盈亏平衡点作业率 = \frac{盈亏平衡点销售量}{实际或预计销售量} \times 100\%$$
$$= \frac{盈亏平衡点销售额}{实际或预计销售额} \times 100\%$$

该比率是反指标，其值越小，说明企业的盈利越安全。它与安全边际率的关系是：安全边际率 + 盈亏平衡点作业率 = 1。盈亏平衡点作业率表明企业在保本点的销售量（或销售额）在正常销售量（或销售额）中所占的比重。大多数企业正常的销售量都是根据其应当具有的生产能力来规划的，所以正常的销售量在一定程度上反映了企业的生产经营能力。所以，盈亏平衡点作业率表明企业在保本时生产能力的利用程度，该比率越低，说明企业的盈利能力越强。

二、盈亏平衡图

盈亏平衡图，又称盈亏临界图、保本图，是在直角坐标系下，使用解析几何模型反映本量利关系的图像。其主要作用是可以直观、简明、清楚、形象地反映与利润形成相关的因素变动对利润的影响程度，为管理人员预测利润提供一定的依据。

盈亏平衡图通常有基本式、贡献毛益式和利量式三种表示形式。

（一）基本式盈亏平衡图

基本式盈亏平衡图是在管理会计中运用最广泛，且能反映最基本的本量利关系的图形，也可以称为传统式盈亏平衡图。其绘制方法如下：

（1）在直角坐标系中，以横轴表示销售量，以纵轴表示成本和销售收入的金额。

（2）绘制固定成本线。在纵轴上确定固定成本的值，对应坐标点为（0，固定成本数值），以此点为起点，绘制一条平行于横轴的直线，即为固定成本线。

（3）绘制总成本线。以纵轴的（0，固定成本数值）为起点，以单位变动成本为斜率绘制一条直线，即为总成本线，它表示固定成本与变动成本之和。

（4）绘制销售收入线，以原点（0，0）为起点，以销售单价为斜率绘制一条直线，即为销售收入线。

（5）寻找盈亏平衡点。销售收入线与总成本线的交点即为盈亏平衡点（如图8-1所示）。

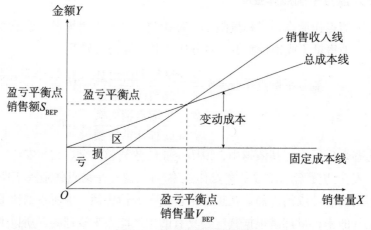

图8-1　基本式盈亏平衡图

通过观察基本式盈亏平衡图，可以发现本量利之间的如下规律：

第一，在盈亏平衡点不变的情况下，销售量越大，企业实现的盈利就越多；反之，销售量越小，企业实现的盈利就越少。

第二，在销售量不变的情况下，盈亏平衡点越低，盈利区的面积就会越大，亏损区的面积就会缩小，说明企业产品的盈利能力有所提高，可以实现更多的盈利或产生更少的亏损；反之，盈亏平衡点越高，盈利区的面积就会缩小，亏损区的面积就会扩大，说明企业产品的盈利能力有所下降，实现的盈利较少或产生的亏损增多。

第三，在销售总成本不变的情况下，盈亏平衡点受单价变动的影响而变动。单价越高，盈亏平衡点就越低；反之，盈亏平衡点则越高。

第四，在销售收入既定的情况下，盈亏平衡点的高低取决于单位变动成本和固定成本总额的大小。单位变动成本或固定成本总额越小，盈亏平衡点就越低；反之，则盈亏平衡点越高。

（二）贡献毛益式盈亏平衡图

在基本式盈亏平衡图的基础上，根据企业管理的不同目的，又派生出贡献毛益式盈亏平衡图和利量式盈亏平衡图。基本式盈亏平衡图虽然反映了本量利之间的基本关系，但却无法反映出贡献毛益的形成和作用。贡献毛益式盈亏平衡图将固定成本置于变动成本线之上，总成本线是一条平行于变动成本线的直线，因而能够直观地反映出贡献毛益的形成及其与利润之间的关系。其绘制方法如下：

（1）从原点（0，0）出发，分别绘制销售收入线和变动成本线。

（2）以纵轴上的（0，固定成本数值）为起点，绘制一条平行于变动成本线的直线，即为总成本线，总成本线与销售收入的交点即为盈亏平衡点（如图8-2所示）。

图8-2清楚地反映了贡献毛益的形成过程。销售收入线与变动成本线之间所夹的区域为贡献毛益区域。不难看出，只要销售收入大于变动成本，则必然会产生贡献毛益；贡献毛益应首先补偿固定成本，只有超额的部分才构成企业的利润。

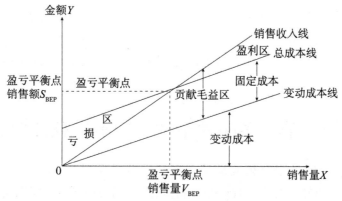

图8-2 贡献毛益式盈亏平衡图

（三）利量式盈亏平衡图

利量式盈亏平衡图简称利量图，也称利润图，是上述两种盈亏平衡图的一种变化形式，它以利润线代替了销售收入线和总成本线，因此可以视为简化了的盈亏平衡图。该图突出了利润与销售量之间的关系，提供的利润信息比上述两种图形都要直截了当。其绘制方法如下：

（1）在平面直角坐标系中，以横轴表示销售量，以纵轴表示利润（或者亏损）。

（2）在纵轴上找到点（0，固定成本数值），该点表示当销售量为零时，企业发生的亏损等于固定成本。

（3）以（0，固定成本数值）为起点，以单位贡献毛益为斜率，绘制利润线，那么利润线与坐标轴横轴的交点即为盈亏平衡点（如图 8-3 所示）。

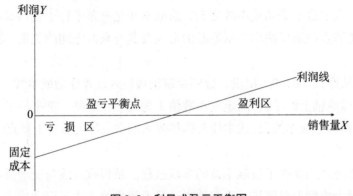

图 8-3　利量式盈亏平衡图

该图直观地反映了销售量与利润、贡献毛益与固定成本之间的关系。当销售量为零时，企业发生的亏损恰好等于固定成本；随着销售量的逐渐增加，亏损会越来越少，当销售量超过盈亏平衡点的销售量时，企业开始转亏为盈，实现利润，且销售量越大，利润就越多。虽然，简化的盈亏平衡图更易于理解，但是因为图示中将收入和成本的金额因素排除在外，无法进行完整的盈亏平衡分析。

第三节　多品种条件下的本量利分析

前面提到的本量利分析模型均针对单一产品，但是在实际工作中，绝大多数的企业都不可能仅生产一种产品，更多的是从事多种产品的产销活动。企业同时产销多种产品，此时盈亏平衡点就不能用实物量来表示，因为各种不同质的产品,在数量上是不能相加的,因此只能用货币量来表示。在单一品种情况下,可以采用销售量来表示,而在多品种情况下,就应该采用销售额来表示。多种产品的本量利分析方法主要有以下几种。

一、加权平均法

加权平均法的关键是计算加权平均贡献毛益率和各种产品的销售比重,然后根据固定成本总额和加权平均贡献毛益率计算出综合盈亏平衡点销售额。具体步骤如下:

(1)计算各种产品的边际贡献率。

(2)计算全部产品的总销售额。

$$总销售额=\sum(某产品的单价 \times 该产品的预计销售量)$$

(3)计算各种产品的销售比重。

$$销售比重=\frac{某产品销售额}{全部产品总销售额}$$

(4)计算加权平均贡献毛益率。

$$加权权平均贡献毛益=\sum(各产品的贡献毛益率 \times 各产品的销售比重)$$

(5)计算企业综合盈亏平衡点销售额。

$$综合盈亏平衡点销售额=\frac{固定成本总额}{加权平均贡献毛益率}$$

(6)计算各种产品的保本销售额和保本销售量。

$$各种产品的保本销售额 = 综合盈亏平衡点销售额 \times 各产品销售比重$$

$$各种产品的保本销量=\frac{各种产品的保本销售额}{各种产品单价}$$

二、分算法

分算法是将企业的固定成本总额按一定标准在各种产品之间进行分配,然后对每一种产品分别进行本量利分析的方法。在分配固定成本时,专属固定成本直接分配,共同固定成本选择适当的标准(如销售额或销售量、产品重量、长度、面积等)分配到各种产品中。该方法适用于固定成本能够在各种产品之间进行合理分配的企业。

三、联合单位法

如果企业的多种产品之间存在稳定的业务量比例，那么我们可以理解为"配套销售"，把多种产品看作按"套"销售，比如，汽车的销售量与其附属产品（如坐垫、防热膜等）的捆绑销售，则可以将捆绑销售的一个单位看作"联合单位"，类比单一产品来进行本量利分析，这种多品种条件下的本量利分析方法称为"联合单位法"。在各种产品产销比例既定情况下，联合盈亏平衡点的计算公式如下：

$$联合盈亏平衡点 = \frac{固定成本总额}{联合单价 - 联合单位变动成本}$$

四、主要品种法

主要品种法是一种粗略或者简化了的本量利分析方法，实质上是一种单一品种的本量利分析。在企业产品品种较多的情况下，如果一种产品的产销量很大，且其边际贡献在企业中占的比重也很大，其他产品的边际贡献很小，或是发展前景不大、无足轻重的副产品，则可按照单一品种的方法进行盈亏平衡分析。

采用主要品种法进行核算的企业，该产品必然是企业经营的重点，因此，固定成本应主要由该产品负担。该方法的分析结果往往可能会存在一些误差，但是只要在合理的范围内，就不会影响企业决策的正确性。

以上四种多品种条件下的本量利分析的具体方法中，加权平均法一般要求企业产品资料比较齐全，且产品结构相对稳定；而分算法、联合单位法以及主要品种法则都是将多品种条件下的本量利分析进行转化或者简化成一种近似单一品种本量利分析的形式，但是各自又有各自适用条件的约束。如分算法要求企业的固定成本能够在各产品间进行客观而合理的分配；联合单位法适用的企业生产的产品必须有严格的产出规律；主要品种法则要求产品的主次非常分明。

在实际运用过程中，应根据具体情况，选择适用于本企业特点的方法进行本量利分析。

第四节　本量利分析的扩展

一、不确定条件下的本量利分析

通常情况下，本量利分析是建立在有关产品的销售价格、单位变动成本和固定成本总额等基本因素完全确定的基础上的，即线性条件或确定条件下的本量利分析。但在现实经济生活中，由于企业内外部因素或主、客观条件的影响与制约，这些基本因素并不能完全确定，而只能概略地估计各因素可能达到的几种不同水平及其相应概率。因此，本量利分析的方式必须作出相应的调整。显然，在有关产品的销售价格、单位变动成本和固定成本总额同时存在着两种以上可能性的情况下，将无法直接运用本量利基本计算公式预测保本点，而必须先采用概率分析方法对有关因素预期的变动进行概率分析，确定各个因素在不同概率条件下的预计数值，然后进行综合，才能据以确定该产品最有可能的保本销售量。在概率分析法下，有关产品的保本点往往称为保本销售量期望值。

二、非线性条件下的本量利分析

在一定时期和一定产销售量范围内，销售收入总额和销售成本总额与产销量之间呈完全的线性关系，即销售收入总额和销售成本总额与产销量保持着按比例增长的相互关系，是前述盈亏平衡分析的一个基本假定。然而，这种特殊的按比例增长的相互关系是有条件的，即企业的生产经营活动必须在正常条件下进行，一旦正常条件受到破坏，这种线性关系便不复存在。实际上，线性方程只是描述收入、成本与产销量依存关系的一种简化形式。因而，在现实经济生活中，用非线性方程取代线性方程来描述收入、成本与产销量之间的依存关系，可能会更加符合客观实际。

（一）不完全线性条件下的盈亏平衡分析

不完全线性条件，是指在整个产销量范围内，收入、成本与产销量虽不呈完全线性关系，但分段呈线性关系，即将产销量划分为若干区段后，在每个区段内，收入、成本与产销量大体呈线性关系。在坐标图上，收入线和成本线将出现若干折点（见图 8-4）。

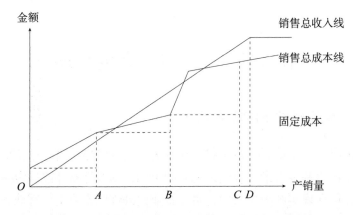

图 8-4   不完全线性条件下的盈亏平衡分析示意图

通常，不完全线性条件可能有下列几种情况：总收入线与产销量线性相关而总成本线与产销量非线性相关，总成本线与产销量线性相关而总收入线与产销量非线性相关，总收入线和总成本线都与产销量非线性相关。不完全线性条件存在的原因是多方面的。从销售收入方面看，在生产能力利用达到较高水平时之所以会出现一个转折，是因为在销售量超过这一点以后，为扩大销路，企业往往需要给客户较多的销售折扣，致使产品销售价格有所降低。从成本方面看，当产品的产销量达到一定程度时，由于工人操作水平和生产效率的提高，人力资源得到充分利用，人工成本相应降低，而且当生产量扩大时，还有可能在增加原材料消耗的同时，使相关材料的采购成本得到一定程度的下降，从而使变动成本率降低。但当生产能力的利用超过其正常限度时，由于某些不经济因素的出现，又会导致单位产品的变动成本相应地提高。固定成本也有可能在生产能力的利用达到一定水平时发生跳跃式上升，说明需要在某些方面追加一定的固定支出，才能保证生产的顺利进行。由图 8-4 可以看出，曾出现三个保本点，因而具体了解企业的盈亏在不同产销量下的交替，对于正确地进行管理决策和有效地改善生产经营，无疑是十分有用的。对于不完全线性条件下的本量利分析，可以采用划分分析区域的方式完成，即将整个业务量范围划分为若干个较小的区域，在每个较小的区域内，其收入线和成本线或者是直线，或者近似直线。这样，就将在整个业务量范围内的不完全线性条件转换为各个小区域内的完全或近似线性条件，以便采用完全线性条件下的数学模型进行分析。可以说，不完全线性条件下的本量利分析首先是将一个复杂的非线性问题分解成若干个较为简单的线性问题，然后通过对这些简单的线性问题进行本量利分析而予以解决。

（二）完全非线性条件下的盈亏平衡分析

完全非线性条件，是指在整个产销量范围内，收入、成本与产销量之间的相互关系呈现某种曲线状态，而且可以用一元二次方程予以描述。由于产品销售价格和成本耗用水平的特定变化，总收入线和总成本线有可能都呈曲线变动趋势，也有可能仅一方呈曲线变动，而另一方呈直线变动（见图 8-5）。但不论在哪种情况下，一定产销量内的总收入线与总成本线至少有两个交点，即有两个或两个以上的保本点。

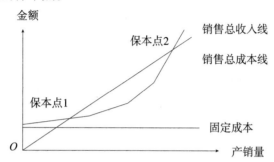

图 8-5　完全非线性条件下的盈亏平衡分析示意图

215

第九章 预测分析

第一节 预测分析概述

一、预测分析的含义

预测分析是根据有关会计资料及其他资料，运用科学的方法，对事物未来的发展趋势作出事先的预计和推测。预测分析是企业编制全面预算的依据，全面预算的编制以销售预算为起点，而销售预算的编制又以销售预测为依据，只有进行科学的市场预测，才能避免盲目生产或产品供不应求造成的损失。

经营预测是指企业根据现有的经济条件和掌握的历史资料以及客观事物的内在联系，对生产经营活动的未来发展趋势和状况进行预计和测算。市场经济条件下，企业间的竞争不可避免，企业要想在竞争中立于不败之地，就需要对整个市场的发展趋势作出准确的预计和推测。企业应当在准确的经营预测的基础上做进一步的决策和规划。

经营预测的内容主要包括销售预测、利润预测、成本预测和资金需要量预测等方面。管理会计中的预测分析是指运用专门的方法进行经营预测的过程。

二、预测分析的意义

凡事预则立，不预则废。预测分析对企业的经营活动具有重要的意义。

（1）预测分析是企业进行经营决策的基础和依据。市场经济条件下，企业的生存和发展与市场息息相关，而市场又是瞬息万变的，只有通过预测，掌握大量的第一手市场动态和发展的数据资料，才能情况明、方向准，作出正确的决策。

（2）预测分析有利于提高企业的竞争能力。通过科学的预测分析，企业可以充分了解竞争的形式和竞争对手的情况，通过采取合理的对策，在竞争中取得主动，从而提高竞争能力。

（3）预测分析是企业进行科学管理的依据。科学的预测分析为企业的全面预算、目标成本管理、绩效考评等科学管理手段提供了坚实的基础，也为企业夯实了可持续发展的基础。

三、预测分析的内容

预测分析的基本内容主要包括销售预测、利润预测、成本预测和资金需要量预测等。

销售预测是指在市场调查的基础上，对企业特定产品在未来某一时期内的销售量或销售收入进行的预计或测算。广义的销售预测包括市场调查和销售量预测；狭义的销售预测专指后者。销售量预测又叫产品需求量预测，是指根据市场调查所得到的资料，通过对有关因素进行分析研究，预计或测算特定产品在未来一定时期内的市场销售量水平及变化趋势，进而预测本企业产品未来销售量的过程。销售预测的主要方法有时间序列分析法、回归分析法以及产品寿命周期分析法等。

利润预测是在销售预测的基础上，根据企业未来发展目标和其他相关资料，对企业未来应达到的利润水平及其变动趋势所进行的预计或测算。目标利润就是指企业计划期内要求达到的利润水平，它既是企业生产经营的一项重要目标，又是确定企业计划期销售收入和目标成本的主要依据。正确的目标利润预测，可促使企业为实现目标利润而有效地进行生产经营活动，并根据目标利润对企业经营效果进行考核。企业的利润包括营业利润、投资净收益、营业外收支净额三部分。在利润总额中，通常营业利润占的比重最大，是利润预测的重点，其余两部分可以较为简便的方法进行预测。利润预测的方法主要有相关比率法、敏感性分析法、经营杠杆系数法以及本量利分析法等。

成本预测是指运用一定的科学方法，对未来成本水平及其变化趋势作出科学的估计。通过成本预测，掌握未来的成本水平及其变动趋势，有助于减少决策的盲目性，使企业管理层易于选择最优方案，作出正确决策。成本预测的方法包括定量预测法、因果预测法以及定性预测法。其中定量预测法包括高低点法和因素预测法等。

资金需要量预测是指在销售预测、利润预测和成本预测的基础上，根据企业未来经营发展目标并考虑影响资金的各项因素，运用一定的方法，对企业未来一定时期内或一定项目所需要的资金数额、来源渠道、运用方向及效果所进行的预计或推测。资金需要量预测具体包括追加资金需要量预测、固定资金需要量预测以及流动资金需要量预测等。

第二节　预测分析的方法与程序

一、预测分析的方法

预测分析方法的科学、合理与否，直接影响到决策的正确性。预测分析所采用的专门方法，种类繁多，根据分析对象和预测期限的不同而各有所异。但其基本方法大体上可归纳为两大类，即定性分析法和定量分析法。

（一）定性分析法

定性分析法亦称非数量分析法，是一种直观性的预测方法，主要是依靠预测人员的丰富实践经验以及主观的判断和分析能力，在不用或少量应用计算的情况下，就能推断事物的性质和发展趋势的分析方法。不可否认，这种方法在量的方面不够准确，一般是在企业缺乏完备、准确的历史资料的情况下，首先邀请熟悉该行业经济业务和市场情况的专家，根据他们过去所积累的经验进行分析判断，提出预测的初步意见；然后再通过召开调查会或座谈会的方式，对上述初步意见进行修正补充，并作为提出预测结论的依据。这一方法一般适用于预测对象的历史资料不完备或无法进行定量分析情况下的预测。定性分析方法主要包括集合意见法、德尔菲法、专家会议法和寿命周期法等。

1. 集合意见法

集合意见法是由调查人员召集企业内部或企业外部的相关人员，根据个人对事件的接触、认识，市场信息、资料及经验，对未来市场作出判断预测，并加以综合分析的一种方法。该方法特别适合于企业预测，适用内容有市场开发、市场容量、产品销售量、市场占有率预测等。

2. 德尔菲法

德尔菲法又称专家函询调查法，是采用背对背的通信方式征询专家小组成员的预测意见，经过几轮征询，使专家小组的预测意见趋于集中，最后作出符合市场未来发展趋势的预测结论。

3. 专家会议法

专家会议是指根据规定的原则选定一定数量的专家，按照一定的方式组织专家会议，发挥专家集体的智慧结构效应，对预测对象未来的发展趋势及状况作出判断的方法。

4. 寿命周期法

寿命周期法就是运用产品寿命周期原理，根据每年的销售增长率指标，确定每种产品现在正处于寿命周期的哪一个阶段，对产品的经济寿命作出评价，并以此作出开发、生产和销售等方面的决策。

（二）定量分析法

定量分析法亦称数量分析法，是一种应用现代数学方法和各种现代化计算工具对与预测对象有关的各种经济信息进行科学的加工处理，并建立预测分析的数学模型，充分揭示各有关变量之间的规律性联系，最终对计算结果做出结论的分析方法。根据具体做法的不同，定量分析法又可分为以下两种类型。

1. 时间序列分析法

时间序列分析法是指根据预测对象过去的、按时间顺序排列的一系列数据，应用一定的数学方法进行加工、计算，借以预测其未来发展趋势的分析方法。它的实质就是遵循事物发展的"延续性原则"，并采用数理统计的方法，来预测事物发展的趋势。例如，算术平均法、加权平均法、指数平滑法、季节性趋势分析法、回归分析法等都属于这种类型。

2. 因果预测分析法

因果预测分析法是指根据预测对象与其他相关指标之间相互依存、相互制约的规律性联系来建立相应的因果数学模型所进行的预测分析方法。它的实质就是遵循事物发展的相关性原则，来推测事物发展的趋势。具体包括回归分析法和经济计量法。

企业在实际预测时，为保证预测的准确性，可以同时采用几种方法对某一预测对象进行预测，起到相互验证的效果。定性分析法和定量分析法在实际应用中并非相互排斥，而是相互补充、相辅相成的。定量分析法虽然较精确，但许多非计量因素无法考虑，这就需要通过定性分析法将一些非计量因素考虑进去，但定性分析法要受主观因素的影响，因此在实际工作中常常将两种方法结合应用，充分考虑预测中涉及的可计量因素和非计量因素。这两种方法可以相互取长补短，以提高分析预测的实用性。

二、预测分析的程序

经营预测是一项复杂且要求比较高的工作，一般可按以下步骤进行。

（一）确定预测目标

确定预测目标就是确定对什么进行预测，并达到什么目的。例如，是预测企业的销售量还是预测企业的利润，这是根据企业经营的总体目标来设计和选择的。确定预测目标是做好经营预测的前提，是制订预测分析计划、确定信息资料来源、选择预测方法及组织预测人员的依据。

（二）收集、整理和分析资料

预测目标确定后，应着手收集有关经济的、技术的、市场的计划资料和实际资料。这是开展经营预测的前提条件。在收集资料的过程中，要尽量保证资料的完整、全面。在占有大量资料的基础上，对资料进行加工、整理、归集、鉴别、去伪存真、去粗取精，找出各因素之间相互依存、相互制约的关系，从中发现事物发展的规律，作为预测的依据。

（三）选择预测方法

不同的预测方法能达到不同的目的，所以对于不同的对象和内容，应采用不同的预测方法，不能一成不变。对于那些资料齐全、可以建立数学模型的预测对象，应在定量预测方法中选择合适的方法；对于那些缺乏定量资料的预测对象，应当结合以往的经验选择最佳的定性预测方法。

（四）实际预测过程

根据预测模型及掌握的未来信息，进行定性、定量的预测分析和判断，揭示事物的变化趋势，得出企业需要的符合实际的预测结果，为企业的经营管理提供信息。

（五）检查验证

经过一段时间的实际操作，对上一阶段的预测结果需要进行验证和分析评价。即以实际数与预测数进行比较，检查预测的结果是否准确，并找出误差原因，以便及时对原选择的预测方法加以修正。这是一个反复进行信息数据处理和选择判断的过程，也是多次进行反馈的过程，目的是保证预测的正确性。

（六）修正预测结果

对于原来用定量方法进行的预测，常常由于某些因素的数据不充分或无法定量而影响预测的精度，这就需要用定性方法考虑这些因素，并修正定量预测的结果。对于原用定性方法预测的结果，往往也需用定量方法加以修正补充，使预测结果更接近实际。总之，这个过程是一个定性和定量相结合的的过程。

（七）报告预测结论

将修正补充过的预测结论向企业的有关部门报告。

第三节　销售预测

一、销售预测的定义与作用

销售预测是指对未来特定时间内，全部产品或特定产品的销售数量与销售金额的估计。

销售预测是在充分考虑未来各种影响因素的基础上，结合本企业的销售实际，通过一定的分析方法提出切实可行的销售目标。

具体而言，销售预测具有以下作用：

（1）通过销售预测，可以调动销售人员的积极性，促使产品尽早实现销售，以完成使用价值向价值的转变。

（2）企业可以以销定产，根据销售预测资料，安排生产，避免产品积压。

（3）能合理有效管理产品库存，经过预测可对产品设立库存预警，对生产进度的安排具有指导意义。

（4）经过销售预测后，可对产品的补货安排提供参考数据。

二、销售预测影响因素

尽管销售预测十分重要，但进行高质量的销售预测却并非易事。在进行预测和选择最合适的预测方法之前，了解对销售预测产生影响的各种因素是非常重要的。一般来讲，在进行销售预测时需考虑以下两大类因素。

（一）外界因素

1.需求动向

需求是外界因素之中最重要的一项因素，如流行趋势、爱好变化、生活形态变化、人口流动等，都可以成为产品（或服务）需求的质与量方面的影响因素，因此，必须加以分析与预测。企业应尽量收集有关对象的市场资料、市场调查机构资料、购买动机调查等统计资料，以掌握市场的需求动向。

2.经济变化

销售收入深受经济变化的影响，经济因素是影响商品销售的重要因素，为了提高销售预测的准确性，应特别关注商品市场中的供应和需求情况，尤其近几年来科技、信息快速发展，更带来无法预测的影响因素，导致企业销售收入波动。因此，为了正确预测，需特别注意资源问题的未来发展、政府及实务界对经济政策的见解以及基础工业、加工业生产、经济增长率等指标变动情况。尤其要关注突发事件对经济的影响。

3. 同业竞争动向

销售额的高低深受同业竞争者的影响。古人云"知己知彼，百战不殆"，为了生存，必须掌握对手在市场上的所有活动。例如，竞争对手的目标市场在哪里，产品价格高低，促销与服务措施等。

4. 政府、消费者团体的动向

考虑政府的各种经济政策、方案措施以及消费者团体所提出的各种要求等。

（二）内部因素

1. 营销策略

市场定位、产品政策、价格政策、渠道政策、广告及促销政策等变更对销售额所产生的影响。

2. 销售政策

考虑变更管理内容、交易条件或付款条件、销售方法等对销售额所产生的影响。

3. 销售人员

销售活动是一种以人为核心的活动，所以人为因素对于销售额的实现具有相当深远的影响力。

4. 生产状况

货源是否充足，能否保证销售需要等。

三、销售预测的方法

销售预测可以看作一个系统，是由有关信息资料的输入、处理和预测结果的输出所组成的信息资料转换过程。对于复杂的预测对象，有时要把它进行分解，对分解后的子系统进行预测，在此基础上再对总的预测目标进行预测。销售预测是一项很复杂的工作，要使这一复杂工作有条不紊地进行，就必须遵循一定的程序。销售预测是以产品的销售为中心的，产品的销售本身就是一个复杂的系统，有关的系统变量很多，如市场需求潜量、市场占有率、产品的售价等。而对于这些变量进行长期预测还是短期预测，这些变量对预测资料的要求、预测方法的选择都有所不同。所以，预测目标的确定是销售预测的主要问题。

在预测目标确定以后，为满足预测工作的要求，必须收集与预测目标有关的资料，所收集到的资料的充足与可靠程度对预测结果的准确度具有重要的影响。所以，对收集的资料必须进行分析，并满足这些条件：

（1）资料的针对性。即所收集的资料应当与预期目标的要求相一致。

（2）资料的真实性。即所收集的资料应当是从实际中得来，并加以核实的资料。

（3）资料的完整性。资料的完整性直接影响到销售预测工作的进行，所以，应当采取各种方法，以保证得到完整的资料。

（4）资料的可比性。对于同一种资料，来源不同，统计口径不同，也可能差别很大。所以，在收集资料时，应当对所得到的资料进行分析，如剔除一些随机事件造成的资料不真实，对不具备可比性的资料通过分析进行调整等，以避免资料本身原因对预测结果带来误差。在资料收集完毕后，进行销售预测。销售预测的基本方法分为定性预测方法和定量预测方法。

（一）定性预测方法

一般来说，在销售预测中常用的定性预测方法有四种，即高级经理意见法、销售人员意见法、购买者期望法和德尔菲法。

1. 高级经理意见法

高级经理意见法是依据销售经理（以经营者与销售管理者为中心）或其他高级经理的经验与直觉，通过一个人或所有参与者的平均意见求出销售预测值的方法。

2. 销售人员意见法

销售人员意见法是利用销售人员对未来销售进行预测。有时是由每个销售人员单独作出这些预测，有时则与销售经理共同讨论而作出这些预测。预测结果以地区或行政区划汇总，最后得出企业的销售预测结果。

3. 购买者期望法

许多企业经常关注新顾客、老顾客和潜在顾客未来的购买意向情况，如果存在少数重要的顾客占据企业大部分销售量这种情况，那么购买者期望法是很实用的。这种预测方法是通过征询顾客或客户的潜在需求或未来购买商品计划的情况，了解顾客购买商品的活动、变化及特征等，然后在收集消费者意见的基础上分析市场变化，预测未来市场需求。

4. 德尔菲法

德尔菲法又称专家意见法，是指以不记名方式根据专家意见作出销售预测的方法。至于谁是专家，则由企业来确定，如果对专家有一致的认同则是最好不过的。德尔菲法通常包括召开一组专家参加的会议。第一阶段得到的结果总结出来可作为第二阶段预测的基础，通过组中所有专家的判断、观察和期望来进行评价，最后得到共享具有更少偏差的预测结果。德尔菲法的最大优点是充分民主地收集专家意见，把握市场的特征。但是，德尔菲法一般只能得到企业或行业的预测结果，用此方法所求得的地区、顾客、产品分类等预测结果就没有那么精确了。

（二）定量预测方法

用来进行销售预测的定量预测方法可以按照不同类型分为时间序列分析法、回归分析法以及产品寿命周期分析法。

1. 时间序列分析法

时间序列分析法是利用变量与时间存在的相关关系，通过对以前数据的分析来预测将来的数据。在分析销售收入时，人们都懂得将销售收入按照年或月的次序排列下来，以观察其变化趋势。时间序列分析法现已成为销售预测中具有代表性的方法。时间序列分析法可用于短期、中期和长期预测。根据对资料分析方法的不同，又可分为算术平均法、指数平滑法、季节性趋势分析法等。

（1）算术平均法。

算术平均法是将过去一段时期的销售量或销售额进行简单算术平均，且该平均数就作为下期预测值。算术平均法适用于每月销售额波动不大的产品的销售预测。其计算公式为：

$$X = \frac{\sum x_i}{n}$$

其中：X 为预测值，x_i 为第 i 期实际销售值，n 为期数。

（2）指数平滑法。

指数平滑法根据历史资料的上期实际数和预测值，用指数加权的办法进行预测。此法实质是由加权移动平均法演变而来的一种方法，优点是只要有上期实际数和上期预测值，就可计算下期的预测值，这样可以节省很多数据和处理数据的时间，减少数据的存储量，方法简便。

指数平滑法是国外广泛使用的一种短期预测方法，是以平滑系数和（1-α）为权数进行加权，预测销售量的一种方法。其计算公式为：

$$S_t = \alpha \times x_t + (1 - \alpha) \times S_{t-1}$$

其中：S_t 为第 t 期的平滑值，α 为平滑系数，x_t 为第 $t-1$ 期的实际数，S_{t-1} 为第 $t-1$ 期的预测数。

在指数平滑法的计算过程中，关键是 α 值的选择。α 的取值大小，决定了上期实际数和预测数对预测值的影响。α 的取值越大，上期实际数对预测值的影响越大；反之，上期预测数对预测值的影响越小。同理，α 的取值越大，则近期实际销售量对预测结果影响大；如果 α 的取值越小，则近期实际销售量对预测结果影响也越小。

与加权平均法相比，指数平均法有以下几个优点：①α 值可以任意设置，灵活方便；②在不同程度上考虑了以往所有各期的观察值，比较全面。

（3）季节性趋势分析法。

季节性趋势分析法是指根据经济事物每年重复出现的周期性季节变动指数，预测其季节性变动趋势。对销售具有季节性变动特点的产品进行销售预测时，应当充分考虑季节变动的影响。

季节性变动对产品销售的影响方式，可以由以下两个公式表示：

当所取观察值的季节波动与趋势值成比例关系式时：

$$Y_t = T_t S_t$$

当所取观察值的季节波动与趋势值不成比例关系式时：

$$Y_t = T_t + S_t$$

其中：Y 为预测值，T 为趋势值，S 为季节加量或季节指数，t 为时间。T 是一种长期趋势，它是决定 Y 大小的基本成分。S 为由于受季节性影响所增加的量，它以一定的周期循环取值，这里所说的季节可以是季度、月份、周、日等。T 与 S 在不同的时间，其取值是不一样的。季节性趋势分析法是在其他预测方法的基础上考虑季节因素情况下的一种变化。

2. 回归分析法

各种事物彼此之间都存在直接或间接的因果关系。同样的，销售量亦会随着某种变量的变化而变化。当销售与时间之外的其他事物存在相关性时，就可运用回归和相关分析法进行销售预测。回归分析法包括回归直线法、对数直线法和多元回归法。

（1）回归直线法。

回归直线法是根据最小二乘法的原理建立回归分析模型，根据直线方程 $y=a+bx$ 进行的销售预测。其中：a，b 称为回归系数，其计算公式为：

$$a = \frac{\sum y - b \sum x}{n}$$

$$b = \frac{n \sum xy - \sum x \sum y}{n \sum x^2 - (\sum x)^2}$$

当求出 a 和 b 的值之后，将其代入 $y=a+bx$，结合自变量 x 的预计销售量或销售额，便可求出 y 的预计销售量或销售额。

（2）对数直线法。

对数直线法也称指数曲线法，是在因变量 y 和自变量 x 满足方程 $y=ab^x$ 的指数函数关系时所采取的一种预测方法。该方法适用于销售量大致按比例变动（上升或下降）的情况。其计算公式为：

$$\log a = \frac{\sum \log y_t - \log b \sum x_t}{n}$$

$$\log b = \frac{n \sum x_t \log y_t - \sum x_t \sum \log y_t}{n \sum x_t^2 - (\sum x_t)^2}$$

其中，$\log y$、$\log a$、$\log b$ 分别相当于回归直线方程中的 y、a、b。

（3）多元回归法。

一元线性回归分析方法解决了一个自变量的回归方程，在实际生产经营活动中，影响经济变动的因素是多样的，因此，必须考虑采用多个变量，建立多元回归方程来进行预测。

3. 产品寿命周期分析法

产品寿命周期分析法是指利用产品销售量在不同寿命周期阶段上的变化趋势进行销售预测的一种定性分析方法。产品的销售关系着企业的生死存亡。随着市场竞争的加剧和现代科学技术的日新月异，产品不断更新换代，市场产品寿命周期不断缩短。为了科学评价产品寿命周期，必须根据创新的理论，系统地分析影响产品寿命周期的各种因素，建立一套科学完整的指标体系和产品寿命周期模型，确定产品寿命周期处于何种阶段，以便牢牢把握市场脉搏，赢得主动。

产品一般要经过四个阶段：萌芽期、成长期、成熟期和衰退期。

（1）萌芽期。此时新产品刚进入市场，市场接受度还不高，销售量还不大。新产品投入市场，便进入了萌芽期。此时产品品种少，顾客对产品还不了解，除少数追求新奇的顾客外，几乎无人实际购买该产品。生产者为了扩大销路，不得不投入大量的促销费用，对产品进行宣传推广。该阶段由于生产技术方面的限制，产品生产批量小，制造成本高，广告费用大，产品销售价格偏高，销售量极为有限，企业通常不能获利，反而可能亏损。

（2）成长期。此时产品被市场接受，开始成批生产和销售，此时销售量迅速增加。当产品销售取得成功之后，便进入了成长期。成长期是指产品试销效果良好，购买者逐渐接受该产品，产品在市场上站住脚并且打开了销路。这是需求增长阶段，需求量和销售额迅速上升，生产成本大幅度下降，利润迅速增长。与此同时，竞争者看到有利可图，将纷纷进入市场参与竞争，使同类商品供给量增加，价格随之下降，企业利润增长速度逐步减慢，最后达到产品生命周期利润的最高点。

（3）成熟期。此阶段产品进入大批量生产阶段，销售量开始稳定上升然后趋于稳定且逐渐下降。产品进入大批量生产并稳定地进入市场销售，经过成长期之后，随着购买产品的人数增多，市场需求趋于饱和。此时，产品普及并日趋标准化，成本低而产量大。销售增长速度缓慢直至转而下降，由于竞争的加剧，导致同类产品生产企业之间不得不在产品质量、花色、规格、包装、服务等方面加大投入，在一定程度上增加了成本。

（4）衰退期。此时产品逐步被新产品取代，即将退出市场，销售量大幅度下降。产品进入了淘汰阶段。随着科技的发展以及人们消费习惯的改变等原因，产品的销售量和利润持续下降，产品在市场上已经老化，不能适应市场需求，市场上已经有其他性能更好、价格更低的新产品，足以满足消费者的需求。此时成本较高的企业就会由于无利可图而陆续停止生产，该类产品的生命周期也就陆续结束，以致最后完全撤出市场。

在产品开发期间，该产品销售额为零，公司投资不断增加；在萌芽期，销售速度缓慢，初期通常利润偏低或为负数；在成长期，销售量快速增长，利润也显著增加；在成熟期，利润在达到顶点后逐渐下降；在衰退期，产品销售量显著衰退，利润也大幅度滑落。

这些阶段是以产品销售增长率曲线的拐点划分的。其中，当产品处于萌芽期时，它的销售增长率不稳定，此时缺乏历史资料，可采用判断分析法来进行预测；当产品处于成长期时，它的销售增长率呈上升势头，处于产品寿命周期中的最大值，此时可采用时间序列分析法或回归分析法进行预测；当产品处于成熟期时，它的销售增长率趋于稳定，此时可采用平均法进行预测分析；当产品处于衰退期时，它的销售增长率为零或负数，产品即将退出市场。

产品寿命周期提供了一套适用的营销规划观点。它将产品分成不同的策略时期，营销人员可针对各个阶段不同的特点而采取不同的营销组合策略。此外，产品寿命周期只考虑销售和时间两个变数，简单易懂。但是，产品寿命周期也并不是绝对的，应充分了解市场的发展，灵活运用各种方法，以提高产品销售预测的准确性。

第四节　成本预测

一、成本预测的含义及意义

成本预测是指运用一定的科学方法，对未来成本水平及其变化趋势作出科学的估计。通过成本预测，掌握未来的成本水平及其变动趋势，有助于减少决策的盲目性，使管理层易于选择最优方案，作出正确决策。

随着生产日益社会化和现代化，企业规模不断扩大，工艺过程愈加复杂，生产过程中某一环节或者是某一短暂时期内的生产耗费一旦失去控制，都有可能给企业造成无可挽回的经济损失。有鉴于此，为了防止成本费用管理的失控，首先必须科学地预见生产耗费的趋势和程度，以便在此基础上采取有效措施，搞好成本管理工作。

在现代成本管理中，成本预测采用了一系列科学缜密的程序与方法，基本上能够把握成本变化的规律。因此，成本预测的结果是比较可靠的。但是，由于是根据历史资料来推测未来，成本预测就具有不可避免的局限性，这种局限性主要体现在不准确即近似这一点上。可靠性与近似性的对立统一是成本预测的显著特点。

成本预测具有如下意义：

（1）成本预测是进行成本决策和编制成本计划的依据。

（2）成本预测是降低产品成本的重要措施。

（3）成本预测是增强企业竞争力和提高企业经济效益的主要手段。

二、成本预测的作用

（1）成本预测是组织成本决策和编制成本计划的前提。通过成本预测，掌握未来的成本水平及其变动趋势，有助于把未知因素转化为已知因素，帮助管理层提高自觉性，减少盲目性；可避免成本决策的片面性和局限性。有了科学的成本决策，就可以编制出正确的成本计划；而且，成本预测的过程，同时也是为成本计划提供系统的客观资料的过程，这一点足以使成本计划建立在客观实际的基础之上。

（2）成本预测是加强企业全面成本管理的首要环节。单靠事后的计算分析已经远远不能适应客观的需要。成本工作的重点必须相应地转到事前控制上。这一观念的形成将对促进企业合理地降低成本、提高经济效益具有非常重要的作用。

成本预测为降低产品成本指明方向和奋斗目标。企业在做好市场预测、利润预测之后，能否提高经济效益以及提高多少，很大程度上取决于成本降低多少。为了降低成本，必须根据企业实际情况组织全面预测，寻找方向和途径，并由此力求实现预期的奋斗目标，降低产品成本。

三、成本预测的程序

（1）根据企业总体目标提出初步成本目标。

（2）初步预测在目前情况下成本可能达到的水平，找出达到成本目标的差距。其中初步预测就是不考虑任何特殊的降低成本措施，按目前主、客观条件的变化情况，预计未来时期成本可能达到的水平。

（3）考虑各种降低成本方案，预计实施各种方案后成本可能达到的水平。

（4）选取最优成本方案，预计实施后的成本水平，正式确定成本目标。

以上成本预测程序表示的只是单个成本预测过程，而要达到最终确定的正式成本目标，这种过程必须反复多次。也就是说，只有经过多次的预测、比较以及对初步成本目标的不断修改、完善，才能最终确定正式成本目标，并依据该目标组织实施成本管理。

四、成本预测的方法

成本预测的方法包括定性预测法和定量预测法。其中定性预测法是预测者根据掌握的专业知识和丰富的实际经验，运用逻辑思维方法对未来成本进行预计推断的方法的统称。定量预测法是指根据历史资料以及成本与影响因素之间的数量关系，通过建立数学模型来预计推断未来成本的各种预测方法的统称，包括高低点法和因素预测法。

（一）高低点法

成本预测的高低点法是指根据企业一定期间产品成本的历史资料，按照成本习性原理和 $y=a+bx$ 直线方程式，选用最高业务量和最低业务量的总成本之差（Δy），同两种业务量之差（Δx）进行对比，先求 b 的值，然后再代入原直线方程，求出 a 的值，从而估计推测成本发展趋势。

（二）因素预测法

因素预测法是通过分析研究与成本变动有关的各项技术经济因素变化的情况及准备采取的相应措施的影响，预测未来成本的方法。

因素预测法又分为单因素变化对成本的影响以及多因素变化对成本的影响。

单因素变化对成本的影响是指在计划期内只有一种因素发生变化，而且这种因素的变化只涉及成本项目的一个项目变化时，对计划单位产品成本预测的方法。

多因素变化是指影响成本的多种因素同时发生变化，共同对产品成本发生影响（或由于一种因素变化引起其他因素变化而共同影响产品的成本）。

1. 单因素变化对成本的影响

在测算各项目对产品成本的影响程度时，应抓住影响成本的重点因素进行测算，如直接材料、人工成本、劳动生产率、管理费用、废品率等因素未来变动对现有产品成本的影响程度，从而为企业降低产品成本提供有用的信息。其预测公式为：

$$Y=C（1-am）$$

其中：Y 为计划期产品的单位成本，C 为基期产品的单位成本，a 为某因素在基期成本中所占比例，m 为计划期该因素变动百分比。

（1）直接材料变动对成本的影响。

材料费用是构成产品成本的主要项目之一，在产品成本中占有较大的比重。直接材料费用的大小是由价格和数量两个因素决定的，因此，产品成本中材料消耗定额和单价发生变化，就会影响计划期产品成本水平。

①材料消耗定额变动对产品成本的影响可按下面的公式进行测算：

$$\text{材料消耗定额变动对单位成本的影响}=\sum\left[\left(\frac{\text{计划期单位产品}}{\text{原材料消耗定额}}-\frac{\text{基期单位产品}}{\text{原材料定额}}\right)\times\text{基期材料单价}\right]$$

②直接材料价格变动对产品成本的影响可按下面的公式进行测算：

$$\text{材料价格变动对} \atop \text{单位成本的影响} = \sum \left[(\text{计划期原料单价} - \text{基期原料单价}) \times {\text{计划期单位产品} \atop \text{该原料消耗定额}} \right]$$

③如果计划期原料消耗定额与价格同时变动，则原料费用变动对产品成本的影响可按下面的公式进行测算：

$$\text{原材料消耗定额及原料单价} \atop \text{同时变动对成本的影响} = \left[1 - \left(1 - {\text{原材料消耗定额} \atop \text{降低的百分比}} \right) \times \left(1 \pm {\text{原材料价格} \atop \text{变动的百分比}} \right) \right]$$
$$\times {\text{原材料费用} \atop \text{占成本的百分比}}$$

（2）工资费用变动对成本的影响。

产品成本中工资费用的高低是由生产工人的平均工资和生产工人劳动生产率两个因素决定的。

①生产工人工资不变，劳动生产率变动对成本的影响。

当生产工人的工资水平不变时，劳动生产率提高，意味着单位时间内产量增加，单位产品分摊的工资费用就减少，产品成本随之降低。该变动结果可测算如下：

$$\text{劳动生产率变动} \atop \text{对成本的影响} = \left(1 - \frac{1}{1 + \text{劳动生产率变动的百分比}} \right) \times {\text{生产工人工资} \atop \text{占成本的百分比}}$$

②生产工人工资和劳动生产率同时变动对成本的影响。

虽然工人平均工资的增长同单位产品中工资费用的增长是同步的，但是，如果工人工资水平增长幅度大于劳动生产率增长幅度，产品成本就会上升；反之，如果工人工资水平增长幅度小于劳动生产率增长幅度，产品成本则会下降。计算公式如下：

$$\text{劳动生产率和平均工资} \atop \text{同时变动对成本的影响} = \left(1 - \frac{1 + \text{平均工资增长百分比}}{1 + \text{劳动生产率增长百分比}} \right) \times {\text{生产工人工资} \atop \text{占成本的百分比}}$$

（3）产量变动对成本的影响。

在产品成本的制造费用、管理费用中，有一部分成本属于固定费用的性质，如办公费、折旧费等，这部分费用不随产品的增减变化而变化，因此，当产量增加时，单位产品分摊的固定制造费用相应地减少；当产量减少时，单位产品分摊的固定制造费用则相应地增加。

①产量变动对成本的影响主要表现为固定制造费用影响，可以计算如下：

$$\text{劳动生产率和平均工资} \atop \text{同时变动对成本的影响} = \left(1 - \frac{1 + \text{平均工资增长百分比}}{1 + \text{劳动生产率增长百分比}} \right) \times {\text{生产工人工资} \atop \text{占成本的百分比}}$$

（4）产量变动对成本的影响。

在产品成本的制造费用、管理费用中，有一部分成本属于固定费用的性质，如办公费、折旧费等，这部分费用不随产品的增减变化而变化，因此，当产量增加时，单位产品分摊的固定制造费用相应地减少；当产量减少时，单位产品分摊的固定制造费用则相应地增加。

①产量变动对成本的影响主要表现为固定制造费用的影响，可以计算如下：

$$产量变动对固定成本的影响 = \left(1 - \frac{1}{1 + 产量增长率}\right) \times 固定成本占成本的百分比$$

②除了固定成本，在产品成本中还存在消耗性材料、运输费等变动费用。这些费用的总额随产量增加而增加，而单位产品成本中所分摊的部分不变。因此，当企业的生产率增长时，就会使单位产品成本中的管理费用降低。由于生产率的增长、管理费用降低对产品成本降低的影响可按下式计算：

$$生产增长超过管理费用增加对成本的影响 = 管理费用占成本的百分比 \times \left(1 - \frac{1 + 管理费用增加百分比}{1 + 生产增长的百分比}\right)$$

（5）废品率对成本的影响。

生产过程中产生废品，会降低合格产品的数量，从而使合格产品的成本也相应提高。因此，废品率也影响着产品成本。降低废品率可以降低产品成本，其对产品成本的影响可按下式计算：

废品损失减少对成本的影响 = 废品损失占成本的百分比 × 废品损失减少的百分比

2. 多因素变化对成本的影响

多因素变化是指影响成本的多种因素同时发生变化，共同对产品成本发生影响（或由于一种因素变化引起其他因素变化而共同影响产品的成本）。多因素变化综合了以上单个因素对成本的影响。其计算公式为：

$$Y = C(1 - a_1 m_1 - a_2 m_2 - a_3 m_3 \cdots - a_n m_n)$$

其中：Y 为计划期产品的单位成本，C 为基期产品的单位成本，a 为某因素在基期成本中所占比例，m 为计划期该因素变动百分比，n 为发生变化因素的个数。

第五节 利润预测

一、利润预测的含义与意义

利润预测是指企业在销售预测的基础上,通过对产品的销售量、价格水平、成本状况以及其他对利润发生影响的因素进行分析与研究,进而对企业在未来某一时期内可以实现的利润预期数进行预计和测算。公司的利润包括营业利润、投资净收益、营业外收支净额三部分,用公式表示如下:

利润总额 = 营业利润 + 投资净收益 + 营业外收支净额

因此,利润的预测也包括营业利润的预测、投资净收益的预测和营业外收支净额的预测。

在利润总额中,通常营业利润占比最大。营业利润是由产品销售利润和其他业务利润组成的。其中,产品销售利润是由产品销售收入减去产品销售成本以及产品销售税金之后所得,其他业务利润是由其他业务收入减去其他业务成本以及其他业务税金之后所得。投资净收益是由企业投资收入减去投资损失之后所得。营业外收支净额是由营业外收入减去营业外支出之后所得。

利润预测通常具有如下意义:

(1)利润预测是提高经济效益的重要手段。

(2)利润预测是实现企业经营目标的重要环节。

(3)利润预测是企业加强利润管理的重要措施。

二、目标利润的确定

利润预测的主要目的是预测目标利润。目标利润是企业未来一段期间内,在现有经营条件下,应该达到最优的战略目标。目标利润是指按照一定方法预计并确定未来企业在利润方面应当达到的奋斗目标的过程。目标利润预测是利润预测的核心,其根本目的是在考虑到企业发展对利润需求的基础上,充分考虑企业的主、客观条件,提出未来一定期间从事生产经营活动应实现的利润目标。

目标利润预测的一般步骤如下:

(1)确定利润率标准。

（2）计算目标利润基数。将选定的利润率标准乘上企业预期应该达到的有关业务量及资金指标，可测算出目标利润基数。其计算公式为：

目标利润基数 = 有关利润标准 × 相关指标

（3）确定目标利润修正值。

（4）确定目标利润。即目标利润基数和目标利润修正值之和。

目标利润确定后应该尽量避免随意更改，并将其纳入全面预算体系，作为落实各项指标的依据。

三、利润预测的方法

利润预测的方法主要有相关比率法、利润敏感性分析法、经营杠杆系数法以及本量利分析法。其中本量利分析法在第八章中已做详细介绍，此处不再赘述。

（一）相关比率法

相关比率法是指根据利润与有关指标之间的内在联系，对计划期间的利润进行预测的一种方法。常用的相关比率主要有销售收入利润率、资金利润率、利润增长率等。

1. 利润与销售收入的关系

利润 = 预计销售收入 × 销售收入利润率

销售收入利润率 般以基期数为依据，并结合计划期有关变动因素加以确定，也可以根据同行业的平均先进水平来确定。

2. 利润与资金占用的关系

利润 = 预计平均资金占用额 × 资金利润率

资金利润率法是根据企业上年度的实际资金占用情况，结合下年度的预定投资和资金利润率，确定下年度目标利润总额的方法。预测全部资金平均占用额可采用有关固定资金、流动资金的预测资料。

3. 计划期与上年相比的增长率关系

利润增长率预测法是根据上年度已经达到的利润水平及近期若干年利润增长率的变动趋势、幅度与影响利润的有关情况在下年度可能发生的情况，依据相应的利润增长率可以确定下年度利润。

利润 = 上年度实际利润总额 × （1+ 预计利润增长率）

（二）利润敏感性分析法

利润敏感性分析法是研究当制约利润的有关因素发生某种变化时对利润所产生影响的一种定量分析方法。影响利润的因素很多，如售价、单位变动成本、销量、固定成本等。在现实经济环境中，这些因素是经常发生变动的。有些因素增长会导致利润增长，如单价；而另一些因素降低才会使利润增长，如单位变动成本；有些因素略有变化，就会使利润发生很大的变化。

利润敏感性分析法是指从定量分析的角度研究有关因素发生某种变化对某一个或一组关键指标影响程度的一种不确定分析技术。其实质是通过逐一改变相关变量数值的方法来解释关键指标受这些因素变动影响大小的规律。有些因素虽然变化幅度较大，却只对利润产生微小的影响。所以对一个企业的管理者来说，不仅需要了解哪些因素对利润增减有影响，而且需要了解影响利润的若干因素中，哪些因素影响大，哪些因素影响小。那些对利润影响大的因素称为敏感因素；反之，则称为非敏感因素。

1. 敏感系数

反映各因素对利润敏感程度的指标为敏感系数，其计算公式为

$$某因素的敏感系数 = \frac{利润变化百分比}{该因素变化百分比}$$

其判别标准是：

当敏感系数大于 1 时，即当某影响因素发生变化时，利润发生更大程度的变化，该影响因素为敏感因素。

当敏感系数小于 1 时，即利润变化的幅度小于影响因素变化的幅度，该因素为非敏感因素。

当敏感系数等于 1 时，即影响因素变化会导致利润相同程度的变化，该因素亦为非敏感因素。

影响营业利润的因素有产品的产销量、单价、单位变动成本及固定成本总额等，需要注意的是，单价的中间变量是销售收入，单位变动成本的中间变量是变动成本总额，销售量的中间变量是贡献边际，固定成本的中间变量就是固定成本本身。

利润灵敏度指标的排列有如下规律：

（1）关于敏感系数的符号。某一因素的敏感系数为负号，表明该因素的变动与利润的变动为反向关系；反之亦然。

（2）关于敏感系数的大小。由于"销售量 × 单价"大于"销售量 ×（单价 - 单位变动成本）"，所以，单价的敏感系数一定大于销售量、单位变动成本的敏感系数。在不亏损状态下，"销售量 × 单价"也大于固定成本，所以，单价的敏感系数一般应该是最大的。

（3）在不亏损状态下，销售量的敏感系数一定大于固定成本的敏感系数；所以，敏感系数最小的因素，不是单位变动成本就是固定成本。

2. 利润敏感性分析法

利润敏感性分析法的主要作用之一是进行利润的预测和规划。根据不确定性因素每次变动数目的多少，利润敏感性分析法可以分为单因素利润敏感性分析法和多因素利润敏感性分析法。

（1）单因素利润敏感性分析法。

一定时期内，企业可实现的营业利润是由产品的产销量、单价、单位变动成本及固定成本总额等因素决定的，这些因素中的任何一个发生变化，都会对利润产生不同程度的影响。某因素的敏感系数越大，说明其变化对利润的影响程度越大，管理中应对其重点关注。根据本量利分析法的计算公式，当影响利润的某一因素单独发生变化时，按常规的敏感系数可直接预测计划期的营业利润，其计算公式为：

预测期营业利润 = 基期利润 ×（1 + 某因素的敏感系数 × 该因素的变化率）

假设基期营业利润为 I，预测期营业利润为 Y，产品销售量为 Q，单价为 P，单位变动成本为 b，固定成本总额为 a。

假设其他因素不变，只有价格发生变化，且其变化率为 r，则：

利润增长额（ΔI）$= [QP(1+r) - Qb - a] - (QP - Qb - a) = QPr$

$$价格的敏感系数 = \frac{利润变化率}{价格变化率} = \frac{\dfrac{QP_r}{I}}{r} = \frac{QP}{I}$$

同理：

$$销售量敏感系数 = \frac{Q(P-b)}{I}$$

$$单位变动成本敏感系数 = -\frac{Qb}{I}$$

$$固定成本敏感系数 = -\frac{a}{I}$$

（2）多个因素同时发生变化时敏感系数在利润预测中的应用。

现实经济生活中，计划期与基期相比，虽然影响利润的某个因素单独变动的情况时有发生，但更经常出现的是几个因素同时发生变化的情况。

根据敏感系数计算公式可知：

利润变化百分比 = 某因素的敏感系数 × 该因素变化百分比

影响营业利润的因素有产品的销售量、单价、单位变动成本及固定成本总额等，假设各因素同时发生变化，变化率分别为 x_1、x_2、x_3、x_4。

$$Y = QP - Qb - a$$

预测期营业利润为

$$I_1 = Q(1+x_1) \cdot P(1+x_2) - Q(1+x_1) \cdot b(1+x_3) - a(1+x_4)$$

利润增长额为

$$I = (QP - Qb)x_1 + QPx_2 - Qbx_3 - ax_4 + QPx_1x_2 - Qbx_1x_3$$

利润增长率为

$$\frac{I_1 - I}{I} = \frac{(QP - Qb)x_1}{I} + \frac{QPx_2}{I} - \frac{Qbx_3}{I} - \frac{ax_4}{I} + \frac{QPx_1x_2}{I} - \frac{Qbx_1x_3}{I}$$

即

利润增长率 = 销售量敏感系数 × 销售量变化率 + 价格敏感系数 × 价格变化率 + 单位变动成本敏感系数 × 单位变动成本变化率 + 固定成本敏感系数 × 固定成本变化率 + 价格敏感系数 × 销售量变化率 × 价格变化率 + 单位变动成本敏感系数 × 销售量变化率 × 单位变动成本变化率

利润敏感性分析法能够预测各种不利因素对项目的影响，从而判断项目可能容许的风险程度。一般而言，在对利润产生影响的各因素中，灵敏度最高的为单价，最低的是固定成本，销量和单位变动成本介于两者之间。

单价为绝对敏感因素，单价的变化会引起利润以几倍于单价变化的速度发生变化。所以在经济决策中，对降价必须给予格外的关注。价格下调带来的利润损失，若不能通过扩大销售量或降低单位成本予以更大程度的补偿，则企业的整体利润肯定会下降，目标利润难以实现。同时，价格上涨的同时，应尽可能地抑制销量的大幅缩减和成本的大幅上升，否则目标利润同样难以实现

单位变动成本同样属于利润的敏感因素，所以降低单位成本对实现企业目标利润具有重要意义。特别是从长期看，成本的高低将是企业能否生存和发展的关键。企业降低单位变动成本的主要措施有以下几种。

①源头控制，降低材料的采购成本。其主要方式有招标采购或网上采购等。

②生产过程控制，降低生产成本。对生产过程中的材料浪费、不必要的机器停工损失都必须通过严格管理加以控制。

③实行批量生产，实现规模效益。

④必要时，建立责任成本控制制度。将成本控制的责任落实到具体的部门或个人。

⑤扩大销售量。销量的增加会导致企业利润的大幅度增加。但这里有一个前提，就是单价的降低幅度不能太大，否则，由于价格的敏感程度大于销量的敏感程度，销量的增加反而会减少企业的利润。一般而言，企业扩大销售量的主要措施包括：提高产品质量，以质取胜；实施品牌战略，提高消费者品牌忠诚度；大力促销。

（三）经营杠杆系数法

根据本量利分析原理，由于企业成本被划分为固定成本和变动成本两个部分，随着产销量增加，单位固定成本呈反方向变动，所以在有关因素不变的情况下，利润的变动幅度将大于销售量的变动幅度，这一规律称为经营杠杆。它所产生的效益及反映的风险可用经营杠杆系数来衡量。

经营杠杆系数（DOL），是一定条件下，利润的变动率相当于销售量（额）变动率的倍数，该数值的大小反映了经营杠杆效用的高低以及经营风险程度。

其基本公式为

$$经营杠杆系数 = \frac{利润变动率}{销售量（额）变动率}$$

$$= \frac{（预计利润 - 基期利润）\div 基期利润}{[预计销售量（额）- 基期销售量（额）]\div 基期销售量（额）}$$

由于经营杠杆系数可以用于利润的预测，所以，在上述基本公式中应该将预计利润因素去除，推导如下：

因为：

$$利润 =（单价 - 单位变动成本）\times 销售量 - 固定成本$$

由利润敏感性分析结果可得到：

$$利润增加额 =（单价 - 单位变动成本）\times 销售量增加数$$

所以：

$$经营杠杆系数 = \frac{（单价 - 单位变动成本）\times 销售量增加数 - 基期利润}{销售量增加数 - 基期销售量}$$

$$= \frac{基期边际贡献总额}{基期利润}$$

如果企业的经营杠杆系数已经确定，而销售变动率也已测定，那么，在之前的利润水平基础上，可以按照以下公式预测未来的利润：

$$利润预测数 = 基期利润 \times（1 + 销售变动率 \times 经营杠杆系数）$$

第六节 资金需要量的预测

一、资金需要量预测的含义

资金需要量预测是指企业根据生产经营的需求，对未来所需资金的估计和推测。企业筹集资金，首先要对资金需要量进行预测，即对企业未来组织生产经营活动的资金需要量进行估计、分析和判断，它是企业制订融资计划的基础。

二、资金需要量预测的步骤

（一）销售预测

销售预测是企业财务预测的起点。销售预测本身不是财务管理的职能，但它是财务预测的基础，销售预测完成后才能开始财务预测。因此，企业资金需要量的预测也应当以销售预测为基础。

（二）估计需要的资产

资产通常是销售量的函数，根据历史数据可以分析出该函数关系。根据预计销售量和资产销售函数，可以预测所需资产的总量。某些流动负债也是销售的函数，相应地也可以预测负债的自发增长率，这种增长可以减少企业外部融资的数额。

（三）估计收入、费用和留存收益

收入和费用与销售额之间也存在一定的函数关系，因此，可以根据销售额估计收入和费用，并确定净利润。净利润和股利支付率，共同决定了留存收益所能提供的资金数额。

（四）估计所需要的追加资金需要量，确定外部融资数额

根据预计资产总量，减去已有的资金来源，负债的自发增长和内部提供的留存收益，得出应追加的资金需要量，以此为基础进一步确定所需的外部融资数额。

三、资金需要量预测的方法

企业资金需要量的预测方法主要有定性预测法和定量预测法两种。以下主要介绍几种常用的定性预测方法。

定性预测法是根据调查研究所掌握的情况和数据资料，凭借预测人员的知识和经验，对资金需要量所做的判断。这种方法一般不能提供有关事件确切的定量概念，而主要是定性地估计某一事件的发展趋势、优劣程度和发生的概率。定性预测是否正确，完全取决于预测者的知识和经验。在进行定性预测时，虽然要汇总各方面人士的意见和综合地说明财务问题，但也需将定性的财务资料进行量化，这并不改变这种方法的性质，定性预测主要是根据经济理论和实际情况进行理性、逻辑的分析和论证，以定量方法作为辅助，一般在缺乏完整、准确的历史资料时采用。

（一）德尔菲法

前面销售预测时，其主要是通过向财务管理专家进行调查，利用专家的经验和知识，对过去发生的财务活动、财务关系和有关资料进行分析综合，从财务方面对未来经济的发展作出判断。预测一般分两步进行：首先，由熟悉企业经营情况和财务情况的专家，根据其经验对未来情况进行分析判断，提出资金需要量的初步意见；然后，通过各种形式（如信函调查、开座谈会等），在与本地区一些同类企业的情况进行对比的基础上，对预测的初步意见加以修订，最终得出预测结果。

（二）市场调查法

市场的主体是在市场上从事交易活动的组织和个人，客体是各种商品和服务，商品的品种、数量和质量、交货期、金融工具和价格则是市场的配置资源。在我国，既有消费品和生产资料等商品市场，又有资本市场、劳动力市场、技术市场、信息市场及房地产市场等要素市场。市场调查主要是对各种与财务活动有关的市场主体、市场客体和市场要素的调查。

市场调查以统计抽样原理为基础，包括简单随机抽样、分层抽样、分群抽样、规律性抽样和非随机抽样等技术，主要采用询问法、观测法和实验法等，以使定性预测准确、及时。

（三）相互影响预测方法

专家调查法和市场调查法所获得的资料只能说明某一事件的现状发生概率和发展的趋势，而不能说明有关事件之间的相互关系。相互影响预测方法就是通过分析各个事件由于相互作用和联系引起概率发生变化的情况，研究各个事件在未来发生可能性的一种预测方法。

（四）销售百分比法

销售百分比法是一种在分析报告年度资产负债表有关项目与销售额关系的基础上，根据市场调查和销售预测取得的资料，确定资产、负债和所有者权益的有关项目占销售额的百分比，然后依据计划期销售额及假定不变的百分比关系预测计划期资金需要量的一种方法。简而言之，销售额百分比法是根据销售增长与资产增长之间的关系，预测未来资金需要量的方法。

销售百分比法的基本步骤如下：

（1）确定随销售额变动而变动的资产和负债项目。

经营性资产与经营性负债的差额通常与销售额保持稳定的比例关系，如果企业资金周转的营业效率不变，则经营性资产随销售额呈正比例变化，也称为"敏感性资产"。经营性资产项目包括现金、应收账款、存货等项目。经营性负债随销售额呈正比例变化，也称为"敏感性负债"。经营性负债项目包括应付票据、应付账款等项目，不包括短期借款、短期融资券、长期负债等筹资性负债。

（2）确定经营性资产与经营性负债有关项目与销售额的稳定比例关系。即计算基期资产负债表上随销售量变动的各项目占基期销售收入的百分比。

$$资产占销售收入百分比 = \frac{随销量变化的资产}{基期销售额} = \frac{A}{S_0}$$

$$负债占销售收入百分比 = \frac{随销量变化的负债}{基期销售额} = \frac{B}{S_0}$$

（3）确定需要增加的筹资数量。

首先，将第二步计算出来的资产占销售收入百分比减去负债占销售收入百分比，得到每增加一元销售额需要增加资金量。

$$单位销售额增加需要增加的资金 = \frac{A}{S_0} - \frac{F}{S_0}$$

然后，再确定企业内部形成的资金，内部形成的资金是企业留存利润的增加数，以及固定资产折旧数额，这部分资金来源可以抵减需要筹集的资金。

最后，预测期资金需要量可以按以下公式计算：

$$需要追加的外部资金筹措额 = \sum \left(\frac{A}{S_0} - \frac{B}{S_0} \right) \times \Delta S - D - PES_1 + M$$

其中：A 为随销售变化的敏感性资产（变动资产）；B 为随销售变化的敏感性负债（变动负债）；S_0 为基期销售额；S_1 为预测期销售额；ΔS 为销售的变动额；P 为销售净利率；E 为利润留存率，利润留存率 $=1-$ 股利支付率；D 为预测期计提的折旧额；M 为预测期新增的零星资金开支数额。

四、固定资金需要量预测

固定资金需要量预测是指对未来一定时期内企业进行生产经营活动所需的固定资金进行预计和测算。要预计固定资金需要量，首先要预测固定资产的需要量，再根据固定资产所需资金进行固定资金需要量的预测。

固定资产需要量的预测应以生产设备为重点，在正确预测生产设备需用量的基础上，其他各类固定资产可以根据生产设备的需要量以及企业实际需要的可能条件合理地进行测算。

固定资金需要量预测具体可分为以下三个步骤：

（1）根据企业某类设备现有台数、计划生产任务需用台时定额总数和单台设备全年计划有效工作台时数计算某类设备多余或不足，其计算公式为：

$$某类设备多余（+）或不足（-）台数 = 某类设备现有台数 - \frac{计划生产任务需用台时定额总数}{单台设备全年计划有效工作台时数}$$

其中：

$$计划生产任务需用台时定额总数 = （\sum 每种产品计划产量 \times 单位产品台时定额） \times 定额改进系数$$

$$定额改进系数 = \frac{预计新定额}{现行定额}$$

$$单台设备全年计划有效工作台时数 = （全年制度工作日数 - 设备检修停台日数） \times 每日开班数 \times 每班工时数$$

（2）企业其他配套性设备，如厂房、动力设备、传导设备、运输设备等，它们的需要量与生产设备有一定的比例关系。配套性固定资产需要量，可在第一步的基础上，按照它们在基年与生产设备的比例关系，结合预测年度提高设备利用率的要求进行测算。非生产性固定资产的需要量，应按照企业实际需要和可能条件决定，在现有资产的基础上，结合职工人数的增加和改善职工物质文化生活的实际需要，估算出需要增加的资产项目。

（3）在预测出固定资产需要量以后，根据各项固定资产的重置价值，求出合计数，就是预测的固定资产需要量。

第十章　短期经营决策

第一节　短期经营决策概述

在市场经济环境下，企业管理层为了应对瞬息万变的市场状况，经常需要作出各种经营与投资决策，而其决策的正确与否则关系到企业经营的成败。现代管理科学认为"管理的重心在经营，经营的重心在决策"，因此，提高企业的生产效率固然重要，但更为重要的是决策。

一、短期经营决策的含义及其类型

（一）短期经营决策的含义

决策是指为实现预定目标，在科学预测的基础上，对未来经济活动的若干备选方案进行比较分析，最终作出科学判断的过程。决策按其期限的长短分为长期决策和短期决策。其中短期决策也称为短期经营决策，是指企业为有效地组织现在的生产经营活动，合理利用经济资源，以期在不远的将来取得最佳的经济效益而进行的决策。短期经营决策通常是对一年或长于一年的一个营业周期内的生产经营活动所进行的决策，因此该类决策涉及的方案影响期较短，一般不涉及大量资金投入，相对于长期投资，风险相对较小。

（二）短期经营决策的类型

短期经营决策按照不同的标准可以分成不同的类别。

1. 按照短期决策内容分类

按照短期决策内容分类，通常分为生产决策、定价决策和存货决策三大类。

（1）生产决策。生产决策是指短期内，在生产领域中，对生产什么、生产多少以及如何生产等几个方面的问题作出的决策，具体包括剩余生产能力如何运用、亏损产品如何处理、产品是否进一步加工和生产批量的确定等。

（2）定价决策。定价决策是指短期内企业为实现其定价目标而科学合理地确定商品的最合适价格。定价决策应考虑的因素包括成本因素、供求规律因素等。定价决策经常采用的方法包括以成本为基础的定价方法、以需求为基础的定价方法以及以特殊情况为基础的定价方法等。

（3）存货决策。存货决策是指对如何把存货的数量控制在最优的水平上、在什么情况下再订货和每次订购多少数量最经济等问题作出的决策，具体包括存货的控制决策和存货的规划决策。

2. 按决策者所掌握的信息程度分类

按决策者所掌握的信息程度分类，经营决策通常分为确定型决策、风险型决策和非确定型决策。

（1）确定型决策。确定型决策是指与决策方案相关的各项条件或自然状态已知，每个方案只有一个确定的结果，可直接比较其结果的决策。

（2）风险型决策。风险型决策是指与决策方案相关的各项条件或自然状态已知，每个方案的执行可能会出现两种或两种以上的结果，并且可以确定各种结果出现的概率的决策。这类决策由于每个方案的结果存在不确定性，使得决策存在一定的风险。

（3）非确定型决策。非确定型决策是指与决策方案相关的各项条件或自然状态是未知的，每个方案的执行有可能出现两种或两种以上的不同结果，并且无法确定各种结果出现的概率，只能依靠决策者的实践经验和判断能力来进行的决策。

3. 按决策方案之间的关系分类

按决策方案之间的关系分类，通常可以分为接受或拒绝方案决策、互斥方案决策和组合方案决策。

（1）接受或拒绝方案决策。接受或拒绝方案决策，又称独立方案决策，是指每个备选方案各自独立存在，不受其他任何方案影响的决策。这种决策只需要对一个备选方案作出接受或拒绝的选择，因而也称"采纳与否决策"。例如，亏损产品是否停产的决策，是否接受特殊订货的决策等。

（2）互斥方案决策。互斥方案决策是指在两个或两个以上相互排斥的备选方案中只能选出一个方案的决策。例如，零部件是自制还是外购的决策，几种新产品方案中选择哪种产品生产的决策等。

（3）组合方案决策。组合方案决策是指在企业资源总量受到一定限制的条件下，从多个备选方案中选出一组最优组合方案，使企业的综合经济效益达到最大的决策。

此外，还可以按决策的层次分为高层决策、中层决策和基层决策等。

二、短期经营决策的程序

短期经营决策程序又称决策制定过程，一般包括五个步骤。

（一）确定决策目标

确定决策目标是决策分析的出发点。由于决策目标是针对生产经营中存在的问题而制定的，因而，确定经营目标应以发现并明确经营问题为前提，也就是说，决策首先要明确解决什么问题，达到什么目标。

（二）收集与决策目标相关的信息

决策目标一经确定，决策者要针对决策目标，了解环境变化，寻求相关的决策信息，尤其是有关预期收入与预期成本的数据，这是决策分析程序中具有重要意义的步骤。

（三）提出实现目标的各种备选方案

由于决策是对未来各种可能的行动方案进行选择的过程，因此，决策者必须根据所确定的决策目标和所掌握的各种相关信息，设计制订出实现决策目标的各种备选方案，这是科学决策的基础和保证。

（四）选择最满意方案

选择最满意方案是整个决策分析程序中最关键的一步。在这一步骤中，决策者根据所掌握的相关信息，对各种备选方案采用定量或定性分析方法进行可行性研究，从不同的侧面论证各方案在技术上和经济上的先进性、合理性与可能性，对各方案作出初步评价。在对各备选方案进行定量与定性分析的基础上，按照一定的原则和要求确定择优的标准及方法，通过不断比较、筛选，全面权衡利弊得失，最后选择出较为理想的最满意（或可行）方案。

（五）决策方案的实施和跟踪反馈

最满意（或可行）方案选定以后就应该将其纳入企业的计划，并具体组织实施，因而它是决策分析过程的延伸。由于在组织实施决策方案的过程中，可能会出现不曾预料到的新情况、新问题，因此，要对实施的具体情况随时进行检查和监督，以揭示偏离决策目标的程度和原因，并及时作出调整。

第二节 品种决策

品种决策是解决生产过程中生产什么产品的问题，如新产品是否投产、亏损产品是否继续生产、亏损产品是否进一步加工、联产品是否深加工等。

一、新产品投产的决策

企业要在激烈的市场竞争中立于不败之地，就要不断地开发新产品，促进产品的更新换代，以满足市场日益增长的需求，维持并扩大企业产品的市场份额。

新产品投产的决策问题，主要涉及新产品品种的选择。如果企业生产能力有限，新产品的生产会影响原有老产品的产量，则应考虑减产老产品的损失，即机会成本问题。如果投产不同的新产品会发生不同的固定成本开支，决策时还应考虑这些专属固定成本。

（一）开发新产品不存在专属成本时的品种决策

在新产品不存在专属成本的情况下，可以采用贡献边际总额分析法。当有关决策方案的相关收入不为零，相关成本全部为变动成本时，可以将贡献边际总额作为决策评价指标。

开发新产品不存在专属成本时的品种决策判断标准如表 10-1 所示。

表 10-1　贡献边际总额分析表

方案项目	A 方案	B 方案
相关收入	R_A	R_B
相关成本	C_A	C_B
贡献边际	T_{cmA}	T_{cmB}

如果 $T_{cmA} > T_{cmB}$，则 A 方案优于 B 方案；如果 $T_{cmA} < T_{cmB}$，则 B 方案优于 A 方案；如果 $T_{cmA} = T_{cmB}$，则 A 方案与 B 方案相同。

（二）开发新产品存在专属成本时的品种决策

在开发新产品存在专属成本的情况下，可以采用差别损益法。由于此法需要以各有关方案的相关收入和相关成本为基本数据，因此，必须进行细致的相关分析，尤其要对相关成本项目逐一列出具体的明细项目。

该法一般要通过编制差别损益分析表计算差别损益指标，其一般格式如表 10-2 所示。

表 10-2 差别损益分析表

方案项目	A 方案	B 方案	差异额（Δ）
相关收入	R_A	R_B	ΔP
相关成本	C_A	C_B	ΔC
差别损益		ΔP	

根据差别损益作出决策的判断标准是：如果 $\Delta P>0$，则 A 方案优于 B 方案；如果 $\Delta P<0$，则 B 方案优于 A 方案；如果 $\Delta P = 0$，则 A 方案与 B 方案的效益相同。

二、亏损产品的生产决策

亏损产品的决策，是指企业在组织多品种生产经营的条件下，当其中一种产品为亏损产品（即其销售收入低于销售成本）时，所作出的是否按照原有规模继续生产，或是按照扩大的规模生产该亏损产品的决策。

在对亏损产品是否继续生产作出决策前，首先要对亏损产品进行分析。按照本量利分析的观点，产品销售收入扣除变动成本后是边际贡献，边际贡献减去固定成本后才是利润。因此，亏损产品可分为"实亏损"产品和"虚亏损"产品两种。"实亏损"产品是销售收入低于变动成本，边际贡献为负数的产品。"虚亏损"产品是销售收入高于变动成本，边际贡献为正数但小于固定成本的产品。

对于"实亏损"产品，由于其边际贡献为负数，生产越多，亏损越多，除非特殊需要，一般不应继续生产。而对于"虚亏损"产品，由于其边际贡献是正数，所以它对企业还是有贡献的。它之所以亏损，是因为其边际贡献还不足以弥补全部固定成本，如果停止生产，由于固定成本依然存在，亏损不仅不能减少，反而会增加，所以应继续甚至增加这种产品的生产。

（一）是否继续生产亏损产品的决策

某种产品发生亏损，是企业经常会遇到的问题。亏损产品是否停产？如果根据完全成本法来进行分析，答案似乎很简单，既然产品不能为企业提供盈利，当然应当停产。但是，如果根据变动成本法来进行分析，往往会得出相反的结论。由于亏损产品是否停产的决策并不影响企业的固定成本总额，因此这类决策问题一般采用贡献边际进行分析。

1. 相对剩余生产经营能力无法转移时

相对剩余生产经营能力是指停止按原有规模组织生产该亏损产品而导致的暂时闲置的生产经营能力。相对剩余生产经营能力无法转移，是指由于停产而导致的闲置能力无法被用于企业经营的其他方面，不能转产也不能将有关设备对外出租。

采用贡献边际来判定企业是否继续生产亏损产品，当满足下列条件时，亏损产品为"虚亏损"，应继续生产该亏损产品：单价大于单位变动成本，收入大于变动成本，单位贡献边际大于 0，贡献边际总额大于 0，贡献边际率大于 0，变动成本率小于 1。

继续生产能够提供正的贡献边际的亏损产品可以补偿一部分固定成本，因为固定成本是沉没成本，如果停止生产亏损产品，固定成本会转嫁给其他产品负担，此时企业会损失相当于该亏损产品所能提供的贡献边际那么多的利润。

通过上面的分析，可以得出如下结论：保留亏损产品的决策是使其边际贡献大于 0，这样企业仍然有利可图；当边际贡献等于 0 时，盈亏两平，利润为 0；当边际贡献小于 0 时，已属于绝对亏损产品，就应该停止该产品的生产，否则就会给企业带来经济损失。

2. 相对剩余生产经营能力可以转移

相对剩余生产经营能力可以转移，是指由于停产而导致的闲置能力可以被用于企业的其他经营活动。当相对剩余生产经营能力可以转移时，继续生产亏损产品的方案就会由此发生相关的机会成本，该机会成本就是其他经营活动可获得的贡献边际。

满足下列条件时，应继续生产该亏损产品：亏损产品的贡献边际大于相对剩余生产经营能力可以转移的机会成本。

满足下列条件时，应该停止该亏损产品的生产：亏损产品的贡献边际小于相对剩余生产经营能力可以转移的机会成本。

（二）亏损产品是否增产的决策

亏损产品是否增产的决策分为下列三种情况：（1）已具备增产能力且无法转移；（2）已具备增产能力但可以转移；（3）不具备增产能力。本类决策可以采用贡献边际总额分析法、差别损益分析法以及相关损益分析法等方法。

1. 已具备增产能力且无法转移时

企业已具备增产能力且无法转移，其中增产能力即为相对剩余生产经营能力。

企业已具备增产能力且无法转移时，应按照以下原则进行决策：

（1）如果不应当停止生产某亏损产品，就应该增产该亏损产品。可利用贡献边际总额分析法和差别损益分析法来分析。

（2）如果亏损产品能提供正的贡献边际，但小于停产后停产的相对剩余生产经营能力转移的有关机会成本，应当运用相关损益分析法进行"增产亏损产品"方案与"不增产且应当停产"方案的比较。值得注意的是，增产方案的相关成本中应当考虑与停产相对剩余生产经营能力转移有关的机会成本，且增产方案的相关业务量应当为增产后的全部产量。

2. 已具备增产能力但可以转移时

企业已具备增产能力但可以转移，可以利用相关损益法来选择"增产亏损产品"方案或"停产亏损产品"方案。不过，在决策时还要注意以下两点：（1）增产亏损产品方案的相关成本中，除了增量成本，还包括两项机会成本：一项是停止生产亏损产品形成的相对剩余生产能力转移有关的机会成本，另一项是与增产亏损产品绝对剩余生产能力转移有关的机会成本；（2）增产亏损产品方案的相关业务量是增产后的全部产量。

三、联产品生产的决策

联产品是指用同一种原料，经过同一个生产过程，生产出两种或两种以上的不同性质和用途的产品。

企业的原材料，经过同一生产过程以后，从中分离出各种联产品。而联产品分离的这个点，称为分离点。联产品在分离以前发生的费用称为联合成本，分离以后有的可直接销售，有的需要进一步加工后再销售。而进一步加工的成本称为可分成本。

如果已知各种产品在不同价格下的需求情况，那么就需要确定这些联产品的产量和价格，使企业获得的利润最大。联产品是否继续加工为最终产品或直接出售联产品的决策，可以运用差别损益分析法来判断。差别损益分析法的判断标准如表 10-3 所示。

表 10-3　差别损益分析表

方案项目	继续加工为最终成品	直接出售联产品	差异额
相关收入	最终产品单价 × 最终产品销售量	联产品单价 × 联产品销售量	差别收入
相关成本	以下各项合计	0	差别成本
其中：可分成本	单位可分成本 × 最终产品销售量	0	—
机会成本	已知	0	—
专属成本	已知	0	—
差别损益	ΔP		

第三节 产品组合最优决策

产品组合最优决策适用于多品种产品生产的企业。在企业生产多品种的过程中，有一些资源是必要的，如人工、原材料以及机器设备等，但是有一些资源可同时供多种产品的生产，并且这些资源是有限的，那么，就存在着如何合理分配这些资源以达到生产组合最优化的结构的问题。

在产品组合最优化决策方法中，常用的有以下两种。

一、逐次测算法

逐次测算法是根据企业有限的各项生产条件和各种产品的情况及各项限制因素等数据资料，分别计算单位限制因素所提供的贡献毛益并加以比较，在此基础上逐步测试，使各种产品达到最优组合。

【例1】某企业生产甲、乙两种产品，甲、乙共用机器设备工时总数为18000小时，共用人工工时总数为24000小时。经过调研分析，预测在下一年度，甲产品的销量为3000件，乙产品的销量为2000件，其他资料如表10-4所示。

表10-4 甲、乙产品资料

项目 \ 类别	甲产品	乙产品
单位产品所需设备工时	3 小时	5 小时
单位产品人工工时	5 小时	6 小时
单位贡献毛益额	42 元	60 元

（1）计算并比较两种产品单位限制因素所提供的贡献毛益额，如表10-5所示。

表10-5 甲、乙产品贡献毛益额

名称	甲产品	乙产品	限制因素（小时）
单位设备工时贡献毛益（元）	14	12	1800
单位人工工时贡献毛益（元）	8.4	10	2400

比较两种产品单位限制因素所提供的贡献毛益可知，甲产品单位设备工时的贡献毛益额高于乙产品，而乙产品的单位人工工时贡献毛益额高于甲产品。

（2）进行第一次测试。试优先安排甲产品的生产，剩余资源再安排乙产品的生产。根据约束条件，甲产品的销量预测为3000件，则安排最大生产量为3000件。其结果如表10-6所示。

表10-6　甲、乙产品贡献毛益额的计算（一）

项目	产量（件）	所用设备工时（小时）		所用人工工时（小时）		贡献毛益额（元）	
		总产量	单位产量	总产量	单位产量	总产量	单位产量
A 产品	3000	9000	3	15000	5	126000	42
B 产品	1500	7500	5	9000	6	90000	60
合计		16500		24000		216000	
限制因素		18000		24000			
剩余因素		15000		0			

按照这种组合方式所确定的两种产品的生产量来进行生产，可获得贡献毛益总额为216000元，机器设备工时剩余1500小时，考虑到生产单位B产品所用设备工时多于生产单位A产品所用设备工时，为充分利用各项因素，可再测试将B产品的生产安排先于A产品，即先满足B产品的生产，剩余因素生产A产品。由于B产品的市场销售量为2000件，所以，所安排的最大生产量也应为2000件。

第二次测试情况如表10-7所示。

表10-7　甲、乙产品贡献毛益额的计算（二）

项目	产量（件）	所有设备工时（小时）		所用人工工时（小时）		贡献毛益额（元）	
		总产量	单位产量	总产量	单位产量	总产量	单位产量
甲产品	2000	10000	3	12000	5	12000	42
乙产品	2400	7200	5	12000	6	10800	60
合计		17200		24000		220800	
限制资源		18000		24000			
剩余资源		800		0			

将两次测试结果进行分析比较，从中可看出，采用第二次测试的产品组合方法比采用第一次测试的产品组合方法多获贡献毛益4800元，同时也提高了设备利用率。所以，第二次测试的产品组合，即甲产品2400件、乙产品2000件，为最优组合。

二、图解法

采用图解法来进行产品组合优化决策比较直观，易于理解。

【例2】仍用【例1】中的资料。

设 x 为甲产品产量，y 为乙产品产量，s 为可获得的贡献毛益，则目标函数与约束条件可表示如下：

目标函数 $s=42x+60y$，求函数最大值。

$$\begin{cases} 5x + 5y \leqslant 24000 \\ 3x + 5y \leqslant 18000 \\ \text{约束条件：} x \leqslant 3000 \\ y \leqslant 2000 \\ x \geqslant 0 \end{cases}$$

根据上述条件，可做图如图 10-1 所示。

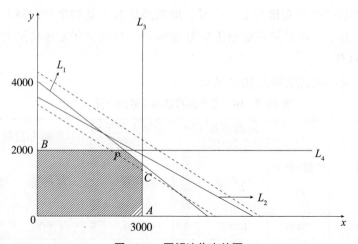

图 10-1　图解法作出的图

约束条件中的每一个不等式各表示了一定的区域，满足所有约束条件的区域则是图中的阴影区域，因此，阴影部分中的任意一点所对应的产量组合都满足约束条件，都是可行的。

（1）根据目标函数 $s=42x+60y$ 绘出等利润线。

从目标函数可以看出，$x=60$ 时的贡献毛益额等于 $y=42$ 时的贡献毛益额，因此，连接 x 轴上 60 件的点与 y 轴上 42 件的点所得到的直线，就称为等利润线。等利润线有无数条，凡在阴影区域内与等利润线平行的直线，都称为等利润线。

以虚线表示的等利润线 $y = -\dfrac{7}{10}x + \dfrac{s}{60}$ 的斜率为 $-\dfrac{7}{10}$，截距为 $\dfrac{s}{60}$，等利润线的纵截距越大，所提供的贡献毛益就越多。从图 10-1 中可直观地看出，通过 L_1 和 L_1 的交点 P 处的那条等利润线距原点的距离最大，所获得的利润也最大。

（2）将阴影区域中的外凸点 A、B、C、P 所代表的产品组合代入目标函数进行计算，求出最大值，相应的组合即为最优组合，如表 10-8 所示。

表 10-8　贡献毛益额的计算

外凸点	产品组合		目标函数	贡献毛益额 s（元）
	x	y	$s = 42x + 60y$	
A	3000	0	$42 \times 3000 + 60 \times 0$	126000
B	0	2000	$42 \times 0 + 60 \times 2000$	120000
C	3000	1500	$42 \times 3000 + 60 \times 1500$	216000
P	2400	2000	$42 \times 2400 + 60 \times 2000$	220800

比较计算结果，当 $x = 2400$，$y = 2000$ 时，获得的目标函数 s 值最大，是产品组合决策的最优解，这个结果与逐次测算法所得到的结果是相同的。

第四节　生产组织决策

一、生产工艺决策

生产工艺是指加工制造产品或零件所使用的机器、设备及加工方法的总称。不同的生产其单位变动成本和固定成本会不一样。当采用先进的生产工艺时，往往会导致较低的单位变动成本以及较高的固定成本；当采用传统的生产工艺时，往往会有较高的单位变动成本以及较低的固定成本。不同的生产工艺带来的经济效益不一致，此时，可以通过成本无差别点法判断哪种生产工艺对企业最有利。

成本无差别点法是指在各备选方案的相关收入均为零，相关的业务量为不确定因素时，通过判断处于不同水平上的业务量与成本无差别点业务量之间的关系，来作出互斥方案决策的一种方法。

成本无差别点法是以成本无差别点业务量作为最终的评价指标，根据成本无差别点所确定的业务量范围来决定方案取舍的一种决策方法。这种方法适用于只涉及成本，而且业务量未知的方案决策。

成本无差别点业务量是指能使两方案总成本相等的业务量，又称成本分界点。其基本公式如下：

$$成本无差别点业务量 = \frac{两方案相关固定成本之差}{两方案单位变动成本之差}$$

成本无差别点业务量（X_0）即

$$x_0 = \frac{a_1 - a_2}{b_2 - b_1}$$

其中：X_0 表示成本无差别点的业务量；a_1 表示 A 方案的固定成本，b_1 表示 A 方案的单位变动成本；a_2 表示 B 方案的固定成本，b_2 表示 B 方案的单位变动成本。且满足 $a_1 > a_2$、$b_1 < b_2$ 或者 $a_1 \leq a_2$、$b_1 > b_2$，这也意味着方案之间的相关固定成本水平与单位变动成本水平恰好相互矛盾，比如说第一个方案的相关固定成本大于第二个方案的相关固定成本，而第一个方案的单位变动成本又恰好小于第二个方案的单位变动成本。

根据该法作出决策的判断标准是：当业务量大于成本无差别点 x_0 时，固定成本较高的 A 方案优于 B 方案；当业务量小于成本无差别点 x_0 时，固定成本较低的 B 方案优于 A 方案；当业务量恰好等于成本无差别点 x_0 时，两个方案的成本相等，效益无差别。

二、零部件的外购与自制决策

企业在生产经营活动中往往会面临所需零配件是自制还是外购的决策问题。无论是外购还是自制，企业所需零部件都是一样的。如果企业拥有自制零配件的生产能力，自制零配件的固定成本属于无关成本，无须考虑。无论是零部件自制还是外购，并不影响产品的销售收入，这时只需考虑两个方案的成本，哪一个方案的成本低则选择哪一个方案。

企业零部件外购与自制的决策中一般会出现两种情况：一种情况是零部件需用量固定且可知；另一种情况是零部件需用量不确定。下面将具体分析两种情况下的成本决策问题。

（一）零部件需用量固定且可知时

零部件需用量固定时，需要考虑企业零部件自制能力是否能够转移的问题。

（1）当企业的零部件自制能力无法转移，即企业自制能力无法用于其他可为企业带来经济利益的活动时，自制零部件的相关成本只包括按需用量计算的变动生产成本。

此时，当满足"自制零部件变动生产成本小于外购零部件单价"时，企业将采取自制零部件的决策。当满足"自制零部件变动生产成本大于外购零部件单价"时，企业将采取外购零部件的决策。

（2）当企业零部件自制能力可以转移时，此时应该考虑与自制能力可以转移有关的机会成本。这种情况下可以利用相关成本分析法进行决策。

相关成本分析法是指在短期经营决策中，当各备选方案的相关收入均不考虑时，通过比较各方案的相关成本指标，作出方案选择的一种方法。该方法实质上是相关损益分析法的特殊形式，相关成本分析法也可以通过编制相关成本分析表进行决策，其格式如表 10-9 所示。

表 10-9　相关成本分析表

项目方案	A 方案	B 方案	...	N 方案
变动成本	C_{A1}	C_{B1}	...	C_{N1}
机会成本	C_{A2}	C_{B2}	...	C_{N2}
专属成本	C_{A3}	C_{B3}	...	C_{N3}
相关成本合计	$\sum C_A$	$\sum C_B$	...	$\sum C_{Nn}$

（二）零部件需用量不确定时

当企业零部件的需用量不确定时，需要企业确定不同方案的最佳零部件需用量区间，即分别求出多少零部件需用量范围时采取自制，多少零部件需用量范围时采取外购。此时，可采用成本无差别点法来帮助决策。

第五节　存货控制

一、存货控制的含义及目的

存货控制就是按照一定标准和方法，通过一定程序对企业的库存材料存货、在产品存货以及产成品存货的批量及成本所进行的控制。它属于日常控制的范畴，存货控制本身不能制造利润，但减少管理费用和劳务费用的方法，可达到开源节流的目的，仍然可以产生效应。存货控制范围包括原料、备品备件、在制品、产成品、包装材料、设备器具等。

存货控制的目的主要包括：

（1）达到最经济的订购量。

（2）在最适当时间的订购量。

（3）把存货量控制在一个适当的范围。

简而言之，就是配合生产以最少的费用维持对生产或客户的服务。

二、存货的相关成本概念

（一）采购成本

采购成本是指由购买存货而发生的买价（购买价格或发票价格）和运杂费（运输费用和装卸费用)构成的成本,其总额取决于采购数量和单位采购成本。通常情况下，单位采购成本一般不发生变动，因此在采购批量决策中属于无关成本，但若有折扣优惠时，采购成本就会与采购批量决策相关。

（二）订货成本

订货成本是指一定期间内（一般为 1 年）企业为订购材料、商品时所发生的成本，包括采购人员的工资、采购部门的一般性经费（如办公费、水电费、折旧费、取暖费等）和采购业务费用（如差旅费、邮电费、检验费等）。按该订购成本与订货次数之间的依存关系可将其分为固定订货成本与变动订货成本两部分。前者与订货次数无关，它是为维持采购部门正常业务活动所必须发生的费用，如常设采购机构的基本开支等；后者则随订货次数增减而呈正比例变动（如差旅费、检验费等），但它与每次订货数量无关，属于变动订购成本。

变动订货成本可用公式表述如下：

$$n = \frac{A}{Q}$$

$$TC_n = P \times n = P \times \frac{A}{Q}$$

其中：A 表示全年需要货物总量，n 表示全年订货次数，Q 表示采购批量，P 表示每次订货的变动订购成本，TC_n 表示相关的变动订货成本总额。

（三）储存成本

储存成本，或称持有成本，是指为储存存货所发生的成本，包括仓库存储费、保险费、财产税、占用资金支付的利息、自设仓库的管理人员工资、仓库设备的折旧与维修、水电照明等费用。存储成本也可分为两部分：凡总额稳定，与储存存货数量的多少及储存时间长短无关的成本，称为固定储存成本；凡总额大小取决于存货数量的多少及储存时间长短的成本，称为变动储存成本。

（四）缺货成本

缺货成本，是指由于存货存储不足，不能满足企业生产和销售需要而发生的损失成本，包括订购数量优惠折扣的丧失、停工待料造成的损失、紧急订货追加的成本损失、停工后增加的工资费用，以及失去销售所损失的贡献毛益与企业信誉等。

缺货成本大多属于机会成本，由于单位缺货成本往往大于单位储存成本，因此，尽管其计算比较困难，也应采用一定的方法估算单位缺货成本（短缺一个单位存货一次给企业带来的平均损失），以供决策之用。

在允许缺货的情况下，缺货成本是与决策相关的成本，但在不允许缺货的情况下，缺货成本是与决策无关的成本。

三、经济订货批量的基本模式

经济订货批量，简称经济批量，是指在保证生产或销售需要的前提下，从耗费成本最小这一目标出发所确定的每批材料采购数量或产品投产数量。

订货批量是指每次订购货物的数量。在年需求量既定的情况下，订货批量与订货批次呈反向变动关系。减少订货批量，则会使存货的储存成本（变动储存成本）随平均储存量的减少而下降，订货批量的下降必然会使订货批次增加，然而订货成本（变动订货成本）则随订货次数的增加而增加；反之，订货批量的增加会提高储存成本，那么随着订货批次的下降也会使订货成本下降。由此可见，存货的决策目的就是确定这两种成本总额最低时的订货批量，即经济订货批量。经济订货批量如图 10-2 所示。

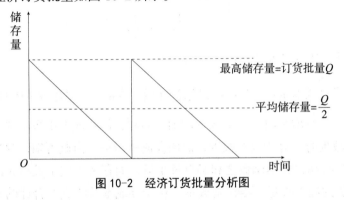

图 10-2　经济订货批量分析图

为了用数学模型解决这一存货决策问题，需要设立一些基本假设，在此基础上建立经济订货批量模型。

经济订货批量基本模型需要设立的假设条件包括：

（1）企业能够及时补充存货，即需要订货时便可立即取得存货。

（2）能集中到货，而不是陆续入库。

（3）不允许缺货，即无缺货成本，这是因为良好的存货管理本来就不应该出现缺货成本。

（4）需求量稳定，并且能预测。

（5）存货单价不变。

（6）企业现金充足，不会因现金短缺而影响进货。

（7）所需存货市场供应充足，不会因买不到需要的存货而影响进货。

为了推导计算经济订货批量的数学模型，对各符号做如下界定：

A——某种存货全年需要量；

Q^*——订货批量；

Q——经济订货批量；

$\dfrac{A}{Q}$——订货批次；

$\dfrac{A}{Q^*}$——经济订货批次；

P——每批订货成本；

C——单位存货年储存成本；

T——年成本合计（年订购成本和年储存成本的合计）；

T^*——最低年成本合计。

由于年成本合计等于年订货成本与年储存成本之和，因此有

$$T = \frac{A}{Q} \cdot P + \frac{Q}{2} \cdot C$$

在经济订货批量模型中：

存货总成本函数（T）＝订货成本函数（$\frac{Q}{2} \cdot C$）＋储存成本函数（$\frac{A}{Q} \cdot P$）

其中，当 Q 增大时，订货成本增加，同时，储存成本函数呈递减状态；反之，当 Q 减少时，订货成本减少，而储存成本增加。由此可知，存货总成本，即订货成本与储存成本函数之和必有最小值，而存货总成本最小时的存货批量 Q 就是存货的经济批量。年订货成本、年储存成本及年成本合计的关系图形如

图 10-3 所示。

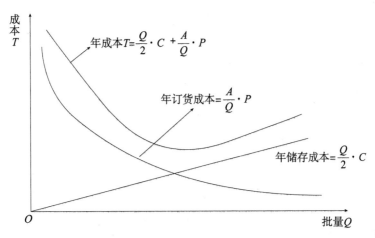

图 10-3　年订货成本、年储存成本及年成本合计的关系图

从图 10-3 可以看出，T（年成本合计）是一条凹形曲线，当其一阶导数为零时，其值最低。

以 Q 为自变量，求函数 T 的一阶导数：

$$T' = \left(\frac{Q}{2} \cdot C + \frac{A}{Q} \cdot P \right)'$$

$$= \frac{C}{2} - \frac{AP}{Q^2}$$

令 $T'=0$，则

$$\frac{C}{2} - \frac{AP}{Q^2} = 0$$

$$Q^2 = \frac{2AP}{C}$$

经济订货批量：

$$Q^* = \sqrt{\frac{2AP}{C}}$$

同时可得

$$\frac{A}{Q^2} = \frac{C}{2P}$$

$$\frac{A^2}{Q^2} = \frac{AC}{2P}$$

则经济订货批次：

$$\frac{A}{Q} = \sqrt{\frac{AC}{2P}}$$

$$T^* = \frac{Q^*}{2}C + \frac{A}{Q^*}P$$

$$= \frac{\sqrt{\frac{2AP}{C}}}{2}C + \frac{AP}{\sqrt{\frac{2AP}{C}}}$$

$$= \frac{1}{2}C\sqrt{\frac{2AP}{C}} + \frac{AP\sqrt{\frac{2AP}{C}}}{\frac{2AP}{C}}$$

$$= \frac{1}{2}C\sqrt{\frac{2AP}{C}} + \frac{1}{2}C\sqrt{\frac{2AP}{C}}$$

$$= C\sqrt{\frac{2AP}{C}}$$

则：

年最低成本合计 $T^* = \sqrt{2APC}$

在经济批量决策中，关键是选择并确定与决策相关的成本。在为存货模型编制数据时，应观察所掌握的每一项成本是否随存货的数量、购入的数量、1年内发出的订单数的数量变化而变化。

四、经济订货批量模型相关问题

（一）订货提前期

在使用经济批量模型时，为了使存货耗尽时新的存货恰巧入库，保证生产和销售的顺利进行，需要在存货用完之前进行订货，这种为保证库存不缺而提前订货的期间就是订货提前期。例如，从开始订货到订购的货物入库需要 6 天，那么考虑原有库存的耗费情况，在原有材料耗尽的 6 天前就需要订货，以保证前方的生产需要。订货提前期的考虑并不影响经济批量，如图 10-4 所示。

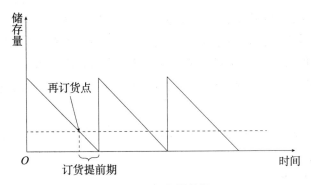

图 10-4　订货提前期

（二）安全库存量

在存货耗用率和采购间隔期稳定不变时（如图 10-5 所示），企业可以按经济订货批量订购，及时发出订单，使在原有存货耗尽之时新的存货恰好入库。但如果存货的耗用比预计快，或者订购的存货比预计晚到，就会产生原有存货库存为零而新的存货还未到达的情况，从而使生产中断，影响企业的生产经营效率与效果，具体如图 10-5 与图 10-6 所示。

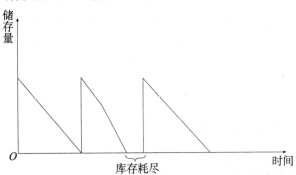

图 10-5　存货提前耗尽的情况

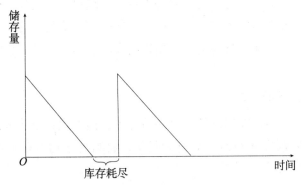

图 10-6　采购间隔期延长的情况

为了避免上述两种情况的发生，企业应建立保险储备并确定安全库存量。安全库存是一种额外持有的库存，它作为一种缓冲器用来补偿在订货提前期内实际需求超过期望需求量或实际提前期超过期望提前期所产生的需求。为了防止上述不可预测的波动，在仓库中经常应保持最低库存量作为安全库存量。安全库存量的计算公式如下：

安全库存量＝（预计每天最大耗用量－平均每天正常耗用量）× 提前期天数

（三）再订货点

在应用经济订货批量模型时，要考虑订货提前期，也就是要确定订货点，在确定安全库存量时，订货时间点也是要确定的。当存货库存量消耗达到一定量时，就要订货，不管是否已达到订货提前期。再订货点是指为了保证生产与经营的连续性，企业应在存货耗用完之前再一次订货的存货存量。再订货点决策所要面临的问题则是如何使各项成本之和最小。

一般情况下，再次订购货物的库存量应等于达到订货提前期的库存量与安全库存量之和。

在这种情况下，当库存货物消耗到上述水平时即开始订货，当库存量达到安全库存量时新的存货入库。因此，再订货点的计算公式如下：

再订货点＝（平均每天正常耗用量 × 订货提前期天数）＋安全库存量
＝预计每天最大正常耗用量 × 订货提前期天数

五、经济订货批量基本模型的扩展

（一）允许缺货条件下的经济批量控制模型

建立基本模型的前提之一是不允许出现缺货现象。但是在实际生活中，经常会因为供货方或者运输系统等各种原因致使采购的货物不能按时到达企业，从而出现缺货现象。在这种情况下，缺货成本就必须作为存货控制的相关成本之一来考虑了。

1. 平均库存量的计算

实际生产经营中，在出现缺货这一情况下，假设缺货量为 K，材料的最高储存量为一次采购批量 Q 减去允许缺货量，材料的平均库存量可按下列公式计算：

$$平均库存量\,(Q_{平}) = \frac{(Q - K)^2}{2Q}$$

具体推导过程如下，假设 t 代表两次采购间隔时间，t_1 代表库存量为正数的时间，t_2 代表库存量为零的时间，d 代表材料的日需用量。

由于：

$$t = t_1 + t_2 = \frac{Q}{d}$$

$$t_1 = \frac{Q - K}{d}$$

$$t_2 = \frac{K}{d}$$

因此：

$$t_1\,期间平均库存量 = \frac{Q - K}{2}$$

$$t_2\,期间平均库存量 = 0$$

$$t\,期间平均库存量 = \frac{\dfrac{Q - K}{2} \times t_1 + 0 \times t_2}{t} = \frac{\dfrac{Q - K}{2} \times \dfrac{Q - K}{d} + 0}{\dfrac{Q}{d}} = \frac{(Q - K)^2}{2Q}$$

2. 平均缺货量的计算

根据平均库存量计算的原理，按上述方法，可得出 t 期间平均缺货量的计算公式如下：

$$t\,期间平均缺货量 = \frac{0 \times t_1 + \dfrac{K}{2} \times t_2}{t} = \frac{\dfrac{K}{2} \times \dfrac{K}{d}}{\dfrac{Q}{d}} = \frac{K^2}{2Q}$$

3. 缺货情况下经济订货批量、缺货量和总成本的计算

以上两种情形说明的是已知订货批量和允许缺货的情况，求解平均库存量和平均缺货量。该已知订货量和允许缺货量并不一定是允许缺货情况下的经济订货批量和最大允许缺货量。如果要求缺货情况下经济订货批量、最大允许缺货量和最低费用，仍应通过对总成本求导的方式来解决。

如果用 S 表示单位缺货年均成本，则：

$$缺货总成本\,(T_S) = S \times Q_{平} = S \times \frac{K^2}{2Q}$$

因此，在允许缺货的条件下，相关年成本总和（T）的计算公式为

$$T = \frac{A}{Q} \cdot P + C \cdot \frac{(Q - K)^2}{2Q} + S \cdot \frac{K^2}{2Q}$$

根据公式，分别对 Q 与 K 求偏导数并令之为零，则有关模型为

$$Q^* = \sqrt{\frac{2AP}{C}} \cdot \sqrt{\frac{C + S}{S}}$$

$$K^* = \sqrt{\frac{2PA}{S}} \cdot \sqrt{\frac{C}{S + C}}$$

$$T^* = \sqrt{2PA} \cdot \sqrt{\frac{S}{S + C}}$$

（二）存在商业折扣时的经济批量控制模型

在基本模型中，假定没有数量折扣，价格与采购批量无关，因而没有将采购成本纳入相关成本。但在规定了商业折扣条款的材料采购控制中，就必须将采购成本纳入相关成本，因为这时采购批量的大小直接决定采购价格的高低，进而影响到采购成本水平。

在存在商业折扣时，如何计算其经济批量控制模型，一般可按下列步骤计算求得：

1. 计算享受折扣后的经济订货批量

如果计算得出的享受折扣后的经济订货批量大于采购数量的折扣起点，则计算得出的批量即为最优解。

假定原经济订货批量为 Q_1，原材料单位成本为 C_1，折扣起点为 Q_m，折扣后的材料单位成本为 C_2，折扣后的经济订货批量为 Q_2，则：

$$Q_1 = \sqrt{\frac{2PA}{C_1}}$$

$$Q_2 = \sqrt{\frac{2PA}{C_2}}$$

如果 $Q_2 > Q_m$，则 Q_2 为最优解。如果 $Q_2 < Q_m$，则 Q_m 为订货批量，但是否为最优解还要进行第二步的计算。

2. 计算以 Q_m 为订货批量时新的成本

如果计算出的以 Q_m 为订货批量时新的总费用小于原总费用，则 Q_m 为最优解。

假定原成本总额为 T_1，新的成本为 T_2，则：

$$T_1 = \frac{Q_1}{2} \times C + \frac{A}{Q_1} \times P$$

$$T_2 = \frac{Q_m}{2} \times C + \frac{A}{Q_m} \times P$$

如果 $T_1 < T_2$，则 Q_m 为最优解；如果 $T_2 > T_1$，则需要进行第三步的计算。

3.比较购买材料的成本降低额与总成本的超支额

如果材料成本购买的降低额大于总成本的超支额($T_2 - T_1$)，则 Q_m 为最优解；反之，应放弃享受折扣的条件，这样更有利。

（三）每批订货陆续到货时的经济批量控制模型

如果每次订货的货款都是一次支付，而货物又不能一次到达，则属于陆续到货的情况。

陆续到货会使材料年均储存量发生变动，进而使储存成本模型有所改变。

若设材料每日到货量为 e，每日耗用量为 f，则材料年均储存量 $Q_平$ 和相关储存成本 T_C 的计算公式分别为

$$Q_平 = \frac{Q\left(1 - \dfrac{f}{e}\right)}{2}$$

$$T_C = C \times \frac{Q\left(1 - \dfrac{f}{e}\right)}{2}$$

于是陆续到货的相关成本模型为

$$T = P \times \frac{A}{Q} + C \times \frac{Q\left(1 - \dfrac{f}{e}\right)}{2}$$

按微分极值原理进行处理，可得到以下模型：

$$Q^* = \sqrt{\frac{2PA}{C}} \times \sqrt{\frac{e}{e - f}}$$

$$T^* = \sqrt{2PAC}\sqrt{\frac{e - f}{e}}$$

（四）经济订货批量在生产中的应用

经济订货批量也可用于生产管理，如用于确定自制材料、产品投产的最优批量。最优生产批量控制是指成批生产的企业全年应分几批组织生产，每批应

267

生产多少件产品才最为经济合理的控制问题。

在最优生产批量控制过程中，主要考虑相关的调整准备成本和相关的储存成本两个相关成本因素。至于生产过程中发生的直接材料、直接人工等变动成本，属于无关成本，在控制过程中可不予考虑。

1. 调整准备成本

调整准备成本是指每批产品投产前为做好准备工作而发生的成本。这类成本的每次发生额基本相等，它与生产数量没有直接联系，而与每年生产的次数（以下简称生产批次）成正比：生产批次越多，调整准备成本就越高；反之，就越低。

若设每批调整准备成本为 S，生产批次为 n，全年调整准备成本为 T_s，则有

$$T_s = 每批调整准备成本 \times 批次 = S \cdot n$$

2. 储存成本

储存成本是指单位产品或零部件在储存过程中所发生的年成本。这类成本与生产批次的多少没有直接关系，而与生产批量成正比：批量越大，年储存成本越高；反之，就越低。假定全年单位储存成本为 C，生产批量为 Q，平均每天生产量为 p，平均每天发出量为 d，全年储存成本为 T_c，则有

$T_e = 单位储存成本 \times 年平均储存量$

$= 单位储存成本 \times \dfrac{1}{2} \times 每批生产终了时的最高储量$

$= 单位储存成本 \times \dfrac{1}{2} \times \dfrac{生产批量}{每天产量} \times （每天生产量 - 每天发出量）$

$= 单位储存成本 \times \dfrac{1}{2} \times 生产批量 \times \left(1 - \dfrac{每天发出量}{每天生产量}\right)$

$= \dfrac{CQ}{2} \cdot \left(1 - \dfrac{d}{p}\right)$

3. 单一品种下的最优生产批量控制

在单一品种条件下，成批生产时全年产量一般是固定的，设为 A，这就决定了生产批量 Q 与批次 n 成反比：批量越大，批次越少；反之，就越多。其关系可用如下公式表示：

$$n = \dfrac{A}{Q}$$

与生产批量有关的全年总成本 T 的计算公式为

$$T = S \cdot n + \frac{CQ}{2} \cdot \left(1 - \frac{d}{p} \right)$$

对上式求导，并令其等于零，得出储存成本与年调整准备成本相等时，全年相关总成本最低。通过计算可知：

$$\text{最优生产批量}（Q^*）= \sqrt{\frac{2AS}{C \cdot \left(1 - \dfrac{d}{p} \right)}}$$

$$\text{最低相关总成本}(T^*) = \sqrt{2AS \cdot C \cdot \left(1 - \frac{d}{p} \right)}$$

$$n^* = \frac{A}{Q^*}$$

4. 几种产品或零配件轮换分批生产的最优生产批量控制

在实际生产中，企业往往通过同一条生产线轮换分批生产几种产品或零部件。在这种情况下，就不能分别按每种产品或零部件的公式直接计算，因为它们的最优批数各不相同，使企业无法据此在同一设备上安排生产。

可以根据各种产品或零部件的年调整准备之和与年储存成本之和相等时年总成本合计最低的原理，来确定其共同的最优生产批次 N^*。

通过计算推导可导出如下公式：

$$N^* = \sqrt{\frac{\sum A_1 C_1 \left(1 - \dfrac{d_1}{p_1} \right)}{2 \sum S_1}}$$

$$Q^* = \frac{A_1}{N^*}$$

第六节　定价决策

一、定价目标及影响价格的因素

企业产品或服务的定价策略是企业的一项重要决策。价格只是影响市场的因素之一，其他因素包括产品类型、质量、形象、广告促销以及目标消费者类型。

影响定价政策的因素主要包括以下几个方面。

（一）产品的价值

产品价值中的成本在定价中起着决定性作用，产品的价格必须首先补偿成本，然后才能考虑利润等其他因素。

（二）市场供求关系

需求超过供给，价格可高些；供给超过需求，价格可低些；产品价格下降，需求增长；产品价格上升，需求减少。

（三）产品生命周期

产品生命周期是指产品从进入市场到退出市场的整个期间。典型的产品生命周期有四个阶段：进入市场期、成长期、成熟期、饱和及衰退期。企业应考虑在产品生命周期的不同阶段制定不同的定价政策。

（四）国家的价格政策

企业应在国家规定的定价范围内自由决定产品的价格。例如，美国法律禁止掠夺性定价；企业将产品定很低的价格把竞争者赶出市场，然后在没有重大竞争的情况下大幅度涨价，定价低于平均变动成本就是掠夺性定价。

（五）市场竞争的特征

（1）完全竞争。市场上某产品的卖方和买方数量都很多，没有哪一方对市场价格能有很大影响。买卖双方只能是"价格的接受者"，而不是"价格的决定者"。因此，在市场完全竞争的情况下，由市场供求关系决定市场价格。

（2）垄断性竞争。市场上有许多卖方和买方，但各个卖方所提供的产品有差异，对其产品有相当的垄断性，卖方是"价格决定者"。

（3）寡头垄断竞争。少数几家大公司控制市场价格，它们相互依存、相互影响。通常价格竞争会导致不利影响，因而产品价格趋向稳定。

（4）纯粹垄断。在一个行业里某产品完全由一个卖方独家经营，并且控制市场价格。

（六）其他因素

包括价格敏感度、产品质量、中间商、竞争对手、通货膨胀、经济收入、产品系列等。

二、以市场需求为导向的定价决策

在以市场和需求为导向的定价政策中，产品定价应考虑市场需求与价格弹性，分析销售收入、成本利润与价格之间的关系，从中寻找最优价格点，该价格点应是企业取得最大利润或产销收入时的价格。

（一）以市场为导向的定价原理

当边际收入等于边际成本，即 MR=MC，或边际利润等于零时，企业的总利润最大，这时的销售单价和销售数量就是产品的最优售价和最优销售量。

所谓边际收入是指当业务量以一个可计量单位增加时所引起的总收入的增加量。所谓边际成本是指当业务量以一个可计量单位增加时所引起的总成本的增加量。边际利润是边际收入减去边际成本的差额。

理论上的最优销售价格，既不是水平最高的价格，也不是水平最低的价格，而是能使销售总收入和销售总成本的差额达到最大值时的价格，也就是能使企业获得最大利润时的价格。

（二）完全竞争市场结构定价原理

在完全竞争条件下，买卖双方只能是"价格的接受者"，而不是"价格的决定者"。根据完全竞争市场结构的特征，市场的价格水平由市场供求关系决定。供给曲线和需求曲线相交的点就是完全竞争市场结构下的市场价格或均衡价格。

将供应曲线 S 与需求曲线 D 绘入同一张图，就是供求关系与均衡价格图（见图 10-7）。图中，供应曲线 S 与需求曲线 D 的交点 E 就是供求均衡点。在这点上，某种商品的价格所对应的市场需求量和市场供给量正好相等，所以此点的价格就是该商品的均衡价格。在这均衡价格水平下的相等的供给数量和需求数量就被称为均衡数量。

在完全竞争市场结构下，边际收入曲线是一条水平线，等于任何销售量下的单价，而边际成本线是一条曲线，如图 10-8 所示。

在实践中，如要采用这种定价策略，就需要去估计不同价格水平下的需求量，然而，要作出准确的需求量估计通常很难，因为价格只是众多影响需求因素中的一项。尽管如此，一些大企业（如石油公司），还是要努力去估计其产品或服务在不同价格水平时的需求量。

例如，一家大型运输企业可能会考虑提高公共汽车或地铁的票价。提价对企业收入和利润的影响效果可以通过了解不同价格水平下的运输服务需求量进行估计。如果单价提高会导致需求量大幅度减少，那么其总收入和总利润也会随之下降。然而，如果单价提高只引起需求量小幅度变化（如某条路线有固定乘坐顾客），那么提价会导致企业总收入上升。因为运输企业的成本对运营量（顾客里程）来说是固定的，提价也会导致利润的提高。

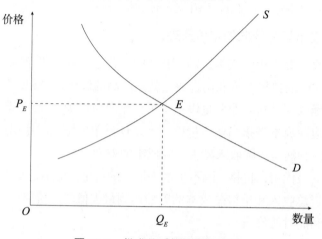

图 10-7　供求关系与均衡价格图

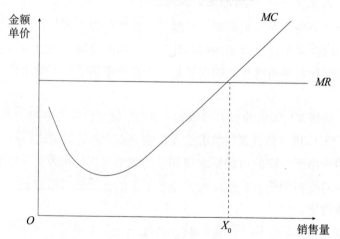

图 10-8　完全竞争市场结构下边际收入曲线与边际成本线

（三）非完全竞争市场结构及产品定价原理

在现实经济活动中，绝大多数产品处于非完全竞争市场结构中。因此，除了完全竞争之外，在非完全竞争市场条件下，企业必须对产品制定适当的价格。销售总收入和销售总成本在坐标图上都表现为曲线，即它们的函数至少都是二次方程。

由于收入和成本函数有连续型和离散型之分，因此，确定最优价格的方法有公式法和列表法两种。

1. 公式法

由于供求规律的作用，产品的价格随着销售量做反向的变动。显然，价格是销售量的函数。而销售收入是价格和销售量的乘积，所以，如果价格函数是一次函数的话，销售收入就是关于销售量的二次函数，在坐标图上则表现为一条曲线。所以，可以分别对销售收入曲线（S 曲线）的函数和销售成本曲线（C 曲线）的函数求微分，再令它们的微分相等即可求出最佳销售量。将最佳销售量代入价格函数式，即可求得最优价格。

以公式法求得的最佳销售量和最优价格就是求边际利润为零时的销售量和销售价格，或求边际收入等于边际成本时的销售量和销售价格。

假设：

x 为销售量，价格函数 $P=f(x)$，销售收入函数 $S=g[f(x)]$，销售成本函数 $C=h(x)$。

分别计算销售收入对销售量的微分 $\dfrac{\mathrm{d}S}{\mathrm{d}x}$，以及销售成本对销售量的微分 $\dfrac{\mathrm{d}C}{\mathrm{d}x}$。

再令：

$$\frac{\mathrm{d}S}{\mathrm{d}x} = \frac{\mathrm{d}C}{\mathrm{d}x}$$

求出 x 的值，即为最佳销售量。

最后将 x 的值代入价格函数式 $P=f(x)$，即得最优价格。

以上计算步骤也可以直接用对利润函数求微分的方法来求最优价格：设利润为 G，则 $G=S-C$，然后通过 $\dfrac{\mathrm{d}C}{\mathrm{d}x}$ 来求得 x 的值。

2. 列表法

当收入函数或成本函数是离散型函数时，一般采用列表法，通过比较边际收入和边际成本，计算边际利润的值来求得最佳销售量和最优价格。

列表法从理论上看比较科学，但在实际中实施有很大难度。实际运用中，管理人员很少计算边际收入和边际成本，而是根据判断来估计预计增加的生产和销量对利润的影响，并仅考虑选定的数量而不是全部可能的数量，以期简化。

（四）考虑价格弹性时的定价方法

价格弹性，又称需求价格弹性，是指需求数量变动率与价格变动率之比，反映价格变动引起需求变动的方向和程度。需求价格弹性的大小取决于产品需求程度、可替代性等。必需品的弹性一般小于奢侈品，低档产品的弹性小于高档产品，无替代物的产品的弹性小于有替代物的产品。可以通过测定价格弹性进行产品价格的制定，这种方法称为弹性价格法。

需求价格弹性的公式如下：

$$E_p = \frac{\dfrac{\Delta Q}{Q}}{\dfrac{\Delta P}{P}}$$

其中：E_p 为需求价格弹性系数，Q 为基期需求量，ΔQ 为需求变动量，P 为基期单位产品价格，ΔP 为价格变动系数。

需求价格弹性和预测销售量已知时，由需求价格弹性公式可推出：

$$\Delta P = \frac{\Delta Q \times P}{Q \times E_P} = \frac{(Q_1 - Q) \times P}{Q \times E_P}$$

其中：Q_1 为预测期需求量。设 P_1 为预测期价格，则：

$$P_1 - P = \frac{(Q_1 - Q) \times P}{Q \times E_P}$$

$$P_1 = P + \frac{(Q_1 - Q) \times P}{Q \times E_P} = P \times \left(1 + \frac{Q_1 - Q}{Q \times E_P}\right)$$

根据此式可以求得产品的价格。

三、以成本为导向的定价决策

成本是企业生产和销售产品所发生的各项费用的总和，是产品价格的重要构成因素。以成本为基础制定产品价格，能够补偿生产中产生的成本，也能够保证企业的利润。

（一）成本加成定价法

成本加成定价法是按产品单位成本加上一定比例的利润制定产品价格的方法。定价所依据的成本可以是按制造成本法计算的制造成本，也可以是按变动成本法计算的变动成本。

1. 成本利润率定价法

成本利润率定价法是指在制造成本的基础上加上按成本利润率计算的利润，再考虑税费的因素，以确定产品价格的一种方法。

$$产品价格 = \frac{单位预测成本 \times \left(1 + 成本利润率\right)}{1 - 销售税率}$$

$$成本利润率 = \frac{该产品预测利润总额}{该产品预测总成本} \times 100\%$$

2. 资金利润率定价法

资金利润率定价法是指在制造成本的基础上加上按资金利润率计算的利润，以确定产品价格的一种方法。

$$产品价格 = 单位成本 + \frac{资金占用额 \times 资金利用率}{产品数量}$$

$$资金利润率 = \frac{该产品预测利润总额}{该产品资金平均占用额} \times 100\%$$

3. 销售利润率定价法

销售利润率定价法是指在制造成本的基础上加上按销售利润率计算的利润，以确定产品价格的一种方法。

$$产品价格 = \frac{单位成本}{1 - 销售利润率 - 销售税率}$$

$$销售利润率 = \frac{该产品预测利润总额}{该产品预测销售收入} \times 100\%$$

（二）边际贡献率法

边际贡献率法是指按照产品的变动成本和边际贡献率来确定产品价格的一种方法。其中，产品的边际贡献率等于产品的单位边际贡献除以产品的单价。

$$边际贡献率 = \frac{单价 - 单位变动成本}{单价} = 1 - \frac{单位变动成本}{单价}$$

根据上式可推导出产品单价：

$$产品单价 = \frac{单位变动成本}{1 - 边际贡献率}$$

采用边际贡献率法制定价格，产量少了会有亏损的风险，产量多了则利润明显增加，不像成本利润率加成法和资金利润率加成法，不管产量多少，总是有利润的，产量的增加、减少对利润的影响不大，因此，边际贡献率法更有利于调动企业增产的积极性。

（三）损益平衡法

损益平衡法是指运用损益平衡原理进行产品价格的制定，能向企业提供获得必要利润时的最低价格。损益平衡点的销售量为

$$Q_0 = \frac{F}{P_0\left(1 - T_r\right) - V}$$

其中：Q_0 为损益平衡点的产品销售量，F 为固定费用，P_0 为产品价格，V 为产品单位变动成本，T_r 为销售税率。

由上式可得损益平衡点价格的计算公式：

$$P_0 = \frac{F + VQ_0}{Q_0\left(1 - T_r\right)}$$

损益平衡点价格，又称保本价格，是产销量一定时产品价格的最低限度。企业可依据保本价格适当地调整产品价格水平。在目标利润 Y 已确定的情况下，销售量的计算公式为

$$Q = \frac{F + Y}{P\left(1 - T_r\right) - V}$$

可得产品销售价格为

$$P = \frac{F + Y + QV}{Q\left(1 - T_r\right)}$$

利用上式可以预测产品销售价格。

（四）特别订货定价

在特定条件下，利用企业暂时闲置的生产能力而接受的临时订货，称为特别订货。企业在满足正常渠道的销售后，生产能力尚有多余，有时会遇到一些出价特别低的订货。由于这些订单的价格一般低于正常生产产品的售价，甚至低于产品的制造成本，因此，就需运用一定的方法，作出正确的分析判断。一般而言，在对特殊订货是否接受作出选择时，要注意两个方面的问题：一是该

项特殊订货的价格会不会对企业的正常销售产生影响；二是特殊订货的价格是否高于产品的单位变动成本。

特别订货定价，可视不同情况而定。

1. 特别订货不占用正常生产能力而不减少正常销售

当特别订货价格大于单位变动成本时，接受特别订货便可增加企业利润。因为无论是否接受订货，固定成本都不会发生变动，特别订货所提供的贡献毛益（价格减去变动成本）将直接转化为利润，从而增加企业利润总额。

$$增加利润 = 特别订货单位贡献毛益 × 特别订货数量$$

如特殊订货和正常订单是在两个相互隔绝的市场上销售，且特殊订货的价格高于产品的单位变动成本，就应该接受该特殊订货。因为此特殊订货是在利用企业的剩余生产能力。企业在正常销售中创造的边际贡献已全部补偿了固定成本，这笔特殊订货所增加的边际贡献就是净增加的利润额。

2. 特别订货占用正常生产能力且减少正常销售量

当下面的条件成立时，接受特殊定价，能使企业增加利润：

$$特别订货价格 > 单位变动成本 + \frac{因减少正常销售而损失的贡献毛益}{特别订货数量}$$

由于在这种情况下，特别订货冲击了正常销售，减少了正常销售的贡献毛益，因此，特别订货价格在补偿单位变动成本之后，还应该补偿因减少正常销售所损失的贡献毛益，并且在补偿完上述两项后还有剩余，才能为企业新增利润。增加的利润为

增加的利润 = 特别订货单位贡献毛益 × 特别订货数量 − 因减少正常销售而损失的贡献毛益

3. 特别订货为其他产品需要增加专属固定成本

当下面的条件成立时，接受特殊定价，能使企业增加利润。

$$转产产品价格 > 单位变动成本 + \frac{新增专属固定成本}{转产产品数量}$$

在转产其他产品需增加专属固定成本的情况下，要想使转产产品为企业增加利润，转产产品价格必须在补偿单位变动成本和因转产而增加的固定成本后仍有富余。增加的利润为

增加的利润 = 转产产品单位贡献毛益 × 转产产品数量 − 新增专属固定成本

四、内部转移定价

（一）内部转移价格的含义

内部转移价格，也称内部结算价格，是指企业内部各责任中心之间转移产品（或半成品）或相互提供劳务并进行结算时所使用的计价标准。

在内部转移下，转移价格对于提供产品或劳务的供应方意味着收入，对于使用这些产品或劳务的接受方则意味着成本。因此，转移价格影响着内部转移双方的获利水平，也影响着这两个责任部门的业绩考核，使得部门经理非常关心转移价格的制定。但是，从整个企业的角度来看，一方的成本也即另一方的收入，一增一减，数额相等、方向相反。因此，在理论上，内部转移价格无论怎样变动，都不会影响企业的利润总额，所影响的只是企业内部各责任中心的收入或利润的分配额。

（二）内部转移定价的基本类型

常见的内部转移价格主要有市场价格、协商价格、成本转移价格和双重价格四种基本类型。

1. 市场价格

市场价格是指以产品或劳务的市场价格作为基础制定的内部转移价格。以市场价格为依据制定内部转移价格需满足以下三个前提条件：（1）假设内部转移的产品或劳务有完全竞争市场，或产品、劳务的提供部门没有任何闲置的生产能力；（2）内部转移的产品或劳务应首先保证满足内部责任单位的需要，除非有充分理由说明对外交易比内部交易更为有利；（3）按照市场价格进行外部购买与内部购买相比，并不增加额外的成本和费用。

以市场价格为基础制定的内部转移价格通常适用于利润中心或投资中心，当产品或劳务存在外部市场，且供应方、接受方都有权对外销售或购买产品或劳务时，以市场价格作为基础制定内部转移价格是较为公平合理的转移价格。

2. 协商价格

协商价格，是指当内部转移的产品或劳务存在非完全竞争的外部市场时，由企业内部各责任中心通过协商确定供求双方共同认可接受的价格。采用协商价格的前提条件是，内部转移的产品或劳务存在非完全竞争的外部市场，供应方、接受方有权自行决定是否接受某一价格。

3. 成本转移价格

成本转移价格，是指以产品或劳务的成本为基础制定的内部转移价格。

成本转移价格的种类包括实际成本、实际成本加成、标准成本、标准成本加成以及变动成本加固定费用。

实际成本转移价格是直接以产品或劳务的实际成本作为内部转移价格。

实际成本加成转移价格是以产品或劳务的实际成本为基础，加上一定比例的利润作为内部转移价格。

标准成本转移价格是按照产品或劳务的标准成本来制定内部转移价格。

标准成本加成转移价格是在标准成本的基础上，加上一定比例的利润作为内部转移价格。

变动成本加固定费用，是指在变动成本的基础上，加上一定的固定费用作为内部转移价格。收取固定费用，是为了对长期以低价转移内部产品或劳务进行补偿。在以下三种情况下，企业可以选择以成本为基础制定内部转移价格：

（1）中间产品不存在外部市场。

（2）尽管存在外部市场，但市场价格受到制定转移价格企业对外销售数量的影响，或只有有限的外部需求。

（3）企业的产品包含秘方，企业高层管理人员不愿将其对外泄露。

4. 双重价格

双重价格，即供应方、接受方分别采用不同的内部转移价格，如供应方采用协商的、市场的价格，接受方采用产品或劳务的单位变动成本，两种价格产生的差额由会计最终调整。采用双重价格的前提条件是内部转移的产品或劳务存在外部市场，供应方有剩余生产能力，且单位变动成本低于市场价格。双重价格可采用标准成本与市场价格双重定价、标准成本与成本加成双重定价、市场价格与变动成本双重定价等方法。

（三）内部转移价格的简单应用

内部转移价格应当根据特定的生产条件和环境条件的要求作出适合各企业具体情况的价格，最大限度地促使各责任中心的利益与企业整体利益相一致。

内部转移价格的制定过程实际上是公司整体利益在各个责任中心之间分配的过程。在制定内部转移价格时，必须考虑到企业所处的市场环境，要具体问题具体分析，根据实际情况找到适合的内部转移价格。

第十一章　长期投资决策

第一节　项目投资决策需考虑的相关因素

决策是指在若干备选方案中进行分析、评价和选择，最终确定最优方案的过程。在具体选择过程中，所采用的分析、评价标准及方法必须是被广泛接受和认可的。一般认为，项目投资决策存在如下几个影响决策分析的主要因素。

一、货币时间价值

（一）货币时间价值的概念

货币时间价值是指货币经过一段时间的投资和再投资所增加的价值。或者说，是指资金经历一定时间的投资和再投资所增加的价值。它具有增值性的特点，是　定量的资金在不同的时间具有的不同的价值。由于长期投资的投资更大，投资收益回收时间长，因此，为了正确评价长期投资各备选方案，必须考虑货币的时间价值。

在利润平均化规律作用影响下，货币时间价值的一般表现形式就是在没有风险与通货膨胀条件下的社会平均资金利润率。而实际上，投资活动或多或少存在风险，市场经济条件下通货膨胀也是客观存在的。由于利润既包含实际价值，也包含风险价值和通货膨胀因素，因此，在通货膨胀率很低的情况下，可将几乎没有风险的短期政府债券的利息率视同货币的时间价值。

（二）货币时间价值的计量

货币时间价值的计算方法通常有单利和复利两种方法，具体包括单利、复利和年金终值与现值的计算。其中，终值是指现在某一特定的金额在若干期后按规定的折现率计算的未来价值，现值是指若干期后某一特定的金额按规定的折现率计算的现在价值。

目前，我国银行在国内存贷款利息的计算方法上，大多采用单利的计算方法，但有些贷款项目已经开始采用复利的计算方法。随着经济形势的发展，复利的计算方法将成为最主要的计量方法。

复利的计算方法是指在计算货币的时间价值时，不仅要对本金计算利息，利息也要生息，即所谓的"利滚利"。根据国际惯例，不论是投资、筹资业务，还是存款、贷款业务，若在两期或两期以上，通常均按复利计算利息。也就是在每期末结息一次，同时把当期的利息并入本金，将当期的本利作为下一期计算利息的基础。

在长期投资决策的分析过程中，如不加说明，均采用复利的计算方法来计算利息。

1. 复利终值

复利终值（简称 F 或 FV），又称复利值，是指若干期以后包括本金和利息在内的未来价值，又称本利和。其计算公式为

$$P = F\left(1 + i\right)^{n}$$

式中，F 表示复利终值、本利和；P 表示复利现值、本金；i 表示利息率；n 表示计算期数。

其中，（1+i）称为复利终值系数，又称 1 元的复利终值，用符号（F/P, i, n）表示，则上式可变为

$$F = P \times \left(F / P, i, n\right)$$

2. 复利现值

复利现值（简称 P 或 PV）是指在未来一定时间的特定资金按复利计算的现在价值，即在复利计算方式下，为在未来获得一定本利和现在所需的本金。计算公式为

$$P = F \div \left(1 + i\right)^{n} = F \times \left(1 + i\right)^{-n}$$

式中，（1+i）称为复利现值系数，可在"复利现值系数表"中查得，一般用符号（P/F, i, n）表示，则上式可变为

$$P = F \times \left(P / F, i, n\right)$$

3. 年金

年金（A），是指在一定时期内每隔相同时间收到或支付的系列等额款项，也称等额系列收付款项。年金一般要满足三个条件：（1）连续性，即在一定时期内每隔一段时间就必须发生一次收付款业务，不得中断；（2）等额性，

即各期发生的收付款项必须在数额上相等；（3）同向性，即方向相同，要么都是收，要么都是付。

根据收付时间的不同，年金具体可分为普通年金、预付年金、递延年金和永续年金等，其中普通年金的应用最为广泛，其他年金的计算都可以普通年金为基础进行推算。

（1）普通年金。

凡在每期期末发生的年金称为普通年金，也称为后付年金。

普通年金终值是指一定时期内每期期末收付款项的复利终值之和，相当于日常生活中常见的零存整取储蓄存款的本利和。

设年金为A，收付期数为n，利率为i，则普通年金终值的计算如图11-1所示。

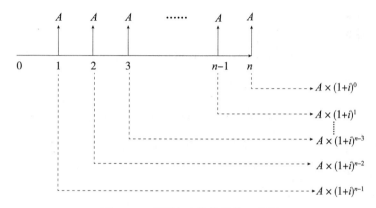

图 11-1　普通年金终值计算示意图

计算公式如下：

$$F = A \times \left(1+i\right)^n + A \times \left(1+i\right)^1 + A \times \left(1+i\right)^2 + \cdots + A \times \left(1+i\right)^{n-1} = A \times \frac{(1+i)^n - 1}{i}$$

式中，$\dfrac{\left(1+i\right)^n - 1}{i}$称为年金终值系数，可在"年金终值系数表"中查得，一般用符号$(F/A, i, n)$表示，则上式可变为

$$F = A \times \left(F / A, i, n\right)$$

（2）预付年金。

预付年金也称先付年金或即付年金，是指一定期间内，各期期初等额的系列收付款项，即在每期期初支付的年金。预付年金与普通年金的区别，仅仅在于付款时间的不同。由于"年金终值系数表"和"年金现值系数表"都是按普通年金编制的，所以在利用上述两张表计算预付年金的终值和现值时，可以在

普通年金的基础上用终值和现值的计算公式进行调整。

①预付年金终值。预付年金的终值是指一定时期内每期期初等额系列收付款项的复利终值之和。

n期预付年金与n期普通年金相比，付款次数相同，期数相同，但由于付款时间不同，一个在期初，一个在期末，所以，预付年金终值比普通年金终值多得一期利息，用n期普通年金终值乘以（$1+i$），便可得出预付年金，如图11-2所示。

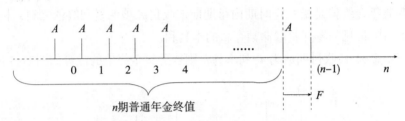

图11-2 预付年金终值计算示意图（1）

计算公式为

$$F = A \times \frac{(1+i)^n - 1}{i} \times (1+i) = A \times (F/A, i, n) \times (1+i)$$

n期预付年金与（$n+1$）期普通年金的计息期数相同，但比（$n+1$）期普通年金少付一次款项（A），因此，将（$n+1$）期普通年金终值减去一期付款额（A），便可得出预付年金终值。设年金为A，收付期数为n，利率为i，则预付年金终值的计算如图11-3所示。

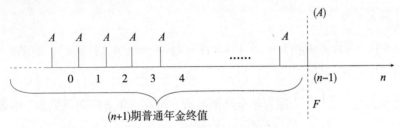

图11-3 预付年金终值计算示意图（2）

计算公式为

$$F = A \times \left[\frac{(1+i)^{n+1} - 1}{i} - 1 \right] = A \times \left[(F/A, i, n+1) - 1 \right]$$

②预付年金现值。预付年金现值是指一定时期内每期期初等额系列收付款项的复利现值之和。

n 期预付年金与 n 期普通年金相比，在计算现值时，n 期普通年金比 n 期预付年金多贴现一期。所以，用 n 期普通年金现值乘以（$1+i$），求出预付年金现值。设年金为 A，收付期数为 n，利率为 i，则预付年金现值计算如图 11-4 所示。

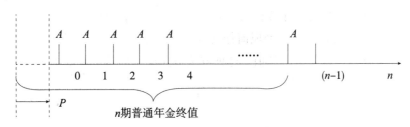

图 11-4 预付年金现值计算示意图（1）

其计算公式为

$$P = A \times \frac{1 - \left(1 + i\right)^{-n}}{i} \times \left(1 - i\right) = A \times \left(P / A, i, n\right) \times \left(1 + i\right)$$

根据 n 期预付年金与（n-1）期普通年金的关系可推出另一个公式。n 期预付年金现值与（n-1）期普通年金的贴现期数相同，但 n 期预付年金比（n-1）期普通年金多一期不用贴现的付款额（A），因此，可以先计算（n-1）期普通年金的现值，再加上一期不需要贴现的付款额（A），即可求出 n 期预付年金的现值。设年金为 A，收付期数为 n，利率为 i，则预付年金现值的计算如图 11-5 所示。

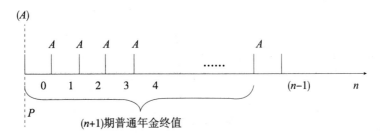

图 11-5 预付年金现值计算示意图（2）

其计算公式为

$$P = A \times \frac{1 - \left(1 + i\right)^{-(n-1)}}{i} + A = A \times \left[\left(P / A, i, n - 1\right) + 1\right]$$

（3）递延年金。

递延年金是指第一次收付款发生时间不在第一期期末，而是在第二期或第二期以后才开始发生的等额系列收付款项。它是普通年金的特殊形式。

根据普通年金现值计算公式来调整计算递延年金现值的计算方法有两种。

第一种方法：把递延年金作为（n-s）期普通年金看待，求出 n 期末到 s 期末的年金现值，然后再把这个现值作为终值，再求其在 s 期初的复利现值，这个复利现值就是递延年金的现值。这种方法下递延年金的计算如图 11-6 所示。

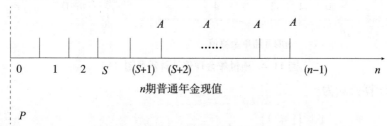

图 11-6 递延年金现值计算示意图（1）

计算公式如下：

$$P = A \times (P/A, i, n-s) \times (P/F, i, s)$$

第二种方法：把递延年金视为 n 期普通年金，即假设递延期中也有收付额发生。先求出 n 期普通年金现值，然后再减去并没有收付额发生的递延期（s 期）的普通年金现值，最终求出的两者之差即是要求的递延年金现值。这种方法下递延年金的计算如图 11-7 所示。

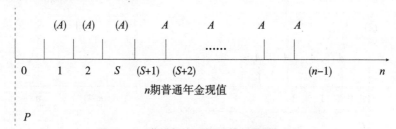

图 11-7 递延年金现值计算示意图（2）

计算公式如下：

$$P = A \times (P/A, i, n) - A \times (P/A, i, s) = A \times \left[(P/A, i, s) \right]$$

（4）永续年金。

永续年金也称永付年金，是指无限期定额支付的年金，可视为期限趋于无穷的普通年金。

由于永续年金没有终止时间，因此永续年金没有终值，只有现值，其计算公式为

$$P = A \times \frac{1 - \left(1 + i\right)^{-n}}{i}$$

当 $n \to \infty$ 时，$\left(1+i\right)^{-n}$ 的极限为 0，因此上式可写成：

$$P = A \times \frac{1}{i} = \frac{A}{i}$$

二、现金流量

（一）现金流量的概念

在项目投资决策中，现金流量是指投资项目在计算期间内各项现金流入量与现金流出量的统称，包括初始现金流量、营业现金流量和终结现金流量。现金流量是计算项目投资决策评价指标的主要根据和关键的价值信息之一，其计算是以收付实现制为基础的。理解现金流量的定义需要注意三点：（1）财务管理的项目投资现金流量针对特定投资项目，不针对特定会计期间；（2）现金流量是一个统称，既包括现金流入量，也包括现金流出量；（3）在项目投资决策中，"现金"是广义的，不仅包括货币资金，还包括项目需要投入的企业现有的非货币资源的变现价值。

现金流量包括现金流入量、现金流出量和现金净流量三个具体概念。

1. 现金流入量

现金流入量简称现金流入，是指投资项目实施后在项目计算期内所引起的企业现金收入的增加额。包括以下内容：

（1）营业收入，是指项目投产后每年实现的全部资金收入。它是经营期主要的现金流入量项目。

（2）回收固定资产的余值，是指投资项目的固定资产在终结点报废或中途变价转让时所回收的价值。

（3）回收流动资金，主要是指新建项目在项目计算期完全终止时，因不再发生新的替代投资而回收的原垫付在存货、货币资金、应收账款等各种流动资产上的全部流动资金投资额。

（4）其他现金流入量，是指以上三项指标以外的现金流入量项目。

2. 现金流出量

现金流出量简称现金流出，是指投资项目实施后在项目计算期内所引起的企业现金流出的增加额。包括以下内容：

（1）建设投资（含更改投资），是指在建设期内按一定生产经营规模和建设内容进行的固定资产投资、无形资产投资和开办费投资（又称递延资产投资）等投资的总称。它是建设期发生的主要现金流出量。

（2）流动资产投资，又称流动资金垫支，是指投资项目完成后投入使用过程中，在材料、在产品和产成品、货币资金、应收账款等项目上所需占用资金的支出。

（3）付现成本，又称经营成本，是指使用该固定资产生产有关产品的过程中，发生的用现金支付的相关支出，即除该年折旧额（包括摊销额、年借款利息等）等项目以外的支出总额。其计算公式为

付现成本 = 总成本 − 折旧额及摊销额、借款利息

（4）所得税，是指项目投产后获得利润（应税所得额）依法缴纳的所得税款。

（5）其他现金流出量，是指不包括在以上内容中的现金流出量项目（如营业外净支出）。

3. 现金净流量

现金净流量（NCF），是指一定期间现金流入量和现金流出量的差额。其计算公式如下：

现金净流量 = 现金流入量 − 现金流出量

这里所说的"一定期间"，可以是指 1 年，也可以是指投资项目持续的整个年限。在上述公式中，若流入量大于流出量，则净流量为正值；若流入量小于流出量，则净流量为负值。

投资项目在建设期和生产经营期内某一年的现金净流量的计算公式如下：

净流量 = 利润 + 折旧 − 固定资产投资 − 流动资金支出

投资项目最后一年的现金净流量的计算公式如下：

最后一年的现金净流量 = 利润 + 折旧 + 残值收入 + 收回的垫支流动资金

（二）现金流量分析的意义

在项目投资决策过程中，对现金流量进行研究分析具有重要意义，主要体现在以下几个方面：

1. 有利于如实反映企业效益

企业效益的高低往往与企业销售资金回收、成本控制和规避风险等能力有关。财务报表包括资产负债表、利润表和现金流量表，资产负债表中资产内容较多，分为流动性资产和非流动性资产，其资金来源较为复杂，如将企业通过短期借款筹资的资金列入货币资金，资产总量得到增加，但不能反映出企业资金回收等情况。利润表体现的是企业当期的营业收入、营业成本以及其他相关收支状况，而不能体现企业资金的来源及运用情况。现金流量表以收付实现制为基础，通过对现金流量进行分析，可以了解企业资金的收现能力，根据企业资金回收情况有针对性地提出解决措施，做好销售资金的回收工作，提高企业效益。

2. 有利于规避财务风险

企业现金流量规模决定了企业应对财务风险的能力。当企业现金流入远高于现金流出时，由流动性比率知，企业剩余资金越充裕，适应市场的能力越强，就可以对所欠债务及时进行偿还；当企业现金流入低于现金流出时，其缺口越大表明企业运用资金的效率越低，极有可能导致无法偿还所欠债务，使企业面临法律诉讼甚至破产的风险，因此其财务风险高。因此，通过现金流量的财务风险监督，可以实时跟踪企业现金流入与流出量，建立现金池，当现金池资金不足时，及早提出应对措施，从而起到防范财务风险的作用。

3. 有利于了解企业经营状况

现金流量表为企业提供所需经营、筹资及投资活动中产生的资金收入与支出情况，通过对现金数据进行整理分析，管理者可以准确把握企业资金动态，当通过数据分析了解到企业现金流量规模变大、资金周转速度变快时，说明企业资金流动性较强，营运状况良好；反之，则说明企业经营状况不佳，资金链出现了问题，管理者应提高重视，针对具体问题提出整改措施。

（三）现金净流量的计算方法

由于一个项目从准备投资到项目结束，经历项目建设期、生产经营期和项目终止期三个阶段，所以，有关项目现金净流量的计算就包括建设期现金净流量、经营期现金净流量和项目终止期现金净流量，各期现金净流量的简化计算公式如下：

某年投资现金净流量 = 该年发生的投资额

年营业现金净流量 = 年税后利润 + 年折旧额 + 年摊销额 + 年利息

为简化公式，将年折旧额、年摊销额、年利息简写为年折旧额等。即

某年营业现金净流量 = 年税后利润 + 年折旧额等

　　　　　　　　 = 年税前利润 ×（1- 所得税税率）+ 年折旧额等

　　　　　　　　 =（年收入 - 年总成本）×（1- 所得税税率）+ 年折旧额等

　　　　　　　　 =（年收入 - 年付现成本 - 年折旧额等）×（1- 所得税税率）+ 年折旧额等项目终止现金净流量

　　　　　　　　 = 固定资产的税后残值收入 + 原投入的流动资金

第二节　项目投资决策的静态指标

静态评价指标，也称非贴现指标，是指不考虑时间价值，把不同时间的货币收支都看成等效的。目前，在企业投资决策中该类指标只起辅助作用。该类指标主要有投资回收期、投资报酬率等。

一、投资回收期

投资回收期是指一项投资的现金流入逐步累计至相等于现金流出总额即收回全部原始投资所需的时间。投资回收期法是以投资回收期的长短作为评价和分析投资经济效益高低的标准，并以此进行投资决策的方法。

根据项目投产后每年的现金净流量情况，投资回收期的计算可分为以下两种情况：

第一种情况为每年净现金流量相等，计算公式如下：

$$原始投资回收期 = \frac{原始投资额}{年净现金流量}$$

需要说明的是，上述公式计算出的投资回收期不包括建设期的投资回收期，如果项目有建设期，则应予以考虑。

第二种情况为每年净现金流量不相等，其计算公式如下：

$$投资回收期 = 即将收回投资额之前的年份 + \frac{到该年尚未收回投资额的部分}{下一年的净现金流量}$$

需要说明的是，若项目有建设期，则上述公式中的回收期包括建设期的投资回收期。

在项目投资决策过程中运用投资回收期法，应当将投资方案回收期与期望回收期进行比较，决策的判断标准为：若投资方案回收期小于等于期望回收期，

则投资方案可行；若投资方案回收期大于期望回收期，则投资方案不可行；若可行方案数有两个或两个以上，应当选择回收期最短的方案。

应用这一方法的难点在于怎样确定企业可接受的最高回收期标准。因为这一标准的恰当与否直接关系到投资的成败。确定这一标准一般需要企业的管理层具备相关的知识和经验，并需要对投资的性质和未来的经营作出准确的预测与分析。

二、投资报酬率

投资报酬率是指投资项目平均每年获得收益与投资成本的比率，它表示单位投资成本每年获得的收益，是一项反映投资获利能力的相对数指标。投资报酬率法是根据投资报酬率的大小来评价与分析投资方案经济效益的方法。其计算公式为

$$投资报酬率 = \frac{年平均利润}{投资总额} \times 100\%$$

在采用投资报酬率法进行决策时，企业应事先确定一个要求达到的投资报酬率，在进行只有一个备选方案的采纳与否决策时，只有高于这个投资报酬率的项目才能入选，而在进行多个方案的互斥选择决策时，应选用投资报酬率最高的方案。

投资报酬率法的优点是简明、易算和易懂；缺点是没有考虑资金的时间价值，将不同时点上的现金流量看成等值的，因此，在对期限较长、后期收益率较高的项目进行投资决策时，有时会得出错误的结论。

第三节　项目投资决策的动态分析法

项目投资决策的动态分析方法是根据货币时间价值的原理与方法，将投资项目不同时期的现金流入与流出按某一可比基础换算成可比的量，据以评价与分析投资效益的方法。因为投资决策的动态分析方法考虑了货币的时间价值这一重要因素，所以与静态分析方法相比，评价结果更客观、更精确。动态分析方法一般包括净现值法、现值指数法、内部收益率法等。

一、净现值法

净现值（NPV），是指特定方案未来现金流入量的现值与未来现金流出量的现值之间的差额。换言之，净现值是指投资方案实施后，未来能获得的各种报酬按资金成本或必要报酬率折算的总现值与历次投资额按资金成本或必要报酬率折算的总现值的差额。

其计算公式如下：

$$NPV = \sum_{t-1}^{n} NCF_t \times \left(P \, / \, A \, , \, i \, , \, n \right) - A_0$$

式中，n 为项目计算期（包括建设期和经营期），NCF 为项目在第 t 年的净现金流量，i 为预定的贴现率，A_0 为初始投资总额的现值。

净现值的公式可表达为

净现值＝未来报酬的总现值－投资总现值

＝现金流入总现值－现金流出总现值

按照净现值法，所有的未来现金流入和现金流出都要按预定贴现率折算为它们的现值，然后再计算它们的差额。

如果净现值大于或等于 0，说明该投资方案的报酬率大于该投资的资金成本率，则该投资方案是可行的，在若干可行性备选方案中，净现值最大的为最优方案；如果净现值小于 0，说明该投资方案的投资报酬率小于资金成本率，则此方案是不可行的。所以，净现值大于或等于零是项目可行的必要条件，净现值越大，投资效益越高。

净现值是长期投资决策评价指标中最重要的指标之一。其优点在于：（1）充分考虑了货币时间价值，能较合理地反映投资项目的真正经济价值；（2）考虑了项目计算期的全部现金净流量，体现了流动性与收益性的统一；（3）考虑了投资风险性，贴现率选择应与风险大小有关，风险越大，贴现率就可选得越高。不过，该指标也存在明显的缺点：（1）净现值是一个绝对值指标，无法直接反映投资项目的实际投资收益率水平；当各项目投资额不同时，难以确定投资方案的优劣。（2）贴现率的选择比较困难，不存在一个统一的标准。

二、现值指数法

现值指数（PI），又称盈利能力指数（PI）或指数法，是指投资项目未来报酬的总现值与初始投资现值之间的对比关系。其计算公式为

$$现值指数(PI) = \frac{未来报酬总现值}{初始投资额总限值} = \frac{\sum_{t-1}^{n} NCF_t \times (P/A, i, n)}{A_0}$$

式中，n，NCF，i 和 A 的含义与净现值公式中的相同。

现值指数法就是以指数（PI）的大小作为分析评价投资方案的标准，并据此进行决策判断的方法。现值指数法的决策原则是，如果某投资项目的指数小于1，表明项目达不到必要报酬的水平；指数等于1，表明项目的收益水平与投资必要报酬率相等；指数大于1，表明项目的收益水平高出投资必要报酬率。

净现值法和现值指数法能较准确地将方案的优劣程度反映出来，但不能据以了解各个投资方案本身可以达到的实际投资报酬率是多少，这两种方法中所用的投资报酬率是投资者预计的数值，也就是说是按照预定的报酬率计算的净现值或现值指数。

三、内部收益率法

内部收益率（IRR），也称内含报酬率或内部报酬率，是指对项目的投资方案中每年的现金净流量进行贴现计算，使计算所得的现值等于最初投资额的现值，从而使净现值为零时的贴现率，该贴现率即为内部收益率。内部收益率是投资项目经济评价中的一项重要的动态指标，它反映了投资项目的实际收益水平。其满足以下公式：

$$\sum_{t-1}^{n} NCF_t \times (P/A, i, n) - A_0 = 0$$

即

未来报酬总现值 - 全部投资总现值 =0

能使上述等式成立的就是该方案的内部收益率。前面研究的净现值法和现值指数法虽然考虑了时间价值，可以说明投资方案高于或低于某一特定的投资报酬率，但是它们都没有揭示方案本身可以达到的具体的报酬率是多少。而内部收益率是根据方案的现金流量计算得出的，是方案本身的投资报酬率。因此说，内部收益率实际上反映了投资项目的真实报酬率，使得决策者根据该项指标的大小，即可对投资项目进行评价。

在内部收益率法下，应遵循如下决策判断规则：一是在只有一个备选方案的采纳与否决策中，取大于或等于必要报酬率的最大值，否则，放弃备选方案；二是在多个方案的互斥选择决策中，取大于必要报酬率最大值最多的备选方案。

内部收益率法有两种主要的计算方法。

若净现金流量呈等额的均匀分布，可直接按年金求现值的方法计算。其计算公式如下：

$$投资额总现值 = 每年净现金流量 \times (P/A, i, n)$$

内部收益率法的优点是考虑了时间价值，反映了投资项目的真实报酬率，有实用价值；缺点是计算过于复杂，不易掌握。尤其是每年净现金流量不相等的投资项目，一般要经过多次测算才能确定。

第四节　评价指标在项目投资决策中的应用

正确计算主要评价指标是为了在进行长期投资方案的对比与选优中发挥这些指标的作用。为了正确地进行方案的对比与优选，要从不同的投资方案之间的关系出发，将投资方案区分为独立方案和互斥方案两大类。独立方案是指一组相互分离/互不排斥的方案，选择其中一方案并不排斥选择另一方案。例如，新建办公楼和购置生产设备是相互独立的方案。

互斥方案是指一组相互关联/相互排斥的方案，选择其中一方案，就会排斥其他方案。例如，假设进口设备和国产设备的使用价值相同，都可以用来生产同样的产品，购置进口设备就不能购置国产设备，购置国产设备就不能购置进口设备，所以这两个方案是互斥方案。

一、某一独立方案的动态评价

若某一独立方案的动态评价指标满足以下条件：

$NPV \geq 0$，$NPVR \geq 0$，$PI \geq i$，$IRR \geq im$，式中，im表示基准贴现率（即预期报酬率或资金成本率），则项目具有财务可行性；反之，则不具有财务可行性。

需要注意的是，利用以上四个动态评价指标对同一个投资方案的财务可行性进行评价时，得出的结论完全相同，不会产生矛盾。如果静态评价指标的评价结果与动态评价指标评价的结果产生矛盾，则应以动态评价指标的结论为准。

二、多个互斥方案原始投资额不相等，但项目计算期相等的情况

在对原始投资额不相等但计算期相等的多个互斥方案进行评价时，可采用差额净现值法（记作ΔNPV）或差额内部收益法（记作$AIRR$），这两种方法是在两个原始投资总额不同的方案的差量现金净流量（记作$ANCF$）的基础上，

计算出差额净现值或差额内含报酬率，并以此作出判断的方法。

一般情况下，差量现金净流量等于原始投资额大的方案的现金净流量减原始投资额小的方案的现金净流量，当 $ANPV > 0$ 或 $\Delta IRR \geqslant im$（基准贴现率）时，原始投资额大的方案较优；反之，则原始投资额小的方案较优。差额净现值 $ANPV$ 和差额内含报酬率 ΔIRR 的计算过程与依据 NCF 计算净现值 NPV 和内含报酬率 IRR 的过程完全一样，只是所依据的是 $ANCF$。

三、多个互斥方案的原始投资额不相等，项目计算期也不相同的情况

1. 年等额净现值法

在对原始投资额不相等，特别是计算期也不相同的多个互斥方案进行评价时，可采用年等额净现值法，即分别将所有投资方案的净现值平均分摊到每一年，得到每一方案的年等额净现值指标，通过比较年等额净现值指标的大小来选择最优方案。在此方法下，年等额净现值最大的方案为最优方案。

年等额净现值法的计算步骤如下：

（1）计算各方案的净现值 NPV（应排除 $NPV<0$ 的不可行方案）。

（2）计算各方案的年等额净现值，假设贴现率为 i，项目计算期为 n，计算各方案的年等额净现值。

2. 年等额成本法

在实际工作中，有些投资方案的营业收入相同，也有些投资方案虽不能单独计算盈亏，但能达到同样的使用效果，如甲、乙设备生产数量相等的同类配件，这时可采用年等额成本法作出比较和评价。在此法下，年等额成本最小的方案为最优方案。

3. 计算期最小公倍数法

计算期最小公倍数法是将各方案计算期的最小公倍数作为比较方案的共有计算期，并将原计算期内的净现值调整为共有计算期的净现值，然后进行比较决策的一种方法。假设参与比较决策的方案都具有可复制性，是使用计算期最小公倍数法的前提条件。调整为共有计算期的净现值最大的方案为最优方案。

4. 最短计算期法

最短计算期法是将所有参与比较决策的方案的净现值均还原为年等额净现值，在此基础上，再按照投资方案最短的计算期作为共有计算期计算出相应的

净现值，然后进行比较决策的一种方法。调整为共有计算期的净现值最大的方案为最优方案。

第五节　影响投资决策的若干问题

一、长期投资决策中的敏感性分析

（一）长期投资决策中的敏感性分析的意义

敏感性分析就是通过分析预测有关投资规模、建设工期、经营期、产销期、产销量、市场价格和成本水平等主要因素一旦变动对评价指标的影响及影响程度，从而确定敏感因素。一般考核分析上述因素单独变动对净现值和内部收益率的影响。

通过敏感性分析，使决策者能事先预见上述因素在多大范围内变动，而不影响原定决策的有效性，使决策留有余地，事先考虑好灵活的对策，防止决策失误。

如果某一因素在很小范围内变动，就会影响投资方案的可行性，说明方案对该因素变动的敏感性很强，决策时应特别重视；如果某一因素在较大范围内变动，仍不会影响方案的可行性，说明方案对该因素变动的敏感性很弱，在决策分析时不必过多关注和监控。

（二）以净现值为基础的敏感性分析

以净现值为基础的敏感性分析主要有两方面的分析：

（1）现金净流量对净现值的敏感性分析，即计算出使投资方案可行的每年现金净流量的下限临界值，然后就可得到每年的现金净流量在多大的范围内变动才不至于影响投资方案的可行性。

（2）项目使用年限对净现值的敏感性分析，即计算出项目使用年限的下限临界值，然后就可得到该项目的使用年限在多大的范围内变动才不至于影响投资方案的可行性。

影响程度可用敏感系数表示，敏感系数的计算公式为

$$敏感系数 = \frac{目标值变动百分比}{变量值变动百分比}$$

敏感系数越大，表明变量值对目标值的影响程度即敏感性越大；敏感系数越小，表明变量值对目标值的影响程度即敏感性越小。

二、通货膨胀情况下的投资决策

在投资决策活动中，货币的支出具体表现为期初的投资、各期追加投资、费用的支出等，时间上有先后，而投资所带来的收益却是在若干年以后才能实现的；这些投资和收益可能延续较长时间，而且跨越的期间个数不等，而货币在不同时间的价值是不同的，因此，投资决策必须考虑由于时间因素而产生的利息问题。当企业将闲置的资金存放在银行或投资在其他企业时，经过若干时期后，所获得的货币量要比投放时的货币量大，这个差额就是企业所得的报酬，亦即利息。报酬额占放弃使用而投放的货币额的比率，即为利率。这里所指的利息和利率都是货币的时间价值。

进行投资决策，一般都只考虑货币的时间价值，而没有考虑通货膨胀的问题。然而，在现实经济生活中，由于经济的发展，总需求大于总供给、货币流通量超过商品流通中的实际需要量以及价格结构的调整等原因都会产生通货膨胀，通货膨胀会造成物价上涨，从而对企业的投资收益产生影响，进而影响到企业的投资决策。因此，在目前的经济状况下，企业在进行投资决策时，不仅要考虑货币的时间价值因素，还要考虑通货膨胀的因素，这样才能作出科学的投资决策。

（一）定率通货膨胀的影响

定率通货膨胀是指在将来可预见的一定时期内，通货膨胀率保持在同一水平上，通货膨胀与货币的时间价值对货币价值的共同影响，可以用下列公式进行计量：

$$1+m=（1+i）（1+f）$$

式中，m 为两个因素的共同影响率；i 为货币时间价值的折现率；f 为通货膨胀率。

通过上述计算可知，在每年通货膨胀率相同的情况下，通货膨胀对货币价值影响的计算方法可借用货币时间价值计算方法。

（二）变率通货膨胀的影响

变率通货膨胀是指在未来每一年的通货膨胀率都不同，并非定值。在通货膨胀率非定值的情况下，应当根据每年的具体情况，逐年计算每年至初始年的实际累计通货膨胀率，并按照该通货膨胀率计算出每一年的货币实际购买力，最后再将每年的数据折算成现值。累计通货膨胀率的计算公式如下：

$$F_n = \left(1 + f_1\right)\left(1 + f_2\right)\left(1 + f_n\right) - 1$$

式中，F_n 为累计通货膨胀率，f 为每年的通货膨胀率，n 为计算期。

三、折旧模式对投资方案评价的影响

现金流量的估算是评价投资方案不可或缺的一个重要计量因素，但值得注意的是，其估计过程往往具有一定的主观性，尤其是营业现金流量的大小，不仅会随着生产经营情况的变化而改变，也会受会计核算方法变化的影响，如存货计价方法、计提折旧方法等。

从理论上说，折旧既不是现金流入量，也不是现金流出量，但某一时期折旧数额的大小会影响到利润的高低，而利润水平又决定了所得税支出的多少。从企业主体进行投资方案评价时，所得税是一种现金流出，所以说折旧方法间接地影响了经营现金流量，从而也会对投资方案的评价产生影响。

折旧方法不同，对投资方案的经济评价会产生一定的影响，某些情况下甚至可能会对方案的可行性得出相反的结论。因此，为了客观公正地评价投资方案的效益，在一个企业内部一般采用同一折旧方法进行方案的评价，而且应与会计实务中所选用的方法一致。

第十二章 全面预算

第一节 预算概述

一、预算的特征与作用

（一）预算的特征

"凡事预则立，不预则废"。预算是企业在预测、决策的基础上，以数量和金额的形式反映未来一定时期内经营、投资、财务等活动的具体计划，是为实现企业目标而对各种资源和企业活动的详细安排。

预算具有两个特征：首先，编制预算的目的是促成企业以最经济有效的方式实现预定目标，因此，预算必须与企业的战略或目标保持一致；其次，预算作为一种数量化的详细计划，它是对未来活动的细致、周密安排，是未来经营活动的依据，数量化和可执行性是预算最主要的特征。因此，预算是一种可据以执行和控制经济活动的、最为具体的计划，是对目标的具体化，是将企业活动导向预定目标的有力工具。

（二）预算的作用

预算的作用主要表现在以下几个方面。

（1）预算通过引导和控制经济活动，使企业经营达到预期目标。通过预算指标可以控制实际活动过程，随时发现问题，采取必要的措施，纠正不良偏差，避免经营活动的漫无目的、随心所欲，通过有效的方式实现预期目标。因此，预算具有规划、控制、引导企业经济活动有序进行、以最经济有效的方式实现预定目标的功能。

（2）预算可以实现企业内部各个部门之间的协调。从系统论的观点来看，局部计划的最优化，对全局来说不一定是最合理的。为了使各个职能部门向着共同的战略目标前进，它们的经济活动必须密切配合，相互协调，统筹兼顾，全面安排，搞好综合平衡。通过各部门预算的综合平衡，能促使各部门管理人员清楚地了解本部门在全局中的地位和作用，尽可能地做好部门之间的协调工作。各级各部门因其职责不同，往往会出现相互冲突的现象。各部门之间必须协调一致，才能最大限度地实现企业整体目标。例如，企业的销售、生产、财务等各部门可以分别编制对自己来说是最好的计划，而该计划在其他部门却不一定能行得通。销售部门根据市场预测提出了一个庞大的销售计划，生产部门可能没有那么大的生产能力。生产部门可能编制一个充分利用现有生产能力的计划，但销售部门可能无力将这些产品销售出去。销售部门和生产部门都认为应该扩大生产能力，财务部门却认为无法筹到必要的资金。全面预算经过综合平衡后可以提供解决各级各部门冲突的最佳办法和最优方案，可以使各级各部门的工作在此基础上协调地进行。

（3）预算可以作为业绩考核的标准。预算作为企业财务活动的行为标准，使各项活动的实际执行有章可循。预算标准可以作为各部门责任考核的依据。经过分解落实的预算规划目标能与部门、责任人的业绩考评结合起来，成为奖勤罚懒、评估优劣的准绳。

二、预算的分类与预算体系

（一）预算的分类

企业预算可以按不同标准进行多种分类。

1. 根据预算内容分类

根据预算内容不同，可以分为业务预算（即经营预算）、专门决策预算和财务预算。

第一，业务预算是指与企业日常经营活动直接相关的经营业务的各种预算。它主要包括销售预算、生产预算、材料采购预算、直接材料消耗预算、直接人工预算、制造费用预算、产品生产成本预算、经营费用和管理费用预算等。

第二，专门决策预算是指企业不经常发生的、一次性的重要决策预算。专门决策预算直接反映相关决策的结果，是实际中选方案的进一步规划。如资本支出预算，其编制依据可以追溯到决策之前收集到的有关资料，只不过预算比决策估算更细致、更准确一些。例如，企业对一切固定资产购置都必须在事先做好可行性分析的基础上来编制预算，具体反映投资额需要多少，何时进行投资，资金从何筹得，投资期限多长，何时可以投产，未来每年的现金流量是多少。

第三，财务预算是指企业在计划期内反映有关预计现金收支、财务状况和经营成果的预算。财务预算作为全面预算体系的最后环节，它是从价值方面概括地反映企业业务预算与专门决策预算的结果，也就是说，业务预算和专门决策预算中的资料都可以用货币金额反映在财务预算内，这样一来，财务预算就成为各项业务预算和专门决策预算的整体计划，故亦称为总预算，其他预算则相应称为辅助预算或分预算。显然，财务预算在全面预算中占有举足轻重的地位。

2. 按预算指标覆盖时间的长短划分

按预算指标覆盖的时间长短划分，企业预算可分为长期预算和短期预算。通常将预算期在 1 年以内（含 1 年）的预算称为短期预算，预算期在 1 年以上的预算则称为长期预算。预算的编制时间可以视预算的内容和实际需要而定，可以是 1 周、1 月、1 季、1 年或若干年等。在预算编制过程中，往往应结合各项预算的特点，将长期预算和短期预算结合使用。一般情况下，企业的业务预算和财务预算多为以 1 年为期限的短期预算，在 1 年内再按季或月细分，而且预算期间往往与会计期间保持一致。

（二）预算体系

各种预算是一个有机联系的整体。一般将由业务预算、专门决策预算和财务预算组成的预算体系，称为全面预算体系，其结构如图 12-1 所示。

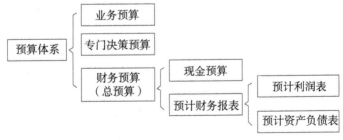

图 12-1　全面预算体系

预算管理则是以编制财务预算为起点，并以此为标准和尺度，围绕财务预算的实施、控制、评价和考核而展开的一系列的企业内部活动，具体包括预算编制、预算实施和调整、预算评价和考核。

三、预算管理工作的组织

预算管理组织是企业全面预算管理的主体，是指负责整个企业预算编制、审定、监督、协调、控制与信息反馈、业绩考核的组织机构。预算管理的组织，一般包括四个部分：董事会、预算管理委员会、预算编制与执行机构、其他预算职能部门。具体如下：

（1）企业董事会或类似机构应当对企业预算的管理工作负总责。企业董事会或者经理办公会可以根据情况设立预算委员会或指定财务管理部门负责预算管理事宜，并对企业法人代表负责。

（2）预算管理委员会是在企业董事会直接领导下的专司预算管理事务的常设权力机构，下设预算编制、预算控制、预算协调和预算信息反馈等具体执行部门。预算管理委员会是一个常设机构，负责确定预算管理原则、程序，审查公司的预算和财务计划，监督预算的执行与控制，批准预算的调整，并对预算的考核予以监控。

（3）企业财务管理部门具体负责企业预算的跟踪管理，监督预算的执行情况，分析预算与实际执行的差异及原因，提出改进管理的意见与建议。同时，对于绝大多数企业来说，企业的预算编制机构通常由公司财务部门牵头，并依靠技术部门、生产部门的人员，按照公司的战略计划和经营目标，进行公司总预算、各项分预算的编制、分解和落实工作。财务部门通常作为公司预算管理委员会的执行机构，并以预算管理委员会名义直接责成企业各部门按照规定的内容与时间向预算管理委员会报送编制预算的各种基础资料。在汇总分析各部门提供的资料信息基础上，预算管理委员会通常会进一步组织或邀请有关专家对未来市场变动情况及趋势进行针对性的专题分析、预测，以取得最为可靠的未来市场、销售信息资料。在预算管理委员会对各种必要的信息资料进行分析、甄别后，财务部门通常会被授权负责预算的具体编制、分解与落实等工作。

（4）企业内部生产、投资、物资、人力资源、市场营销等职能部门具体负责本部门业务涉及的预算编制、执行、分析等工作，并配合预算委员会或财务管理部门做好企业总预算的综合平衡、协调、分析、控制与考核等工作。其主要负责人参与企业预算委员会的工作，并对本部门预算执行结果承担责任。

（5）企业所属基层单位是企业预算的基本单位，在企业财务管理部门的指导下，负责本单位现金流量、经营成果和各项成本费用预算的编制、控制、分析工作，接受企业的检查、考核。其主要负责人对本单位财务预算的执行结果承担责任。

第二节　全面预算管理组织体系

全面预算管理组织体系是由全面预算管理的决策机构、工作机构和执行机构三个层面组成的，它们是预算编制、审批、执行、控制、调整、监督、核算、分析、考评及奖惩等一系列预算管理活动的主体。它是全面预算管理有序开展的基础，企业全面预算管理能否正常运行并发挥作用，全面预算管理的组织体系将起到关键性的主导作用。

一、全面预算管理组织体系的设置原则

由于各企业的经营规模、组织结构、行业特点以及内、外环境等因素各不相同，在全面预算管理组织体系的具体设置上可采取不同方式，并遵循以下基本原则。

（一）科学、规范原则

企业在设置全面预算管理组织体系时，既要满足全面预算管理的要求，又要遵循法律、法规以及企业内部规章制度的有关规定。例如，企业《公司章程》的规定，预算的制定责任由公司董事会承担，预算的审定权力由公司股东会享有，而这些设置条款也不能与《中华人民共和国公司法》等法律法规相抵触。

（二）高效、有力原则

企业在设置全面预算管理组织体系时，要考虑全面预算管理机制运行的效率和效果。全面预算管理体系是为了保障全面预算管理活动能顺利运行而设置的，它要求全面预算管理机制反应敏捷、作用有力、执行坚决、反馈及时，充分、有效地实施预算管理职能。

（三）繁简适度、经济适用原则

企业在设置全面预算管理组织体系时，要从企业的实际出发，尽可能做到繁简适度、经济适用。过于简单的组织体系虽然能够做到精简机构、降低成本，但很有可能不能满足企业全面预算管理的要求，使预算管理无法正常运行，得不偿失。但是过于复杂的组织体系，不但使组织庞大、臃肿，从而增加预算管理的成本，同时也可能因此降低管理效率、造成管理混乱。因此，繁简适度、经济适用不仅仅是从成本控制的角度出发的，也是保障全面预算管理正常运行的基本原则。

（四）全面、系统原则

企业在设置全面预算管理组织体系时，应当明确，全面预算管理是以预算为标准，对企业经营活动、投资活动、筹资活动进行控制、调整和考评的一系列管理活动，是一个全员参与、全过程控制的系统工程。因此，全面预算管理体系要做到全面、系统，将企业中各个部门、个人的责任和权利进行明确，并建立相应的全面预算管理决策机构、工作机构和执行机构。与此同时，企业组织结构的设置也在一定程度上决定了全面预算管理组织体系的设置。

因为全面预算管理组织体系要适应企业原有的组织结构，避免出现两者相互脱节甚至管理空白的现象。

（五）权责明确、权责相当原则

企业在设置全面预算管理组织体系时，要明确权利和责任的关系。只有享有一定的权利的部门或者个人，才能相应地承担一些责任，否则，权利和责任不匹配，会造成预算和实际脱节、预算管理失控、预算控制失效等不利的影响。对于企业中任何部门和个人而言，必须明确其在预算管理中应当承担的责任和企业赋予其履行职责所必需的权利。

二、全面预算管理组织体系的具体框架

全面预算管理是一项复杂的系统工程，只有建立了健全的组织体系才能保障预算管理各环节能够有效顺畅运行。预算部门包括预算管理委员会、预算管理部等部门，具体组织结构如图 12-2 所示。

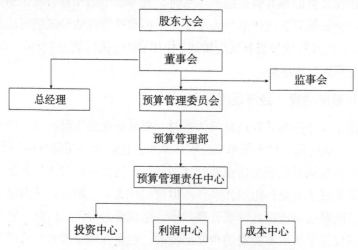

图 12-2　全面预算管理组织体系的具体组织结构

（一）股东大会

股东大会（股东会）是企业的最高权力机构，在全面预算管理中的主要职责有审议批准企业的经营方针和投资计划，审议批准企业年度预算和决算方案，对发行企业债券作出决议。

（二）董事会

董事会是具体负责全面预算管理的最高决策机构，在全面预算管理中的主要职责有决定企业年度经营计划和投资方案；制订企业年度经营目标，决定年度经营目标偏差的修订；制订企业年度全面预算方案，提出预算总目标；决定企业资本性投资预算；决定企业整体预算考评与奖惩方案；制定企业年度财务决算。

（三）预算管理委员会

预算管理委员会，也称预算会议，在组织体系中居于领导核心地位，一般由企业的董事长或总经理任主任委员，吸纳企业内各相关部门的主管，如主管销售的副总经理、主管生产的副总经理、主管财务的副总经理，以及预算管理委员会秘书长等人员参加。对预算管理来说，预算管理委员会是最高管理机构。其主要职责如下：

（1）制定预算管理的制度、规定等全面预算的纲领性文件。

（2）组织企业有关部门或聘请有关专家对目标的确定进行预测。

（3）审议年度经营计划和预算编制的方针、程序和要求。

（4）审查各部门提交的预算草案，并提出必要的修改意见。

（5）在预算编制、执行过程中发现部门间有抵触现象时，予以必要的协调。

（6）将经过审查的预算提交董事会，通过后下达正式预算。

（7）接受预算与实际比较的定期预算报告，在予以认真分析、研究的基础上提出改善的建议。

（8）根据需要，就预算的修正加以审议并作出相关决定。

（四）预算管理部

预算管理组织除了预算管理委员会之外，还应当设置一个预算管理职能部门作为专门的办事机构，以处理与预算相关的日常事务。预算管理部是预算日常管理机构，是在全面预算管理委员会领导下负责组织企业预算的编制、预算监控和考评、预算协调和预算信息反馈工作。

因预算管理委员会的成员大部分是由企业内部各责任单位的主管兼任，预算草案由各相关部门分别提供，获准付诸执行的预算方案是企业的一个全面性生产经营计划，预算管理委员会在预算会议上所确定的预算案也绝不是各相关部门预算草案的简单汇总，这就需要在确定、提交通过之前对各部门提供的草案进行必要的初步审查、协调与综合平衡，因此必须设立一个专门机构来具体负责预算的汇总编制，并处理日常事务。同时，在预算执行过程中，可能还有一些潜在的提高经济效益的改善方法，或者发生责任单位为了完成预算目标有时采取一些短期行为的现象，而管理者可能无法及时得到这些信息，这就决定了预算的执行控制、差异分析、业绩考评等环节不能由责任单位或预算管理委员会单独完成，以免出现部门满意但对企业整体来说不是最优的预算执行结果。因此，必须实行预算责任单位与预算专职部门相互监控的方式，使它们之间具有内在的互相牵制作用。预算专门办事机构应直接隶属于预算管理委员会，以确保预算机制的有效运作。

（五）预算管理责任中心

投资中心是指不仅能控制成本和收入，而且能控制占用的资产的单位或部门。也就是说，在预算管理中，该责任中心不仅要对成本、收入、预算负责，还必须对其与目标投资利润率或资产利润率相关的资本预算负责。正因为如此，只有具备经营决策权和投资决策权的独立经营单位才能成为投资中心。一般来讲，常将一个独立经营的常规企业视为一个投资中心。投资中心应具有比其他责任中心更大的独立性和自主权，它作为企业内部最高管理层，拥有一定的资金支配权，在调动资金余缺时，应研究这些资金投放到哪个方面才是最有利的。投资中心的具体责任人应该是以厂长、经理为代表的企业最高决策层，投资中心的预算目标就是企业的总预算目标。

利润中心是指既能控制成本，又能控制收入的责任单位。因此，它不但要对成本和收入负责，也要对收入与成本的差额即利润负责。利润中心属于企业中的较高层次，同时具有生产和销售的职能，有独立的、经常性的收入来源，可以决定生产什么产品、生产多少、生产资源在不同产品之间如何分配，也可以决定产品销售价格、制定销售政策，它与成本中心相比具有更大的自主经营权。

利润中心通常有两种类型。一种是自然的利润中心，它直接向企业外部出售产品，在市场上进行购销业务。例如，某些公司采用事业部制，每个事业部均有销售、生产、采购的职能，有很大的独立性，这些事业部就是自然的利润中心。另一种是人为的利润中心，它主要在企业内部按照内部转移价格出售产品。例如，纺织厂的纺纱车间将纺出的纱以内部转移价格出售给织布车间，纺纱车间就可以被视为利润中心并称其为人为的利润中心。再如，企业内部的辅助部门，包括修理、供电、供水、供气等单位，可以按固定价格向生产部门收费，它们也可以被确定为人为的利润中心。

成本中心是指责任人只对其责任区域内发生的成本负责的一种责任中心。

成本中心是成本发生单位，一般没有收入，或仅有无规律的少量收入，其责任人可以对成本的发生进行控制，但不能控制收入与投资，因此成本中心只需对成本负责，无须对利润情况和投资效果承担责任。成本中心可以分成两种：标准成本中心和费用中心。标准成本中心必须是产品稳定而明确，并且熟悉单位产品所需投入的责任中心。通常，标准成本中心的典型代表是制造业工厂、车间、工段、班组等。费用中心适用于那些产出物不能用财务指标来衡量或者投入和产出之间没有密切关系的单位。这些单位包括一般行政管理部门，如会计、人事、劳资、计划部门等；研究开发部门，如设备改造、新产品研制部门等；某些销售部门，如广告、宣传、仓储部门等。

通常，在成本中心的确定过程中，要根据其对发生的成本费用的可控性来确定其责任。

（1）假如某责任中心通过自己的行动能有效地影响一项成本的数额，那么该中心要对这些成本负责。

（2）假如某责任中心有权使用某种劳务或资产，它就对这些劳务或资产的成本负责。

（3）某管理人员即使不能通过自己的行动直接有效地影响一项成本的数额，而上级要他参与有关事项，从而对该项成本的负责人施加了影响，则他对该项成本要承担责任。可控制成本与不可控制成本是根据特定责任中心对成本的可控性来划分的，一项成本对某个责任中心来说是可控的，对另一责任中心来说则可能是不可控的。

从一个成本中心来看，变动成本大多是可控成本，固定成本大多是不可控成本，然而这种划分并不是绝对的，还要结合有关情况按成本的性质进行具体分析。从成本的发生同各个成本中心的关系来看，由各个成本中心直接发生的成本，大多属于直接成本，其可控因素居多；由其他部门分配来的成本，大多属于间接成本，其可控因素居少。

对于每项需要加以控制的费用，各责任中心都必须确定主要责任人。尽管每一个责任人都有其明确的责任范围，但并不是对责任范围内所发生的费用都要负责，有的应负主要责任，有的只负次要责任，各级责任人只能控制各自责任范围内的可控费用。而在企业中，总会有些费用项目（如固定资产折旧费）难以确定责任归属，对这些费用项目不宜硬性归属到某个部门，可由企业财务部门直接控制。

投资中心、利润中心和成本中心的主要区别在于各责任中心控制的区域和权限范围大小不同，但它们都承担相应责任。最基层的成本中心对其可控成本向其上层成本中心负责；利润中心对其本身的可控成本和下层转来的责任成本负责，并对本身经营的收入、成本和利润向投资中心负责；投资中心最终对其经营的投资报酬（率）向董事会负责。

第三节　全面预算的内容和编制

一、全面预算的内容

全面预算是全面预算管理模式下所要编制的各种预算的总称，是指依据企业决策方案的要求，对销售、生产、分配以及筹资、投资等活动确定明确的目标，并表现为预计利润表、现金预算等一套预计的财务报表及其附表，借以预计未来期间的财务状况和经营成果。全面预算的内容一般包括日常业务预算、专门决策预算和财务预算三大部分。

（一）日常业务预算

日常业务预算又称为经营预算，是指在企业日常经营活动中发生的各项活动的预算。日常业务预算一般包括销售预算、生产预算、直接材料预算、直接人工预算、制造费用预算、产品成本预算、销售及管理费用预算等。

1. 销售预算

销售预算是指在预算期内，预算执行部门销售各种产品或提供各种劳务可能实现的销售量或者业务量及其收入的预算。主要是依据年度目标利润、预测市场销售量、产品结构以及市场价格等进行预算编制。销售预算是经营预算的龙头，是编制其他预算的起点。其中：

预计销售收入 = 预计销售量 × 预计销售单价

2. 生产预算

生产预算是对从事生产的企业在预算期内所要达到的生产规模及其产品结构的预算。它是根据销售预算和库存预算，确定预算期内产品品种、生产数量的预算，是企业生产活动的纲领，也是企业成本预算的依据。其中：

预计生产量 =（预计销售量 + 预计期末产品存货量）- 预计期初产品存货量

3. 直接材料预算

直接材料预算是预算期内产品生产直接耗用的原材料及原材料采购的预算，一般包括年度、季度和月度的预算。其中：

预计直接材料采购量 = 预计生产量 × 直接材料单位标准用量 + 预计期末原材料存货量 - 预计初期原材料存货量

4. 直接人工预算

直接人工预算是指企业在预算期内完成生产所需的直接人工工资及福利费用的预算，一般包括年度、季度和月度的预算。其中：

预计直接人工成本 = 预计生产量 × $\sum$（单位工时工资率 × 单位产品工时定额）

5. 制造费用预算

制造费用预算是预算期内产品生产所需制造费用的预算，一般包括年度、季度和月度的预算。制造费用按成本性态划分为变动制造费用和固定制造费用。

预计变动制造费用的计算公式为

预计变动制造费用 = 预计生产量 × 变动制造费用预算分配率

6. 产品成本预算

产品成本预算是为了规划预算期内企业各种产品的单位成本、生产成本和销售成本等各项内容而编报的一种经营预算。

产品成本预算需要在生产预算、直接材料预算、直接人工预算和制造费用预算的基础上编制；同时，也为编制预计利润表和预计资产负债表提供数据。

7. 销售及管理费用预算

销售及管理费用预算是指为实现销售和开展一般管理业务所需支付的费用而编制的一种业务预算。销售费用预算以销售预算为基础，分析销售收入、销售利润和销售费用之间的相互关系，以实现销售费用使用效率的最大化。管理费用预算以生产预算为基础，在过去的实际开支的基础上，根据预算期可预见的变化，作出调整。一般来说，随着生产规模的扩大，管理费用也相应有所增加。销售及管理费用可以根据成本的性态，分为固定成本和变动成本。另外，在销售和管理费用预算的最后，为了给现金预算提供现金支出资料，还可预计预算期管理费用的现金支出数额。在销售及管理费用中，折旧费用、坏账损失、无形资产摊销和递延资产摊销等不需要现金支出的项目，在预计管理费用现金支出时，应予以扣除。

（二）专门决策预算

专门决策预算，是指企业为不经常发生的长期投资项目或一次性专项业务所编制的预算，包括资本支出预算和一次性专门业务预算。

1. 资本支出预算

资本支出预算，是指企业在投资项目可行性研究的基础上，编制的反映长期投资项目的投资时间、规模、收益以及资金筹措方式等内容的预算。由于长期投资项目涉及的时间较长，因此，资本支出预算的期间一般在一年以上，并将在整个项目寿命期内发挥控制资本支出和检查投资效果的作用。

资本支出预算的格式和内容，各企业可根据具体情况自行设计。

2. 一次性专门业务预算

一次性专门业务预算是财务部门在日常理财活动中为一次性专门业务编制的预算。常见的业务有资金筹措、资金投放等。

（三）财务预算

财务预算是反映企业预算期内预计的现金收支、经营成果和预计期末财务状况的预算，主要包括现金预算、预计利润表和预计资产负债表。

1. 现金预算

现金预算是企业为了反映预算期内由于各种生产经营活动预计产生的现金收支、余缺，现金筹集和运用情况，以及期末现金余额水平等信息而编制的一种财务预算。

编制现金预算是为了测算企业在预算期间内现金收入与现金支出的协调程度，以防止出现不协调的时间和数额、资金短缺或积压，保证正常的支付能力和生产经营的合理需要。编制现金预算的依据是各项业务预算和专门决策预算中的有关资料。现金预算实际上是其他预算中有关现金部分的汇总，以及收支差额平衡措施的具体计划。

现金预算的编制要以其他各项预算为基础，或者说其他预算要为现金预算做好数据准备。

现金预算包括现金收入、现金支出、现金多余或不足、资金筹集和运用四部分内容。

（1）现金收入。现金收入包括期初现金余额和销货现金收入，销货现金收入是其主要来源。销货现金收入来源于本期销售中的本期收回现金和前期应收账款中的本期收回现金。年初的现金余额需要在编制预算时预计得出，销货现金收入数据则来自销售预算。

（2）现金支出。现金支出主要包括预算内的各项现金支出。直接材料、直接人工、制造费用、销售与管理费用的数据分别来自前面的有关业务预算。此外，还包括所得税、购置设备等现金支出，有关数据分别来自各项专门预算。

短期借款的利息支付不在该项中列示，而是放在资金的筹集和运用中列示。

（3）现金多余或不足。现金多余或不足，是指预算期内预计现金收入合计数与预计现金支出合计数的差额。差额为正，说明现金收入大于支出，现金有多余，可用于偿还借款或用于短期投资；差额为负，说明现金支出大于收入，现金不足，要向银行借款。

（4）资金筹集和运用。资金筹集和运用，是指根据预算期内现金收支的差额和企业有关资金管理的各项政策，确定筹集或使用资金的数额。若资金不足，可向银行借款或通过其他方式筹集资金，并预计还本付息的期限和数额；如果现金多余，除了可用于偿还借款外，还可以进行一些短期投资，尽可能地充分利用现金。

编制现金预算对于加强预算期间内现金流量的控制有着重要意义，同时，它也是编制资本支出预算和一次性专门业务预算的重要依据。

2. 预计利润表

预计利润表是用来反映企业在预算期内全部生产经营活动的最终成果的预算，又称为"利润预算"，是企业控制经营活动和计算财务收支的主要依据。

通过编制预计利润表，可以概括地了解企业在预算期内的盈利能力；而通过检查和修订各项预算，可以促使预算更加合理、可行。编制预计利润表的依据是相关的业务预算、专门决策预算和现金预算中的相关数据。预计利润表一般按年编制，也可以按年分季编制。

3. 预计资产负债表

预计资产负债表是为了反映预算期期末企业预计财务状况而编制的一种财务预算。

预计资产负债表是依据上一期的实际资产负债表和全面预算中的各项业务预算以及专门决策预算所提供的资料编制而成的，它可以为企业管理当局提供预算期期末企业预期财务状况的信息，有助于管理当局预测未来期间的经营状况，并采取适当的改进措施。

二、预算编制程序

预算编制程序可以分为自上而下式、自下而上式和上下结合式三种。

（一）自上而下式

在自上而下式的编制程序中，预算由集团总部按照战略管理需要，结合集团总部股东大会愿景及集团所处行业的市场环境提出，内容全面而详细。各分部或子公司只是预算执行主体，一切权力在集团总部。

在自上而下式的编制程序中，总部预算管理职责集中在预算管理委员会。自上而下式的最大好处在于能保证集团的利益，同时兼顾企业集团战略发展需要。最大的不足在于权力高度集中在总部，不能发挥各子公司或分支机构的管理主动性和创造性。

（二）自下而上式

在自下而上式的编制程序中，管理总部把预算管理作为各子公司或分支机构落实经营责任的管理手段，并认为预算管理的主动性来自各子公司或分支机构，总部只对预算具有最终审批权。总部的管理责任是确定预算目标，子公司或分支机构的管理责任是如何实现这一目标。这种方式的优点在于提高子公司或分支机构的主动性，同时将子公司或分支机构置于市场前沿，提高子公司或分支机构的独立作战能力。

但是，这种编制程序也存在不足之处：（1）可能引发管理失控（它只强调结果控制而忽略过程控制，一旦结果既成事实，没有弥补过失的余地）；（2）可能出现预算松弛，导致资源浪费（如为争夺集团总部的资本资源而多报或少报预算）；（3）不利于子公司盈利潜能的发挥（如子公司的经理人员为保持子公司的长期利益，会采用"挤牙膏"式的利润预算方式，年度利润预算只在上年度基础上"适度"增长，即保持利润逐年增长而幅度不大）。

（三）上下结合式

在企业集团全面预算管理中，预算的编制应采取上下结合式。一方面通过上下结合达到预算理念的沟通，解决上下级之间信息不对称问题；另一方面通过上下结合避免单纯自上而下和自下而上的种种不足。上下结合、横向协调的编制程序体现出集权与分权的统一，在上下结合式的编制程序中，预算目标应自上而下传达，以保证最高决策层战略思想的贯彻和预算目标的执行，而预算的编制则应根据预算目标自下而上地进行，充分发挥各层级的主观能动性，提高预算编制效率。其具体顺序如下：（1）由集团公司提出预算思想与目标。（2）下发预算目标并由各子公司、二级单位结合自身情况编制预算草案。（3）由预算管理委员会进行初步协调和汇总。（4）预算管理委员会召集各子公司、二级单位负责人等进行协调各级预算，最终使预算审批通过。这一阶段如一次协调不够，还可以将协调后形成的预算方案下发到各子公司和二级单位进行平衡并上报再协调，直到各方的目标达到一致为止。（5）对通过的预算方案以内部法案的形式下达到各子公司、二级单位执行。其编制流程如图12-3所示。

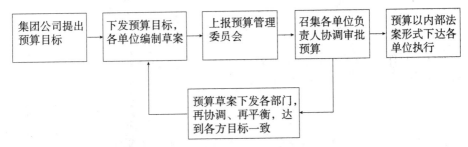

图12-3　全面预算管理中的上下结合式编制流程

这种编制程序既能有效保证企业集团总体战略目标的实现，又能体现公平、公正原则，避免挫"先进"，保护"后进"。

第十三章　成本控制法

第一节　标准成本法

一、标准成本法的产生背景

标准成本法是早期管理会计的主要支柱之一。美国工业在南北战争以后有了很大的发展，许多工厂发展成为生产多种产品的大企业。但由于企业管理落后，劳动生产率较低，许多工厂的产量大大低于额定生产能力。为了改进管理，一些工程技术人员和管理者进行了各种试验，他们努力把科学技术的最新成就应用于生产管理，大大提高了劳动生产率，并因此形成了一套科学的管理制度。

为了提高工人的劳动生产率，他们首先改革了工资制度和成本计算方法，以预先设定的科学标准为基础，发展奖励计件工资制度，采用标准人工成本的概念。在此之后，又把标准人工成本概念引申到标准材料成本和标准制造费用等。最初的标准成本是独立于会计系统之外的一种计算工作。1919 年美国全国成本会计师协会成立，对推广标准成本起到了很大的作用。1920—1930 年，美国会计学界经过长期争论，才把标准成本法纳入了会计系统，从此出现了真正的标准成本会计制度。

二、标准成本的含义

所谓标准成本，是指按照成本项目反映的、在已经达到的生产技术水平和有效经营管理条件下，应当发生的单位产品成本目标。可见标准成本不同于预算成本，标准成本是一种单位的概念，它与单位产品相联系；而预算成本则是一种总额的概念，它与一定的业务量相联系。但二者都不是实际发生的成本，而是一种预定的成本目标。以一定的业务量为基础乘以标准成本即为预算总成本，因此二者实际上是相同的，只是从各自不同的角度来判断或说明某项成本计划的完成情况。

制定标准成本的目的是对企业实施成本控制。成本控制有广义和狭义之分。狭义的成本控制主要是指对生产阶段产品成本的控制，即运用一定的方法对产品生产过程中构成产品成本的一切耗费，进行科学严格的计算、限制和监督，将各项实际耗费限制在预先确定的预算、计划或标准的范围内，并通过分析造成实际偏离计划或标准的原因，从而来实施的会计管理行为或工作。狭义的成本控制比较看重日常生产阶段产品成本限制。广义的成本控制则强调对企业生产经营的各个方面、各个环节以及各个阶段的所有成本的控制。它不仅要控制产品生产阶段的成本，而且要控制产品的设计试制阶段的成本和销售及售后服务阶段的成本；不仅要控制产品成本，而且要控制产品成本以外的成本，如质量成本和使用寿命周期成本；不仅要加强事后的反馈性成本控制，而且要做好事前的前馈性成本控制。显然广义的成本控制在空间上已渗透到企业的方方面面，在时间上贯穿了企业生产经营的全过程。它与成本预测、成本决策、成本规划、成本考核共同构成了现代成本管理的完整系统。

三、标准成本法的内容

标准成本法包括标准成本的制定、成本差异的计算分析和成本差异的账务处理三方面内容。其中，标准成本的制定与成本的前馈控制相联系；成本差异的计算分析与成本的反馈控制相联系；成本差异的账务处理则与成本的日常核算相联系。

四、标准成本法的作用

（一）加强成本控制

标准成本是在开始生产产品之前，对单位产品所需的直接材料、直接人工及制造费用进行预计，按合乎科学的程序制定出生产单位产品耗用的数量标准和价格标准，它提供了一个具体衡量成本水平的适当尺度。成本差异是成本升降的数量反映，在日常经济活动中，只有不断地计算和分析差异，才能找到成本升降的真正原因，采取有效的措施来消除实际成本超出标准成本的差异，以便进行成本控制。

（二）分清各部门的责任

由于标准成本的每个成本项目都采用单独的价格标准和数量标准，企业管理者可以及时掌握实际成本与标准成本之间各成本项目差异的责任归属，从而分清各部门的责任。

（三）提供决策依据

由于标准成本是企业管理者所希望达到的成本目标，它剔除了各种不合理的因素，因此，它可以作为确定产品价格的基础，用于产品的销售定价决策，同时它也可以作为定量化决策成本分析的依据，用于对有关方案的鉴别与选优等。

（四）简化成本核算

采用标准成本，将标准成本和成本差异分别列示，材料、在产品、产成品和产品销售成本均按标准成本计价，也不必将全部生产费用按一定的标准在完工产品和期末在产品之间进行分配，可使成本核算、日常账务处理及会计报表的编制大为简化。

第二节　作业成本法

作业成本法下的成本计算对象和产品成本的经济内容与传统的成本计算对象及经济内容是不同的。

一、作业成本法的目标

作业成本法对成本的看法是"不同目的下有不同的成本"，产品成本是特定目的下分配给一项产品的成本总和。通过从作业消耗资源、产品消耗作业较为精确的成本分解，消除低增值成本或使之达到最小，引入效率与效果的概念，从而使经营过程中展开的增值活动衔接流畅，以改善产出，发现造成问题的根源并加以纠正，根除由不合理的假设和错误的成本分配造成的扭曲。

二、产品成本的经济内容

在传统成本计算法下，产品成本指制造成本，即只包括制造过程发生的耗费，按耗费的经济用途设置成本项目。而在作业成本法下，产品成本则是完全成本。作业成本法强调费用支出的合理有效性，而不论其是否与产出直接有关。作业成本法下的期间费用，登记的是无效资源耗费和非增值作业耗费，是希望通过作业管理而消除这些耗费。另外，作业成本法下的成本项目是按作业类别设置的。

三、成本计算对象

在作业成本法下，成本计算的对象是多层次的，如资源、作业、作业中心和制造中心这几个层次。

作业成本法所涉及的概念如下：作业是成本分配的第一对象，是基于一定的目的，以人为主体、消耗一定资源的特定范围内的工作。常见的作业可分为以下四类：

（1）单位作业。即使单位产品受益的作业，每生产一单位产品，即需要作业一次，所耗成本与产品产量成正比例变动，如直接材料。

（2）批别作业。即使一批产品受益的作业，如对每批产品的检验、机器准备、原材料处理等，这些作业的成本与产品的批数成正比例变动。

（3）产品作业。即使某种产品的每个单位都受益的作业。如对每一种产品编制数控规划、材料清单。这种作业的成本与产品产量及批数无关，但与产品项目成比例变动。

（4）维持性作业。即使某个机构或某个部门受益的作业。它与产品的种类和某种产品的多少无关。

另外，从不同的角度对作业还存在着不同的分类。如产品层次作业即能使每个单位产品都能受益，从而使产品产量增加的作业；批量层次作业即与产品的生产批量相关并能使一批产品受益的作业；产品支持作业即为生产特定产品而进行，并能使该种产品受益的作业；增值性作业是指会增加产品价值的作业；非增值性作业是指不会增加产品价值的作业；生产作业即生产产品提供劳务的作业；必需性作业是一个组织中必不可少的作业。

作业作为成本计算对象，不仅有利于相对准确地计算产品成本，还有利于成本考核和分析工作的进行。

作业中心是基于管理的目的，负责完成某一项特定产品制造功能的一系列作业的集合，它既是成本汇集中心，又是责任考核中心，是相对制造中心划定设立的，而且几个作业中心构成一个制造中心。

将作业中心作为成本计算对象，是基于作业考核的目的。在计算成本时，首先，应在作业中心汇集所耗资源价值；然后，按照资源动因分解到各种作业。

制造中心作为成本计算对象，实质上是指计算制造中心产出产品的成本。制造中心所生产的产品只是相对于该制造中心而言，未必是企业的最终产品。作业成本法在间接耗费的分配上见长于传统成本计算方法，因而，该方法更适合于生产多种产品的制造中心。

作业链是指一系列先后有序、相互联系的作业的集合，如常见的由产品设计作业、材料运送作业、产品生产作业、质量检验作业、产品库存和销售作业等构成的作业链。

价值链是为生产产品或提供劳务而发生的从原材料采购开始至销售给客户为止的一系列价值生产作业所构成的包括为顾客提供产品或服务所发生的所有作业，作业沿着作业链之间转移，就构成一条价值链。作业链的形成过程其实也就是价值链的形成过程。

成本动因就是决定成本发生的那些重要的活动或事项。成本动因可以是一个事件，一项活动或作业，它支配成本行为并决定着成本的发生。根据成本动因在资源流动中所处的位置，通常可将其分为资源动因和作业动因两类。

资源动因就是资源被各种作业消耗的方式和原因。它反映作业中心对资源消耗的情况，是资源成本分配到作业中心的标准。作业动因就是各项作业被最终产品或劳务消耗的方式和原因。它反映产品消耗作业的情况，是作业中心的成本分配到产品的标准。

第三节　目标成本法

一个企业有没有竞争力，不但要看企业是否能够提供使顾客满意的产品和服务，还要看其提供的产品和服务的成本。因此，成本成为企业生存和发展的关键。在产品相似的企业中，谁能够更好地控制成本，谁就拥有更强的竞争力。如果能以更低的成本提供更优质的产品和服务，无疑会使企业在竞争中占据有利的地位。

一、目标成本法的概念

目标成本法是以市场和客户为导向的一种有助于同时达到高品质、多功能、低成本的成本管理方法。作为一种成本控制的方法，目标成本法的实质是成本的前馈控制，它不同于传统的成本反馈控制，即先确定一定的方法和步骤，根据实际结果偏离目标值的情况和外部环境变化采取相应的对策，调整先前的方法和步骤，而是先根据目标利润确定目标成本，据此对先前的方法与步骤进行弹性调整，因而是一种先导性和预防性的成本控制方法。

目标成本法的目的是设计一种能为企业带来丰厚利润的生产方式，同时关注整个价值链的利润和成本计划，从宏观的角度对价值链的各个组成部分进行协调。

目标成本法的产生、发展是以大型跨国公司为载体，以国际市场竞争为外部推动的，直至今日的全面推广和日臻完善，是外部的市场竞争为促生目标成本法注入了第一驱动力。目标成本法从顾客的需求出发，充分考虑顾客对产品和服务的功能、质量及其成本的需求。在目标成本法中，成功的关键在于清楚地了解客户的需求。而在产品的功能、质量和成本中，一些产品的功能是顾客认为不可或缺的，因此顾客几乎不可能牺牲这些产品功能去换取更高的质量或者更低的成本。同时，顾客并不是处在真空的环境中的，他们的需求很大程度上是由市场上的供给所决定的。如果竞争者能够以相同甚至更低的价格提供更高质量的产品，那么顾客也会对这样的产品产生需求。想要满足顾客的需求，就必须重新设计产品或其生产流程，提高产品质量，削减产品成本，确保产品在市场上的竞争力。

二、目标成本法实施的步骤

目标成本法实施的步骤主要分为三个阶段。

（一）第一阶段：确定目标成本

在一般情况下，目标成本是指企业在一定时期内为了提供产品或者服务而消耗的资源。

确定目标成本的步骤有以下几个：

第一步，确定目标售价，企业需要通过和顾客的交流来确定其产品或服务的目标售价。

通常情况下，企业首先要进行市场调查收集信息，同时还要充分考虑市场变化趋势、竞争产品情况、新产品增加新机能的价值等因素，确定市场可接受、具有竞争力的价格。

第二步，确定目标利润。目标利润是指企业在一定时间内争取达到的利润目标，反映一定时间财务、经营状况的好坏和经济效益高低的预期经营目标。由于企业的目标利润受很多复杂多变的因素的影响，如企业在市场中的竞争地位、所处的行业、产品的类型以及企业的战略等，在确定目标利润时要经过充分的市场调查和反复的计算平衡来确定。目标利润的制定必须谨慎，目标利润定得过低，使得目标成本过高，难以激发企业潜力，企业不能创造出最佳的经济效益；而目标利润定得过高，使得目标成本过低，缺乏现实可行性或者容易造成短期主义、牺牲长远利益。

第三步，计算目标成本。从具有竞争优势、市场可接受价格中扣除企业的目标利润就是目标成本。目标成本的计算公式表示如下：

$$目标成本 = 目标售价 - 目标利润$$

（二）第二阶段：实现目标成本

在这个阶段中，一方面，产品的设计小组通过对现有的技术等水平下，产品的估计成本和目标成本进行比较，找出差距，作出改进。目标成本与估计成本的差额为成本差距，它是需要通过设计活动降低的成本目标值。

设计小组对产品的成本差距进行进一步分解，分解的角度和依据可以是多种多样的。既可以将成本差距分解为各成本要素，如原材料、配件、人工等，也可以按照设计小组内的各部门，如零部件的供应商来分解。通过对成本差距的分解，找出差距的原因，并寻求解决方案。

同时，在通过分析成本差距来降低成本时，不仅可以用目标成本作为比较依据，也可以使用行业内有优势的企业的成本作为标杆，通过向先进企业学习，缩小或消除成本差距，提高质量、降低成本，增加企业的竞争力。

另一方面，采用超部门团队方式，利用价值工程寻求最佳产品设计组合。价值工程就是通过对产品功能的分析，正确处理功能与成本之间的关系来节约资源、降低产品成本的一种有效方法。提高价值的基本途径主要有：（1）提高功能，降低成本；（2）功能不变，成本降低；（3）功能有所提高，成本保持不变；（4）功能略有下降，成本大幅度降低；（5）以成本的适当提高换取功能的大幅度提高。超部门团队是指产品与流程团队由来自各个职能部门的成员组成，包括设计与制造部门、生产部门、销售部门、原材料采购部门、成本会计部门等。超部门团队要对整个产品负责，而不是各职能各司其职。设计部门可以通过产品价值和价值工程分析，找到最节约成本的产品设计组合以满足消费者的需求。如果这一产品的估计成本低于目标成本，产品可以投产；反之，则需要重新投入设计程序，利用价值工程对其进行再次改进，以实现目标成本。

（三）第三阶段：持续改善

持续改善是指对企业不同领域或工作位置上所做的不断的改进和完善。在目标成本法中，在产品进入生产阶段后，企业仍然不断地寻求降低成本的措施，成本改善聚焦于生产过程而非产品本身。在持续改善的过程中，有效的成本管理能够对成本对象耗费企业资源的状况更适当地加以计量和核算，使目标成本处于正常控制状态。

在实际操作中，持续改善的过程往往是与业绩评价相结合的。企业在生产过程中不断进行业绩评价，比较实际产生的成本和目标成本，找出差异、确认责任归属，分析原因，评价目标成本实现的成果，寻求目标成本实现的方法。目标成本法是以市场为导向，从消费者的需求出发的成本管理方法。因此，目标成本法在持续改善的阶段，特别注重维持既定的目标水平，可以将目标成本作为制定标准成本的基础。同时，在下一轮新产品的改进和研发中，此时的目标成本可以作为起点，为新的目标成本的确定提供信息。

三、目标成本管理及其现实意义

（一）目标成本管理的概念

目标成本管理就是在企业预算的基础上，根据企业的经营目标，在成本预测、成本决策、测定目标成本的基础上，进行目标成本的分解、控制分析、考核、评价的一系列成本管理工作。它以管理为核心、以核算为手段、以效益为目的，对成本进行事前测定、日常控制和事后考核，使成本由少数人核算到多数人管理，成本管理由核算型变为核算管理型；并将产品成本由传统的事后算账发展到事前控制，为各部门控制成本提出了明确的目标，从而形成一个全企业、全过程、全员的多层次、多方位的成本体系，以达到少投入、多产出，获得最佳经济效益的目的。因此，它是企业降低成本、增加盈利和提高管理水平的有效方法。

（二）目标成本管理的实施原则

在目标成本管理实施的过程中，需要遵循以下六点原则。

第一，目标成本管理是价格引导的成本管理。

与传统的成本管理方法不同，目标成本管理的起点是市场，首先确定的是目标售价。根据市场竞争状况设定的目标售价减去由公司自身以及其他多种因素决定的目标利润就是目标成本。而传统的成本管理是从产品的成本出发，在成本的基础上加上目标利润，得到售价。

第二，目标成本管理关注顾客。

目标成本管理体系由市场驱动，关注顾客的需求。顾客对产品的质量、功能的需求决定了企业对产品的设计和生产，而顾客对产品价格的需求则决定了产品的目标售价，间接决定了目标成本。

第三，目标成本管理关注产品与流程设计。

目标成本管理在产品的设计阶段就完成了绝大多数的成本控制，使估计的成本等于或者低于目标成本，是一种前置的管理。这种方法可以消除那些昂贵而又费时的暂时不必要的改动，可以缩短产品投放市场的时间。

第四，目标成本管理注重跨职能合作。

目标成本管理在产品和流程设计的过程中，需要来自企业各个不同部门的人员通力合作，这种跨职能的合作使得目标成本管理相较于过去传统的成本管理方法更有全局观，更注重整体利益，有效避免了各自为政的沟通问题。

第五，目标成本管理削减了产品生命周期成本。

目标成本管理关注产品整个生命周期的成本，包括购买价格、使用成本、维护与修理成本以及处置成本。它的目标是使生产者和联合双方的产品生命周期成本最小化。

第六，目标成本管理注重价值链参与。

目标成本管理在控制成本的过程中，将企业作为价值链上的一员来看待，而不是一个孤立的个体。在价值链中的所有成员包括供应商、批发商、零售商以及服务提供商都需要参与到成本控制中来，才能更好地实现目标成本，提高产品竞争力。

（三）目标成本管理的现实意义

我国传统成本管理的理论和实践是与我国计划经济体制以及有计划的商品经济体制基本相适应的，对企业加强成本管理、提高经济效益起到了一定的积极作用。如今，企业必须面对全球性的竞争环境，适应快速变化的特点。在如此残酷的竞争环境中，企业传统的经营理念显得相当落后，传统成本管理方法的一些弊端逐渐显现出来。很多企业成本管理意识淡薄，成本管理工作得不到重视；成本管理的内容不够全面，仅仅局限于产品生产过程中的成本控制，忽视开发设计过程、销售过程的成本管理；企业没有形成一整套成本管理体系，对成本管理的结果缺乏有效的考核。

同时，由于生产和信息技术的飞速发展，在当代竞争环境中，竞争者之间的产品质量差异正在缩小，作为传统的竞争战略，通过技术领先达到产品高质量，已经不能为公司提供持久的竞争优势。因此，企业除了要注重提高产品质量之外，还需要降低成本，以更低的价格、更优的产品获得竞争优势。

目标成本管理的应用在成本控制的过程中起指导作用。目标成本管理使企业成本管理真正做到了项目成本事前规划有目标，过程控制有依据，成本分析有标准；而且成本责任区域明晰后，便于落实分项成本的责任人和考核责任人的工作业绩。

更重要的是，目标成本管理是一种前置的管理，相较于传统成本管理方法的事后控制，有十分显著的优势。特别是企业在商业竞争激烈、产品生命周期较短、环境变化快的今天，要想做到在环境变化影响到公司经营之前作出回应，就必须推行目标成本管理。

同时，目标成本管理有利于增强全体员工的成本意识，从全局出发进行成本控制，持续地改进经营，在机制上保证成本控制在合理的范围内；同时，目标成本法是以市场为导向的，时刻关注顾客的需求和竞争者的威胁，有利于提高企业的市场竞争能力。

第四节 生命周期成本法

一、产品生命周期的概念

如今，消费者每年都能在市场上购买到数以百万计的产品，这些产品都有生命周期。那些在过去很受追捧的热销产品，有可能在很长一段时间内都有很高的销量，但最终也有可能成为不受欢迎、没有销路的产品。而相比之下，企业推出的新产品——能满足消费者新的需求、更现代的商品的数量迅速增加，它们中间的一部分迅速占领了市场。

现在，绝大多数公司了解产品生命周期的概念，并重视这一现象，同时意识到自己销售的产品都有一个有限的寿命，因此，大部分企业都不断投入巨资开发新产品以确保业务的持续增长。

所谓产品生命周期，是指产品从进入市场开始，直到最终退出市场为止所经历的市场生命循环过程。产品只有经过研究开发、试销，然后进入市场，它的市场生命周期才算开始。产品退出市场，则标志着产品生命周期的结束。

（一）产品生命周期的四个阶段

典型的产品生命周期分为四个非常明确的阶段，即导入期、成长期、成熟期和衰退期。每一个阶段都有自己的特点，意味着企业需要采用不同的方法来管理在生命周期不同阶段的特定产品。

第一阶段为导入期。新产品投入市场，便进入导入期。企业推出新产品的阶段往往是成本最高的阶段。一方面，由于顾客对产品还不了解，只有少数追求新奇的顾客可能购买，产品的市场规模小、销量低，为了拓展销路，需要大量的促销费用，对产品进行宣传。另一方面，由于技术方面的原因，产品不能大批量生产，因而成本高，销售额增长缓慢，企业不但得不到利润，反而可能亏损。产品也有待进一步完善。

第二阶段为成长期。成长期的典型特征是销售和利润强劲增长，因为这时顾客对产品已经熟悉，大量的新顾客开始购买该产品，市场逐步扩大。同时，企业开始大批量生产和销售产品，从规模经济中获得生产效益、利润率以及利润总额的增长。竞争者看到有利可图，将纷纷进入市场参与竞争，使同类产品供给量增加，这使得企业在促销活动中投入更多的成本，使产品在成长阶段的潜力最大化。但产品的价格最终随着供给的增加逐渐下降，企业利润增长的速度逐步减慢，最后达到生命周期利润的最高点。

第三阶段为成熟期。成熟期的产品，市场需求趋向饱和，潜在的顾客已经很少，企业在这一阶段的目标是保持市场份额。这个阶段对于绝大多数产品和企业来说，也许是竞争最激烈的阶段。同时，很多企业还会在产品的修改或改进上做一些投入，这可能给它们带来一些竞争优势。这一阶段，由于竞争的白热化，产品的销售额增长缓慢直至转而下降，企业营销费用增加，利润减少。

第四阶段为衰退期。最终，产品在市场上的销售量将开始萎缩，这就是所谓的衰退期。这种萎缩可能是由于市场日趋饱和（即所有会购买这一产品的客户都已经购买了它），或因为科学技术的发展，新产品或新的代用品出现，将使顾客的消费习惯发生改变，转向其他产品从而使原来产品的销售额和利润额迅速下降。尽管产品进入衰退期是不可避免的，但是企业仍然可以通过以更节约成本的生产方式将产品生产出来，并以更低的价格投放到更低端的市场获得盈利。

为消费者提供同样服务的产品中，有很多处于不同生命周期阶段的产品共存的情况。以提供影视节目观看的产品为例：处于导入期的是近年来的新产品3D电视；处于成长期的是技术含量较高、清晰度较高的蓝光光盘和 DVR；处于成熟期的是已经普及的 DVD；而处于衰退期几乎退出市场的是盒式录像带。

（二）产品生命周期曲线

产品生命周期的思想已经存在了一段时间，它是一个很重要的概念，它和企业制定产品策略以及营销策略有着直接的联系。管理者要想使他的产品有一个较长的销售周期，以便赚到足够的利润来补偿在推出该产品时所作出的一切努力和经受的一切风险，就必须根据产品所处的阶段，应用适当的资源和营销策略。在产品生命周期的各个阶段，销售收入和利润都呈现出不同的特点，这些特点都可以用产品生命周期曲线来表示，如图 13-1 所示。

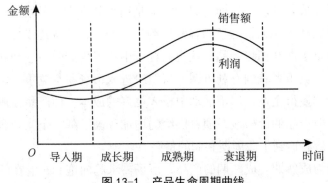

图13-1　产品生命周期曲线

导入期通常利润偏低或为负数；在成长期，销售快速增长，利润也显著增加；在成熟期，利润在达到顶点后逐渐走下坡路；在衰退期，产品销售量显著衰退，利润也大幅度滑落。

二、生命周期成本法的构成

生命周期成本是指从设计阶段、产品成功地进入市场、生产和销售开始循环，到最后产品退出市场这一系列的成本。生命周期成本包含了产品在整个生命周期中所有支出费用的总和，包括原料的获取、产品的使用费用等，即企业生产成本与用户使用成本之和，其中包括研发成本、报废成本、培训成本、生产成本、分销成本、市场成本、存货成本等。

生命周期成本法在现实生活中应用广泛，既可以用于一件产品、一项服务，也可以用于一个项目。根据产品在生产、使用和报废这三个时期产生的不同成本，可以将生命周期成本的构成分为生产者成本、消费者成本和社会责任成本三个部分。

（一）生产者成本

从生产者的角度看待产品在生命周期中的成本，包括研究开发成本、制造成本和营销成本。研究开发成本是企业研究开发新产品、新技术、新工艺所发生的可行性研究、市场调查、产品设计、工艺规程制定、原材料和半成品试验等所花费的费用。产品研制的结果具有不确定性，其开发设计成本能否得到补偿不易确定，所以在会计上将其在当期列为支出是合乎情理的，但在成本管理中必须对其进行单独归集以供有关决策之用。研究开发成本在产品生命周期的总成本中所占的比重并不大，但却是一项十分重要的花费。企业为了研发新产品、新技术、新工艺，以便在市场竞争中取得有利的地位，就不能忽视在研究开发成本上的投入。如果企业由于减少研究开发成本而造成新产品的缺乏，或者其研发的新产品有设计缺陷，都会对企业的生存和发展造成危害。

制造成本是产品在制造过程中发生的原材料、人工，以及运输、存放、装配、调试、检验等各种费用。对制造费用的管理是传统成本会计的核心。传统的成本会计只关注企业内部的成本，而把顾客和市场排除在成本核算范围之外，使得传统成本会计不能很好地为企业管理和决策服务。现代管理应当着眼于全局，从企业未来发展考虑，实现企业价值最大化。

营销成本是为推销产品和提高顾客满意度而产生的成本，包括信息成本、设计成本、谈判成本、契约成本、运营成本、税收成本和客户服务成本等。

（二）消费者成本

从顾客的角度看，产品在进入消费领域后发生的成本，包括产品的运行成本、维修成本和养护成本等。

当产品被出售时，产品即从生产者手中交付到消费者手中，以后出现的成本也就是消费者成本。在卖方市场，生产者往往对消费者成本不加考虑。通俗地讲，也就是在产品出现任何问题时，消费者需要自己埋单。例如，消费者在购买汽车后，需要自己花钱进行定期保养；出现问题后，需要自己出钱进行维修，在竞争激烈的买方市场，产品在本身质量和价格上的竞争已经延伸到售后服务领域，生产者不得不承担一部分消费者成本。售后服务的优劣能影响消费者的满意程度，因此很多企业为了保持或扩大市场份额，都会提供优质的售后服务。例如，现在很多汽车制造企业为汽车提供时间越来越长的保修服务甚至免费的保养服务来吸引顾客。

（三）社会责任成本

社会责任成本是产品使用结束后报废处理和再生的成本。企业必须对产品生命周期终了时的废弃处置成本进行确认和分配，以保证产品在使用期满后得到适当的处置。

由于当前社会的环境意识增强，人们对于环境保护的观念日益重视，企业在盈利的同时也要将社会责任放在十分重要的位置。

企业承担社会责任成本是可持续发展战略的客观必然要求，为了满足可持续发展战略的要求，企业在环境保护上的投入和花费的成本将不断地上升。同时，严格的环境保护法客观上推高了环境保护的成本。企业为了避免被处罚和不良声誉造成的损失，必须不断地改进工艺，并且在产品的报废处理过程中承担更多的责任，投入更多的人力、物力。因此，将这一部分成本纳入产品生命周期总成本中进行考虑，才能更全面地反映产品的成本。

三、生命周期成本法的作用

生命周期成本法在企业中的应用具有深刻的现实意义。特别是在传统成本控制方法无法适应现代企业管理的需求时，生命周期成本法体现出了它的优势。

首先，传统的管理会计系统基于财务年度，把产品的生命周期分到了一系列年度中。这表明传统的成本会计并没有将产品的成本在整个生命周期内进行累积，因而无法评估整个产品生命周期的利润。生命周期成本法追踪并且累积产品在整个生命周期中的实际成本，包括产品投产前发生的成本。这表示整个产品生命周期的总成本可以计算出来，并且与产品生命周期内产生的总收入相比较，计算出总利润率。

其次，传统成本会计将所有非制造费用计入期间费用，没有将研发费用和产生研发费用的原因进行配比，而是直接从当前产品的收入中扣除。因此，很多产品的利润率被低估，同时太早被废弃。在知识经济时代，加大现代制造业对企业自身科技力量的投入，用于产品的研究开发费用不断上升；企业为满足消费者对质量的苛求，用于产品推销、售后服务等方面的费用也不断增长；人类自身的可持续发展，要求企业的经营活动与周边的环境相协调。企业按法律的要求以及为提高商誉而用于环保的支出也呈上升趋势。生命周期成本法能够更好地体现这些日益增长的成本。

最后，相较于传统的成本会计，生命周期成本法有助于更好地理解与产品相关的所有成本。对于需要不断开发新产品、升级原有产品的企业而言，这些信息都是至关重要的。

第五节　全面质量管理

一、质量和全面质量管理

能够在质量和成本方面在全球竞争中占据一席之地的公司，无一例外都拥有完备的全面质量管理体系。质量被定义为商品或者服务具备的"一组固有特性，满足要求的程度"。产品的质量包括产品的内在质量和外观质量两个方面。产品的内在质量是指产品的内在属性，包括性能、寿命、可靠性、安全性、经济性五个方面。产品的性能是指产品具有适合用户要求的物理、化学或技术性能，如强度、化学成分、纯度、功率、转速等；产品的寿命是指产品在正常情况下的使用期限,如汽车的行驶里程数、空调的使用时间、电灯的照明时间等;产品的可靠性是指产品在规定的时间内和规定的条件下使用，不发生故障的特性，如电子秤称重的精准度、空调无故障运行时间、汽车的安全驾驶公里数等;产品的安全性是指产品在使用过程中对人身及环境的安全保障程度，如压力锅、热水器、电暖器等设备的安全性；产品的经济性是指产品经济寿命周期内的总费用的多少，如电冰箱、空调、洗衣机等日常使用的家电的单位小时耗电量，汽车的百公里油耗，打印机耗材的使用量和单价等。

产品的外观质量是指产品的外部属性，包括产品的光洁度、造型、色泽、包装等，如洗衣机的形状、颜色、美观度等。

质量是企业在市场争夺中最关键的项目。质量管理是指确定质量方针、目标和职责，并通过质量体系中的质量策划、控制、保证和改进来使其实现的全部活动。

全面质量管理是指一个组织以质量为中心，以全员参与为基础，目的在于通过顾客满意和本组织所有成员及社会受益而达到长期成功的管理途径。在全面质量管理中，质量这个概念和全部管理目标的实现有关。全面质量管理包括质量管理的责任分工、为决策提供高质量的评估手段以及质量业绩的评价和奖励。

同时，全面质量管理与价值链之间存在着十分紧密的内在联系。价值链某一个环节的质量问题将会推高价值链中其他环节的质量成本。以洗衣机的生产和销售为例。假如，上游零部件的供应商将有瑕疵的零部件供应给洗衣机的制造商，就可能造成制造商产生产品质量问题，从而增加检验和返工的成本。如果制造商的质量管理出现问题，将低质量的洗衣机通过经销商出售给顾客，那么会直接损害到产品和经销商的口碑，从而影响商品的销售，也影响整条价值链。因此，全面质量管理必须考虑整条价值链。

二、质量成本的组成部分

质量成本是指企业为了保证和提高产品或服务质量而支出的一切费用，以及因未达到产品质量标准，不能满足用户和消费者需要而产生的一切损失。一般情况下，质量成本有四个组成部分，分别是预防成本、鉴定成本、内部故障成本和外部故障成本。

　　预防成本是指有关企业为了预防或者杜绝由于不良产品或服务而发生的成本，这类成本的发生，往往会减少因不符合质量而产生的损失。预防成本有很多种，其中包括计划与管理系统、人员训练、品质管制过程，以及对设计和生产两阶段的注意以减少不良品发生概率所产生的种种成本。

　　鉴定成本是指为了检查、验证、确定产品是否符合质量要求所发生的成本。鉴定成本包含如原材料验收监测、工序和成品检验、在库物资复检、产品使用的试验等成本。鉴定成本的发生主要是为了防止将不符合质量的产品销售给顾客。

　　内部故障成本又称内部损失成本，是指产品在出厂前由于发生品质缺陷而造成损失，以及为处理品质缺陷所发生的费用之和，如废品损失、返工损失、停工损失、产量损失等。

　　外部故障成本又称外部损失成本，是指产品售出后因质量问题而产生的一切损失和费用，这种质量问题是在交付给顾客后发生的成本。外部故障成本主要包括质量异议赔偿、产品折价损失，以及因质量问题影响企业信誉而造成的损失等。因信誉问题而造成的损失由于不是实际支出，也被称为隐性质量成本。

　　质量成本的四个组成部分显然不是独立的。如果企业投入更多的时间和精力来预防将不合格产品销售出去，外部故障成本将减少，这种此消彼长的关系如图 13-2 所示。

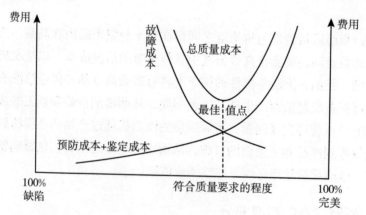

图 13-2　质量成本曲线

三、全面质量管理的应用

　　全面质量管理的一个基本原则是预防成本永远低于错误出现后的纠正成本。所以，全面质量控制的终极目标是"把事情一次就做对"，也就是零缺陷。

每一次错误、延期或者误会都会因为浪费时间和精力，包括浪费了一些顾客的时间，给企业增加直接的成本。在这里，由于顾客服务的问题而造成的未来顾客的流失也应当被计算到成本中。

全面质量管理的另一个原则是"永远不满足于现状"，也就是持续改善。企业应当相信永远都有改进的可能性，每一次都要比上一次做得更好。

（一）质量管理的步骤

企业的质量管理一般分为四个步骤。

第一步，为产品和服务设立标准。在第一步中，企业要明确质量管理的任务，建立质量管理的机构，设立质量管理的标准，制定质量问题检查、分析和处理的程序。

第二步，建立标准的程序或者生产方式。通过建立在绝大多数情况下能完成的标准程序或者生产方式，实施质量标准，按照质量标准进行作业，完成各项质量管理的任务。

第三步，监测实际质量。对质量的监控可采用事前自查、互查、抽查、暗查等多种方法以保证产品和服务质量完美无瑕，对事先发生过的一些质量问题，可进行重点检查分析。

第四步，在实际质量低于标准时作出处理。对现存质量问题立即进行纠正，同时，对未来质量的改进不断提出建议。

质量管理是一个不断循环往复的动态过程，每一次循环，都应该进入一个新的质量阶段。

（二）质量成本报告

质量是一个复杂的概念，其衡量方式也是多种多样的。很多企业都会根据质量成本的四个组成部分来编制质量成本报告，这是企业质量和质量成本管理的方法之一。质量成本报告可以作为制定质量方针目标、评价质量体系的有效性和进行质量改进的依据。而使质量成本结构趋于合理，以最少的质量成本向顾客提供最优质的产品。

在全面质量管理的过程中，不但要依靠质量成本报告，还要结合生产的次品率、设备的故障率、送货的准时率，以及客户满意度调查等辅助的方法，对质量成本及其动因进行分析，作出持续改善。

（三）全面质量管理应用的特点

目前，对于全面质量管理的应用存在着很多不同的方法，但这些方法都有着相似之处，包括重视产品质量、团队合作的力量以及过程的改进。

在推行全面质量管理的过程中，雅布隆斯基（Joseph R. Jablonski，著有《实施全面质量管理》等专著）的观点被广泛认同，其中包括实施全面质量管理的特点和必要条件。雅布隆斯基实施全面质量管理的三个特点，分别是参与管理、持续改善和团队合作。

参与管理与 20 世纪初流行的分级管理相反，通过要求管理层根据员工和下属的建议和想法设定政策以及作出关键决策，让全体员工和下属参与到组织的决策过程中。这种方法不仅可以使管理层从员工处获得更多的信息，也起到了激励员工的作用。在参与决策的过程中，全体员工可以感受到上级主管的信任，从而体验出自己的利益与组织发展密切相关进而产生强烈的责任感。持续改善，通过一步一步地累积，达到完成终极目标的效果。持续改善是一个漫长的过程，需要管理层给予更多的时间和耐心。团队合作涉及建立一个来自不同部门的人员的小组，运用他们的能力总和，共同解决问题。

雅布隆斯基还提出六个成功实施全面质量管理的必要条件，包括以顾客为中心、兼顾过程与结果、预防重于治疗、动员基层力量、以事实为决策的基础、接受反馈。绝大多数企业都依赖按照功能划分的组织系统，但是全面质量管理强调分散式结构。这种结构改变的目的在于改变员工的行为，其中，能更好地整合功能以及层级较少的企业往往更容易成功。

第十四章　业绩评价

第一节　业绩评价概述

一、业绩、业绩计量与业绩评价

业绩也称为绩效或效绩，是指组织或个人在一定时期内投入产出的效率与效能。其中，投入指的是人、财、物、时间、信息等资源，产出指的是工作任务和工作目标在数量与质量方面的完成情况。企业业绩主要表现为盈利能力、资产营运水平、偿债能力和后续发展能力；经营者业绩主要通过经营者在经营管理企业的过程中对企业经营、成长、发展所取得的成果和所做出的贡献来体现。

业绩通常有两层含义：一是任务执行的完成过程，类似于某一时间段内的录像；二是任务执行的结果，类似于某一时点的快照。那么，任务的执行是否达到了我们所预期的结果呢？这就需要进行业绩计量和业绩评价。

业绩计量是指业绩信息的获取、搜集和加工处理过程。其中，业绩信息包括财务信息和非财务信息，来自企业外部和内部两个信息源。业绩的计量涉及指标的选择和数量的确定。

企业业绩评价是企业衡量其既定目标的实现程度，以及企业内部各部门、个人对目标实现的贡献程度的一个评判过程。具体来说，业绩评价是指评价主体运用数量统计和运筹等方法，采用特定的指标体系，对照设定的评价标准，按照一定的程序，通过定性定量对比分析，对评价客体在一定期间内的业绩作出客观、公正和准确的综合判断。通过搜集业绩信息、分析和判断，为进一步决策提供依据。由于存在不同的委托—代理关系，现代企业十分重视企业治理结构的优化及对管理者进行业绩评价。

二、业绩评价的层次

业绩包括企业业绩、部门业绩和个人业绩三个层面。业绩的三个层面之间是决定与制约的关系：个人业绩水平决定着部门的业绩水平，部门的业绩水平又决定着企业的业绩水平；反过来，企业的业绩水平制约着部门的业绩水平，部门的业绩水平也制约着个人的业绩水平。与此对应，业绩评价层次也可分为企业层面、部门层面和个人层面。

（一）企业层面

企业往往是以集团的形式存在，除母公司或总部外，还有分部或战略业务单元等，分部可以是子公司的形式，也可以是非独立的法人机构（如分公司、责任中心等），甚至是一个虚拟主体。企业层面的业绩评价是指对包括母公司在内的企业集团的业绩评价，具有评价范围广、评价内容多、评价指标全、评价边界相对清晰的特点。

（二）部门层面

部门层面的业绩评价是指在公司内部按照业务单元、地域分布等标准将企业整体划分成多个子业绩评价对象，并对其业绩进行评价的过程。部门层面的评价是对企业整体业绩评价的分解和细化。部门业绩要根据企业自身特点进行划分，没有固定模式，但是都是为了更清晰、更准确地判断企业整体业绩状况，寻找企业业绩贡献的来源和企业管理需要提升的方向和目标。

（三）个人层面

个人层面的业绩评价按领导层次和一般员工层次划分，领导层次的业绩评价与企业层面的业绩评价分不开，对领导层次的业绩评价通过企业层面的业绩评价来进行，对企业层面的业绩评价同时也是对企业领导的业绩评价。因此，本章对领导层次的业绩评价与企业层面的业绩评价一并阐述。而对一般员工的业绩评价更多涉及人力资源管理的内容，不属于本章重点阐述的内容。

三、企业业绩评价体系

企业业绩评价体系的构成要素包括评价主体、评价客体、评价目标、评价指标、评价标准、评价方法和评价报告。

（一）评价主体

评价主体是企业业绩评价的实施者，即谁要对企业业绩进行评价。通常情况下，企业的利益相关者是企业业绩评价的主体，包括股东、债权人、管理人、客户、员工和政府部门等。但是，不同的评价主体有着不同的评价目的，对企业业绩评价的侧重点也就不同。例如，所有者评价是为了选聘合格的经营者，并制定相应的激励和报酬制度；投资者评价是为了对企业的价值作出合理估计，从而作出是否继续投资的决策；债权人评价是为了了解企业的偿债能力和信誉，从而作出是否借贷的决策。

（二）评价客体

评价客体是指业绩评价的对象，即对谁进行业绩评价。业绩评价客体的选择由评价主体来确定，不同的评价主体选择的评价对象不同。一般来说，业绩评价系统有两个评价对象：一是企业，对企业的业绩评价结果关系企业是扩张、维持、收缩、转产或退出；二是企业管理者，对企业管理者的评价结果关系管理者的选聘、职务的升降和报酬等问题。

（三）评价目标

评价目标解决的是为什么进行评价的问题。在评价主体中已经提到，不同的评价主体有着不同的评价目的。但是企业业绩评价的最终目的是提升企业的管理水平、管理质量和持续发展能力。业绩评价的过程是寻找差距的过程，把每项差距进行分解，努力寻找差距的原因，并对可能的改进提出方案；再权衡各方案的可行性，制定改进方案，在下一个环节加以执行。

（四）评价指标

评价指标是指根据业绩评价目标和评价主体的需要设计的，以指标形式体现的、能反映评价对象特征的因素。常见的业绩评价指标的分类方法有以下三种。

1.根据指标是否可以用货币来计量划分

根据指标是否可以用货币来计量分为财务指标和非财务指标。财务指标是企业评价财务状况和经营成果的指标，是用货币形式来计量的。如投资报酬率、销售利润率、净收益、每股收益、成本费用率等。但是，财务指标的质量取决于财务报告的质量，而财务报告质量受到会计准则、会计师技能及其职业道德等因素的影响。并且，即使财务指标令人满意，它也只反映企业过去的财务状况和经营成果，因此需要引入非财务指标进行补充。

非财务指标被认为是能反映未来业绩的指标,非财务指标无法用货币计量。虽然货币计量在公司的业绩计量方面一直占主导地位,但是近些年竞争环境的变化使得非货币计量在业绩评价中的作用越来越大,如市场占有率、质量和服务、创新、生产力和雇员培训等都是常用的非财务指标。

2. 根据指标是否可以用数字来计量划分

根据指标是否可以用数字来计量分为定量指标和定性指标。非财务指标可以是定量的,用数字直接计量,如消费者投诉数量。非财务指标有时难以用数字计量,只能定性反映,如销售代表所反馈的客户意见。但是从管理的角度看,业绩指标应当尽可能量化,目标不量化就会难以操作。

3. 根据指标的使用形式划分

根据指标是使用比率还是总量形式来表达分为绝对指标和相对指标。绝对指标能够反映评价客体业绩的总量大小,如某销售部门的年销售收入预算目标。

相对指标是两个绝对指标的比率结果,绝对指标和相对指标在企业业绩评价中互相补充、共同发挥作用。

(五)评价标准

评价标准是业绩评价的参照物,也就是评价客体的业绩指标需要与什么相比较。如果没有比较,就无法判断优劣。评价标准是判断评价对象业绩优劣的基准,是对企业经营业绩进行价值判断的尺度。评价标准在一定时期内应该具有相对稳定性,但是评价标准的选择取决于评价的目的,因此其选定后也并非一成不变。企业通常使用的业绩标准包括历史标准、预算标准、外部标准等。

1. 历史标准

在明显缺乏外部比照对象的情况下,为了衡量业绩,企业往往会使用历史标准,即采用历史的业绩作为参照物。历史标准的作用方式有三种,包括与上年实际比较、与历史同期实际比较、与历史最好水平比较。使用历史标准,可比性是主要问题,需要剔除物价变动、会计准则变化、经营环境变化等一些不可控因素或不可抗力的影响。

2. 预算标准

企业通常会将长期的战略目标截取为阶段性的预算目标。预算控制的机制在于将实际业绩结果与预算目标进行比较,并分析差异,针对差异及时修正目标或实施改进措施。

3.外部标准

业绩评价也可以选取外部的标准作为参照物。为了保证可比性，通常会选择同行业的标准，包括行业均值标准或行业标杆标准，以及跨行业标杆标准等。标杆法就是将企业自身的产品、服务或流程与标杆对象的最佳实务和经验相比较以达到持续改进，提升业绩的目的。

（六）评价方法

评价方法是根据评价指标，对照评价标准，形成最终评价结果的一系列手段。业绩评价方法的选择是企业业绩评价指标体系构建模式的核心，是将评价指标与评价标准联系在一起的纽带，是形成客观公正的评价结果的必要条件。

随着企业管理理论、管理实践的发展和新时代特征的涌现，当今业绩评价活动的目的、内容、重点乃至整个评价思想都在经历着深刻的历史变革。不同时期的企业业绩评价类型也随之发生变化。

19世纪末期至20世纪早期，科学技术迅猛发展并被广泛运用于工业生产，极大地促进了经济发展，企业竞争意识不断加强。当时的管理者认为利润的取得主要通过扩大经营规模、提高产量和控制成本来实现。这一阶段，成本会计与管理会计学科体系迅速发展，成本指标就成为当时评价企业业绩的主要计量指标，标准成本法和差异分析法被企业广泛运用。

19世纪40年代，出现股份公司经营形式，所有权与经营权分离，作为评价主体的债权人和股东迫切需要了解企业财务状况和经营成果以便作出正确的投资决策。业绩评价的主体扩大到企业外部，业绩评价方法从传统的基于成本数据扩展到基于财务指标。在这一转变过程中出现了沃尔评分法和杜邦分析体系。

20世纪90年代，企业的经营目标经历了从利润最大化向股东财富最大化、企业价值最大化的转变。业绩评价也从以短期利润为核心的财务指标考核过渡到以股东价值最大化为导向的价值模式考核。这一阶段最受推崇的两种做法分别是自由现金流折现法和经济增加值法。价值模式虽然弥补了利润类财务指标的不足，但毕竟价值估算还是部分基于会计数据的，于是越来越多的非财务业绩指标被纳入管理报告体系，财务业绩评价和非财务业绩评价相结合的需要以及关键业绩指标的确定促成了平衡计分卡的出现。

（七）评价报告

业绩评价报告是企业评价系统的输出信息，也是评价系统的结论性文件。评价主体以业绩评价对象为单位，通过会计信息系统及其他信息系统，获取与评价对象有关的信息，经过加工整理后得出业绩评价对象的评价指标数值或状况，将该评价对象的评价指标的数值或状况与预先确定的评价标准进行对比，找出差异、分析产生差异的原因、责任及影响，得出评价对象业绩优劣的结论，形成业绩评价报告，并将评价结果反馈给业绩评价主体和客体。

四、业绩评价的功能

（一）价值判断功能

价值判断功能是企业业绩评价的基本功能，也是业绩评价概念的核心内容。它通过设计各项业绩评价指标，记录和测算各项评价指标的实际值，并将指标实际值与目标值、历史水平、行业先进或平均水平等进行比较后对企业的盈利能力、偿债能力、资产营运能力、发展能力和综合竞争能力等作出价值判断，从而准确、全面、客观、公正地衡量、了解和判断企业的经营业绩、经营管理水平和努力程度。

（二）预测功能

业绩评价有助于企业利益相关者了解过去和当前企业经营结果的实际情况，经营管理水平和努力程度，企业资源和能力的优势、劣势以及经营过程各方面存在的问题，在此基础上预测和判断企业经营活动与业绩的未来发展趋势，从而使利益相关各方更好地进行决策和控制。

（三）战略传达和管理功能

企业为了实现其远景目标和长期发展战略，必须制定近期的、具体的经营战略并确定相应的关键业绩驱动因素，在此基础上设置反映多方面、多层次经营管理活动的过程及其成果的业绩评价指标体系，并为这些指标设置相应的目标值。通过这一途径，企业将战略目标分解和落实到各个管理层次和部门，实际上是向所有部门员工传达了企业的战略目标，以及企业期望他们采取的行动。在这些活动实施的事中和事后，企业各级管理层及时记录和分析各项指标的实际值，判断和了解所取得的成绩和差距，总结存在的优势和不足，并有针对性地采取措施提高经营管理水平，保证企业战略的有效实施。

（四）行为导向功能

企业业绩评价体系在事前根据企业战略目标以及行为主体的职责和权限，设计相应的业绩评价指标和必须达到的目标，使行为主体明确应采取的行为和应完成的任务；在事中适时提供关于生产经营过程的各个环节和方面的效率和效果信息，帮助行为主体及时发现问题与不足并采取改进措施；在事后全面、综合地评价行为主体的经营业绩，并将评价结果与薪酬制度、奖励计划以及其他激励措施结合起来，引导行为主体积极、主动地采取与企业利益和战略目标相一致的行为，并努力改进经营管理水平，提高企业经营绩效和竞争优势。

第二节　经济增加值

一、经济增加值的含义与基本理念

注册商标为 EVA 的经济增加值指标由斯特恩 – 斯图尔特（Stern & Stewart）咨询公司首先开发出来，并在 1993 年 9 月《财富》杂志上完整地将其表述出来。经济增加值（Economic Value Added，EVA）可以被定义为：公司经过调整的净营业利润减去其现有资产经济价值的机会成本后的余额。以公式表示如下：

$$EVA = 税后营业利润 - 加权资本成本 × 投入资本$$
$$= （投资资本收益率 - 加权资本成本） × 投入资本$$

其中：

$$税后营业利润 = \frac{息税前利润 × \left(1 - 所得税税率\right)}{投资成本}$$
$$= 投资报酬率 × \left(1 - 所得税税率\right)$$

EVA 的基本理念是收益至少要能补偿投资者承担的风险，也就是说，股东必须赚取至少等于资本市场上类似风险投资回报的收益率。实际上，EVA 理念的始祖是剩余收入或经济利润，它并不是新观念，作为企业业绩评估指标已有 200 余年的历史，但 EVA 给出了剩余收益可计算的模型方法。EVA 是一种基于会计系统的公司业绩评估体系。

二、EVA 的计算

（一）主要变量

经济增加值的计算是应用经济增加值指标的第一步。公司每年创造的经济增加值等于税后净营业利润与全部资本成本之间的差额。其中资本成本既包括债务资本的成本，也包括股本资本的成本。在实务中经济增加值的计算要相对复杂一些，这主要是由以下两方面因素决定的：

一是在计算税后净营业利润和投入资本总额时，需要对某些会计报表科目的处理方法进行调整，以消除根据会计准则编制的财务报表对企业真实情况的扭曲。

二是资本成本的确定需要参考资本市场的历史数据。由于各国的会计制度和资本市场现状存在差异，经济增加值指标的计算方法也不尽相同。

经济增加值的计算结果取决于三个基本变量：税后净营业利润、资本总额和加权平均资本成本。

1. 税后净营业利润

税后净营业利润等于税后净利润加上利息支出部分（如果税后净利润的计算中已扣除少数股东损益，则应加回），亦即公司的销售收入减去除利息支出以外的全部经营成本和费用（包括所得税费用）后的净值。因此，它实际上是在不涉及资本结构的情况下公司经营所获得的税后利润，即全部资本的税后投资收益，反映了公司资产的盈利能力。

除此之外还需要对部分会计报表科目的处理方法进行调整，以纠正会计报表信息对真实业绩的扭曲。

2. 资本总额

资本总额是指所有投资者投入公司经营的全部资金的账面价值，包括债务资本和股本资本。其中债务资本是指债权人提供的短期和长期贷款，不包括应付账款、应付单据、其他应付款等商业信用负债。股本资本不仅包括普通股，还包括少数股东权益。因此资本总额还可以理解为公司的全部资产减去商业信用负债后的净值。

同样，计算资本总额时也需要对部分会计报表科目的处理方法进行调整，以纠正对公司真实投入资本的扭曲。在实务中既可以采用年初的资本总额，也可以采用年初与年末资本总额的平均值。

3. 加权平均资本成本

加权平均资本成本是指债务资本的单位成本和股本资本的单位成本，根据债务和股本在资本结构中各自所占的权重计算的平均单位成本。

除经济增加值外，实践中经常使用的概念还有单位资本经济增加值和每股经济增加值，这三个指标组成了经济增加值指标体系。

$$单位资本经济增加值=\frac{经济增加值}{资本总额}$$

$$=\frac{税后净营业利润}{资本总额}-加权平均资本成本$$

其中，税后净营业利润 / 资本总额称为投入资本收益率。

$$每股经济增加值=\frac{经济增加值}{普通股股数}$$

经济增加值的具体计算如表 14-1 所示。

表 14-1　经济增加值的计算举例

项目	A 公司	B 公司
息税前利润	5500	6000
所得税税率	30%	30%
税后营业利润	3850	4200
占用资金总额	28000	42000
负债资本	16800	16800
股权资本	11200	25200
负债资本成本	10%	9%
股权资本成本	16%	14%
加权资本成本	12.4%	12%
资本成本总额	28000×12.4%=3472	42000×12%=5040
经济增加值	3850-3472=378	4200-5040=-840

经济增加值也可以利用下式计算：

WVA=税后营业利润-（股权资本比例 × 股权资本成本率+债权资本比例 × 债权资本成本率）

结果一致。如 A 企业经济增加值 =3850-（11200 × 16%+16800 × 10%）=378（万元）。

从表 14-1 可以看出，尽管从损益表上两家公司都是获利的，而且 B 公司的账面利润还大于 A 公司。但是当以经济增加值来计量它们的业绩时，结果就发生了差异，B 公司的经济增加值是负数。只有以经济增加值来评价业绩，才能抑止企业过度扩张资本规模，不断降低资本成本，为股东创造更多的价值。

（二）报表项目调整

为了弥补财务报表数据的局限性，EVA 的使用者通常要对报表利润进行调整，以期得到更准确可靠的 EVA 数值。斯特恩和斯图尔特列出了多达 164 个调整项目，以指导公司准确得出真正的经济收益。

EVA 会计调整的主要目的是：消除会计的稳健主义；消除或减少管理当局进行盈余管理的机会；使会计利润更接近经济利润。

实践中选择调整项目时遵循的原则是：重要性原则，即拟调整的项目涉及金额应该较大，如果不调整会严重扭曲公司的真实情况；可影响性原则，即经理层能够影响被调整项目；可获得性原则，即进行调整所需的有关数据可以获得；易理解性原则，即非财务人员能够理解；现金收支原则，即尽量反映公司现金收支的实际情况，避免管理人员通过会计方法的选取操纵利润。

主要的报表调整项目与方法如下。

1. 研究发展费用和市场开拓费用

在股东和管理层看来，研究发展费用是公司的一项长期投资，有利于公司在未来提高劳动生产率和经营业绩，因此和其他有形资产投资一样应该列入公司的资产项目。同样，市场开拓费用，如大型广告费用会对公司未来的市场份额产生深远影响，从性质上讲也应该属于长期性资产。而长期性资产项目应该根据该资产的受益年限分期摊销。但是，根据稳健性原则的规定，公司必须在研究发展费用和市场开拓费用发生的当年列作期间费用一次性予以核销。这种处理方法实际上否认了两种费用对企业未来成长所起的关键作用，而把它与一般的期间费用等同起来。这种处理方法的一个重要缺点就是，可能会诱使管理层减少对这两项费用的投入，这在效益不好的年份和管理人员即将退休的前几年尤为明显。

计算经济增加值时所做的调整就是将研究发展费用和市场开拓费用资本化。即将当期发生的研究发展费用和市场开拓费用作为企业的一项长期投资加入资产中，同时根据复式记账法的原则，资本总额也增加相同数量。然后根据具体情况在几年之中进行摊销，摊销值列入当期费用抵减利润。摊销期一般在三四年至七八年之间，根据公司的性质和投入的预期效果而定。

2. 商誉

当公司收购另一公司并采用购买法进行会计核算时，购买价格超过被收购公司净资产总额的部分就形成商誉。计算经济增加值时的调整方法是不对商誉进行摊销。具体而言，由于财务报表中已经对商誉进行了摊销，在调整时就将以往的累计摊销金额加入资本总额中，同时把本期摊销额加回到税后净营业利润的计算中。这样利润就不受商誉摊销的影响，鼓励经理层进行有利于企业发展的兼并活动。

3. 递延税项

当公司采用纳税影响会计法进行所得税会计处理时，由于税前会计利润和应纳税所得之间的时间性差额而影响的所得税金额要作为递延税项单独核算。递延税项的最大来源是折旧。例如，许多公司在计算会计利润时采用直线折旧法，而在计算应纳税所得时则采用加速折旧法，从而导致折旧费用的确认出现时间性差异。正常情况下，其结果是应纳税所得小于会计报表体现的所得，形成递延税项负债，公司的纳税义务向后推延，这对公司是明显有利的。计算经济增加值时对递延税项的调整是将递延税项的贷方余额加入资本总额中，如果是借方余额则从资本总额中扣除。同时，当期递延税项的变化加回到税后净营业利润中，也就是说，如果本年递延税项贷方余额增加，就将增加值加到本年的税后净营业利润中，反之则从税后净营业利润中减去。

4. 各种准备

各种准备包括坏账准备，存款跌价准备金，长、短期投资的跌价或减值准备等。计提各种准备，其目的也是出于稳健性原则，使公司的不良资产得以适时披露，以避免公众过高估计公司利润而进行不当投资。但对于公司的管理者而言，这些准备金并不是公司当期资产的实际减少，准备金余额的变化也不是当期费用的现金支出。提取准备金的做法一方面低估了公司实际投入经营的资本总额，另一方面低估了公司的现金利润，因此不利于反映公司的真实现金盈利能力；同时，公司管理人员还有可能利用这些准备金账户操纵账面利润。因此，计算经济增加值时应将准备金账户的余额加入资本总额之中，同时将准备金余额的当期变化加入税后净营业利润。

三、EVA 的广泛应用

经济增加值指标首先在美国得到迅速推广。以可口可乐、美国电话电报等公司为代表的一批美国公司从 20 世纪 80 年代中期开始尝试将经济增加值作为衡量业绩的指标引入公司的内部管理之中，并将经济增加值指标最大化作为公司目标。

以可口可乐公司为例，该公司从 1987 年开始正式引入经济增加值指标。实践中可口可乐公司通过两个渠道增加公司的经济增加值：一方面，将公司的资本集中于盈利能力较高的软饮料部门，逐步摒弃诸如意大利面食、速饮茶、塑料餐具等回报低于资本成本的业务；另一方面，通过适度增加负债规模以降低资本成本，成功地使平均资本成本由原来的 16% 下降到 12%。结果，从 1987 年开始可口可乐公司的经济增加值连续 6 年以平均每年 27% 的速度增长，该公司的股票价格也在同期上升了 300%，远远高于同期标准普尔指数 55% 的涨幅。

四、经济增加值对传统财务指标的改进

尽管在理论上关于 EVA 指标的应用还有各种不同的争议，但与传统的财务评价指标比较，它们的优点如下。首先，这两项指标都考虑了资本成本，将利润和资产占用以机会成本的方式联系起来，以一种较易理解的方式促进经营者对投资效益、资产利用给予充分的关注，只有在经营收益超过所占用资产的机会成本后才能带来 EVA 的增加，从而有助于沟通具体投资项目决策和股东财富最大化之间的联系，促进经营战略和经营决策的协调。其次，这一指标在不同程度上将业绩评价由内部化推向市场化。当我们考虑所占用资产的机会成本时，在计算中就必然考虑到投资的市场机会；在采用资本资产定价模型确定资本成本时，必然要考虑相对于市场一般风险的企业风险；采用 EVA 指标时，由于资产占用按市场价值计算，从而综合考虑了现有经营效益和未来发展能力。这些考虑都使业绩评价中的市场化程度增加，从而促进了业绩评价的全面和公正。最后，为了弥补 EVA 本身的上述缺陷并解决传统奖金计划易导致的盈余操纵和投资短期化行为，EVA 设置了其独特的激励系统——奖金账户。其做法是，将奖金计酬与奖金支付分隔开来，根据 EVA 计算的当期奖金计入经理的奖金账户，其期初余额为累计尚未支付的奖金数额；本期奖金的支付即按期初余额加上本期应付奖金之和的一定比例支付，其期末余额逐次结转下期，若期末余额为负，则本年不支付奖金，由以后年度应付奖金抵补。

EVA 指标的缺陷主要体现在两方面，一方面指标的数据收集和计算方面有一定困难；另一方面对于净营业利润及资产价值的调整需因企业而异，在一定程度上增加了指标计算的工作量，影响了指标在不同企业间的可比性。

第三节　分权管理与责任中心

随着企业经营规模的不断扩大，企业的管理越来越纷繁复杂，由最高管理层做经营决策，低层管理层仅仅负责执行决策的集权管理越来越无法满足经营管理的要求，因此，越来越多的企业将决策权力下放，由中低层管理人员在一定的权限内自主作出适合企业的经营决策。

一、分权管理的含义及作用

（一）分权管理的含义

分权管理是指将集中于高层管理人员的职责权限下放至中低层管理人员，允许中低层管理人员在责任范围内制定并执行关键决策的一种管理方法。

（二）分权管理的作用

1. 有利于及时迅速地制定决策

随着企业的业务在不同市场和地域扩展，高层管理人员不可能及时充分地了解各个市场、地域的具体信息，而中低层管理人员则对于自己所接触的外部环境，在信息的获取方面具有一定的优势。因此，将决策权下放，中低层管理人员能够及时迅速地根据自身所了解的信息做出正确的经济决策。

2. 有利于企业高层管理人员进行战略管理

由于分权管理将一定的决策权授予了低层管理人员，企业高层管理人员则可以从具体的事务中解脱出来，节省了高层管理人员的精力和时间，从而致力于企业的战略管理，提高企业的竞争力。

3. 有利于对中低层管理人员的培训和选拔

在分权管理的方式中，低层管理人员在一定的责任范围进行决策，使得他们能够真正参与到企业的经营管理中，并得到充分的锻炼，培养企业未来的管理人员。同时，还有利于对管理人员进行考核，以选拔后备的高层管理人员。

4. 有利于激励中低层管理人员

对低层管理人员授予职权，可以使得管理人员在工作中获得成就感，以满足其自我实现的需求，从而激发其工作的积极性和创造性。

二、责任中心的划分及其考核指标

根据企业内部责任单位的权责范围及业务活动的不同特点，可以将企业内部的责任中心区分为成本中心、收入中心、利润中心和投资中心四类。

（一）成本中心

1. 成本中心的含义

成本中心是指只对其成本或费用承担责任。不对收入、利润或投资负责的责任中心，它处于企业的基础层次。

一般而言，凡是企业内部有成本发生、需要对成本负责，并能实施成本控制的单位，上至工厂一级，下至车间、工段、班组，甚至个人都可以成为成本中心。通常，成本中心包括负责产品生产的生产部门、劳务提供部门以及给予一定费用指标的管理部门。

2. 成本中心的类型

根据成本中心控制对象的特点，可将成本中心划分为技术性成本中心和酌量性成本中心。

技术性成本中心，又称狭义的成本中心，是指把企业生产实物产品而发生的可以产品对象化的生产成本，如产品生产过程中发生的直接材料、直接人工、间接制造费用等，作为控制对象的成本中心。该类成本中心通常通过标准成本制度或弹性预算来控制产品成本。

酌量性成本中心，又称费用中心，是指把为组织企业生产经营而发生的不可以产品对象化的期间费用，如研究开发费用、广告宣传费用、职工培训费等，作为控制对象的成本中心。该类成本中心一般不形成实物产品，不需要计算实际成本，通过加强预算总额审批和严格执行预算标准以控制费用开支。

3. 成本中心的特点

相对于其他类型的责任中心，成本中心具有其自身的特点。

（1）成本中心只考核成本费用而不考核收益。

成本中心通常不具有经营权和销售权，其生产活动的结果不会形成可以用货币计量的收入；有的成本中心可能会有少量的收入，但从整体上讲，其产出与投入之间不存在密切的对应关系，因而这些收入不作为成本中心的考核内容。

（2）成本中心只对可控成本负责。

成本（含费用）按其是否具有可控性可划分为可控成本和不可控成本两类。

可控成本是成本中心能够控制和调节的，是受生产经营活动直接影响的相关成本，它是衡量和考核成本中心工作业绩的主要依据。

具体来说，可控成本应同时满足以下四个条件：

①可以预计。即成本中心能够事先知道在何时将发生哪些成本。

②可以计量。即成本中心能够对发生的成本进行计量。

③可以施加影响。即成本中心能够通过自己的行为对成本加以调节和控制。

④可以落实责任。即成本中心能够将有关成本的控制责任分解落实，并进行考核评价。成本的可控与不可控是针对某一特定的责任中心和特定的时期而言的。成本的可控与否与责任中心的权力层次、管理权限以及时间的长短有着直接的关系，且可控成本与非可控成本在一定的条件下能够相互转化。

某些成本对于较高层次的责任中心来说是可控的，对于较低层次的责任中心则可能是不可控的；某些成本对于对该成本相关的业务具有管辖权的责任中心是可控的，对于另一责任中心则可能是不可控的；某些成本从短期来看可能是不可控的，然而，从较长的期间来看，又可能成为可控成本。

一般来说，成本中心的变动成本大部分是可控成本，而固定成本大部分是不可控成本；各成本中心直接发生的成本大部分是可控成本，其他部门分配的间接成本大部分是不可控成本；在实际工作中，应具体情况具体分析，不可一概而论。

（3）成本中心只对责任成本负责。

责任成本是各成本中心当期确定或发生的各项可控成本之和，可分为预算责任成本和实际责任成本。预算责任成本是根据企业责任预算所分解所确定的责任中心应该承担的责任成本；实际责任成本则指责任中心在生产经营活动的过程中实际发生的责任成本。

对成本费用进行控制，应以各成本中心的预算责任为依据，保证实际责任成本不会超过预算责任成本，因此，在对成本中心进行考核时，应通过比较实际责任成本和预算责任成本，以确定成本中心的业绩，并以此作为奖惩的依据。

4. 成本中心的考核指标

由于成本中心只对责任成本负责，成本中心的业绩则主要表现为责任成本的有效控制。

因此，成本中心的业绩考核主要为预算责任成本与实际责任成本的差异，若实际责任成本低于预算责任成本，则成本中心的成本控制表现为节约，业绩较好；若实际责任成本等于预算责任成本，则成本中心的成本控制表现为实现预算目标；若实际责任成本超过预算责任成本，则成本中心的成本控制表现为超支，业绩较差。

成本中心的考核指标为责任成本的变动额和变动率，其计算公式为

责任成本的变动额 = 实际责任成本 - 预算责任成本

$$责任成本的变动率 = \frac{责任成本变动额}{预算责任成本} \times 100\%$$

值得注意的是，在对成本中心进行考核时，如果预算产量与实际产量不一致，应按弹性预算的方法调整预算指标，然后再按上述指标计算和分析。

（二）收入中心

1. 收入中心的含义

收入中心是指只对销售收入负责的责任中心。常见的收入中心是企业的销售部门，该部门通常负责企业产品的销售和分配，对实际销售量和销售结构负责。若收入中心有权制定产品的价格，则还应对所获得的毛收入负责。

传统的成本计算方法下，销售部门销售产品的成本或提供服务的成本通常都无法准确计量，因此，无法对其所获得的利润进行评价。然而，随着作业成本法以及以作业成本为基础的战略成本管理在企业中的应用，将销售费用归集于某一作业动因，进行分配和计算，从而可以评价利润，将收入中心转化为利润中心。因此，收入中心的地位和作用逐渐弱化。

2. 收入中心的考核指标

收入中心的职责在于对销售收入负责，因此其主要责任包括：（1）企业销售目标的实现；（2）销售收入的资金回收；（3）控制坏账的发生。

相应地，收入中心的考核指标为销售收入完成百分比、销售回款率、销售回款平均天数、坏账发生率等。其计算公式如下：

$$销售收入完成百分比 = \frac{实际销售收入}{目标销售收入} \times 100\%$$

$$销售回款率 = \frac{实际收到的现金}{平均应收款}$$

$$销售回款平均天数 = \frac{\sum(销售收入 \times 回收天数)}{全部销售收入}$$

$$坏账发生率 = \frac{全年坏账发生数}{全部销售收入}$$

其中，销售收入完成百分比为最主要的考核指标；此外，收入中心还应提供销售数量和销售结构等数据以便考评。

（三）利润中心

1. 利润中心的含义

利润中心是指既能够控制成本，又能够控制收入，并将收入与成本对比，从而控制利润的责任中心。因此，利润中心既要考核成本，也要考核收入，并以两者对比后的利润来衡量其经营业绩。

通常，利润中心对产品或劳务具有生产经营决策权，如企业的分厂、分店、分公司等部门。利润中心不仅要控制成本费用，而且要控制收入、利润的实现，同时承担成本和收益。

2. 利润中心的类型

按照收入来源的性质，利润中心可以分为自然利润中心和人为利润中心。

自然利润中心是指能够直接对外销售产品或提供劳务，并取得收入的利润中心。这类利润中心既具有产品销售权、价格制定权，又具有材料采购权和生产决策权，基本相当于一个独立的企业。

人为利润中心是指其产品或劳务一般不直接对外销售，仅仅在内部责任中心之间转移，以此取得内部销售收入的利润中心。这类利润中心一般也具有相对独立的经营权，能够自主决定该责任中心的产品种类、人员调配、资金使用等，如大型钢铁公司的采矿、轧钢等中间产品的生产部门，其产品主要在企业内部转移，并以内部转移价格进行内部结算，形成利润，这类部门可以视为人为利润中心。

3. 利润中心的考核指标

利润中心的考核指标通常为边际贡献、可控边际贡献、部门税前经营利润。

边际贡献，是指以销售收入扣除变动成本（包括变动生产成本、变动销售及管理成本）后的收益。然而，该指标并没有考虑固定成本，无法正确评价该责任部门的最终业绩；也没有考虑固定成本中的可控成本，无法正确评价部门经理的经营管理业绩。

可控边际贡献则是在边际贡献的基础上，将固定成本区分为可控和不可控，扣除固定成本中的可控成本后的收益。该指标考虑了固定成本中的可控成本，因此，适合考核部门经理的管理业绩。

部门税前经营利润，是指在可控边际贡献的基础上，再扣除固定成本中的不可控成本后的收益。该指标将固定成本扣除，可以考评该责任部门对企业利润的贡献，是该责任部门的最终业绩。

上述指标的计算公式如下：

$$边际贡献＝销售收入－变动生产成本－变动销售及管理成本$$

$$可控边际贡献＝边际贡献－可控的固定成本$$

$$部门税前经营利润＝可控边际贡献－不可控的固定成本$$

需要注意的是，部门的固定成本如何区分可控成本和不可控成本是一个关键问题。在此，可以借鉴成本中心中可控成本应同时满足的四个条件作为区分可控固定成本和不可控固定成本的方法。当部门经理能够预先知道什么时候发生哪些固定成本可以计量，并且能够通过自身的行为对该固定成本的发生施加影响，则该固定成本为可控的固定成本。

（四）投资中心

1. 投资中心的含义

投资中心是指不仅要对成本、收入和利润负责，还要对投资负责的责任中心。该投资中心不仅拥有制定价格、确定产品和生产方法等经营决策权，还具有确定投资规模和投资类型等投资决策权。因此，要衡量投资中心的业绩，不仅要衡量其利润，还要衡量利润与投资资本的关系。

2. 投资中心的考核指标

投资中心的考核指标通常有投资报酬率、剩余收益和经济增加值三类。

这里所说的投资报酬率为部门投资报酬率，是指部门税前经营利润与该部门所拥有的净经营资产额的比率。

剩余收益，则是指部门税前经营利润扣除部门平均净经营资产应计报酬之后的收益。

经济增加值，是根据经过调整的经营利润和投资资本而计算的剩余经营收益，是剩余收益的一种特殊计算方法。

上述指标的计算公式如下：

$$部门投资报酬率＝\frac{部门税前经营利润}{部门平均净经营资产}$$

部门剩余收益＝部门税前经营利润－部门平均净经营资产 × 要求的报酬率

经济增加值＝调整后税后经营利润－调整后的投资资本 × 加权平均资本成本

第四节　平衡计分卡

一、平衡计分卡的产生

平衡计分卡是 20 世纪 90 年代初期由罗伯特·卡普兰与其合作伙伴戴维·诺顿创建的一套旨在扩展管理者关注点的新的管理方法。

它的产生基于当时两大背景：一是人们对传统财务评价指标的不满和批评日渐增多，要求增加能够反映企业未来盈利潜力的战略性指标；二是人们对战略的关注点已从战略规划逐步转向了战略实施，因为很多企业都存在着计划书中的战略与正在实施的战略相去甚远的问题，因此如何通过与战略密切相关的指标将组织的战略意图导入组织的不同层级，以保障战略被正确领会与实施，成为当时众多企业的迫切需求。

与其他包括非财务指标的战略评价系统相比，平衡计分卡的独特之处有以下几点：

第一，它在一个评价系统中通过因果关系链整合了财务指标和非财务指标，因而既包括结果指标也包括驱动指标，使其自身成为一个前向反馈的管理控制系统；第二，平衡计分卡突出强调评价指标的战略相关性，要求部门和个人业绩指标要与组织的整体战略密切关联，从而超越了一般业绩评价系统而成为一个综合的战略实施系统；第三，平衡计分卡通过非财务指标的三个维度准确反映出了多年来企业技术及竞争优势变化的实质，即无形资产（如顾客关系、创新能力、业务流程、员工素质、信息系统等）已成为企业竞争优势的主要来源。正由于上述鲜明的特点，平衡计分卡的概念一经提出就受到了理论界、企业界及咨询业的广泛认同和接受。一个设计优良的平衡计分卡能够满足企业组织的使命、战略和内外部环境的需要。卡普兰和诺顿的平衡计分卡在帮助企业改进和强化管理部门的计划和控制能力方面取得了实际效果。许多企业已开始采用平衡计分卡作为其业绩评价标准，如苹果电脑、石水公司、新西兰电信公司等。

二、平衡计分卡的基本原理

平衡计分卡强调非财务指标的重要性，通过对财务、顾客、内部作业、创新与学习四个各有侧重又相互影响方面的业绩评价，来沟通目标、战略和企业经营活动的关系，实现短期利益和长期利益、局部利益与整体利益的均衡，如图 14-1 所示。

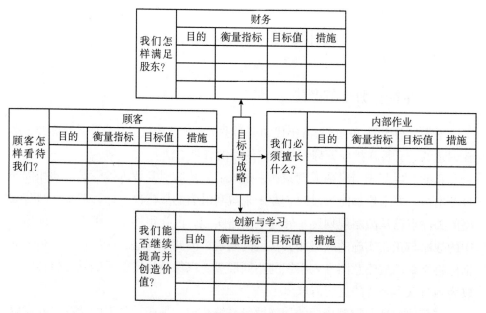

图 14-1　平衡计分卡基本原理图

　　由于每个企业的战略目标不同，所采取的具体战略不同，所涉及的关键因素不同，导致其各自的平衡计分卡的具体内容和指标都不相同。一般而言，组织整体战略目标往往非常概括抽象，因此设计平衡计分卡的首要任务就是将组织整体战略目标分解为更为具体的、可执行的、易于衡量的具体行动目标。早期的平衡计分卡所提供的分析框架就是从财务、顾客、内部作业及创新与学习四个角度将整体战略进行分解的，如从股东角度分解出企业增长与收益战略，从顾客的角度分解出企业价值创造和产品差异性战略等。而由罗伯特·卡普兰和戴维·诺顿所倡导的以企业战略执行图为基础的分析框架则更具操作性和逻辑性。所谓战略执行图就是全面、明确勾画出企业战略目标与日常经营活动目标之间逻辑关系的一个框架图，它是一种自上而下的战略描述方式，不同的企业应根据自己的战略或目标来绘制相应的执行图，以明确企业各项活动之间以及与目标之间的逻辑关系。

　　在明确了目标与行动的因果关系，并将总目标分解为各个层次的子目标以后，可以按照平衡计分卡提供的四个层次寻找关键成功因素和相应的关键绩效指标，最终形成平衡计分卡指标体系，以衡量和监控目标的完成情况，并及时根据环境的变化对目标进行适当的调整。常见的平衡计分卡指标如下：

（一）财务方面

财务衡量在平衡计分卡中不仅占据一席之地，是一个单独的衡量方面，而且是其他几个衡量方面的出发点和落脚点。一套平衡计分卡应该反映企业战略的全貌，从长远的财务目标开始，然后将它们同一系列行动相联系（这些行动包括财务、顾客、内部作业和创新与学习），最终实现长期经营目标。

处于生命周期不同阶段的企业，其财务衡量的重点也有所不同。在成长阶段，企业要进行数额巨大的投资，因此，其现金流量可以是负数，投资回报率亦很低，财务衡量应着重于销售额总体增长百分比和特定顾客群体、特定地区的销售额增长率；处于维持阶段的企业应着重衡量获利能力，比如营业收入和毛利、投资回报率、经济增加值；在收获阶段的财务衡量指标主要是现金流量，企业必须力争实现现金流量最大化，并减少营运资金占用。

（二）顾客方面

在顾客方面,核心的衡量指标包括市场份额、老顾客回头率、新顾客获得率、顾客满意度和从顾客处所获得的利润率。这些指标间的内在因果关系如图 14-2所示。

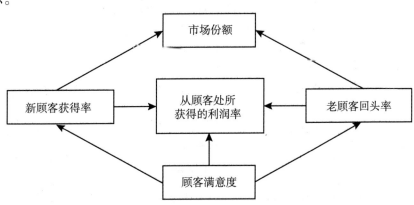

图 14-2　顾客方面核心衡量指标

指标设计中最根本的指标是关于顾客满意度的衡量。我们把顾客方面的衡量指标分为过程指标和结果指标两类。所谓过程指标是指，如果成功地实现就会支持其他行动指标的指标。对于顾客而言，主要关心的是高质量、低成本和及时供给等。而结果指标是指，对于一个组织的战略目标而言最关键的指标体系。对顾客而言，主要有顾客满意度、市场份额等，两者有时是重复的。对于财务人员来说，关键是要找到二者之间的联系，以便找到一个合适的过程指标组合来实现最优的结果指标。

（三）内部作业方面

内部作业指的是企业从输入各种原材料和顾客需求，到企业创造出对顾客有价值的产品（或服务）过程中的一系列活动，它是企业改善其经营业绩的重点。

内部作业指标的主要经营过程是创新、经营和售后服务。企业要想成为市场中最具竞争实力的企业，就必须创新，讲求质量，缩短产品的生产周期。创新指标与企业产品或服务的设计和开发费用的衡量有关，主要有新产品开发所用时间、新产品销售收入占总收入的比例、损益平衡时间等。经营以及衡量指标主要用于衡量企业的经营过程，涉及的具体指标有循环时间指标、质量指标和成本指标；售后服务主要包括质量保证书、维修服务、退换货的处理和支付手段的管理，它的具体指标有产品退货率、产品保修期限和产品维修天数等。

内部作业表明，业绩指标的传统方法与平衡计分卡存在两个基本的不同点：第一，传统方法是监督和改进现在的经营过程，而平衡计分卡是在为达到企业财务目标和顾客要求而必须做好的方面确定全新的过程；第二，传统的业绩指标系统着重于交付今天的产品和服务给今天的顾客的过程，未考虑生产全新的产品和服务来满足未来顾客的需要，而平衡计分卡则把创新过程结合到了内部经营过程上，它在内部经营过程方面结合了长波型的创新循环和短波型的经营循环的目标和指标。表14-2列出了内部作业的评价指标。

表14-2　内部作业的评价指标

过程\n项目	创新过程	经营过程	售后服务过程
成本指标	每项新产品研发成本\n研发成本回报率	单位成本水平\n级别成本水平\n生产线成本	每次服务成本\n产品退货率
质量指标	每项设计的修改次数\n新产品销售收入百分比	每百万废品率\n顾客服务差指数	对顾客首次要约回应次数\n消费者调查反映
及时性指标	研制时间\n设计周期	投产准备时间\n生产周期	订货、交货时间\n产品保修期限\n产品维修天数

（四）创新与学习方面

在创新与学习方面，最关键的因素是人才、信息系统和组织程序。企业管理观念的转变使人力资源在企业中的作用越来越受到重视。过去企业管理的观念是：公司应使工人出色地完成具体工作，公司的管理人员规定工人的工作任务，并制定出相应的标准和监督体制，确保工人能按计划完成任务。工人的任务是干活，而不是思维。然而在最近几十年中，这种管理哲学发生了重大变化。人们认识到，公司若想超越现有的业绩，取得学习和成长的收获，获得未来持续的成功，那么仅仅墨守公司上层制定的标准经营程序是不够的，还必须尊重、重视和尽可能采纳第一线员工对改善经营程序和业绩的建议和想法，因为他们离企业内部的工序和企业的顾客最近。

表14-3列出了创新与学习的指标体系，包括过程指标和结果指标两部分。

表14-3　创新与学习评价指标

过程指标			
项目	雇员能力	信息系统	组织结构能力
成本指标	人均在岗培训费用 人均脱产培训费用	计算机系统投入成本 研发费用占系统总费用比例	评价和建立交流机制费用 统一各部门行动目标费用
质量指标	新等级或资格证书数 受培训职工比例	相对竞争者的信息系统能力 接触个人电脑的员工比例	信息覆盖比例 每个员工提出建议的数量 被采纳建议的比例 采纳建议后的成效
时间指标	年均受培训时数 完成某一任务受培训时数	个人电脑的平均生命周期 系统更新所需时数	团队工作时间与个别工作时间 传达信息或接受反馈的平均时间
结果指标			
雇员忠诚度	雇员满意度	雇员生产力	
雇员离职率 雇员平均工作年数 女性管理者人数 雇员平均年龄	雇员满意度 雇员提升概率 管理者的内部提升与外界聘用比例 工作团队成员彼此的满意度	人均产出 人均会客时间（服务业） 人均新设想或专利 雇员被顾客认知度	

三、平衡计分卡的核心理念与特点

运用平衡计分卡管理企业，必须首先把握平衡计分卡不同于其他业绩管理方法的独特之处，即其核心管理理念。平衡计分卡最初是以一种新的实现了财务与非财务指标平衡的综合业绩评价系统而出现的，因此对于平衡计分卡的"平衡"，很容易被简单地理解为就是财务指标与非财务指标的平衡。另外，从平衡计分卡所提供的四个评价角度来看，其"平衡"也会被直观地理解为企业主要利益相关者（如股东、顾客、员工等）目标的平衡。一些企业运用的关键业绩指标计分卡和利益相关者计分卡就是上述简单认识的反映。所谓关键业绩指标计分卡就是仅仅将原本就包含了非财务指标的 KPI 按照平衡计分卡的四个维度重新划分，而利益相关者计分卡则是从企业主要利益相关者角度，如股东、顾客、员工，来分别设计业绩指标而得到。从表面上看，这些计分卡的指标体系与平衡计分卡大同小异，但实际上其设计前提、设计理念与指标之间的逻辑关系都与平衡计分卡大不相同。可以说，这些计分卡已失去了平衡计分卡的实质。

平衡计分卡的核心理念应该是因果关系的平衡，财务与非财务指标以及利益相关者目标的平衡，只是因果关系平衡的结果和表现形式。所谓结果指标与原因指标的平衡是指平衡计分卡的指标体系不是从几个不同角度分别设计各自的指标然后汇合而成的，相反，它们是按照鲜明的因果关系链条顺次出现的。因果关系链条的起点是财务角度，也是出资者的角度，企业首先关注的是出资者的期望是什么，如何用财务指标来衡量？接下来从顾客角度设定能够保证实现出资者目标的指标和目标，然后选择能够实现出资者和顾客目标的内部流程及作业的关键业绩指标和目标，最后是选择能够管理、实施先进流程与作业，进而实现出资者和顾客期望的员工的业绩指标和目标。平衡计分卡所包含的这种层层递进的因果关系也就是企业战略与战术的关系、目标与手段的关系。平衡计分卡正是通过这一独特的设计思想而具有了明确的战略、目标导入和执行的功能，因此设计平衡计分卡的一个极为重要的内容就是找出各项组织活动之间明确的因果关系，并对其进行管理。

作为综合业绩评价系统，平衡计分卡的特点和意义主要体现在以下几方面：首先，它将目标与战略具体化，加强了内部沟通。平衡计分卡的设计要首先分析企业目标和基本战略对于经营活动各方面的基本要求，并由此确定各方面工作的重点，有利于保证目标与战略在具体经营活动中的体现。另外，由于从业绩评价体系构建的方法上加强了内部沟通，也就使各个层次的具体职员能更好地理解企业的目标和战略，有助于促进内部决策目标的一致。如石水公司以第一类顾客为发展重点，其竞争战略通过产品和服务质量来增强竞争优势，而这些都通过"顾客调查名次表""顾客满意度调查"，以及在内部作业过程考核对于产品和服务质量的强调得以具体表达。

其次，以顾客为尊，重视竞争优势的获取和保持。如前所述，顾客是企业的重要资产，如何确认、增加和保持这项"资产"的价值，这对于竞争优势的获取和保持都是非常重要的。平衡计分卡将顾客的服务满意程度作为单独的一个方面来加以考核，并通过内部过程、学习与创新来保证和促进这一业绩，不仅从观念上促进了企业内部各个层次对于顾客"价值"的重视，而且提供了贯彻企业竞争战略的具体方式。"顾客服务业绩"方面几个指标的设计，既清楚地反映了企业对于顾客特性的基本认识，也明确地表达了不同的竞争战略：价格竞争或服务质量竞争。而关于"内部作业"的考核指标设计，提供了具体的获取和保持这种竞争优势的途径：与顾客保持更密切的关系、更快更好地满足顾客的要求等。

再次，重视非财务业绩计量，促进了结果考核和过程控制的结合。传统的业绩评价大多是财务业绩评价，即根据财务结果来评价工作业绩，这种评价利用了财务指标所具有的综合性、可比性，以及财务结果对于股东的意义，因而在业绩评价中有重要地位。但财务指标只是对于结果的评价，难以实现对过程的控制。平衡计分卡在业绩评价体系中综合运用财务指标和非财务指标，有效地促进了结果考核和过程控制的结合，使业绩评价更具业绩改进意义。

事实上，越来越多的企业开始重视非财务指标在业绩评价中的应用。除了以上提及的非财务指标外，还有产品退货率、顾客抱怨次数、废品率、存货周转率、各项存货平均持有时间、准时交货率、一定时期新产品推出数量等。具体考核指标要根据特定行业及所考核环节的生产经营特征来选择。这些指标往往和同行业的竞争对手相比较，使竞争优势的分析进一步具体化。

最后，利用多方面考核所具有的综合性，促进了短期利益和长期利益的均衡，特别强调激励机制。企业战略目标往往具有长期性，而财务业绩评价，特别是采用单一指标进行业绩评价时，往往容易使具体的经营管理人员更多地关注短期利益，不重视甚至损害长期利益。平衡计分卡利用非财务指标与财务指标的结合，以及几个方面综合考核所具有的相互制衡作用，促进了短期利益和长期利益的均衡。

传统的业绩评价系统通常强调企业希望管理者和员工做什么，然后利用评价结果证实其是否采取了这些行动，整个系统强调对行为的控制。而平衡计分卡强调的主要内容是目标，鼓励管理者和员工创造性地完成目标，即该业绩评价系统强调的是激励。这样一方面可以简化指标体系的设置，只以成功经营企业需关注的关键问题为设计依据，抓住企业发展的核心，减轻企业管理者过重的信息负担；另一方面还能发挥管理人员和企业员工的能动性，有效激励其提升企业业绩的积极性。

参考文献

[1] 财政部会计资格评价中心. 经济法 [M]. 北京：中国财政经济出版社，2015.

[2] 中国注册会计师协会. 经济法 [M]. 北京：中国财政经济出版社，2016.

[3] 陈新玲. 经济法理论与实务 [M]. 北京：高等教育出版社，2011.

[4] 钱晓英. 经济法概论 [M]. 3 版. 北京：电子工业出版社，2010.

[5] 潘飞. 管理会计 [M]. 3 版. 上海：上海财经大学出版社，2013.

[6] 贺颖奇，陈佳俊. 管理会计 [M]. 上海：上海财经大学出版社，2003.

[7] 吴大军. 管理会计 [M]. 大连：东北财经大学出版社，2013.

[8] 余绪缨. 管理会计 [M]. 2 版. 沈阳：辽宁人民出版社，2004.

[9] 林涛. 管理会计 [M]. 2 版. 厦门：厦门大学出版社，2011.

责任编辑：吴秋明

封面设计：

ISBN 978-7-5639-6919-7

9 787563 969197 >

定价：78.00 元